# ADMINISTRAÇÃO
# ESTRATÉGICA

O GEN | Grupo Editorial Nacional – maior plataforma editorial brasileira no segmento científico, técnico e profissional – publica conteúdos nas áreas de ciências sociais aplicadas, exatas, humanas, jurídicas e da saúde, além de prover serviços direcionados à educação continuada e à preparação para concursos.

As editoras que integram o GEN, das mais respeitadas no mercado editorial, construíram catálogos inigualáveis, com obras decisivas para a formação acadêmica e o aperfeiçoamento de várias gerações de profissionais e estudantes, tendo se tornado sinônimo de qualidade e seriedade.

A missão do GEN e dos núcleos de conteúdo que o compõem é prover a melhor informação científica e distribuí-la de maneira flexível e conveniente, a preços justos, gerando benefícios e servindo a autores, docentes, livreiros, funcionários, colaboradores e acionistas.

Nosso comportamento ético incondicional e nossa responsabilidade social e ambiental são reforçados pela natureza educacional de nossa atividade e dão sustentabilidade ao crescimento contínuo e à rentabilidade do grupo.

Márcio Moutinho **Abdalla**
Marco Antonio **Conejero**
Murilo Alvarenga **Oliveira**

**ORGANIZADORES**

# ADMINISTRAÇÃO
# ESTRATÉGICA
## Da teoria à prática no Brasil

**COLABORADORES**

Alessandro Soares Marino Costa
Carlos Afonso Caldeira
Conceição Aparecida Pereira Barbosa
David Kallás
Denise Pereira Curi
Douglas Murilo Siqueira
Natália Rese
Hugo Moreira de Oliveira
Ricardo Messias Rossi
Roberto Pessoa de Queiroz Falcão
Rosalia Aldraci Barbosa Lavarda
Tiago Fischer Ferreira
Viviane Pinto Carneiro

Os autores e a editora empenharam-se para citar adequadamente e dar o devido crédito a todos os detentores dos direitos autorais de qualquer material utilizado neste livro, dispondo-se a possíveis acertos caso, inadvertidamente, a identificação de algum deles tenha sido omitida.

Não é responsabilidade da editora nem dos autores a ocorrência de eventuais perdas ou danos a pessoas ou bens que tenham origem no uso desta publicação.

Apesar dos melhores esforços dos autores, do editor e dos revisores, é inevitável que surjam erros no texto. Assim, são bem-vindas as comunicações de usuários sobre correções ou sugestões referentes ao conteúdo ou ao nível pedagógico que auxiliem o aprimoramento de edições futuras. Os comentários dos leitores podem ser encaminhados à **Editora Atlas Ltda.** pelo e-mail faleconosco@grupogen.com.br.

Direitos exclusivos para a língua portuguesa
Copyright © 2019 by
**Editora Atlas Ltda.**
**Uma editora integrante do GEN | Grupo Editorial Nacional**

Reservados todos os direitos. É proibida a duplicação ou reprodução deste volume, no todo ou em parte, sob quaisquer formas ou por quaisquer meios (eletrônico, mecânico, gravação, fotocópia, distribuição na internet ou outros), sem permissão expressa da editora.

Rua Conselheiro Nébias, 1384
Campos Elísios, São Paulo, SP — CEP 01203-904
Tels.: 21-3543-0770/11-5080-0770
faleconosco@grupogen.com.br
www.grupogen.com.br

Designer de capa: OFÁ Design
Imagem de capa: *mihtiander* | iStockphoto
Editoração Eletrônica: IO Design

**CIP-BRASIL. CATALOGAÇÃO NA PUBLICAÇÃO**
**SINDICATO NACIONAL DOS EDITORES DE LIVROS, RJ**

---

A186
Administração estratégica : da teoria à prática no Brasil / organização
Márcio Moutinho Abdalla, Marco Antonio Conejero, Murilo Alvarenga Oliveira ;
colaboração Alessandro Soares Marino Costa ... [et al.]. - São Paulo : Atlas, 2019.

   ISBN 978-85-970-2097-7

   1. Administração de empresas. 2. Planejamento estratégico. 3. Planejamento
empresarial. I. Abdalla, Márcio Moutinho. II. Conejero, Marco Antonio. III. Oliveira,
Murilo Alvarenga. IV. Costa, Alessandro Soares Marino.

| 19-55498 | CDD: 658.4012 |
| | CDU: 005.51 |

---

Leandra Felix da Cruz - Bibliotecária - CRB-7/6135

# SOBRE OS COLABORADORES

**ALESSANDRO SOARES MARINO COSTA**
Mestre em Administração (UFF), graduado em Engenharia Elétrica e em Análise de Sistemas (UNESA). É coordenador de projetos na Fundação de Desenvolvimento da Pesquisa (FUNDEP-UFMG). Participa do Núcleo de Estudos Fronteiriços em Estratégia e Sociedade (NEFES) do Programa de Pós-graduação em Administração da Universidade Federal Fluminense (MPA-UFF). Seus interesses de pesquisa são: (1) Estratégia Empresarial, Não mercado e Atividade Política Corporativa, (2) Estudos Organizacionais e (3) Gestão de Projetos Tecnológicos.

**CARLOS AFONSO CALDEIRA**
M.B.A. pela New York University e é doutor em Estratégia Empresarial pela EAESP/FGV. Ele atuou como Managing Director da prática de Customer Experience da Ipsos Brasil e consultor em Estratégia na Booz, Allen & Hamilton. Carlos também foi Diretor de Planejamento da VoxAge e trabalhou em grandes empresas como Citibank, Ford, ABN Amro e Mastercard. Atualmente é sócio da consultoria KC&D, professor de educação executiva e pesquisador em Estratégia Empresarial, Customer Experience e Atuação Política Corporativa.

**CONCEIÇÃO APARECIDA PEREIRA BARBOSA**
Graduada em Publicidade e Propaganda (FAAP), Especialista em Marketing (ESPM), Master em Tecnologias Aplicadas à Educação (FAAP), mestre e doutora em Administração de Empresas (Mackenzie). Além da trajetória empresarial, foi professora em várias instituições. Também atuou como pesquisadora e responsável pela linha de formação em Estratégia na Graduação da Universidade Mackenzie e foi coordenadora, também responsável pela implantação, dos cursos de Graduação Tecnológica EAD na mesma Universidade. Áreas de pesquisa: (1) Economia da estratégia, (2) Alianças, Fusões & Aquisições, (3) Empreendedorismo e (4) Criação e inovação em modelos de negócio. Atualmente é consultora em Educação e Estratégias Corporativas e Competitivas.

**DAVID KALLÁS**
Sócio da KC&D, UPF e JBP Partners, empresas de consultoria em gestão e estratégia. É professor no Hospital Israelita Albert Einstein e no Insper, onde acumula a coordenação do Centro de Pesquisas em Negócios. É Vice-Presidente da Anefac - Associação Nacional de Executivos de Finanças, Administração e Contabilidade. É doutor em estratégia pela FGV/EAESP, mestre e graduado em Administração pela FEA/USP. É autor de artigos publicados em periódicos nacionais e internacionais e de três livros sobre gestão e estratégia.

**DENISE PEREIRA CURI**
Doutora em Engenharia de Produção pela Escola Politécnica da Universidade de São Paulo (2007). É pesquisadora na Universidade de Aveiro, em Portugal. Foi professora adjunta I da Universidade Presbiteriana Mackenzie, na Fatec e na Universidade Paulista (UNIP). Possui graduação e mestrado em Administração pela Pontifícia Universidade Católica de São Paulo. Experiência de mais de 20 anos como executiva de empresas multinacionais, na área Têxtil e Petroquímica, com vivência internacional. Tem interesse pela área de pesquisa em Administração, com ênfase em Estratégia, Inovação e Sustentabilidade.

### DOUGLAS MURILO SIQUEIRA

Graduado em Processamento de Dados e em Administração (Mackenzie). Mestre em Administração (Univ. Metodista) e Doutor em Administração (Uninove). MBA em Gestão Empresarial pela FGV. Prof. no curso de pós-graduação latu sensu no SENAC Campinas. Diretor e prof. da Fac. de Administração da FESPSP. Interesse de pesquisa em (1) Estratégia & Stakeholders; (2) Novas Estratégias de Gestão ("sistema B" e "capitalismo consciente"); (3) Redes (Social Network Analysis); (4) Estratégias de Gestão de organizações da Economia Solidária.

### HUGO MOREIRA DE OLIVEIRA

Formado em Ciências Contábeis pela UFG-GO, mestre em Administração pela UFG-GO. Sócio do escritório Contdados Assessoria e Consultoria Contábil, e professor na graduação e pós-graduação do curso de Ciências Contábeis. Também é criador do canal no YouTube Aprendendo Contabilidade.

### MÁRCIO MOUTINHO ABDALLA (ORG.)

Graduado (FMS), mestre (MADE-UNESA) e doutor em Administração (FGV-EBAPE). É professor adjunto do departamento de Administração e Administração Pública (UFF-VR), professor do Mestrado Profissional em Administração (MPA/UFF-VR) e líder do Núcleo de Estudos Fronteiriços em Estratégia e Sociedade (NEFES). É membro do Comitê Científico de Estratégia em Organizações na ANPAD (2018-2020). Interessa-se por Estratégias de Não Mercado; Atividade Política Corporativa; Decolonialidade; e Análise Crítica do Discurso.

### MARCO ANTONIO CONEJERO (ORG.)

Economista e doutor em Administração pela FEA/USP. Mestre em Administração pela FEA-RP/USP. Foi *visiting scholar* da Howard University/USA e da FAUBA/Argentina. Foi professor de pós-graduação da FACCAMP, FAAP e Trevisan. Foi sócio-consultor da Stracta e Markestrat e gerente da PwC. Atualmente é professor da Universidade Federal Fluminense (UFF), Campus de Volta Redonda. Atua em projetos e pesquisas de governança, estratégia e sustentabilidade de cooperativas, associações/ fundações/ ONGs, e clusters (APLs).

### MURILO ALVARENGA OLIVEIRA (ORG.)

Graduado e mestre em Administração (UFRRJ) e doutor em Administração (FEA-USP). É professor adjunto e coordenador do Mestrado Profissional em Administração da UFF (Universidade Federal Fluminense – Campus Volta Redonda). Seus interesses de pesquisa são: (1) Estratégia & Capacidades para Tecnologia e Inovação, (2) Ambientes Laboratoriais de Gestão e (3) Gestão de Projetos, Apoio a Decisão e Desempenho Organizacional (Indicadores e Projetos Tecnológicos). É líder do Laboratório de Gestão Organizacional Simulada (LAGOS) da UFF.

### NATÁLIA RESE

Graduada em Comunicação e Expressão Visual (UFSC) e em Administração (ESAG/UDESC), mestre e doutora em Administração (UFPR). É professora adjunta do Departamento de Administração Geral e Aplicada da Universidade Federal do Paraná (UFPR). É professora dos cursos de graduação e pós-graduação em Administração da UFPR. Tem como interesses de pesquisa: (1) Práticas Sociais em Organizações e Estratégia, (2) Institucionalismo Organizacional, (3) Perspectivas da linguagem e comunicação nas organizações.

### RICARDO MESSIAS ROSSI

Professor da Universidade Federal de Goiás (FACE/UFG). Doutor em Engenharia de Produção (DEP/UFSCar). Mestre em Administração de Empresas (FEA/USP). Engenheiro Agrônomo (FCAVJ/UNESP). Foi pesquisador convidado do *Management Studies Group* na *Wageningen University* (Holanda). Especialista (MBA) em Administração de Empresas (FUNDACE/USP), Gerenciamento de Projetos (*City University London*, Inglaterra) e Finanças (LSBF, Inglaterra). É autor de diversos livros e artigos nas áreas de estratégia e agronegócio.

## ROBERTO P. Q. FALCÃO

Professor do Departamento de Empreendedorismo e Gestão da Universidade Federal Fluminense, de Estratégia e Gerenciamento de Projetos nos Programas de MBA, sendo também responsável pelo módulo de empreendedorismo do curso de Administração do Instituto Infnet. É mestre em Administração de Empresas (FGV/EBAPE - Rio de Janeiro) e doutor em Administração pela PUC-Rio. Foi executivo de empresas como Coca-Cola, AB-INBEV e Fagga GL Events em posições gerenciais, além de ter criado negócios próprios.

## ROSALIA ALDRACI BARBOSA LAVARDA

Graduada (UFSM), Mestre (UMSA/UFSM) e doutora em Administração (UV/FEA-USP). É professora adjunta do Departamento de Ciências da Administração da Universidade Federal de Santa Catarina (UFSC). É coordenadora de Pesquisa e professora da graduação e pós-graduação em Administração. Seus interesses de pesquisa são: (1) Estratégia como Prática Social (2) *Open Strategizing* e (3) Métodos Qualitativos de Pesquisa. É líder do Núcleo de Pesquisa Estratégica, Gestão e Sustentabilidade e do grupo de Pesquisa *Strategy As Practice* da UFSC.

## TIAGO FISCHER FERREIRA

Doutor em Estratégia e Marketing pela FEA-USP com sanduíche na Universidade de Wageningen/ Holanda. Mestre em Administração pela UNIMEP. Graduado em Engenharia Agronômica pela UNIPINHAL. Sócio-gestor da Stracta Consultoria, professor de marketing nos cursos de graduação e pós-graduação do INSPER, e pesquisador em Estratégias de Acesso ao Mercado (*go to market*); Planejamento Estratégico; Planejamento de Marketing; Gestão Comercial e Inteligência de Mercado. Atualmente é diretor de novos negócios do Canal Rural.

## VIVIANE PINTO CARNEIRO

Mestre em Administração (UFSC); especialista em Gestão de Projetos (UECE); Bacharel em Administração (UFC); licenciada em Letras - Francês (UECE). É membro do grupo de pesquisa SAP - Strategy As Practice; participante do projeto de pesquisa Interface entre Strategizing e Tarefas que Compõem os Tipos de Trabalho. Seus interesses de pesquisa enquadram-se nas áreas de (1) Estratégia (2) Tecnologia e (3) Semiótica. Possui experiência na área de Administração, com ênfase em Administração de Empresas e Gestão de Projetos.

# PREFÁCIO

Nos tempos atuais, a Administração Estratégica possui um grande destaque no campo de conhecimento de Administração. Mas nem sempre foi assim, uma vez que no passado a Estratégia não era nem mesmo considerada como uma área independente, sendo um híbrido de outros campos de conhecimento como Economia e Sociologia. Mesmo no Brasil, nos cursos de graduação em Administração, a área de Estratégia foi implementada como disciplina utilizando o título de Diretrizes Administrativas ou Política de Negócios (*Business Policy*).

Destaca-se que a Administração Estratégica é uma área relativamente recente comparada com outras disciplinas tradicionais do campo de conhecimento da Administração, apesar de alguns autores mencionarem a relação desta área com um passado distante da história. Por exemplo, como a origem da palavra estratégia do idioma grego ou da arte da guerra com os princípios chineses de Sun Tzu. De fato, a Administração Estratégia começou a ganhar interesse do público de forma distinta a partir da segunda metade do século XX com o desenvolvimento empresarial decorrente do surgimento de grandes corporações e de um cenário mais competitivo e dinâmico comparado ao período anterior ao da II Guerra Mundial. Um dos marcos importantes foi a década de 1960 com as obras de Alfred Chandler (*Strategy and Structure*) e Igor Ansoff (*Corporate Strategy*), e posteriormente a difusão dos trabalhos de Michael Porter (*Competitive Strategy*), Jay Barney (*Resource-based View*), Henry Mintzberg (*Strategy Safari*), entre outras abordagens. Foi assim que a Administração Estratégica começou a ser reconhecida como uma área importante no campo de conhecimento da Administração.

Além disso, no âmbito acadêmico podemos verificar a importância e interesse pela Administração Estratégica ao considerar o tamanho que esta área representa na maior associação acadêmica do campo de Administração do mundo, a *Academy of Management* – AoM. Esta associação é composta por 25 divisões de conhecimento, possuindo cerca de 46.700 membros de diversos países (dados de final de janeiro de 2019). Nota-se que a *Strategic Management* é a segunda maior divisão da AoM composta por 5.280 membros (11% do total), sendo maior que 8 divisões em conjunto. Ao considerar ainda a divisão *Strategizing Activities & Practices,* que também está relacionada com a área de conhecimento de Estratégia, as duas divisões juntas contam com 5.969 membros (13% do total).

Em nível nacional, também podemos constatar a relevância da área de Estratégia na Associação Nacional de Pós-Graduação e Pesquisa em Administração (ANPAD), a mais importante associação de pesquisa e pós-graduação em Administração do Brasil. A ANPAD é composta por 11 divisões acadêmicas, sendo a Estratégia em Organizações (ESO) a divisão que representa a área de Administração Estratégica. Nos últimos anos, a ESO sempre esteve entre as Top 2 divisões acadêmicas que mais receberam submissões no EnANPAD (Encontro da ANPAD). Este encontro é considerado o segundo maior congresso do mundo no campo de Administração, estando apenas atrás da AoM.

Dado o interesse pela área, há também grupos que discutem com mais especificidade a questão estratégia nos negócios. Um dos mais importantes é o *Strategic Management Society* (SMS) que conta com mais de 3.000 membros de 80 países, composta de acadêmicos, executivos e consultores. A SMS promove diversos encontros anuais pelo mundo, tendo como enfoque o desenvolvimento e disseminação dos principais *insights* da prática e processo da Administração Estratégica, bem como de suas abordagens teóricas e metodológicas. Desde 1980, a SMS publica o *Strategic Management Journal* (SMJ), periódico acadêmico com maior fator de impacto na área de Estratégia, e considerado como um dos top 3 da área de Administração (*Management*). Posteriormente, a SMS lançou mais dois periódicos, a *Strategic Entrepreneurship Journal* (SEJ) em 2007, e a *Global Strategy Journal* (GSJ) em 2011, mostrando o crescente interesse da área de Estratégia nos temas relacionados ao empreendedorismo e negócios internacionais.

Além dos encontros anuais promovidos pela SMS em diversos países, há também outras associações que promovem encontros relacionados ao tema de Administração Estratégica. O Encontro Luso-Brasileiro de Estratégia (ELBE) que envolve pesquisadores portugueses e brasileiros de estratégia. A *Sociedad Latinoamericana de Estrategia* (SLADE) e a *Strategic Management in Latin America* (SMLA) ambas com foco na área de Estratégia envolvendo o contexto latino-americano. No Brasil, o principal evento acadêmico para debater e discutir os temas mais atuais na área é o Encontro de Estudos em Estratégia (3Es) promovido pela ANPAD com a organização da Divisão ESO.

Os relatos acima reforçam o grande interesse pela área de Estratégica e a sua relevância no campo da Administração. Com isso, é necessário um conhecimento e aprofundamento dos conceitos e aplicações da área de Estratégia para o dia a dia da gestão das organizações, sejam elas privadas, públicas, do terceiro setor, empresas nacionais ou multinacionais, bem como entender a evolução da área e suas implicações para o futuro do campo da Administração.

No início, as discussões da Administração Estratégica se baseavam nas questões de planejamento, crescimento, diversificação e competição de mercado. Posteriormente, a Administração Estratégica voltou para os aspectos internos da organização buscando avaliar seus recursos, capacidades dinâmicas, competências principais, a criação de valor, a aprendizagem e a obtenção da vantagem competitiva. Foi evoluindo o interesse da área para assuntos ligados às práticas de sustentabilidade, governança, ética empresarial, a importância dos *stakeholders*, *clusters*, empreendedorismo *(born global* e *start ups)*, bem como a intensificação da internacionalização de empresas, particularmente firmas provenientes de mercados emergentes. Isso fez com que surgisse interesse para conhecer melhor os aspectos institucionais e das práticas estratégicas de não mercado, que envolve a atividade política corporativa.

A complexidade no mundo dos negócios nos dias atuais exige cada vez novos desafios e reflexões na área de Estratégia. A difusão e a acessibilidade de novas tecnologias fizeram surgir novos modelos de negócios. Empresas que não possuem ativos do produto/serviço principal, mas que são as maiores do "setor" como o Airbnb na hospedagem de pessoas ou o Uber no transporte de passageiros. Essas empresas ainda se internacionalizaram de maneira rápida com uma forma diferente das empresas tradicionais. Além disso, a utilização de seus serviços nestes novos mercados gerou ainda a quebra de paradigmas nas questões tributárias, fiscais, legais e mesmo culturais no sentido do consumo. A difusão da tecnologia do *blockchain* também poderá provocar este papel de gerador de mudanças inclusive nestes novos modelos de negócios. O Airbnb e Uber são os intermediários entre uma ponta (prestador de serviço) e a outra (consumidor final). Com o *blockchain* não será mais necessário o intermediário e a relação poderá ser direta entre o prestador de serviços e o consumidor, eliminando o custo de transação. E a Indústria 4.0, o uso cada vez maior da inteligência artificial, a interpretação do Big Data, a impressão 3D, os veículos elétricos/autônomos, entre outras tendências? Isso faz com que os aspectos relacionados à inovação se tornem um dos pontos cruciais que merecem ser conhecidos e discutidos com maior profundidade na área de Estratégia.

Outro ponto a destacar é a importância da rede de negócios primando mais para a coopetição (cooperar) do que a competição (competir). Vale a reflexão de pensar em juntar forças ao invés de competir de frente com seus concorrentes. A visão estratégica tem que ser mais ampla. Finalmente, devemos refletir também a aplicação da Administração Estratégia no contexto de mercados emergentes, em especial para o caso do Brasil. Muitas das abordagens teóricas e práticas estratégicas que utilizamos são pensamentos e pesquisas provenientes em grande parte dos países desenvolvidos. O Brasil, com seu ambiente político, econômico e mesmo social e cultural, é um contexto interessante que faz as empresas executarem práticas e processos locais que muitas vezes não podem ser explicadas pela tradicional literatura de Estratégia. É um campo fértil para investigar e contribuir para o desenvolvimento de novas abordagens teóricas, processos e práticas estratégicas.

Enfim, reforço mais uma vez o grande valor da Administração Estratégica tornando-se como o próprio nome diz "estratégico" para o campo de conhecimento da Administração. E esta obra vem a contribuir de forma significativa para o aprendizado desta importante disciplina. *Administração estratégica*, organizado pelos acadêmicos Márcio Abdalla, Marco Conejero e Murilo Oliveira, em conjunto com os colaboradores que possuem grande *expertise* na área, apresenta e discute com maestria as principais abordagens teóricas e aplicações dos conceitos, bem como discute a evolução, as novas perspectivas e as fronteiras para a área de Estratégia. Assim, discute o pensamento estratégico, o posicionamento competitivo e suas vertentes, apresenta um foco para as questões internas com a visão baseada em recursos e do planejamento estratégico. Oferece ainda as discussões sobre aspectos que auxiliam na tomada de decisão dos gestores envolvendo a análise, a escolha e a execução da estratégia. Debate as novas perspectivas da área como o papel da estratégia como prática social e o *strategizing* com o alinhamento da prática, práxis e praticantes. Além de discutir os temas emergentes como responsabilidade social corporativa, sustentabilidade e governança, bem como a importância do ambiente institucional na estratégia, e, por conseguinte, um mergulho no conteúdo e da relevância da atividade política corporativa em termos estratégicos.

É uma obra organizada de forma clara e objetiva, com conteúdo atual, relevante, repleto de exemplos e minicasos no contexto brasileiro, buscando assim a aprendizagem e a reflexão de todo conteúdo discutido. É um material extremamente valioso para os estudantes, pesquisadores, professores e profissionais que possuem interesse em aprofundar o conhecimento na área, além de instigar seus leitores a refletirem sobre as questões atuais e tendências, e, por fim, fazer avançar o aprendizado e a aplicação dos métodos e das práticas de gestão relacionada à Administração Estratégica.

**Mário Henrique Ogasavara**

*Ph.D. in Management, University of Tsukuba – Japan*
*Pós-doutorado na National University of Singapore*
*Professor Titular, Programa de Doutorado em Administração, ESPM São Paulo*
*Coordenador da Divisão ESO – Estratégia em Organizações – da ANPAD (Triênio 2018-2020)*

# APRESENTAÇÃO

Compreender o amplo campo da Administração Estratégica não é tarefa simples. Seguramente, é possível afirmar que se trata de uma das mais complexas disciplinas da ciência da administração, sobretudo pela multiplicidade de perspectivas teóricas, pelas incontáveis variáveis ambientais a serem consideradas nos processos analíticos e decisórios, e pela diversidade de práticas, peculiares a cada localidade em que se desenvolve a estratégia.

Associado a essa complexidade inerente à disciplina, destacamos as dificuldades relativas aos processos de ensino e aprendizagem, sobretudo pelo escasso tempo disponível para o desenvolvimento das disciplinas nos cursos de administração e correlatos, além do suporte bibliográfico e didático, muitas vezes inadequado a essas realidades.

Os esforços mobilizados para a concepção desta obra partiram dessas questões que, não raro, impõem barreiras no ambiente de aprendizagem, tanto para docentes, quanto para discentes. Não é fácil encontrar um único livro-texto que dê conta dos elementos mais relevantes da Administração Estratégica, de forma honesta e adequada à realidade brasileira. Por essa razão, nos víamos recomendando aos discentes uma verdadeira "colcha de retalhos", composta por diversos capítulos de diversos livros distintos, impondo dificuldades ao processo de aprendizagem.

Não se trata de uma simples crítica às demais obras, que são importantes, mas de valorizar questões que foram resolvidas por este livro. É muito comum que obras de administração estratégica não dialoguem com questões brasileiras, especificamente por serem fruto de traduções e/ou adaptações de produções internacionais. Em outros casos, o amplo e complexo campo da Administração Estratégica é reduzido ao "Planejamento Estratégico", sendo equivocadamente tratado como "a mesma coisa". Quando autores mais cuidadosos procuram discutir todo o processo estratégico, tratado na Parte II deste livro, quase sempre deixam de lado questões emergentes do campo, que são em sua maioria tratadas em livros paradidáticos, por vezes pouco acessados por graduandos.

A lógica por trás da organização deste livro inspira-se nessas questões. Dessa forma, a Parte I procura situar o leitor em relação ao campo de conhecimento da administração estratégica, por meio da apresentação dos Fundamentos da Estratégia, suas principais correntes de pensamento e pensadores precursores no campo. Na segunda parte do livro apresentamos o Processo Estratégico, encontrado em livros de Administração Estratégica, versando sobre todas suas etapas e dialogando com o contexto brasileiro. E na parte três, trazemos Perspectivas e Fronteiras da Estratégia, como forma de oportunizar o contato de leitores com debates que vêm sendo desenvolvidos em obras mais direcionadas aos pesquisadores.

Para a concepção da obra, os organizadores (Márcio Moutinho Abdalla, Marco Antonio Conejero e Murilo Alvarenga Oliveira), que contam com diferentes bagagens e perspectivas sobre Estratégia, reuniram-se por diversas vezes até chegarem à estrutura final. O trabalho conjunto foi fundamental para eliminar potenciais vieses de pensamento. A decisão de realizar uma chamada pública para desenvolvimento dos capítulos foi muito bem-sucedida, já que recebemos diversas propostas e tivemos a possibilidade de selecionar aquelas que mais se ajustaram à estrutura planejada.

Como os capítulos foram desenvolvidos por diferentes pesquisadores e pesquisadoras, de diferentes instituições de ensino (públicas e privadas), e de diferentes estados do Brasil, conseguimos assegurar que cada tema pudesse ser desenvolvido por especialistas extremamente competentes, com ampla experiência acadêmica e prática. Essa lógica também assegurou que a obra pudesse contar com pluralidade no que tange às perspectivas de análise, tal qual requer a prática da estratégia.

Cada capítulo do livro conta com diversos exemplos práticos, contextualizados (e não apenas adaptados) às múltiplas realidades brasileiras. Além disso, os autores agregaram notas sobre os principais nomes e conceitos da área de estratégia, para que os leitores possam saber e pesquisar mais sobre o tema; questões para reflexão, que poderão ser mediadas pelos docentes; questões para avaliação, que auxiliam no processo de consolidação do conhecimento; além de minicasos, para que leitores e leitoras possam, individualmente ou em grupo, exercitar a prática da administração estratégica. Assim, acreditamos que o livro consiga conduzir leitores e leitoras da teoria à prática da Administração Estratégica no Brasil.

*Márcio Moutinho Abdalla*
*Marco Antonio Conejero*
*Murilo Alvarenga Oliveira*

# **RECURSOS** DIDÁTICOS

## OBJETIVOS DE APRENDIZAGEM

Os principais assuntos do capítulo são apresentados para despertar e direcionar o aprendizado.

## SAIBA MAIS

Informações complementares levam o leitor a aprofundar conhecimentos.

## RELEMBRANDO

Pontos importantes são retomados como premissa para avançar em novos conhecimentos.

## MINICASO

Casos reais com questões para discussão contextualizam o tema e/ou trazem uma situação-problema a ser resolvida com o desenvolvimento do capítulo.

## DESAFIO

Pequenas atividades são sugeridas para diagnosticar e reforçar o aprendizado.

## ATENÇÃO

Alguns alertas esclarecem conceitos e evitam confusões.

## QUESTÕES PARA REFLEXÃO

Questões levam à reflexão e à aplicação dos conceitos apreendidos.

## QUESTÕES PARA AVALIAÇÃO DO CONHECIMENTO

Exercícios de múltipla escolha ajudam a diagnosticar o aproveitamento dos conteúdos desenvolvidos.

## CASO FINAL BRASILEIRO PARA ANÁLISE

Um dos grandes diferenciais do livro, esta seção interativa, com questões para discussão, permite compreender a administração estratégica da perspectiva da realidade brasileira.

# Material Suplementar

Este livro conta com os seguintes materiais suplementares:

- Slides (restrito a docentes).

- Comentários sobre as questões para avaliação do conhecimento (restrito a docentes).

- Programa de Ensino – Trilha de Aprendizagem (restrito a docentes).

O acesso aos materiais suplementares é gratuito. Basta que o leitor se cadastre em nosso *site* (<www.grupogen.com.br>), faça seu *login* e clique em GEN-IO, no menu superior do lado direito.

É rápido e fácil. Caso haja dificuldade de acesso, entre em contato conosco (gendigital@grupogen.com.br).

GEN-IO (GEN | Informação Online) é o ambiente virtual de aprendizagem do GEN | Grupo Editorial Nacional, maior conglomerado brasileiro de editoras do ramo científico-técnico-profissional, composto por Guanabara Koogan, Santos, Roca, AC Farmacêutica, Forense, Método, Atlas, LTC, E.P.U. e Forense Universitária. Os materiais suplementares ficam disponíveis para acesso durante a vigência das edições atuais dos livros a que eles correspondem.

# SUMÁRIO

**P A R T E I – Fundamentos da Estratégia, 1**

**1** Pensamento estratégico, **3**
   (*Márcio Moutinho Abdalla e Murilo Alvarenga Oliveira*)

*Resumo*, 3
*Objetivos de aprendizagem*, 3

**1.1** Introdução, 3
**1.2** Administração estratégica: passado, presente e pistas do futuro, 4

*Questões para reflexão*, 10
*Questões para avaliação do conhecimento*, 10
*Referências*, 12

**2** Posicionamento competitivo, **13**
   (*Marco Antonio Conejero e Tiago Fischer Ferreira*)

*Resumo*, 13
*Objetivos de aprendizagem*, 13

**2.1** Conceito de estratégia competitiva perante a escola do posicionamento, 13
**2.2** Conceito de posicionamento competitivo, 15
**2.3** Orientação para o mercado como facilitador do posicionamento competitivo, 17
**2.4** Conceito de vantagem competitiva e modelo Diamante de Porter, 21
   **2.4.1** Condições dos fatores de produção, 22
   **2.4.2** Condições da demanda, 22
   **2.4.3** Setores (ou indústrias) correlatos(as) e de apoio, 23
   **2.4.4** Estratégia, estrutura e rivalidade entre as empresas, 23
**2.5** Atratividade da indústria e modelo das Cinco Forças de Porter, 24
   **2.5.1** Rivalidade interna ou entre os concorrentes da indústria, 24
   **2.5.2** Poder de barganha dos fornecedores e dos clientes, 25
   **2.5.3** Ameaça de novos entrantes, 26
   **2.5.4** Ameaças dos produtos substitutos, 26
**2.6** Estratégias genéricas e a cadeia de valor de Porter, 28
**2.7** Evolução das estratégias genéricas de Porter – disciplinas de valor, 32
**2.8** Evolução das estratégias genéricas de Porter – modelo Delta, 34
   **2.8.1** Posição 1 – Opção estratégica do melhor produto, 35
   **2.8.2** Posição 2 – Opção estratégica de solução total para o cliente, 35
   **2.8.3** Posição 3 – Opção estratégica de *lock-in* do sistema, 36
**2.9** Considerações finais, 37

*Questões para reflexão*, 39
*Questões para avaliação do conhecimento*, 40
*Referências*, 40

**3** Visão baseada em recursos (VBR), **43**
(*Ricardo Messias Rossi e Hugo Moreira de Oliveira*)

*Resumo*, 43
*Objetivos de aprendizagem*, 43

**3.1** Introdução, 43
**3.2** Recursos e capacidades, 44
**3.3** Avaliando capacidades internas, 47
**3.4** Capacidades dinâmicas, 50
**3.5** Modelo VRIO e vantagem competitiva sustentável, 52
**3.6** Considerações finais, 56

*Questões para reflexão*, 58
*Questões para avaliação do conhecimento*, 58
*Referências*, 59

## PARTE II – O Processo Estratégico, 61

**4** Definições preliminares do planejamento estratégico, **63**
(*Douglas Murilo Siqueira*)

*Resumo*, 63
*Objetivos de aprendizagem*, 63

**4.1** Introdução, 63
**4.2** Propósito organizacional, 66
**4.3** Missão, 67
**4.4** Visão organizacional, 69
**4.5** Valores, 71
**4.6** Diferença entre propósito, missão, visão e valores, 72
**4.7** Cultura organizacional, 74
**4.8** Considerações finais, 76

*Questões para reflexão*, 76
*Questões para avaliação do conhecimento*, 77
*Referências*, 77

**5** Análise estratégica, **79**
(*Hugo Moreira de Oliveira e Ricardo Messias Rossi*)

*Resumo*, 79
*Objetivos de aprendizagem*, 79

**5.1** Introdução, 79
**5.2** Modelo de negócios, 80
**5.3** Segmentação de mercado B2B e B2C, 83
**5.4** Matriz BCG e ciclo de vida do produto, 85
**5.5** Análise SWOT, 87
    **5.5.1** Análise SWOT cruzada, 88
**5.6** Análise do ambiente, 89
    **5.6.1** Análise de cenários, 89
    **5.6.2** Análise de *stakeholders*, 89
    **5.6.3** Análise Pestel, 90
**5.7** *Benchmarking*, 92
**5.8** Análise interna, 93
**5.9** Considerações finais, 94

*Questões para reflexão*, 96
*Questões para avaliação do conhecimento*, 96
*Referências*, 97

**6 Escolha estratégica, 99**
*(Roberto Pessoa de Queiroz Falcão)*

*Resumo*, 99
*Objetivos de aprendizagem*, 99

**6.1** Introdução, 99
**6.2** Integração vertical, 100
**6.3** Fusões e aquisições, 101
**6.4** Grandes fusões e aquisições brasileiras, 103
**6.5** Alianças estratégicas e *joint ventures* (JV), 105
**6.6** Organização em *cluster*, ou arranjos produtivos locais (APL), 107
**6.7** Internacionalização, 111
    **6.7.1** Dificuldades para internacionalização, 111
    **6.7.2** Fatores influenciadores da internacionalização, 112
    **6.7.3** Processo de internacionalização, 114
**6.8** Empreendedorismo internacional e *born globals*, 116
    **6.8.1** Diferentes abordagens de estratégia em função do empreendedorismo, 117
**6.9** Considerações finais, 119

*Questões para reflexão*, 120
*Questões para avaliação do conhecimento*, 120
*Referências*, 121

**7 Execução estratégica – descrição da estratégia, 125**
*(Carlos Afonso Caldeira e David Kallás)*

*Resumo*, 125
*Objetivos de aprendizagem*, 125

**7.1** O problema da execução, 125
**7.2** Por que a execução estratégica "falha"?, 126
**7.3** Como evitar as "falhas" de execução da estratégia?, 127
**7.4** Primeiro princípio da organização orientada para a estratégia: traduzir a estratégia em termos operacionais, 128
**7.5** Mapa estratégico, 130
**7.6** Indicadores estratégicos, 134
**7.7** Metas e iniciativas, 136
**7.8** Considerações finais, 138

*Questões para reflexão*, 138
*Questões para avaliação do conhecimento*, 139
*Referências*, 141

**8 Execução estratégica – mensuração e gestão da estratégia, 143**
*(David Kallás e Carlos Afonso Caldeira)*

*Resumo*, 143
*Objetivos de aprendizagem*, 143

**8.1** Introdução: cinco princípios de organizações orientadas à estratégia, 143
**8.2** Alinhar a organização à estratégia, 144
**8.3** Fazer da estratégia tarefa de todos, 146
    **8.3.1** Comunicação da estratégia, 146
    **8.3.2** Incentivos ligados à execução estratégica, 148
**8.4** Transformar a estratégia em processo contínuo, 149
    **8.4.1** Estabelecendo uma área de suporte à execução estratégica, 149
    **8.4.2** Planejando e garantindo a execução do calendário de reuniões de acompanhamento operacionais, de acompanhamento estratégico e de teste da estratégia, 150
    **8.4.3** Uso da tecnologia da informação, 152

**8.5** Mobilizar a mudança por meio da liderança, 152
**8.6** Consolidação dos princípios da organização orientada à estratégia, 153
**8.7** Considerações finais, 153

*Questões para reflexão*, 154
*Questões para avaliação do conhecimento*, 154
*Referências*, 156

---

## P A R T E  I I I – Perspectivas e Fronteiras da Estratégia, 157

**9** Estratégia como prática, **159**
*(Rosalia A. Lavarda, Viviane Carneiro e Natália Rese)*

*Resumo*, 159
*Objetivos de aprendizagem*, 159

**9.1** Introdução, 159
**9.2** Estratégia como prática social e *strategizing*, 161
    **9.2.1** Sociomaterialidade da estratégia, 165
    **9.2.2** O papel do *middle manager*, 167
    **9.2.3** *Sensemaking, sensegiving* e *sensebreaking*, 169
**9.3** *Open strategizing*, ou estratégia aberta, 171
**9.4** Considerações finais, 172

*Questões para reflexão*, 173
*Questões para avaliação do conhecimento*, 173
*Referências*, 175

**10** Responsabilidade social corporativa e estratégia, **177**
*(Denise Pereira Curi)*

*Resumo*, 177
*Objetivos de aprendizagem*, 177

**10.1** Introdução, 177
**10.2** Do desenvolvimento sustentável à sustentabilidade corporativa, 178
**10.3** Sustentabilidade corporativa, 182
**10.4** Gestão ambiental, 184
**10.5** Responsabilidade social corporativa (RSC) ou responsabilidade social empresarial (RSE), 189
**10.6** Geração de valor para a organização, 192
**10.7** Governança para a sustentabilidade, 192
**10.8** Considerações finais, 194

*Questões para reflexão*, 195
*Questões para avaliação do conhecimento*, 195
*Referências*, 198

**11** Economia da estratégia, **199**
*(Conceição Aparecida Pereira Barbosa)*

*Resumo*, 199
*Objetivos de aprendizagem*, 199

**11.1** Introdução, 199
**11.2** Ambiente institucional, 203
**11.3** Teoria dos custos de transação e o contexto dos contratos, 206
    **11.3.1** Custos de transação, 206
    **11.3.2** O contexto dos contratos, 209
**11.4** Decisão estratégica de comprar, fazer ou aliar-se, 211
**11.5** Considerações finais, 216

*Questões para reflexão*, 217
*Questões para avaliação do conhecimento*, 217
*Referências*, 218

Sumário | **xxi**

## 12 Atividade política corporativa, **221**
*(Alessandro Soares Marino Costa e Márcio Moutinho Abdalla)*

*Resumo*, 221
*Objetivos de aprendizagem*, 221

**12.1** Introdução, 221
**12.2** Atividade política corporativa na prática organizacional: um processo cíclico, 225
**12.3** Atividade política corporativa: panorama teórico entre 1993 e 2017, 227
**12.4** Atividade política corporativa: um modelo para aplicação prática, 231

    **12.4.1** Análise dos antecedentes, 232
    **12.4.2** Tipos de abordagens em APC, 233
    **12.4.3** Nível de participação em APC, 233
    **12.4.4** Tipos de APC, 234
    **12.4.5** Modelos de estratégia em APC, 234
    **12.4.6** Resultados da APC, 237

**12.5** Considerações finais, 237

*Questões para reflexão*, 238
*Questões para avaliação do conhecimento*, 238
*Referências*, 240

# PARTE I

# FUNDAMENTOS DA ESTRATÉGIA

# PENSAMENTO ESTRATÉGICO

*Márcio Moutinho Abdalla*
*Murilo Alvarenga Oliveira*

## RESUMO

Neste capítulo de abertura, pretendemos conduzir o leitor para a compreensão das bases teóricas e suas perspectivas que organizam o campo da Administração Estratégica, assim como a evolução da estratégia nas organizações. Além disso, apresentamos a estrutura analítica dos saberes que compõem o livro, assim dividida: Fundamentos da Estratégia, Processo Estratégico, e Perspectivas e Fronteiras da Estratégia.

### OBJETIVOS DE APRENDIZAGEM

Neste capítulo, o leitor poderá aprofundar seu conhecimento sobre:
- As bases teóricas que fundamentam o pensamento estratégico.
- As perspectivas que organizam o campo da Administração Estratégica.
- A evolução da estratégia nas organizações.
- A estrutura analítica dos saberes que compõem o livro.

## 1.1 INTRODUÇÃO

Não é exagero dizer que Administração Estratégica é uma das cadeiras mais complexas na formação de administradores(as). O argumento baseia-se em uma série de obstáculos inerentes ao próprio processo de ensino-aprendizagem que subjazem à disciplina, além de outras barreiras de cunho prático. Os diversos obstáculos enfrentados pela área, que serão mais bem descritos adiante, levam os principais teóricos do campo de conhecimento em Administração a questionarem recorrentemente seus pressupostos.[1,4] A clássica obra *Safári de estratégia* estabelece uma analogia com a complexidade do campo e a fábula dos cegos e do elefante, informando que, em função da multiplicidade de "olhares" em relação ao fenômeno estratégia, torna-se um tanto quanto embaraçoso conhecê-lo em sua plenitude.[5]

### SAIBA MAIS

***Safári de estratégia*** é um livro sobre as dez principais escolas do pensamento estratégico, que apresenta, de forma sintética, a essência de cada uma delas.

Autores:
Henry Mintzberg – prof. de Estudos da Gestão na McGill University, em Quebec, Canadá.
Bruce Ahlstrand – prof. do programa de Administração de Empresas da Trent University, em Peterborough, Ontário, Canadá.
Joseph Lampel – prof. de Gestão e Inovação na Manchester Business School, The University of de Manchester, Inglaterra.

## Segredos da estratégia
é um termo descrito por Whittington no livro *O que é estratégia?*, onde reconhece a complexidade deste assunto e critica a prescrição para decisões.

**Autor:** Richard Whittington – prof. na área de Estratégia Corporativa da Said Business School, University of Oxford, Inglaterra.

## Vantagem competitiva,
dentre as várias definições, pode ser compreendida como o resultado que uma organização pode alcançar em relação a seus rivais. Esta vantagem deriva de atributo(s) que permitem a uma organização superar a sua concorrência, tais como posição superior no mercado, habilidades ou recursos.[2]

## Geração de valor pelos
recursos da organização, na realidade, é sua capacidade de gerar valor para os clientes ou a sua capacidade de permitir a implantação de estratégias diferenciadas.[17]

## Perspectiva institucional considera
a estratégia como uma prática social e usual no contexto de atividade associada às organizações modernas.[4]

A obra mais conhecida de Richard Whittington inicia de modo provocativo, levando o(a) leitor(a) a refletir se os "**segredos da estratégia**" pudessem ser comercializados em livros com preços populares, os executivos estariam com seus dias contados.[4] De fato, não há fórmulas mágicas ou atalhos que possam ser tomados. O processo é complexo e exige conhecimento, habilidades e ferramental apropriado para a tomada de decisões estratégicas. E, ainda sim, acertar com precisão no planejamento e nas decisões não é uma certeza.

O pensamento estratégico evoluiu das prescrições deliberadas para a análise na busca por **vantagem competitiva** como postulada por Michel Porter e, mais adiante, de forma complementar, para além da competição, foi incluída na agenda a questão da **geração de valor** baseada nos recursos da organização proporcionando a sustentabilidade. Ainda no seu percurso evolutivo, a **perspectiva institucional** vem ganhando protagonismo no debate sobre a transformação da intenção da organização (política de negócios) em ação realizada (estratégia).

O que propomos nesta obra é que leitores tenham em mãos um conjunto de saberes em Administração Estratégica que possam atender três objetivos básicos de conhecimento: (i) situar o(a) leitor(a) em relação aos conhecimentos fundamentais em Administração Estratégica, por meio da Parte 1 do livro, que envolve este capítulo (Pensamento Estratégico), e os Capítulos 2 (Posicionamento Competitivo) e 3 (Visão Baseada em Recursos); (ii) promover a compreensão do Processo Estratégico, que é atendido pela Parte 2 desta obra, envolvendo os Capítulos 4 (Definições Preliminares do Planejamento Estratégico), 5 (Análise Estratégica), 6 (Escolha Estratégica), 7 (Execução Estratégica) e 8 (Controle Estratégico); e, por fim, (iii) trazer ao(à) leitor(a) as perspectivas fronteiriças da Estratégia, por meio da Parte 3 desta obra, envolvendo os Capítulos 9 (Estratégia como Prática), 10 (Responsabilidade Social Corporativa e Estratégia), 11 (Economia da Estratégia) e 12 (Atividade Política Corporativa). A Figura 1.1 melhor sistematiza a ideia do livro, por meio de uma estrutura analítica.

Vale mencionar ainda que a obra incorpora não apenas aspectos básicos das principais ementas dos cursos de Administração Estratégica, tanto em nível de Graduação quanto de Pós-graduação, mas traz também, sobretudo na Parte 3, temáticas pouco exploradas em obras didáticas nacionais e internacionais. Outro diferencial a ser ressaltado é que a obra, embora empregue teorizações tidas como globais, ou seja, amplamente aceitas pelo campo de conhecimento, procura inserir-se no contexto brasileiro, por meio de problematizações, exemplos, aplicações, casos e outros recursos. Para cada capítulo da obra foram convidados(as) grandes especialistas no assunto, de todo o Brasil, suportados por diversas perspectivas teórico-epistêmicas.

Nos próximos tópicos deste capítulo introdutório, buscamos apresentar o aspecto espaço-temporal do campo de conhecimento em Administração Estratégica, revelando, do ponto de vista espacial, (i) origens geográficas de algumas das principais correntes teóricas do campo; e do ponto de vista temporal, (ii) aspectos que remetem ao histórico do campo, seu presente e pistas do futuro da área.

## 1.2 ADMINISTRAÇÃO ESTRATÉGICA: PASSADO, PRESENTE E PISTAS DO FUTURO

Como a história não ocorre em períodos "estanques", ou seja, sempre existem amplos períodos de transição entre épocas, é um tanto complexo e, por vezes, incompleto, atribuir cronologias e marcos sobre o desenvolvimento de campos de conhecimento. A área de Administração Estratégica não foge à regra. Há diversos trabalhos que se ocupam em identificar as origens históricas da área,[6,8] trazendo desde a sistematização de conhecimentos voltados à gestão e às decisões de organizações primitivas até as origens etimológicas da palavra, seus sentidos e metáforas subjacentes. Todavia, a construção dessas histórias é bastante controversa, já que a forma como são contadas e recontadas, sobretudo de modo metafórico, produz verdades a partir de textos que se baseiam em processos historiográficos pouco consistentes. Adicionalmente, a desconsideração de longos períodos de transição entre épocas e lugares, fomentada pelo intuito de atribuir ao campo um processo de desenvolvimento evolutivo e progressivo, impede que interpretações alternativas sejam possíveis.[9]

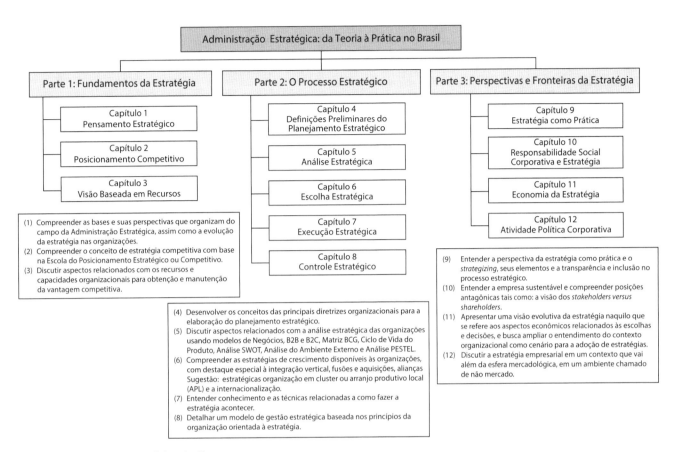

**Figura 1.1** Estrutura analítica do livro.

A Administração Estratégica sistematizada conforme conhecemos é fruto de histórias bastante recentes, com estudos, trabalhos e atividades desenvolvidos a partir dos primórdios da sistematização do campo de conhecimento da Administração. Apesar disso, diversos autores esforçam-se em conectar os fundamentos do campo às raízes da antiga Atenas, da China antiga, com o tratado militar "A Arte da Guerra" de Sun Tsu (do século IV a.C.), com os tratados desenvolvidos em "O Príncipe" de Maquiavel, além de outras alegorias.[7] Essa conexão, embora fracamente existente, é um tanto quanto distante do que se desenvolve em termos contemporâneos, além de ser repleta de descontinuidades, sobretudo por desconsiderar processos evolutivos ao ocupar-se unicamente em apresentar grandes marcos históricos e, a partir daí, sugerir metáforas que, de algum modo, se conectam às teorizações. Há autores que, sob um prisma mais exigente, consideram que o uso de ancestrais nas narrativas históricas do campo seja um conhecido truque de marketing, que prolonga e fortalece o *pedigree* do campo de conhecimento.[10,11]

A partir do exposto, e desconsiderando clichês associados à origem histórica da estratégia, tomando por base apenas momentos e eventos de fato conectados à Administração Estratégica organizacional e contemporânea, é possível compreender que os primeiros esforços surgem juntamente com as sistematizações comumente tratadas na teoria geral da Administração e em teoria organizacional. No entanto, esses primeiros textos são deliberadamente excluídos das histórias típicas, especialmente por não se dirigirem objetivamente à Administração Estratégica.[11] Longe da intenção de estabelecer uma cronologia dessa recente história do campo, podemos relacionar alguns marcos importantes na rememoração do passado da área de Administração Estratégica. Dentre esses marcos, é possível ressaltar as contribuições de Alfred DuPont Chandler Júnior, em 1962,[12] de Igor Ansoff, em 1965, e seus trabalhos subsequentes,[13] a proposição da matriz SWOT por Albert S. Humphrey, por meio de trabalhos desenvolvidos entre os anos de 1960 e 1970, os trabalhos amplamente citados de Michael E. Porter de 1979 e 1980,[14,15] complementando-se a teoria da visão baseada em recursos (VBR) com os estudos de Jay Barney de 1991 e 2001.[16,17]

ADMINISTRAÇÃO ESTRATÉGICA

Vale reforçar que os Capítulos 2 e 3 do livro tratam especificamente do posicionamento competitivo, tendo Porter[14,15] como principal autor, e da VBR, com destaque para as obras de Barney.[16,17]

## O QUE VIRÁ PELA FRENTE

Os conceitos, modelos e técnicas desenvolvidos pelos autores aqui apresentados serão descritos ao longo dos próximos capítulos.

As ideias de Chandler sobre estrutura e estratégia estão presentes no Capítulo 1.

Os princípios do posicionamento estratégico para obtenção de vantagem competitiva organizados por Porter serão tratados no Capítulo 2.

No Capítulo 3, a concepção da visão dos recursos e capacidades para a geração de valor e obtenção de vantagem competitiva sustentável proposta por Barney serão apresentadas.

As premissas de Ansoff referentes ao processo de concepção da estratégia encontram-se no Capítulo 4.

A caracterização sobre o desenvolvimento da matriz SWOT concebida por Humphrey estará presente em conjunto com outras técnicas no Capítulo 5, que trata sobre análise estratégica.

Neste sentido, é importante apresentar ao leitor a forma como encontramos para sintetizar a relação entre duas das principais teorias do campo da estratégia. Na Figura 1.2 estão organizadas as diferenças e complementariedades estabelecidas por essas teorias.

**Figura 1.2**

Comparação entre o posicionamento competitivo e a visão baseada em recursos.

| Posicionamento competitivo | Visão baseada em recursos |
| --- | --- |
| • Inicia com a análise estratégica do ambiente externo.<br>• Foco na rivalidade da concorrência.<br>• Retornos acima da média quando a posição é superior aos rivais.<br>• A cadeia de valor segue as orientações e variações do mercado.<br><br>DEDUÇÃO ESTRATÉGICA | • Inicia com a análise estratégica do ambiente interno.<br>• Foco nos recursos e competências essenciais da firma.<br>• Retornos acima da média quando a firma não pode ser imitada.<br>• A cadeia de valor determina a posição que a empresa irá obter no mercado.<br><br>INDUÇÃO ESTRATÉGICA |

No intuito de apresentar uma perspectiva panorâmica entre as duas teorias, usamos a associação da inferência lógica do raciocínio para interpretação dos fatos que pode ser a **dedução**, na qual as premissas gerais podem explicar os fatos (do todo para as partes), e a **indução**, em que se pode chegar a um resultado por intermédio de elementos previamente presentes (das partes para o todo).

O posicionamento competitivo pode ser considerado a partir da dedução, pois estabelece a análise externa por meio das características do setor no qual a organização está inserida, tem preocupação declarada com a concorrência para se ter retorno acima da média dos rivais. Já a VBR se fundamenta pela ênfase inicial de análise a partir do ambiente interno, considerando os recursos da organização, e, assim, a vantagem competitiva se sustenta quando se obtém retorno acima dos concorrentes em virtude de características distintivas de difícil imitação pelos rivais.

Cabe também destacar os trabalhos de Henry Mintzberg, que transitam entre a gestão, a teoria das organizações e a estratégia, no início dos anos 1970. A partir desses trabalhos, diversos outros esforços foram pavimentando as vias da Administração Estratégica, a exemplo do *balanced scorecard* (ver Capítulos 7 e 8) e de diversas outras teorias, modelos e técnicas que, em grande parte, são explorados nesta obra.

Em relação aos aspectos contemporâneos do campo da Administração Estratégica, vale mencionar um passado não muito distante e inquietações que apontam para desdobramentos futuros, já que, enquanto redigimos este texto, o campo prossegue evoluindo. Assim, é válido destacar os esforços de Mintzberg, Ahlstrand e Lampel ao tentarem sistematizar o campo a partir de dez escolas do pensamento estratégico.[4] Apesar de a obra não ser unanimidade em termos de aceitação na academia, até porque algumas das escolas contam com poucos representantes, levando à dúvida se realmente configuram-se como "escola de pensamento", a ideia é interessante, sobretudo em termos didáticos. Os autores situaram as dez escolas sob duas grandes abordagens estratégicas, sendo as **estratégias prescritivas**, que **definem como** as estratégias **devem** ser formuladas, e as **estratégias descritivas**, que buscam **compreender o modo como** as estratégias são formuladas. O Quadro 1.1 sintetiza as principais ideias de cada escola de pensamento proposta pela obra *Safári de estratégia*.

**Quadro 1.1**  Escolas do pensamento estratégico do *Safári de estratégia*

| | Escolas | Ideias Centrais da Escola | Principais Referências |
|---|---|---|---|
| **Escolas Prescritivas** | *Design* | Com base nas ameaças e oportunidades ambientais, e nos pontos fortes e fracos da organização, a estratégia nessa escola é formada como um processo de **concepção** mental, a partir do estrategista. | Selznick (1957)[18] |
| | Planejamento | Nascida no mesmo período da escola do design, na escola do planejamento, a formação da estratégia é vista como um processo **formal**, embasado em aspectos técnicos, programas e planos. O planejamento é formal e fortemente associado ao controle. | Ansoff (1965)[13] |
| | Posicionamento | Assim como nas escolas anteriores, o processo estratégico é formal, contudo na escola do posicionamento ele se traduz em um processo **analítico**, fortemente ancorado nas estratégias genéricas de Porter, bem como em seu modelo das cinco forças. O executivo permanece como protagonista do processo estratégico. | Porter (1980)[15] |
| **Escolas Descritivas** | Empreendedora | Embora a escola empreendedora apresente traços prescritivos, suportada por uma base econômica, a mesma melhor enquadra-se na abordagem descritiva. O processo continua centrado no estrategista, com base em uma lógica empreendedora e **visionária**. | Schumpeter (1984)[18] |
| | Cognitiva | Na escola cognitiva, a estratégia é concebida a partir de um processo **mental**. Os teóricos procuram compreender como as estratégias são formuladas pelos estrategistas (autodidatas), e não necessariamente a estratégia em si. A corrente é fundamentada por teorias psicológicas cognitivas. | Simon (1947)[20] |
| | Aprendizado | Aqui, a estratégia é compreendida como um processo **emergente**, oriundo de toda a organização, por meio de seus atores, que agem individual ou coletivamente. A partir dessas ações, atores aprendem sobre situações, desenvolvendo aptidões para lidar com elas. Não há divisão entre formulação e implementação da estratégia. | Cyert e March (1963)[21]<br><br>Prahalad e Hamel (1990)[22] |
| | Poder | Na escola do poder, a concepção da estratégia baseia-se nos processos de **negociação**, empregando como bagagem teórica a ciência política. Os modelos analíticos da escola fundamentam-se no "micropoder", baseado na negociação entre atores individuais e/ou grupos, dentro da própria organização. Já o "macropoder" mantém foco no ambiente organizacional, ou seja, nos stakeholders, buscando meios de persuadi-los por intermédio desse poder. | Allison e Zelikow (1971)[23]<br><br>Astley (1984)[24] |
| | Cultural | Nessa escola, a estratégia é concebida a partir de um processo **coletivo** de interações sociais, por meio de aculturação, que produz conhecimento tácito. É uma lógica praticamente oposta à escola do poder, em que a concepção das estratégias é emergente. A cultura (por vezes, corporativa) é a principal responsável pela formação estratégica, que pode traduzir-se em barreiras e/ou facilitadores para determinadas escolhas. | Rhenman (1973)[25]<br><br>Normann (1977)[26] |
| | Ambiental | A escola ambiental compreende a organização como um ente passivo às forças ambientais e a estratégia como um processo **reativo**. O ambiente é preponderante na concepção das estratégias. Ao líder cabe a contínua interpretação do ambiente, adaptando a organização aos novos cenários. | Hannan e Freeman (1977)[27] |
| | Configuração | A escola da configuração é bastante abrangente e, embora muitos autores defendam seu posicionamento como uma escola puramente descritiva, ela combina aspectos das duas abordagens – prescritiva e descritiva. A estratégia é compreendida como um processo de transformação, dado por ciclos, em que a configuração organizacional se molda em relação às mudanças contextuais. | Mintzberg, Ahlstrand e Lampel (2008)[5] |

**Fonte:** Elaborado pelos autores com base em Mintzberg, Ahlstrand e Lampel (2008).[5]

Em outra importante abordagem, o inglês Richard Whittington sistematiza o campo de Administração Estratégica a partir de quatro grandes perspectivas genéricas sobre estratégia, concebidas a partir de dois eixos, sendo que um trata de **resultados** (de um lado, a maximização de lucros e, no outro extremo, resultados mais plurais); e outro eixo que se refere aos **processos** estratégicos (em um extremo, processos deliberados, e no outro lado, processos emergentes).[4] Cada quadrante formado a partir do cruzamento desses eixos origina uma abordagem genérica sobre estratégia. Naturalmente, esses eixos configuram-se como contínuos, portanto não são quadrantes estanques e absolutos, ou seja, entre os extremos existe uma infinidade de possibilidades. A Figura 1.3 sintetiza bem a ideia de Whittington.

**Figura 1.3**
Perspectivas sobre estratégia.
**Fonte:** Whittington (2004).[4]

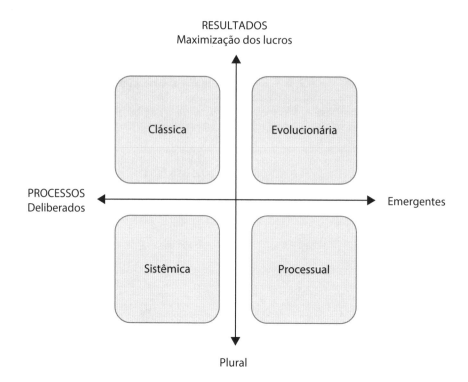

O Quadro 1.2 sintetiza os fundamentos de cada uma das quatro abordagens apresentadas por Whittington, a partir do modelo estratégico, de sua justificativa e foco, seus processos, influências-chave, autores-chave e período de surgimento.

**Quadro 1.2**
As quatro perspectivas sobre estratégia
**Fonte:** Whittington (2004).[3]

|  | Clássica | Processual | Evolucionária | Sistêmica |
|---|---|---|---|---|
| **Estratégia** | Formal | Elaborada | Eficiente | Inserida |
| **Justificativa** | Maximização do lucro | Vaga | Sobrevivência | Local |
| **Foco** | Interna (planos) | Interna (política/ cognições) | Externa (mercados) | Externa (sociedade) |
| **Processos** | Analítica | Negociação/ Aprendizagem | Darwiniana | Social |
| **Influências-chave** | Economia/ militarismo | Psicologia | Economia/ Biologia | Sociologia |
| **Autores-chave** | Chandler[12] Ansoff[13] Porter[14,15] | Mintzberg[5,28] Pettigrew[29] | Hannan e Freeman[27] | Granovetter[30] |
| **Surgimento** | 1960 | 1970 | 1980 | 1990 |

CAPÍTULO 1 | Pensamento estratégico

Assim como na abordagem de Mintzberg, Ahlstrand e Lampel, o desenho das perspectivas genéricas sobre estratégia de Richard Whittington apresenta fragilidades. Um bom exemplo é o próprio surgimento de cada uma das abordagens, que leva o leitor ao equívoco de que nada importante surgiu após os anos 1990, que demarcam o surgimento da quarta perspectiva (sistêmica).

## DA TEORIA À REALIDADE BRASILEIRA

Outra importante evidência revela que a teorização importada nem sempre se ajusta aos problemas locais. Tomando por base o modelo de perspectivas genéricas sobre estratégia de Richard Whittington, autores brasileiros propuseram a categorização da produção científica nacional em estratégia, de 1991 a 2002.[28] O resultado é interessante, já que dos 303 artigos selecionados para a análise, 121 deles (39,9%) não se enquadraram em nenhuma das quatro abordagens propostas por Whittington. Uma leitura menos atenta poderia sugerir que a produção científica nacional estaria equivocada, ou desalinhada com as "grandes teorizações", ao menos em quase 40%.

Contudo, há que se compreender que existem significativas diferenças em nosso contexto, motivo pelo qual enfatizamos tanto nesta obra o ambiente brasileiro, ainda que sejamos carentes de teorias aqui desenvolvidas.

Em relação ao futuro do campo, o que se observa é a aproximação de outros campos de conhecimento, a exemplo da sociologia e da ciência política, para melhor compreender aspectos sociais e políticos que permeiam os fenômenos organizacionais, a partir de múltiplas bagagens teóricas. Além disso, observamos amplo esforço de aproximação entre a academia e praticantes em todo mundo. No Brasil, a concepção dos mestrados profissionais e dos recém-criados doutorados profissionais materializam a preocupação de aproximar teoria à prática. Esse distanciamento promove diversos problemas práticos, a exemplo da minimização da legitimidade do campo de conhecimento, que é destacado por Carlos Bertero, ao defender que a "[...] lacuna é tão clara e lamentável que teríamos dificuldade em imaginar um executivo lendo algum periódico de nível internacional 'A' de gestão estratégica" (p. 1163).[32] Retomando, contudo, o desalinhamento entre as perspectivas estratégicas de Whittington e a produção científica em estratégia no Brasil, é possível questionarmos se esse conhecimento de "nível internacional" se ajusta integralmente aos problemas nacionais.[30]

Apesar de a chamada globalização ter alcançado patamares impressionantes, existem aspectos no contexto brasileiro que diferenciam significativamente seu ambiente dos ambientes das principais teorias do campo de Administração Estratégica. Apenas como exemplo, no Brasil existe grande intervenção estatal e regulatória no mercado. Como as principais teorizações não lidam com atores do poder público, percebe-se uma espécie de limbo teórico vivenciado pelos estudantes, que acabam descobrindo essas questões na prática. Para autores importantes do campo de conhecimento, "[...] a estratégia não lida muito bem com o Estado. Ela não conta com uma teoria a respeito deste, o que limita sua capacidade de entender os meandros da geopolítica" (p. 170).[33] Nesta obra, procuramos minimizar essa questão a partir do Capítulo 12.

Diante do exposto, é possível observarmos que o futuro da Administração Estratégica conta com muitas possibilidades (grande parte em curso), já que não apenas as organizações, mas também seus respectivos ambientes institucionais estão sofrendo intensas mudanças, todo o tempo. Acreditamos que muitos modelos de negócios serão modificados em breve, e muitas "grandes teorias" perderão relevância em face dessas mudanças. Apenas para exemplificar, a teoria da racionalidade limitada de Herbert Simon, ganhador do prêmio Nobel de Economia, que defende a limitação de recursos cognitivos como uma clara barreira à tomada de decisões, vem sendo superada por modelos decisórios baseados em inteligência artificial.[36] Notem que não é nossa pretensão jogar por terra tão relevante teoria, mas faz-se necessário provocarmos questionamentos em meio a tantas mudanças.

## SAIBA MAIS

**Herbert Alexander Simon (1916-2001)** foi um economista e pesquisador nos campos da economia, matemática, psicologia cognitiva, computação, administração pública e sociologia econômica. Foi ganhador do Prêmio Nobel de Ciências Econômicas, em 1978. Atua na Carnegie Mellon University, em Pittsburgh, na University of California, em Berkeley, e no Illinois Institute of Technology.

# 10 ADMINISTRAÇÃO ESTRATÉGICA

A análise **structure conduct performance (SCP)**, ou **estrutura comportamento desempenho**, supõe que a performance econômica das firmas é resultado direto de seu comportamento concorrencial em termos de fixação de preços e custos, e que esse comportamento depende da estrutura da indústria na qual as firmas estão inseridas.[37]

Em síntese, podemos contribuir de forma didática para o entendimento da evolução do pensamento estratégico a partir de ciclos temporais, contudo alertamos que não se trata de rupturas das ideias postuladas, e sim de movimentos incrementais onde novas perspectivas surgem a todo tempo, ampliando compreensões ou refutando saberes. O Quadro 1.3 apresenta uma tentativa de sistematizar parte dessa evolução do campo.

Em aproximadamente 70 anos, o pensamento estratégico veio evoluindo das técnicas de orçamentação para o planejamento empresarial baseado em análises de mercado com vistas ao controle das ações para obtenção de retorno financeiro.

No fim dos anos 1970 do século passado, a contribuição da corrente econômica da organização industrial com trabalhos pioneiros de Edward Mason e Joe Bain sobre a estrutura da indústria, um modelo que ficou conhecido como análise *structure conduct performance* (SCP),[37] inspirou Porter a estabelecer as premissas da escola do posicionamento competitivo e a vantagem competitiva amplamente disseminada entre os anos 1980 e 1990.

Dos anos 1990 até a virada do século, a VBR – internacionalmente conhecida por *resource-based view* (RBV) –, ganha destaque quando preconiza que a vantagem competitiva sustentável depende dos recursos e das capacidades da organização. A partir de então, a perspectiva institucional passou a contribuir amplamente com a visão da estratégia como prática social e busca por estruturas de governança que garantam relações claras com diversos atores econômicos e sociais.

## QUESTÕES PARA REFLEXÃO

1. Por que o campo da Administração Estratégica pode ser analisado por múltiplas perspectivas?

2. Discuta a concepção sobre segredos da estratégia.

3. Reflita sobre a possibilidade de realizar uma análise de uma organização de seu interesse pelas orientações do posicionamento competitivo e da visão baseada em recursos?

4. Por que as escolas do pensamento estratégico podem ser agrupadas como prescritivas e descritivas? Discuta quais seriam as duas mais representativas de cada grupo.

5. Procure exemplos de empresas brasileiras que deixaram de existir e aquelas que evoluíram nos últimos 50 anos e, a partir desses dois enfoques, tente descrever o perfil de cada uma de acordo com a evolução temporal do pensamento estratégico.

## QUESTÕES PARA AVALIAÇÃO DO CONHECIMENTO

1. Cite um exemplo de empresa brasileira que apresenta vantagem competitiva no setor em que atua. Apresente uma justificativa circunstanciada a partir dos fundamentos da escola do posicionamento.

2. O que significa a perspectiva institucional do pensamento estratégico? Descreva um exemplo de organização que pode ser caracterizada nesta perspectiva.

3. Quais são as quatro perspectivas da estratégia? Faça uma caracterização de cada uma pelas dimensões: tipo de estratégia, justificativa, foco e influências-chave.

4. Como podemos distinguir as abordagens do posicionamento competitivo e VBR pela associação da inferência lógica do raciocínio (dedução e indução estratégica)?

5. Descreva as tendências futuras do campo da Administração Estratégica?

**Quadro 1.3**  Evolução temporal do pensamento estratégico

| | Anos 1950 | Anos 1960 | Anos 1970 | Fim dos anos 1970 e meados dos anos 1980 | Meados dos anos 1980 e início dos anos 1990 | Início dos anos 1990 | Meados de 2000 até os dias atuais |
|---|---|---|---|---|---|---|---|
| **Tema Dominante** | Orçamentação | Planejamento Empresarial | Estratégia Corporativa | Análise da Indústria e Competição | Vantagem Competitiva | Valor da Empresa | Valor Sustentável |
| **Principal Enfoque** | Controle contábil e financeiro | Planejamento do crescimento | Planejamento de portfólios e negócios | Escolha de setores, mercados e segmentos mais atrativos | Fontes da vantagem competitiva | Renovação dinâmica da empresa | Práticas transparentes para conquista de mercado |
| **Principais Conceitos** | Orçamentação financeira, planejamento de investimentos e avaliação de projetos | Previsão do mercado, diversificação e análise de sinergias | Matrizes de portfólios de negócios e análise da curva de experiência e da rentabilidade no mercado | Modelos de avaliação da atratividade estrutural da indústria e de análise da concorrência | Análise dos recursos e competências, identificação dos fatores críticos de sucesso e rapidez de resposta | Inovação, aprendizagem organizacional e valor acrescentado de mercado | Governança, *Triple Botton Line* Sustentabilidade Competitividade com foco global Institucionalismo Prática Social |
| **Implicações** | Papel determinante da administração financeira | Criação de departamentos de planejamento estratégico e desenvolvimento de conglomerados | Organização por unidades estratégicas de negócios e integração do controle financeiro e estratégico | Desinvestimento de negócios pouco atrativos e melhor gestão dos ativos | Reestruturação das empresas e concentração em competências únicas | Reengenharia dos processos, alianças estratégicas e criação de redes empresariais | Práticas sócio-ambientais, ações internacionais com adaptações culturais |

**Fonte:** Adaptado de Grant (2008),[34] Barney e Hesterly (2011)[35] e Whittington (2012).[3]

## REFERÊNCIAS

1. PORTER, M. E. What is Strategy? **Harvard Business Review**, 74, 61-78, 1996.
2. PORTER, M. E. **Competitive advantage**: creating and sustaining superior performance. New York: FreePress, 1985.
3. WHITTINGTON, R. Big strategy/small strategy. **Strategic Organization**, 10, 263-268, 2012.
4. WHITTINGTON, R. **O que é estratégia?** Thomson, 2004.
5. MINTZBERG, H.; AHLSTRAND, B.; LAMPEL, J. **Strategy safari**: the complete guide through the wilds of strategic management. Free Press, Prentice Hall, 2008.
6. RAMOS-RODRÍGUEZ, A.-R.; RUÍZ-NAVARRO, J. Changes in the intellectual structure of strategic management research: a bibliometric study of theStrategic Management Journal, 1980–2000. **Strategic Management Journal**, 25, 981-1004, 2004.
7. MCKIERNAN, P. **Historical evolution of strategic management**. Routledge, 2017.
8. BRACKER, J. The Historical development of the strategic management concept. **Academy of Management Review**, 5, 219-224, 1980.
9. THOMAS, P.; WILSON, J.; LEEDS, O. Constructing 'the history of strategic management': a critical analysis of the academic discourse. **Business History**, 55, 1119-1142, 2013.
10. CARTER, C.; CLEGG, S. R.; KORNBERGER, M. **A very short, fairly interesting and reasonably cheap book about studying strategy**. London: Sage, 2008.
11. THOMAS, P.; WILSON, J.; LEEDS, O. Constructing 'the history of strategic management': A critical analysis of the academic discourse. **Business History**, 55, 1119-1142, 2013.
12. CHANDLER, A. D. Strategy and structure: chapters in the history of the American enterprise. **Massachusetts Institute Technology**, Cambridge, 4, 125-137, 1962.
13. ANSOFF, I. **Corporate strategy**: an analytic approach to business policy for growth and expansion. McGraw-Hill, 1965.
14. PORTER, M. E. How competitive forces shape strategy. **Harvard Business Review**, 1979.
15. PORTER, M. E. **Competitive strategy**. Free Press, 1980.
16. BARNEY, J. Firm resources and sustained competitive advantage. **Journal of Management**, 17(1), 99-120, 1991.
17. BARNEY, J. **Gaining and sustaining competitive advantage**. 2. ed. Englewood Cliffs: Prentice Hall, 2001.
18. SELZNICK, P. **Leadership in administration**. Evanston, 1957.
19. SCHUMPETER, J. A. **Capitalismo, socialismo e democracia**. Zahar, 1984.
20. SIMON, H. A. **Administrative behavior**. Macmillan, 1947.
21. CYERT, R. M.; MARCH, J. G. **A behavioral theory of the firm**. Prentice Hall, 1963.
22. PRAHALAD, C. K.; HAMEL, G. The Core Competence of the Corporation. **Harvard Business Review**, 68, 79-91, 1990.
23. ALLISON, G. T.; ZELIKOW, P. **Essence of decision**: explaining the cuban missile crisis. Little Brown, 1971.
24. ASTLEY, W. G. Toward an Appreciation of Collective Strategy. **Academy of Management Review**, 9, 526-535 (1984).
25. RHENMAN, E. **Organization theory for long range planning**. Wiley, 1973.
26. NORMANN, R. **Management for growth**. Wiley, 1977.
27. HANNAN, M. T.; FREEMAN, J. The population ecology of organizations. **American Journal of Sociology**, 82, 929-964, 1977.
28. MINTZBERG, H.; GHOSHAL, S.; LAMPEL, J.; QUINN, J. B. **The strategy process**: concepts, contexts, cases. Pearson Education, 2003.
29. PETTIGREW, A. M. Context and action in the transformation of the firm. **Journal of Management Studies**, 24, 649-670, 1987.
30. GRANOVETTER, M. Economic action and social structure: the problem of embeddedness. **American Journal of Sociology**, 91, 481-510, 1985.
31. BERTERO, C. O.; VASCONCELOS, F. C. de; BINDER, M. P. Estratégia empresarial: a produção científica brasileira entre 1991 e 2002. **Revista de Administração de Empresas**, 43, 48-62, 2003.
32. BERTERO, C. O. Comentários – Considerações sobre o artigo estratégia e gestão estratégica das empresas: um olhar histórico e crítico. **Revista de Administração Contemporânea**, 12, 1159-1164, 2008.
33. ABDALLA, M. M. **Repensando o duplo movimento polanyiano a partir do desenvolvimento de estratégias sociais**: um olhar sobre o setor de energia nucleoelétrica à luz da opção decolonial. Fundação Getulio Vargas/Ebape, 2014.
34. GRANT. R. M. **Contemporary strategy analysis**. 6. ed. Blackwell Publishing, 2008.
35. BARNEY, J.; HESTERLY, W. S. **Administração estratégica e vantagem competitiva**. Conceitos e casos. Prentice Hall, 2011.
36. SIMON, Herbert A. **Administrative behavior**: a study of decision-making processes in administrative organization. 3. ed. Free Press, 1976.
37. VASCONCELOS, Flávio C.; CYRINO, Álvaro B. Vantagem competitiva: os modelos teóricos atuais e a convergência entre estratégia e teoria organizacional. **Revista de Administração de Empresas**, 40(4), 20-37, 2000.

# POSICIONAMENTO COMPETITIVO

*Marco Antonio Conejero*
*Tiago Fischer Ferreira*

## RESUMO

Este capítulo visa discutir o conceito de estratégia competitiva com base na escola do posicionamento estratégico ou competitivo. Para tanto, iniciamos apresentando o conceito de posicionamento competitivo sob a ótica da estratégia, mas complementando-o pela ótica do marketing. Depois, evoluímos o debate mostrando que o conceito de orientação para o mercado é um facilitador do posicionamento competitivo. Feito isso, tratamos dos conceitos clássicos do modelo Diamante para obtenção de vantagens competitivas, o modelo das Cinco Forças competitivas para avaliação da atratividade da indústria, as estratégias genéricas de liderança em custo e diferenciação para o posicionamento competitivo, e a cadeia de valor para criação e captura de valor, todos eles propostos pelo autor de referência do capítulo, Michael Porter. Como uma visão alternativa e complementar à contribuição de Porter, em especial às estratégias genéricas para posicionamento competitivo, procuramos trazer as disciplinas de valor de Treacy e Wiersema e o modelo Delta de Hax e Wilde II que discutem um leque maior de estratégias para posicionamento competitivo, além da liderança em custo e diferenciação.

### OBJETIVOS DE APRENDIZAGEM

Neste capítulo, o leitor poderá aprofundar seu conhecimento sobre:
- O conceito de posicionamento estratégico ou posicionamento competitivo sob as perspectivas das áreas de estratégia e marketing.
- A contribuição de Michael Porter para essa escola de pensamento estratégico com o modelo Diamante de vantagem competitiva, o modelo das Cinco Forças para análise da indústria, as estratégias genéricas, e a cadeia de valor.
- A existência de modelos alternativos ao entendimento das estratégias genéricas, como as disciplinas de valor de Treacy e Wiersema e o modelo Delta de Hax e Wilde II.
- A aplicação desses modelos teóricos em casos e realidades nacionais.

## 2.1 CONCEITO DE ESTRATÉGIA COMPETITIVA PERANTE A ESCOLA DO POSICIONAMENTO

Antes de entrarmos na discussão do posicionamento competitivo propriamente dito, vale a pena dar um passo atrás para que vocês possam entender a perspectiva do conceito de estratégia perante a escola do posicionamento. Lembrando que as escolas do pensamento administrativo foram previamente discutidas no Capítulo 1.

Em uma perspectiva geral, estratégia pode ser descrita como uma ligação entre objetivos e a implementação necessária para alcançar aqueles objetivos. O processo estratégico pode incluir também o desenvolvimento dos objetivos. *Grosso modo*, os objetivos definem o que a organização pretende alcançar, enquanto a estratégia é o caminho de como chegar lá.[1] Por esta perspectiva, a estratégia pode ser entendida como a pavimentação de uma rota em busca de um objetivo organizacional, seja ele financeiro, operacional, relacionado com pessoas e, claramente, com a imagem que a marca pretende transmitir ao seu público-alvo e à sociedade.

Especificamente, para a escola do posicionamento, o conceito básico de estratégia está relacionado com a ligação da organização com o seu ambiente. A organização procura definir e operacionalizar estratégias que maximizem os resultados da interação estabelecida. Trata-se de uma perspectiva diferente do que vocês verão no Capítulo 3.

Ansoff[2] foi um dos primeiros autores a discorrer sobre estratégia empresarial, definindo-a como tudo aquilo que se refere às relações entre a organização e seu ambiente. Algum tempo mais tarde, Michael Porter proporcionou uma significativa contribuição ao estudo do tema e, por isso, será a principal referência deste capítulo.

## SAIBA MAIS

**Harry Igor Ansoff** é reconhecido como pai da gestão estratégica. Seu primeiro livro, *Corporate strategy*, foi publicado em 1965 e se tornou um *best-seller*. Foi responsável pela criação da matriz produto/mercado, também conhecida como matriz Ansoff, que visa representar quatro estratégias diferentes de um negócio: penetração de mercado, desenvolvimento de mercado, desenvolvimento de produto e diversificação. Essas estratégias serão mais bem discutidas no Capítulo 6.

**Fonte**: <https://www.portal-gestao.com/artigos/6662-igor-ansoff-pai-da-gest%C3%A3o-estrat%C3%A9gica.html>.

Para Porter,[3] estratégia está relacionada com a criação de uma posição única e de valor no mercado – ou dentro de uma indústria, na linguagem da teoria econômica –, capaz de convencer o cliente a comprar de sua organização, em vez de no concorrente. Ou seja, estratégia é o caminho para essa posição almejada, o modo pelo qual uma organização procura alcançar o seu posicionamento.

## SAIBA MAIS

**Michael Porter** é professor da Harvard Business School, com atuação nas áreas de Estratégia (Administração e Economia), tendo sido consultor de estratégia de diversas empresas norte-americanas e internacionais. É considerado a maior autoridade em estratégia competitiva. Teve um papel ativo na concepção de conceitos, tais como a análise de indústrias (setores) em torno de cinco forças competitivas, e das três fontes genéricas de vantagem competitiva: diferenciação, baixo custo e enfoque em mercado específico.

**Fonte**: <http://www.administradores.com.br/artigos/marketing/michael-porter-o-estrategista-da-academia/20297/>.

Na visão de Porter,[4] o posicionamento estratégico é denominado desta maneira em razão do resultado da estratégia de posicionamento competitivo quando bem-sucedida. Ou seja, posicionamento significa uma posição única, que se diferencia das demais ofertas concorrenciais, e, por isso, gera uma maior atratividade ao mercado consumidor.

Nesse contexto, Mintzberg *et al.*,[5] em sua obra, tentou reunir e diferenciar as escolas de pensamento estratégico, conforme visto no Capítulo 1. Em especial para a escola do posicionamento, ele apresenta as seguintes características:

- A base da escola do posicionamento está na teoria econômica de organização industrial.
- A formulação da estratégia como um processo analítico da organização para com o ambiente.
- A análise da atratividade da indústria, que é o setor econômico na linguagem econômica, pode ser feita a partir da análise das cinco forças competitivas.
- A base da formulação estratégica são as estratégias genéricas de Michael Porter, liderança em custo e diferenciação, para um mercado amplo ou focalizado, que dependem da análise da cadeia de valor interna da organização, com suas atividades primárias e secundárias relacionadas com a geração de valor.
- Vantagem competitiva entendida como o diferencial a ser desenvolvido pela organização perante os concorrentes e clientes.

**CAPÍTULO 2** | Posicionamento competitivo **15**

---

### SAIBA MAIS

**Henry Mintzberg** é professor de Gestão na McGill University/Canadá. Considerado um dos maiores especialistas mundiais em estratégia, Mintzberg dirigiu sua obra para três temas principais: a elaboração de estratégias; as formas como os gestores distribuem o tempo e como funcionam os seus processos mentais; e como são desenhadas/estruturadas as organizações para se adaptarem às suas necessidades.

**Fonte:** http://www.historiadaadministracao.com.br/jl/gurus/75-hnery-mintzberg.

---

Se você não compreendeu alguns desses tópicos, fique tranquilo, este é o objetivo deste capítulo. Vamos discutir esses itens em maior profundidade nas próximas seções. Em especial, vamos percorrer a obra de Michael Porter, em sinergia com outros autores de referência da estratégia de posicionamento, como forma de lhe apresentar referências que buscaram evoluir os fundamentos apresentados inicialmente por Ansoff e Porter.

De qualquer forma, a obra de Michael Porter, dentre outros méritos, foi responsável por traduzir os fatos estilizados da Organização Industrial (OI) para o mundo das empresas, estabelecendo condições para obtenção de vantagens competitivas que nada mais são do que assimetrias em relação aos concorrentes – vantagens de custo, informação, diferenciação, capacidade de criação e aproveitamento de oportunidades de investimento.

Uma vez que você já conhece a perspectiva do conceito de estratégia para a escola do posicionamento, podemos seguir adiante. Na próxima seção, assim como fizemos com estratégia, vamos definir melhor o que vem a ser posicionamento competitivo ou estratégico.

> Em economia, a **organização industrial**, ou a **economia industrial**, é um campo da microeconomia que se baseia na teoria da firma, ou empresa na linguagem empresarial, examinando a estrutura das firmas e dos mercados.

## 2.2 CONCEITO DE POSICIONAMENTO COMPETITIVO

Vamos aqui diferenciar esse conceito sob duas perspectivas complementares. Uma pela área de estratégia propriamente dita, e outra pela área de marketing, em especial a subárea intitulada marketing estratégico.

Visto sob o prisma da área de estratégia, alguns termos são bastante utilizados para definir posicionamento competitivo como "posição única" em "segmentos de mercado", de "alta lucratividade e potencial elevado", com a oferta de "produtos, serviços e marcas", de maneira "diferenciada da concorrência", ou "sem a ameaça da concorrência", para obter uma "vantagem competitiva".[6] Para melhor entendimento, vale definir o segmento de mercado como uma menor parte de um mercado que reúne consumidores com preferências e perfis minimamente homogêneos entre si e heterogêneos em relação aos demais segmentos do mesmo mercado.

Pela combinação de palavras antes apresentadas pode-se ter um entendimento dúbio sobre o que vem a ser o posicionamento competitivo. De um lado, pode-se considerar o posicionamento competitivo como a escolha de segmentos que estão disponíveis no mercado, e que são acessíveis pela organização, onde a mesma consegue se diferenciar da concorrência e obter lucratividade. Do outro, pode-se considerar o posicionamento competitivo como dependente do que se oferece aos segmentos-alvo da organização em termos de produtos, serviços e marcas. Por isso, a perspectiva da área de marketing nos ajuda a facilitar o entendimento do termo.

---

### SAIBA MAIS

**Al Ries** ficou conhecido, em 1972, quando uma série de três artigos sobre o conceito de "posicionamento", de sua autoria em conjunto com Jack Trout, foi publicada na revista *Advertising Age*. Atualmente, tem com sua filha Laura Ries uma empresa de consultoria (Ries & Ries), sediada em Atlanta, Estados Unidos.

**Fonte:** <https://www.ries.com/about-us/>.

Na área de marketing, o conceito de posicionamento estratégico (ou posicionamento competitivo) foi introduzido, em 1972, por Al Ries e Jack Trout. Mais tarde, esses autores reuniram esses e outros ensinamentos no livro *Positioning: the battlle for your mind*, lançado em 1981. Na visão desses autores, posicionamento "é o ato de desenvolver a oferta e a imagem da empresa para ocupar um lugar destacado na mente dos clientes-alvo".[7] Concordando com essa visão do conceito está Philip Kotler,[8] o guru da área de marketing.

## SAIBA MAIS

**Jack Trout** introduziu o conceito de posicionamento juntamente com Al Ries. Ele escreveu três livros sobre o assunto: *Positioning: the battle for your mind*, em 1981, *The new positioning*, em 1996, e *Repositioning: marketing in an era of competition, change and crisis*, em 2010. É fundador da empresa de consultoria Trout & Partners.

**Fonte:** <http://www.troutandpartners.com/about-trout-partners.asp>.

Nessa perspectiva, o posicionamento competitivo de sucesso deve ser percebido de forma clara pelo público-alvo, que pode ser entendido tanto como o cliente final demandante e os usuários dos produtos ou serviços desta indústria, como também pela sua rede de distribuidores e interessados em seu mercado (*stakeholders*).[9] E, para tanto, é preciso haver consistência entre o que é comunicado e o que é ofertado pela organização.[10] Ou seja, o posicionamento pretendido pela organização pode ser diferente daquele efetivamente obtido, uma vez que o último é formado pelo histórico da organização, bem como por experiências pessoais dos consumidores, dentre outros fatores.[11]

## SAIBA MAIS

**Philip Kotler** é professor de Marketing Internacional na Kellogg School of Management, Northwestern University, Estados Unidos, e autor de 57 livros na área de marketing. Ganhou diversos prêmios pela sua contribuição nas temáticas de estratégia e planejamento de marketing, organização da função de marketing e marketing internacional.

**Fonte:** <http://www.philkotler.com/bio/>.

Portanto, o posicionamento competitivo sob a ótica do marketing deve, então, ter íntima ligação com a percepção do mercado em relação à marca e à oferta de uma organização e como ela age em sinergia com seus agentes interessados (*stakeholders*). Assim, o conceito de posicionamento para o marketing é a estruturação de uma imagem na mente do público-alvo. Uma imagem que não só destaque a marca e a oferta da empresa, em detrimento das ofertas dos concorrentes, bem como crie uma personificação da marca, adotando um lugar de destaque na mente do consumidor, gerando, assim, a mesma diferenciação percebida e objetivada por Porter.

De qualquer forma, acreditamos que a partir de agora você pode compreender o posicionamento competitivo ou estratégico como a soma de pelo menos duas perspectivas. A perspectiva da estratégia, que está mais preocupada em como a organização irá se diferenciar da concorrência, e a do marketing, que quer saber como o cliente ou consumidor percebe esse posicionamento. Falta ainda a perspectiva interna, que está orientada a pensar como a organização precisa se organizar em termos de recursos e competências para oferecer algo único para os clientes, e ao mesmo tempo, diferente da concorrência (foco do Capítulo 3). Veja a Figura 2.1 com as três perspectivas juntas, que permitem um posicionamento competitivo efetivo.

Para que possa ficar ainda mais claro as três perspectivas do posicionamento estratégico, vamos trabalhar um conceito da área de marketing chamado de "orientação para o mercado".

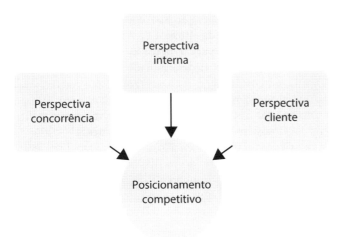

**Figura 2.1**
As três perspectivas do posicionamento competitivo.

## 2.3 ORIENTAÇÃO PARA O MERCADO COMO FACILITADOR DO POSICIONAMENTO COMPETITIVO

Pensando na orientação das organizações como um conceito relacionado com o posicionamento estratégico, Gilligan e Wilson[12] sugeriram a seguinte matriz de análise disposta na Figura 2.2.

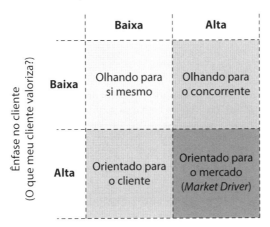

**Figura 2.2**
Matriz de orientação estratégica das organizações.

**Fonte:** Gilligan e Wilson (2003).[13]

A primeira opção seria aquela clássica da **organização voltada para si própria**, quando ela confia "cegamente" na superioridade conquistada no passado e esquece que ela pode perdê-la em função das mudanças do mercado. Nesse caso, está o clássico exemplo de Henry Ford, quando o cliente, ao adquirir um carro modelo Ford T, poderia escolher a cor, desde que fosse "preta". Com isso, a Ford perdeu mercado para a General Motors (GM) de Alfred Sloan, nos anos 1930 e 1940, pois a última soube compreender as diferenças de gostos dos consumidores e oferecer produtos diferenciados.

Em se tratando de consumidor, temos também a **orientação para o cliente**, que é necessária, mas deve ser tratada com cuidado. Às vezes, as organizações fazem de tudo para atender seus clientes sem saber se o cliente pagará efetivamente por aquela oferta de valor. Mesmo se pagar, de repente não é o valor ideal para cobrir todos os custos e despesas. Isso é bem comum com produtos da moda, mas podemos também lembrar dos exemplos das sobremesas geladas como "paleta mexicana" e *frozen yogurt*, que tiveram um *boom* de crescimento no lançamento, mas se depararam com um consumidor resistente a pagar o que os fornecedores acreditavam que valia o produto.

No lado oposto, temos a **orientação para o concorrente**, que é o caso da organização que fica tentando a todo custo superar ou imitar os passos do concorrente, esquecendo para tanto o desejo do cliente. Quem não se lembra da disputa do SBT com a TV Globo nos anos 2000, em que a primeira buscava capturar a audiência da última, e com isso cedeu espaço para a TV Record.

Finalmente, a chamada **orientação para o mercado** trata-se de uma orientação que as organizações devem adotar visando satisfazer determinado grupo de consumidores, oferecendo o que estes desejam, de maneira melhor que os concorrentes, sem a necessidade de estocar os canais de distribuição ou tensionar os relacionamentos.[14] Portanto, a organização orientada para o mercado oferece uma solução que excede a expectativa de valor para o cliente, representando uma vantagem competitiva sustentável perante os concorrentes.[15]

E para construir a orientação para o mercado, a organização deve gerar inteligência sobre as necessidades e preferências dos consumidores, disseminar essa inteligência internamente entre as áreas funcionais e ser rápida em responder a essas demandas.[16] Dito de outra forma, os gerentes devem combater a tendência natural que as organizações apresentam de atuarem com foco nos objetivos internos, trabalhando a comunicação de preocupações e exigências de clientes em todos os níveis da organização.[17]

Portanto, a desejada **orientação para o mercado** trata-se de uma opção resultante da combinação de orientação interna, orientação para o concorrente e orientação para o cliente. Um conceito que abrange as três perspectivas de posicionamento que discutimos na Figura 2.1 da seção anterior.

---

## MINICASO

### Casos empresariais de orientações estratégicas distintas

Como forma de clarificar os conceitos utilizados anteriormente, podemos citar três exemplos práticos que buscarão demostrar um pouco de como as orientações estratégicas se aplicam. Para efeitos didáticos, vamos trazer exemplos nos quais uma das orientações se destaca, mas lembrando que o ideal, para se ter a orientação para o mercado, é a organização combinar as três orientações dentro da mesma proposta de valor.

No caso de empresas com foco em "olhar para si própria", podemos citar o caso da maior empresa do mundo no setor químico industrial, a alemã BASF. Especificamente no negócio de pigmentos (tintas) automobilísticos, a BASF se configura há décadas como uma das líderes de mercado e principal fornecedor das maiores montadoras automobilísticas do planeta. Tal liderança vem historicamente dos constantes processos de inovação tecnológica realizados pela empresa no negócio de tintas. Contudo, com o passar dos anos, a oferta dos concorrentes passou a ficar mais semelhante à oferta da BASF, ameaçando fortemente seu mercado. Além disso, os concorrentes operavam com custos de pesquisa e desenvolvimento mais baixos.

Contudo, a BASF desenvolveu uma forma inovadora de garantir uma entrega de valor adicional à indústria automobilística a partir do uso de seus recursos. A empresa decidiu utilizar um de seus ativos mais valiosos em pigmentos, o *know how* de seus técnicos de pintura, que focavam seu trabalho nos testes dos produtos que seriam comercializados. A empresa decidiu oferecer aos seus clientes o conhecimento desses técnicos em forma de serviços customizados de pintura. Ou seja, deixou de vender tintas para vender "carros pintados", o que reduziu a responsabilidade da montadora em uma parte da cadeia de montagem do automóvel e protegeu a BASF contra a entrada de concorrentes potencialmente agressivos.

No caso de "orientação para o cliente", podemos citar a marca internacional de cafés Nespresso. "Caçula" de um mercado altamente tradicional e regido por marcas bastante representativas, como Illy, Lavazza, Café de Colômbia, Starbucks, entre outras. A Nespresso, marca de cafés *premium* da gigante dos alimentos suíça Nestlé, entrou em um mercado altamente competitivo, mas que apresentava enormes possibilidades de crescimento, em razão do baixo consumo *per capita* de cafés no mundo, principalmente quando se trata de cafés especiais (*premium*).

A Nespresso buscou, desde seu lançamento, no início dos anos 2000, a orientação para o cliente. Pode-se verificar tal orientação na maneira como a empresa construiu seu conceito de marca e de proposta de valor. Primeiramente, a empresa atacou um desejo latente de um público consumidor, de classe média à média alta, na faixa dos 30 anos, com capacidade econômica para consumo de produtos *premium*. Este desejo era fortemente vinculado ao *status* social, ou seja, o desejo de ter uma máquina de cafés expressos em casa para receber convidados, o que até então era considerado artigo de luxo. Com esta estratégia, a empresa criou um desejo íntimo em seus clientes, proporcionando um intenso *buzz* marketing (boca a boca) e se tornando uma marca altamente requisitada.

Com o passar dos anos, a orientação para o cliente da Nespresso só aumentou. A preocupação com a satisfação do consumidor começava desde a escolha da origem dos cafés, desenvolvendo contratos com produtores específicos para obter as melhores fontes de matéria-prima, passando por um constante processo de inovação em sabores/aromas e novos produtos, e avançando para estruturação de canais de distribuição (praça) especiais (canal eletrônico, *boutiques* Nespresso), terminando com um dos maiores índices de satisfação do mercado de bens de consumo não duráveis.

Por fim, como exemplo de "orientação para a competição", um caso clássico desse tipo de abordagem no mundo é a empresa de *fast food* norte-americana Burger King, eterna competidora da líder mundial do mesmo segmento McDonald´s. Desde sua criação, o Burger King priorizou em suas estratégias mercadológicas e, principalmente, em seu posicionamento de marca, o conceito "ser melhor que seu concorrente principal". Desta forma, construiu constantemente estratégias de produtos, promoções e também de praça altamente focadas em agredir pontos fracos identificados no seu concorrente.

Em termos de produtos, o Burger King concentrou-se em atacar o concorrente, com a abordagem de que o seu principal produto é "grelhado, maior e mais saboroso" que o produto do concorrente. Na comunicação, também são inúmeros exemplos de promoções fortemente agressivas e de cunho cômico com o objetivo de ridicularizar a marca oponente e chamar a atenção para a sua própria marca. E, por fim, mundialmente a marca focou em construir seus restaurantes em locais muito próximos das lojas de seu concorrente, gerando, assim, maior facilidade de comparação pelo cliente.

## QUESTÕES PARA DISCUSSÃO

1. Quais os riscos, no caso da BASF, de se ter apenas uma orientação para si própria, em suas competências internas, para satisfazer a indústria automobilística? E, no caso da Nespresso, de se ter apenas uma orientação para o cliente de café *premium*? E, no caso da Burger King, de orientação para o principal concorrente McDonald's?

2. Apesar das orientações aqui reveladas para os casos BASF, Nespresso e Burger King, sabemos que na realidade todas essas organizações praticam a orientação completa para o mercado. Busque na web evidências que revelem a "orientação para o mercado" praticada por essas empresas.

## SAIBA MAIS

### Dois modelos teóricos de orientação para o mercado

A orientação para o mercado é uma variável de gradação contínua: as organizações podem ser mais ou menos orientadas para o mercado. Nesse sentido, John Narver e Stanley Slater[18] fazem uma analogia entre a sinergia que deve existir entre os departamentos organizacionais com uma orquestra e seus músicos. E, em função disso, propõem um modelo analítico para ajudar as organizações a obter esse tipo de orientação, com três componentes comportamentais (orientação para os clientes; orientação para a concorrência; e coordenação interfuncional/orientação interna), e dois critérios de decisão (foco no longo prazo e lucratividade) relacionados entre si (Figura 2.3).

**Figura 2.3** Modelo de organização orientada para o mercado (*market oriented*).

**Fonte:** Narver e Slater (1990).[19]

Os componentes comportamentais compreendem as atividades de aquisição e disseminação de informação de mercado por meio da inteligência competitiva. São eles:

- Orientação para o cliente – que consiste no entendimento do mercado-alvo da organização para se criar valor superior aos seus clientes.
- Orientação para os competidores ou concorrentes – pode-se entender como a análise constante de forças e fraquezas no curto prazo e de competências e recursos de longo prazo de uma organização, além das estratégias centrais utilizadas por competidores atuais e potenciais dessa organização.
- Orientação interna ou coordenação interfuncional – incide na utilização de forma coordenada dos recursos da organização para se criar valor superior a seus clientes.

Já os critérios de decisão referem-se aos objetivos da organização. São eles:

- Foco no longo prazo – a orientação para o mercado é um processo que ocorre em longo prazo por meio da implementação dos componentes comportamentais citados anteriormente.
- Lucratividade – o lucro (elemento que garante a sobrevivência das organizações) é uma consequência da orientação para o mercado.

Depois de um estudo com 140 organizações, Narver e Slater[20] verificaram que a orientação para mercado é um elemento que afeta positivamente o desempenho do negócio, não deixando de considerar fatores internos, como custos e tamanho da organização, e fatores de mercado, como barreiras de entrada, poder dos compradores e fornecedores, mudanças tecnológicas, novos concorrentes e crescimento do mercado.

Além de maior lucratividade, a orientação para o mercado traz maior eficiência em custos e investimentos, pois os clientes leais são consideravelmente mais lucrativos que os demais. Além disso, a organização consegue: identificar e eliminar os clientes que dão prejuízo; desenvolver projetos de valor superior, o que normalmente significa preço mais alto; e neutralizar a concorrência, pois clientes satisfeitos dificilmente mudam de fornecedor.[21]

De maneira complementar, George S. Day[22] introduziu o conceito de organização "dirigida pelo mercado" (*market driven*), ampliando os tradicionais enfoques da organização "orientada para o mercado" (*market oriented*). Em função disso, Day[23] apresenta um modelo similar ao de Narver e Slater,[24] mas com componentes adicionais. Ele considera a cultura organizacional e as modificações que necessitam ser feitas na estrutura da organização para que esta atue dirigida pelo mercado. Nesse sentido, três elementos são centrais (cultura orientada para fora, aptidões para sentir o mercado e estrutura adaptável), conforme mostrado na Figura 2.4.

**Figura 2.4** Modelo de organização dirigida pelo mercado (*market driven*).
**Fonte:** Day (2001).[25]

Os três elementos centrais do modelo de organização dirigida pelo mercado (*market driven*) podem ser detalhados como se segue:

- Cultura orientada para fora: com crenças, valores e comportamentos dominantes, enfatizando valor superior para o cliente e busca contínua de novas fontes de vantagem competitiva.
- Aptidões para sentir o mercado: as organizações estão aptas para estabelecer relações estreitas com clientes importantes e o mercado. A clareza de sua visão estratégica ajuda-as a elaborar estratégias que antecipam os riscos e as oportunidades do mercado, em vez de reagir a eles.
- Estrutura: possibilita que toda a organização antecipe e responda às mudanças exigidas pelos clientes, nas condições do mercado. Isso inclui uma estrutura organizacional adaptável, com sistemas de suporte, controles, medidas e políticas de recursos humanos alinhadas com uma política de valor superior.

Como suporte aos elementos citados, existe, ainda, uma base de conhecimento e informações sobre os clientes e concorrentes, compartilhados em toda a organização. O resultado da conjugação e da adequação da cultura, aptidões, estrutura e base de conhecimento é uma capacidade superior para compreender, atrair e reter clientes valiosos.[26] Vale comentar que a proposta de Day[27] para o posicionamento competitivo invade um pouco a discussão do Capítulo 3, de recursos e capacidades estratégicas, porém é relevante para o seu entendimento completo sobre o tema.

Vista a orientação para o mercado, vamos agora discutir a obra de Michael Porter, o autor referência deste capítulo, começando pelo conceito de vantagem competitiva e o modelo diamante.

## 2.4 CONCEITO DE VANTAGEM COMPETITIVA E MODELO DIAMANTE DE PORTER

Conforme definimos anteriormente, o posicionamento competitivo depende também da forma como a organização se diferencia da concorrência. Sob esse prisma vamos discutir um pouco mais sobre o conceito de vantagem competitiva utilizando como base os ensinamentos de Michael Porter.

Do ponto de vista técnico, pode-se dizer que a vantagem competitiva é a ocorrência de níveis de performance econômica acima da média de mercado em função das estratégias adotadas pelas firmas (como são nomeadas as empresas pela teoria econômica). De maneira complementar, o termo pode ser entendido como algo que a concorrência não tem ou não pode obter no curto prazo, em função das características ou atributos de um produto ou marca, que lhe conferem certa superioridade sobre seus concorrentes imediatos.[28]

De qualquer forma, vale comentar que esse termo surgiu como uma evolução do conceito de vantagem comparativa, sendo este último cunhado pelo reconhecido economista David Ricardo para defender a tese dos ganhos do livre comércio internacional a partir da especialização produtiva dos países.

---

**SAIBA MAIS**

**David Ricardo**, economista inglês, teve influência das obras de Adam Smith, autor da obra capital *Principles of political economy and taxation*, em 1817. Em oposição ao mercantilismo, formulou um sistema de livre comércio e produção de bens que permitiria a cada país se especializar na fabricação dos produtos nos quais tivesse vantagem comparativa, também chamado de sistema de custos comparativos.

**Fonte:** <https://brasilescola.uol.com.br/biografia/david-ricardo.htm>.

---

Em seu estudo sobre a vantagem competitiva das nações, Porter[29] concorda que nenhum país ou território consegue ser competitivo em todos os setores da economia. Em sua avaliação, para que um país ou território possa ser competitivo em determinado setor, é preciso alcançar elevado nível de produtividade dos fatores de produção como capital e trabalho. E, para tanto, é necessária alta capacidade de inovação, seja de produto, processo ou organizacional.

Porter[30] ainda acredita que os governos podem oferecer subsídios para que o processo de inovação ocorra considerando quatro fatores de estímulo, que foram agrupados no modelo chamado Diamante da Vantagem Competitiva Nacional ou, simplesmente, Diamante de Porter. A Figura 2.5 apresenta o modelo proposto por Porter.[31]

**Figura 2.5**
Modelo Diamante de Porter.
**Fonte:** Porter (1992).[32]

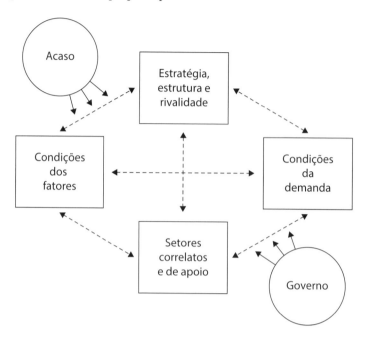

O modelo Diamante de Porter[33] leva em consideração os pontos comentados na sequência.

### 2.4.1 Condições dos fatores de produção

Vantagens competitivas podem surgir de fatores de produção altamente especializados, ou com qualidade superior, e de extrema significância para as indústrias. A abundância de determinados fatores de produção ou seu baixo preço podem refletir também na sua qualificação ou especialização. Porter distingue fatores básicos dos fatores adiantados. Os básicos incluiriam tanto recursos físicos (clima, matérias-primas, recursos naturais, disponibilidade de fontes energéticas) quanto recursos humanos (população, taxa de renda, escolaridade). Os fatores adiantados seriam os recursos de conhecimento, infraestrutura e de capital.

Nesse sentido, podemos recordar que o Brasil tem fatores básicos em abundância, o que garante uma posição competitiva no mercado de *commodities*. Porém, ainda demonstra carência nos fatores adiantados, comparativamente a países desenvolvidos, o que dificulta a agregação e captura de valor no mercado das especialidades. Por exemplo, exportamos café verde em grão para países desenvolvidos, como a Alemanha, que torra o café de diferentes origens, compõe *blends* variados para atender os mais diferentes paladares, adiciona suas marcas e consegue um preço *premium* para suas ofertas.

### 2.4.2 Condições da demanda

Quando em determinada nação já existe um cliente interno exigente e sofisticado, este pode exercer pressões sobre as empresas, gerando uma melhoria contínua e ganhos de vantagens competitivas. Portanto, quanto maior a expectativa e mais sofisticada e exigente for a demanda local, maior será a pressão para que as organizações atinjam elevados padrões de inovação, qualidade e produtividade, e com isso se torne um setor altamente competitivo.

No Brasil, isso ocorre, por exemplo, no setor de beleza, que envolve os produtos de higiene pessoal, perfumaria e cosméticos, com destaque para empresas como Natura e Boticário, que souberam entender o exigente público consumidor brasileiro, independentemente da classe social, com a oferta de uma variedade de produtos que carregam em si as essências e princípios ativos da biodiversidade brasileira. Com isso, dificultaram a vida das empresas multinacionais, como

Avon, Unilever e Procter & Gamble, quando estas entraram no mercado brasileiro, assim como conseguiram explorar seus diferenciais no mercado internacional.

## 2.4.3 Setores (ou indústrias) correlatos(as) e de apoio

Quanto mais estruturados e próximos forem os setores correlatos e de apoio, maior a possibilidade de troca de ideias, experiências e inovação, gerando desenvolvimento e aumento da competitividade em ambos os setores. As indústrias correlatas podem estar agrupadas em determinada região, formando o dito *cluster*, ou arranjo produtivo local. Assim, nessas regiões são formados centros de excelência, com ganho de escala e suporte para as indústrias principais. O fornecimento proveniente do próprio *cluster* pode reduzir a necessidade de estoques, havendo uma otimização da logística de produção por meio da integração com fornecedores, a exemplo das indústrias japonesas.

Nesse sentido, por exemplo, as montadoras automobilísticas encontram terreno fértil para o seu crescimento com uma cadeia de fornecedores de autopeças e componentes altamente desenvolvida. Vamos destacar o caso da MAN Latin America, na cidade de Resende (RJ), fabricante da marca Volkswagen Caminhões. A MAN criou o conceito de Consórcio Modular, trazendo os fornecedores para dentro da fábrica, e dispondo-os de maneira sequencial conforme o fluxo produtivo da linha de montagem. Dessa maneira, a MAN apenas administra o processo e faz o controle de qualidade, deixando a cargo de cada parceiro uma parte do processo produtivo. Com isso, ela ganha competitividade, sem abrir mão da qualidade da marca Volkswagen.

## 2.4.4 Estratégia, estrutura e rivalidade entre as empresas

Tanto a cooperação quanto a competição são fatores essenciais para forjarem competitividade. Isto faz com que a rivalidade doméstica mereça até maior atenção do que a rivalidade externa, pois ela influencia diretamente os níveis de inovação. Ou seja, a presença de concorrentes fortes na localidade, disputando fatias importantes do mercado local, estimula o processo de inovação, geração de valor, e criação e preservação da vantagem competitiva.

No Brasil, temos diversos exemplos em diferentes setores produtivos, onde a existência de pelo menos dois concorrentes fortes contribuiu para que ambos criassem e explorassem suas vantagens competitivas, nacional ou internacionalmente. No setor de papel e celulose, temos a Klabin e a Fibria. No setor de carrocerias de ônibus e caminhões, a Marcopolo e a Caio Induscar. No setor de utensílios domésticos, temos a Tramontina e a Brinox. No setor de varejo virtual, temos a Via Varejo (Pão de Açúcar, Ponto Frio, e Casas Bahia) e a B2W (Americanas.com e Submarino.com). No setor alimentício, temos a JBS (Friboi e Seara) e a BRF (Sadia e Perdigão). Só para citar alguns exemplos.

Conforme já adiantado, nesse modelo de Porter,[34] deve-se considerar a participação do governo no modelo como catalisador de todo o processo, capaz não só de incentivar as organizações a patamares mais elevados de desempenho – por meio do balanço entre competição e cooperação, e do respeito aos regulamentos antitruste (defesa da livre concorrência) –, como também de estimular a demanda por produtos mais avançados e inovadores. Nesse sentido, os bancos públicos de fomento, como o Banco Nacional de Desenvolvimento Econômico e Social (BNDES) e a Financiadora de Inovação e Pesquisa (Finep), têm um grande papel a cumprir no exercício desse poder governamental de direcionamento da competitividade setorial.

Veja que o modelo Diamante, apesar de ser concebido sob uma perspectiva de país ou região, também pode ser aplicado às organizações. Uma empresa ou firma pode obter uma vantagem superior sobre os concorrentes a depender das condições dos fatores e da demanda, suas relações com setores correlatos ou de apoio, e sua estratégia diante da rivalidade e da estrutura do mercado em que atua.

Os fatores de produção, como capital, mão de obra, conhecimento, tecnologia e infraestrutura, podem estar dentro da organização, ou serem fornecidos por terceiros, organizações parceiras, dispostos em uma cadeia ou rede produtiva. A forma como a organização controla ou coordena o suprimento desses fatores pode ser decisiva para obter vantagem competitiva. Da mesma maneira estão os setores correlatos ou de apoio, que fornecem insumos, produtos e serviços que a organização não dispõe. Para obter a vantagem competitiva, ela deve tratá-los como parceiros, inseri-los em uma cadeia ou rede produtiva, prever a demanda, trocar informação ou desenvolver tecnologia em conjunto.

As condições de demanda – como tamanho de mercado, poder aquisitivo, heterogeneidade, concentração geográfica e facilidade de acesso aos consumidores – também influenciam a possibilidade de a organização ter ou não uma vantagem competitiva. E, claro, a estrutura do mercado e a rivalidade da concorrência podem orientar a organização para uma melhoria contínua, de maneira a não apenas conquistar, mas, principalmente, manter uma vantagem competitiva sustentável. Vamos continuar o debate da vantagem competitiva a partir do modelo das Cinco Forças a ser discutido na próxima seção.

**Figura 2.6**
Modelo das Cinco Forças de Porter.
**Fonte:** Porter (1980).[37]

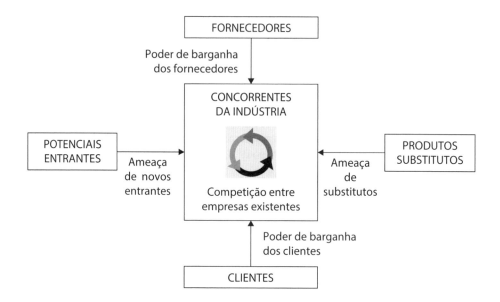

## 2.5 ATRATIVIDADE DA INDÚSTRIA E MODELO DAS CINCO FORÇAS DE PORTER

A obtenção de vantagem competitiva tem íntima relação com a dinâmica e as regras da concorrência em cada setor da economia, ou em cada indústria, na linguagem da economia. Todos os fatores de importância relativa para esta análise são destacados por Porter como as "cinco forças".[35] Segundo este modelo, a intensidade da competição entre as organizações varia de acordo com a indústria, sendo maior em indústrias de baixo retorno.

Mais do que análise da concorrência, o modelo das "cinco forças" é uma estrutura amplamente utilizada e útil para classificar e analisar a atratividade da indústria em que uma organização está inserida.[36] Esse modelo apresenta a lucratividade de uma indústria (como indicada pela taxa de retorno sobre o capital, relativo ao custo de capital) como sendo determinada por cinco forças de pressão competitiva. Essas cinco forças competitivas incluem três fontes de concorrência "horizontal" (concorrência de substitutos, concorrência de novos entrantes, e concorrência de rivais estabelecidos) e duas fontes de concorrência "vertical" (o poder de barganha dos fornecedores e dos compradores) (Figura 2.6).

### 2.5.1 Rivalidade interna ou entre os concorrentes da indústria

A análise da Figura 2.6 pode se iniciar por qualquer uma das cinco "forças". Vamos começar pela rivalidade interna ou entre os concorrentes da indústria onde a organização está. A concorrência pode ser por custo ou preço mais baixo, ou na tentativa de se diferenciar por algum atributo de valor. Tudo isso depende principalmente da concentração de mercado, da estrutura da indústria (concorrência perfeita, concorrência monopolística, oligopólio ou monopólio) e do padrão de concorrência (preço/custo ou qualidade de produto, serviços, canais, pessoal, imagem).

A concentração de vendedores refere-se ao número e tamanho das empresas concorrendo dentro de um mercado. É muito comum mensurar pelo índice de concentração, ou seja, a participação de mercado, ou *market share*, combinada dos principais produtores. Por exemplo, o índice de concentração CR4 é a participação de mercado, ou *market share*, dos quatro maiores produtores naquela indústria.[38]

Por exemplo, a atmosfera confortável da indústria de automóveis no Brasil, onde quatro grandes empresas competiam entre si, foi interrompida no início dos anos 1990 pela concorrência por importação. Chamados por um ex-presidente de "carroças", os carros brasileiros passaram por intensa revolução tecnológica desde então. Portanto, a concorrência atual no mercado brasileiro é consequência do fato de haver mais empresas competindo, mas também porque essas empresas possuem origens nacionais diferentes, custos, estratégias e estilos de administração diferentes. Existem hoje no mercado brasileiro empresas cuja origem é da Coreia, Japão, França, Alemanha, Estados Unidos, China, entre outras.

A teoria subjacente de como a estrutura da indústria guia o comportamento competitivo e determina a lucratividade da indústria é fornecida pela organização industrial (OI). Os dois pontos de referência são a teoria do monopólio e a teoria da concorrência perfeita. Uma única empresa protegida pelas barreiras de entrada a novas empresas estabelece um monopólio em que pode se apropriar, na forma de lucro, da quantia total de valor gerado. Por outro lado, várias empresas fornecendo um produto idêntico sem restrições de entrada ou saída constituem uma concorrência perfeita: a taxa de lucro cai para um nível que cobre apenas o custo de capital das empresas. No mundo real, as indústrias estão entre esses dois extremos. A maioria das indústrias de produção e várias indústrias de serviço tendem a ser oligopólios: eles são dominados por um pequeno número de grandes empresas, que competem fortemente entre si.[39]

Da mesma maneira, quanto maior é a similaridade dos produtos entre as empresas concorrentes, mais dispostos os consumidores estarão para substituir e maior será o incentivo para as empresas reduzirem os preços a fim de aumentar as vendas. É o caso das indústrias de *commodities* agrícolas e minerais. Por outro lado, nas indústrias em que os produtos são altamente diferenciados (perfumes, produtos farmacêuticos, serviços em geral), a competição de preço tende a ser mais fraca, mesmo que haja várias empresas competindo.[40] Isto é o que chamamos padrão de concorrência, que muda a depender da indústria analisada.

## 2.5.2 Poder de barganha dos fornecedores e dos clientes

A concorrência não se encerra no entendimento dos concorrentes diretos, deve-se ter em mente quem são os fornecedores, qual é a força deles, o quanto eles são importantes, exclusivos, escassos, limitados e oportunistas. A mesma análise vale para os clientes. Quanto maior a força de negociação ou barganha de clientes e fornecedores, e também dos concorrentes, mais difícil é a vida da organização para se posicionar no mercado e ter vantagens competitivas.

Por exemplo, a indústria de transformados plásticos, como embalagens, são dependentes dos insumos da indústria petroquímica, sendo que, no Brasil, há um monopólio da Braskem, cujo propriedade é compartilhada entre a Odebrecht e a Petrobras. Da mesma forma, os laticínios no Brasil são altamente dependentes da tecnologia fornecida pela empresa suíça Tetra Pak, a qual fornece máquinas e embalagens cartonadas de envase do leite e outros derivados lácteos.

Em termos de poder dos clientes, podemos citar o exemplo das usinas produtoras de açúcar no Brasil, fornecedoras da Coca-Cola. Além do preço competitivo, as empresas precisam passar pela auditoria da Coca-Cola nas suas operações industriais e serem aprovadas no padrão de qualidade e sustentabilidade exigido pela multinacional de bebidas. Ultimamente, a Coca-Cola tem exigido também que seus fornecedores de açúcar obtenham a certificação Bonsucro de sustentabilidade.

No entanto, ainda estamos olhando a concorrência ou a atratividade da indústria sob os limites da cadeia vertical de valor ou cadeia produtiva. Com o modelo das Cinco Forças, temos que ter uma perspectiva ampliada e por isso Porter agrega duas forças relevantes: os potenciais entrantes e os produtos substitutos.

> **Bonsucro** é uma associação multi *stakeholder* criada com o objetivo de reduzir os impactos ambientais e sociais da produção de cana-de-açúcar, a partir do desenvolvimento de um padrão e programa de certificação para transformar a indústria da cana.

### 2.5.3 Ameaça de novos entrantes

Potenciais entrantes são organizações que estão fora do mercado e que, a depender da atratividade e das barreiras de entrada, podem ser uma ameaça real a quem está dentro dele. As barreiras de entrada podem ser as próprias vantagens competitivas obtidas por quem está no mercado e que são difíceis de serem copiadas. Como exemplos de barreiras de entrada podemos citar: os requisitos de capital, economias de escala, vantagens de custo, diferenciação do produto, acesso aos canais de distribuição, barreiras legais e governamentais e retaliação.[41]

Os custos de capital para se estabelecer em uma indústria podem ser muito grandes e desencorajadores. Por exemplo, o duopólio da Boeing e da Airbus em aviões para grande volume de passageiros é protegido pelos custos de capital imensos de estabelecer pesquisa e desenvolvimento (P&D), produção e facilidades de serviços para fornecer estes aviões. A Embraer, com sua linha de jatos com mais de 100 passageiros, começa a se aventurar neste mercado, mas somente após o fôlego tomado no domínio de aviões de menor porte. Por esse e outros movimentos, a empresa se tornou alvo de compra da Boeing.

Por exemplo, novas cervejarias que queiram entrar no mercado brasileiro têm como barreira de entrada o acesso aos canais de distribuição. Cervejarias já estabelecidas, como Ambev e Itaipava, oferecem aos donos de bares e restaurantes as fachadas, mesas, cadeiras, *freezers* e outros utensílios desde que exista alguma fidelidade/exclusividade na compra das bebidas. Da mesma forma, a batalha por espaços nas gôndolas dos supermercados entre os maiores processadores de alimentos (em geral, envolvendo pagamentos às cadeias de varejo a fim de reservar o espaço na gôndola) significa que os novos entrantes dificilmente conseguirão se infiltrar sem gastar um bom dinheiro.

### 2.5.4 Ameaças dos produtos substitutos

Já os produtos substitutos são aqueles que geram a mesma utilidade perante o público-alvo apesar de terem características diferentes. Por exemplo, o transporte público (metrô, ônibus) ou privado (táxi, Uber) pode ser considerado substituto do carro próprio, pois a utilidade de ambos é o deslocamento de um ponto a outro. Quanto melhor for o transporte público ou privado, maior a sua ameaça na decisão do cidadão de uso do carro próprio, ou até mesmo de ter a propriedade de um carro. No entanto, o carro próprio oferece outras utilidades, como conveniência e *status*, por isso não é um substituto perfeito.

O preço que os consumidores estão dispostos a pagar por um produto depende, em parte, da disponibilidade de produtos substitutos. A ausência de substitutos similares para um produto mostra que os consumidores são comparativamente insensíveis ao preço, ou seja, a demanda é inelástica com relação ao preço. A existência de substitutos similares significa que os consumidores trocarão por substitutos em resposta aos aumentos de preço para o produto, ou seja, a demanda é elástica em relação ao preço.[42]

O comércio eletrônico forneceu uma nova fonte de concorrência substituta que provou ser capaz de devastar vários negócios tradicionais estabelecidos. As agências de viagens, como a CVC, têm sido pressionadas pelo crescimento dos sistemas de reserva *on-line*, operados por especialistas como a Decolar e Submarino Viagens, ou pelas próprias empresas aéreas. Da mesma maneira, os sistemas de distribuição de músicas e filmes pela Internet, como Spotify e Netflix, enterraram de vez as lojas de locação de filmes e as revendas de CD/DVD, e têm pressionado as empresas de TV a cabo.

Em síntese, a "força" de cada uma das forças competitivas de Porter pode ser determinada por outras variáveis-chave. A Figura 2.7 apresenta algumas dessas variáveis ou fatores de análise para facilitar a sua compreensão.[43]

Da mesma maneira que no modelo Diamante de Porter, no modelo das Cinco Forças, deve ainda ser considerado o papel do governo como uma força de competição industrial. Porter[45] afirma que o governo tem uma influência preponderante, direta ou indiretamente, em todas as cinco forças competitivas. Isto porque ele compra e fornece, em algumas situações ele compete com as organizações privadas, ele regula o comportamento dos agentes, e por meio de políticas e subsídios, pode afetar a competitividade de uma indústria como um todo. Alguns estudiosos já sugeriram acrescentar uma nova "caixa" para o governo, mas Porter[46] argumenta que é melhor considerar o papel do governo dentro de todas as cinco forças do que separadamente.

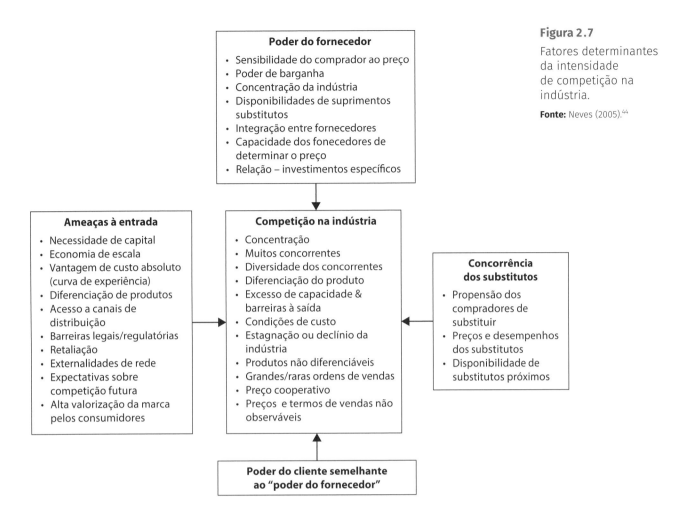

**Figura 2.7**
Fatores determinantes da intensidade de competição na indústria.
**Fonte:** Neves (2005).[44]

---

### MINICASO

### Cadeia de combustíveis no Brasil

Um exemplo prático da utilização do conceito das cinco forças de Porter pode ser a estrutura de distribuição varejista de combustíveis no Brasil. Dada a estrutura monopolista da indústria de extração e refino de petróleo no Brasil, com a Petrobras, a estrutura varejista (postos de gasolina) acabou ganhando contornos de um oligopólio, onde quatro marcas (BR, Ipiranga, Alesat e Shell/Raízen) detêm mais de 75% de *market share*, e outras 200 marcas (distribuidoras que atendem aos postos de bandeira branca) de diferentes tamanhos concentram seus esforços nos 25% restantes.

Dessa forma, verifica-se um mercado no qual o poder de barganha dos fornecedores e o poder concorrencial das quatro marcas líderes limitam a entrada de novos entrantes. Os consumidores também não exercem tanta influência em termos de poder de barganha, já que o reabastecimento é uma demanda orientada por necessidade, e o poder dos grandes varejistas se faz valer mediante agressivos investimentos promocionais, o que aumenta sobremaneira sua influência nos processos de tomada de decisão do consumidor final.

### QUESTÕES PARA DISCUSSÃO

1. Com base nesse texto e em outras informações que você pode encontrar na Internet, tente construir o modelo das Cinco Forças para a cadeia produtiva de combustíveis no Brasil. Reforce a relação de poder entre a Petrobras e as quatro grandes distribuidoras de combustíveis no Brasil, e como isso representa barreiras de entrada para novos concorrentes (a BP e a Exxon, dona da marca Esso, saíram do País, por exemplo) e limita o poder de barganha do cliente (donos de postos de combustíveis e usuários finais).

2. Onde você inseriria no modelo das Cinco Forças as usinas fornecedoras de etanol? Qual é o poder que elas têm perante as quatro ou três grandes distribuidoras de combustíveis no País?

Dando continuidade à obra de Michael Porter, vamos agora discutir como a organização pode buscar o posicionamento competitivo sob a ótica das estratégias genéricas e da cadeia de valor.

## 2.6 ESTRATÉGIAS GENÉRICAS E A CADEIA DE VALOR DE PORTER

Embora haja muitos tipos de estratégias, Porter[47] procurou condensá-las em três tipos genéricos, que fornecem um bom ponto de partida para o pensamento estratégico. São as chamadas estratégias genéricas de negócios: liderança total em custos; diferenciação; e enfoque ou foco (em custos e na diferenciação).

Para organizações que querem atuar em um escopo amplo de mercado, Porter[48] propõe duas estratégias genéricas:

a) **Liderança total em custos:** a organização se esforça para conseguir os menores custos de produção e de distribuição, de modo a poder oferecer preços mais baixos do que os do concorrente e obter uma grande participação de mercado. Portanto, essa estratégia pressupõe a busca de eficiência e redução de custo como os catalisadores de todo o esforço organizacional, mantida a paridade com a concorrência nos outros atributos de valor.

b) **Diferenciação:** o negócio se concentra em conseguir um desempenho superior em uma área importante de benefícios ao cliente, valorizada por grande parte do mercado. Portanto, essa estratégia pressupõe a escolha de um atributo de valor reconhecido pelos consumidores-alvo e no qual a organização deve apresentar performance superior à da concorrência, e pelo qual os consumidores estejam dispostos a pagar o custo adicional requerido para produzi-lo.

Para organizações que atuam em um escopo de mercado restrito, em termos regionais, de classe socioeconômica, ou em função de outros critérios de segmentação, Porter[49] recomenda a estratégia genérica de "enfoque" ou foco, que também pressupõe a adoção de uma das duas estratégias descritas anteriormente. Portanto, nesse caso, o negócio concentra-se em um ou mais segmentos estreitos de mercado, ou os chamados nichos de mercado.[50] A Figura 2.8 apresenta o quadro das estratégias genéricas de Porter.

---

### SAIBA MAIS

#### Segmentação de mercado

Por meio das bases de segmentação (econômicas, demográficas, psicográficas e comportamentais) e de dados relacionados com os mercados em âmbito regional, nacional e mundial, a organização pode desenvolver um arcabouço informacional sobre "tipos de consumidores" e "perspectivas de consumo". As possíveis segmentações devem ser discutidas com os tomadores de decisão a fim de identificar os perfis de consumo mais alinhados às propostas da organização, tanto em produtos como em serviços. É importante destacar que esta análise de segmentação deve contemplar abordagens distintas de identificação de tendências de consumo e perfis de consumo na comercialização "empresa-empresa", ou seja, "B2B", comparativamente à comercialização "empresa-consumidor final", ou seja, "B2C". Para saber mais, ver o Capítulo 5.

---

Uma estratégia de liderança de custo normalmente implica uma oferta padronizada, com poucas variações e com características limitadas. Entretanto, tal posicionamento não necessariamente significa que o produto ou serviço seja uma *commodity* não diferenciada. No caso dos produtos eletrônicos Multilaser e da companhia aérea GOL, uma oferta de baixo custo e sem adicionais também está associada com um posicionamento de mercado claro e uma imagem de marca exclusiva. O Fusca da Volkswagen, por exemplo, demonstrou que um produto utilitário de massa e de baixo custo pode atingir o *status* "adorado".

## CAPÍTULO 2 | Posicionamento competitivo

**Vantagem competitiva**

|  | Custo mais baixo | Diferenciação |
|---|---|---|
| **Alvo amplo** | Liderança em custos | Diferenciação |
| **Alvo estreito** | Enfoque no custo | Enfoque na diferenciação |

Escopo competitivo

**Figura 2.8**

Estratégias genéricas de Porter.

**Fonte:** Porter (1986).[51]

Já a diferenciação se preocupa em como uma empresa compete – as formas pelas quais ela pode oferecer exclusividade para os consumidores – com produtos, serviços, imagem e recursos humanos diferenciados. Tal exclusividade pode estar relacionada com a consistência (por exemplo, rede de restaurantes Habib's), confiabilidade (carros da Hyundai e Chery produzidos pelo grupo CAOA), *status* (marca de roupas Dudalina), qualidade (utensílios domésticos da Tramontina) e inovação (plástico verde *I'm Green*, da Braskem).

O Quadro 1.1 procura destacar as principais características das estratégias de custo e de diferenciação.

| Estratégia genérica | Elementos estratégicos chave | Necessidades de recursos e organizacionais |
|---|---|---|
| **Liderança de custo** | Fábricas com eficiência de escala<br>*Design* de produção<br>Controle de despesas e P&D<br>Inovação de processo<br>Terceirização (especialmente em outros países) | Acesso ao capital<br>Habilidades de engenharia de processo<br>Relatórios frequentes<br>Controle rígido de custo<br>Especialização de trabalhos e funções<br>Incentivos para objetivos quantitativos |
| **Diferenciação** | Ênfase em propaganda de marca, *design*, serviço, qualidade e desenvolvimento de novos produtos | Habilidades de marketing<br>Habilidades de engenharia de produto<br>Coordenação interfuncional<br>Criatividade<br>Capacidade de pesquisa<br>Incentivos para objetivos de desempenho qualitativo |

**Quadro 2.1**

Características de estratégias de liderança de custo e diferenciação

**Fonte:** Grant (2016).[52]

---

## MINICASO

### GOL × TAM

As empresas aéreas GOL e TAM (hoje LATAM) marcaram a indústria nacional por oferecerem estratégias distintas. Enquanto a GOL buscava a liderança de custo, a TAM, a diferenciação pela qualidade do serviço. Vamos recordar esses casos emblemáticos por notícias da época que retrataram as estratégias genéricas adotadas.

### GOL[53]

O sucesso da GOL Linhas Aéreas está vinculado à implantação de um modelo de negócio diferente de qualquer outro utilizado no mercado brasileiro de aviação. A parte mais visível é a sustentação de passagens aéreas em média 30% mais

# ADMINISTRAÇÃO ESTRATÉGICA

baratas que as da concorrência. O modelo conhecido como "baixo custo, baixa tarifa" inspira-se no modelo já adotado por companhias norte-americanas, como a JetBlue e Southwest. A GOL aproveitou uma demanda não atendida, acertando em cheio um público que estava insatisfeito com o preço das passagens e disposto a pagar menos, por menos serviços. Os executivos da empresa planejaram uma companhia enxuta, de alta tecnologia, que gastaria o menos possível em todas as áreas, da manutenção dos aviões à folha de pagamento dos funcionários. Portanto, o modelo de negócios da GOL funciona com serviços limitados (sem refeições quentes, sem reservas, sem sistema de milhagem), passagens baratas (preços em média 30% mais baixos), equipes enxutas e produtivas (média de funcionários por avião 25% menor, não existe área que consolida a venda das passagens), alta utilização dos aviões (enquanto as empresas tradicionais apresentam média de 11 horas de voo por dia, a GOL faz 14 horas; taxa de ocupação das aeronaves de 70%).

## TAM[54]

"A TAM só está nesta posição porque nós a pusemos aí: os clientes que responderam favoravelmente às nossas iniciativas, e o nosso pessoal que, com um espírito de corpo magnífico, entendeu que só através da satisfação do cliente esta empresa pode seguir adiante." (Comandante Rolim Adolfo Amaro)

Considerada a melhor empresa aérea regional do mundo pela Air Transport World, conceituada revista norte-americana especializada em aviação, a TAM é, sem dúvida, um dos mais visíveis casos de sucesso empresarial no Brasil. A fusão entre habilidade para o marketing, o senso de oportunidade e uma eficiência gerencial nem sempre visível ao usuário tiraram a TAM de uma posição periférica no mundo da aviação e a conduziram para o topo entre as prestadoras desse serviço. Isto em um período de pouco mais de cinco anos. A TAM criou uma estrutura para agradar ao cliente e conseguiu, em retribuição, a fidelidade dos passageiros.

## QUESTÕES PARA DISCUSSÃO

1. Muito tempo se passou desde o momento em que foram publicadas essas reportagens. A questão que nos intriga nesse momento é: será que ambas as companhias continuam com a mesma estratégia genérica? Nesse intervalo de tempo, a GOL comprou a massa falida da Varig, o que representou um desafio para ser "enquadrado" no seu modelo de negócio inicial, e incorporou o sistema de milhagem Smiles da companhia adquirida. A TAM se fundiu à chilena LAN, formando a hoje conhecida LATAM, e colocou em xeque alguns dos valores defendidos pelo Comandante Rolim. Procure evidências na Internet que sustentem a sua argumentação.

2. Nesse meio tempo, surgiu a Azul Linhas Aéreas, fundada pelo dono da companhia de baixo custo Jet Blue, o brasileiro-americano David Neeleman. Nesse contexto, qual seria a estratégia seguida pela Azul?

Para Porter,[55] a liderança de custo e a diferenciação são estratégias mutuamente excludentes. Uma empresa que tenta perseguir ambas pode ficar "encalhada no meio" (*stuck in the middle*). Ou ela perde os consumidores de alto volume que demandam preços baixos ou precisa abrir mão de seus lucros para ganhar os negócios das empresas de custo baixo. E ainda ela perde negócios de alta margem – a nata – para as empresas que estão focadas em alvos de margem alta ou que alcançaram uma diferenciação completa.[56]

De qualquer forma, as estratégias genéricas reforçam como os concorrentes e os clientes constituem duas dimensões importantes ao longo das quais a organização pode desenvolver o posicionamento competitivo. Alguns autores acreditam que as organizações centradas em seus concorrentes tendem a adotar a estratégia de custos, enquanto aquelas centradas em seus clientes tendem a adotar a estratégia de diferenciação.[57] De qualquer forma, pelo Capítulo 3, pode-se verificar que não se pode esquecer das estratégias geradas a partir da perspectiva interna, ou seja, a visão baseada em recursos (VBR), que é complementar a essa.

Porter,[62] por sua vez, recomenda que, para produzir o valor implícito à estratégia genérica, é necessário delinear, compreender e operar a denominada "cadeia de valor", ou fluxo de atividades de valor, e os "elos" entre atividades. Essa forma de pensar e olhar a estratégia para dentro da organização se assemelha muito à discussão do Capítulo 3, de análise recursos e competências, o que mostra que Porter procurou equilibrar sua teoria também com a perspectiva interna.

A cadeia de valor caracteriza a organização como uma coleção de atividades que criam valor. Porter divide a cadeia de valor em cinco atividades primárias (logística interna, operações de produção, logística externa, marketing e vendas, e serviços), que compõem o chamado *core business*, e quatro atividades de apoio (finanças e contabilidade, gerenciamento de recursos humanos, desenvolvimento tecnológico, e compras), que compõem o chamado *back office*.[63]

## SAIBA MAIS

### Visão baseada em recursos (VBR)

Prahalad[58] traz novos ingredientes à discussão, argumentando que os conceitos subjacentes ao modelo de Porter, visando ao entendimento da estrutura de um setor, contemplam a realidade e os cenários característicos dos anos 1980. Nesses cenários, a questão dominante residia em saber como uma organização deveria se posicionar em face da estrutura e das condições prevalecentes em seu setor de atuação. No entanto, atualmente, a questão é de outra ordem e diz respeito a: como podem ser formuladas estratégias que possibilitem à organização modelar o futuro, e não apenas realizar um exercício formal de posicionamento?

Em função desse debate, a visão baseada em recursos (VBR), ou *resource based view* (RBV), tratada no Capítulo 3, estrutura-se na obtenção de vantagens competitivas perante a concorrência por meio de recursos diferenciáveis e pouco copiáveis intrínsecos a cada organização.[59] Portanto, para VBR, a obtenção de vantagem competitiva emerge da construção de competências que assegurem uma posição sustentável no ambiente.[60]

Grosso modo, a abordagem de Porter é uma perspectiva de "fora para dentro", enquanto a abordagem da VBR é de "dentro para fora".[61]

---

Todas essas atividades são importantes na criação de valor à oferta da organização, apesar de, na prática, existir uma grande rivalidade entre as áreas "fim" e as áreas "meio", como se as primeiras fossem geradoras de "receita" e as últimas, apenas fonte de "custo". Na realidade, todas elas geram benefícios e possuem custos associados à sua existência, por isso é no somatório das atividades, e na forma como elas se combinam, que se deve avaliar resultados, margens e lucratividade. A Figura 2.9 apresenta a cadeia de valor de Porter.

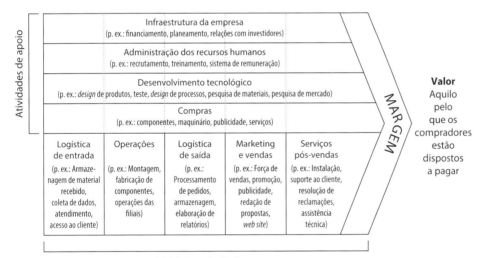

**Figura 2.9**
Cadeia de Valor de Porter.

**Fonte:** Porter (1985).[64]

Procurando responder às críticas ao seu modelo, Porter[65] melhorou a sua cadeia de valor e se aproximou ainda mais da visão baseada em recursos (VBR) (discutida no Capítulo 3) com o artigo *What is strategy?*, publicado em 1996 na *Harvard Business Review*. Nesse trabalho, ele esqueceu a criação de valor de maneira unidirecional para uma criação a partir da união/configuração de elementos distintos em um sistema de atividades. A organização deve "escolher, de forma deliberada, um conjunto de atividades para proporcionar um *mix* único de valores", o que significa, que o conjunto de atividades articuladas de forma única é que define o valor, em concordância com a VBR.[66]

Uma vez apresentadas as estratégias genéricas e a cadeia de valor de Porter, vamos agora discutir outras estratégias que podem gerar o posicionamento competitivo a partir de autores que, baseados nos ensinamentos de Porter, avançaram no conhecimento. Essas estratégias são geradas por uma perspectiva conjunta da concorrência, cliente e do que está sendo oferecido, ou seja, o produto/serviço.

## 2.7 EVOLUÇÃO DAS ESTRATÉGIAS GENÉRICAS DE PORTER – DISCIPLINAS DE VALOR

Muitos autores ora reforçam a tipologia das estratégias competitivas genéricas, ora recomendam a utilização de estratégias combinadas, ora sugerem desdobramentos ou, ainda, vão mais além, defendendo a necessidade de avançar além dos postulados da tipologia característica da escola de posicionamento.[67] De qualquer forma, à semelhança de Porter, Treacy e Wiersema[68] afirmam que "a mensagem da disciplina dos líderes de mercado é que nenhuma empresa pode alcançar o sucesso tentando ser todas as coisas para todas as pessoas".

Treacy e Wiersema[69] sugerem três orientações estratégicas agrupadas em "disciplinas de valores", necessárias para tornar-se e manter-se líder: (i) liderança de produto; (ii) intimidade com o consumidor; e (iii) excelência operacional (Figura 2.10). Essas disciplinas podem ser entendidas como estratégias genéricas, sendo que a "liderança de produto" e a "intimidade com o consumidor" correspondem às principais formas de "diferenciação" de Porter, enquanto a "excelência operacional" pode ser entendida como a "liderança de custo". Cada disciplina demanda um modelo operacional específico (processos, estrutura de negócios, sistema de gerenciamento e cultura).

> **SAIBA MAIS**
>
> **Michael Treacy.** Ex-professor do MIT e consultor de diversas empresas, fundou a empresa de consultoria Treacy & Co., que mais tarde se fundiu à Gen3 Partners.
> **Fonte:** Google Books.
>
> **Fred Wiersema.** É doutor em administração pela Harvard Business School, foi sócio da CSC Index, uma empresa internacional de consultoria gerencial, e atualmente é consultor independente.

**Figura 2.10**
Disciplinas de Valor de Treacy e Wiersema.
**Fonte:** Treacy e Wiersema (1995).[70]

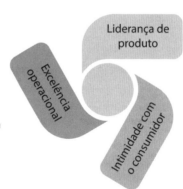

- Preço baixo
- Alta confiabilidade/qualidade
- Serviço básico sem complicações
- Facilidade de compra

- Desempenho superior
- Destruição criativa de Schumpeter
- P&D
- Organização flexível
- Impacto emocional

Para melhores clientes

- Produtos e serviços personalizados
- Assessoria de especialistas
- Soluções negociadas
- Relações de longo prazo
- Fidelidade dos clientes
- Alta *share of wallet*

A **excelência operacional** aproxima-se da liderança de custos de Porter, mas não se resume a ela. Há, na excelência operacional, uma combinação de qualidade, preço e facilidade de compra incomparáveis, em uma oferta com os menores custos possíveis. Isso significa:

- Produção eficiente.
- Produtos desenhados para eficiência em custos.
- Processos com operações padronizadas, simplificadas, planejadas e controladas centralmente.
- Sistema de gerenciamento focado em transações integradas, confiáveis e em alta velocidade.
- Cultura que abomine perdas e premie a eficiência e distribuição eficiente.

As agrocorporações, como a Terra Santa Agro e a BrasilAgro, que se formaram no Brasil nas últimas décadas, são bons exemplos de organizações que adotam a estratégia de excelência operacional. As agrocorporações procuram atuar na compra e vendas de terras, mas antes atuam na valorização do ativo "terra". Compram fazendas com pastagens degradadas, introduzem a agricultura comercial para enriquecer o solo, comercializam as safras decorrentes dessa atividade e, por fim, comercializam as terras após a valorização imobiliária. Tudo isso envolve um estrito controle de custos e perdas, economias de escala e escopo, operações e processos padronizados e mecanizados, sistemas informatizados de gerenciamento e qualidade da equipe comercial.

A **liderança em produto** representa a busca contínua pelo melhor produto, não um melhor produto ocasional. As organizações líderes em produtos buscam "[levar] seus produtos ao reino do desconhecido, do não tentado, ou do altamente desejável",[71] precisando ser criativas, rápidas e autodestrutivas no sentido schumpeteriano de destruição criativa,[72] trazendo produtos que ofereçam benefícios reais em desempenho ou percepção da experiência. Essa disciplina se assemelha muito à diferenciação de Porter, pois seus requisitos são:

- Estrutura especializada e flexível.
- Sistema gerencial voltado para resultados, premiando os bons resultados com produtos novos, sem punir a experimentação.
- Foco em pesquisa e desenvolvimento e valorização da imaginação individual, orientada para o futuro.

A indústria farmacêutica, por exemplo, tem foco na liderança em produto. Precisa investir pesadamente em P&D para estar sempre desenvolvendo novas drogas e medicamentos. Por isso, depende da proteção das patentes para obter lucros extraordinários, pelo menos durante a vigência da patente, e assim financiar o lançamento de novos produtos. Isso não impede, por exemplo, a existência de laboratórios dedicados à produção de medicamentos genéricos, ou seja, aqueles que já perderam a patente e podem ser livremente "copiados" pelos concorrentes. Por esta razão, esses últimos vão buscar a excelência operacional como estratégia competitiva.

A **intimidade com o cliente** "foca em entregar não o que o mercado quer, mas o que grupos específicos de clientes querem".[73] É a busca da solução total com serviços únicos e superiores e de relações de longo prazo que permitam conquistar a fidelidade dos clientes para auxiliá-los a extrair o máximo dos produtos. Essa disciplina se aproxima da estratégia de foco de Porter, no que diz respeito à concentração em um segmento, para poder melhor atender a suas necessidades com uma oferta especialmente configurada. Seus requisitos são:

- Visão de longo prazo.
- Obsessão com a busca de soluções específicas.
- Descentralização das decisões.
- Valorização das pessoas talentosas, flexíveis e multifuncionais.
- Valorização dos resultados em clientes selecionados, e das relações de longo prazo.

A **intimidade com o cliente** não depende, necessariamente, do melhor produto, mas da melhor oferta total (produtos e serviços) para determinado grupo de clientes. Busca-se oferecer não o preço mais baixo (liderança em custo), ou as melhores e mais recentes características de produtos (diferenciação de produto), mas uma oferta que permita explorar as necessidades e as limitações dos clientes com serviços superiores.

O objetivo, nessa disciplina, é tornar-se especialista nos negócios dos clientes, a ponto de criar dependência. A lucratividade da empresa passa pelo aumento da quantidade de clientes (que, em princípio, vai contra o conceito de foco/nicho) e da participação nos gastos desses clientes (*share of wallet*). É mais fácil pensar nessa alternativa para negócios interorganizacionais, ou conhecido como B2B (*business to business*), mas bancos, por exemplo, também fazem isso com pessoas físicas de alta renda, ou o chamado B2C (*business to customer*). É o caso do Itaú Personnalité, Bradesco Prime, BB Estilo e o Santander Select.

> A **inovação** foi introduzida pela primeira vez na literatura econômica por Joseph Schumpeter, que argumentou que a inovação é a principal causa do desenvolvimento econômico, e também de desequilíbrio no sistema econômico. Na sua avaliação, inovações são perturbadoras e causam uma descontinuidade no *status quo* econômico, o que ele chamou de "destruição criativa".

O mesmo modelo de intimidade com o cliente é adotado pela indústria de máquinas pesadas, citando como exemplo o caso da Caterpillar. Você já deve ter visto as botas das CAT em uma loja de calçados. Tudo começou na tentativa da empresa em atender plenamente as necessidades dos clientes B2B. Além das máquinas, os empresários precisam de financiamento, de assistência técnica para uso e manutenção, de capacitação dos funcionários, e os próprios funcionários precisam de equipamentos de proteção, como capacetes e botas. O reconhecimento da durabilidade e resistência das máquinas Caterpillar foi transferido para suas botas. E com esse *status*, o cliente B2C também quis comprar as botas CAT.

Portanto, o modelo das disciplinas de valor de Treacy e Wiersema[74] é um avanço do modelo das estratégias genéricas de Porter e nos ajuda a compreender a evolução histórica da literatura do posicionamento estratégico. Por fim, nesse contexto de estratégias para o posicionamento competitivo, vale ainda apresentar o modelo Delta de Hax e Wilde II,[75] que será discutido na próxima seção.

## 2.8 EVOLUÇÃO DAS ESTRATÉGIAS GENÉRICAS DE PORTER – MODELO DELTA

Da mesma maneira que o modelo das disciplinas de valor de Treacy e Wiersema[76], o modelo Delta, desenvolvido por Hax e Wilde II,[77] busca comprovar que a estrutura estratégica de Porter, baseada em duas maneiras excludentes de competir no mercado – baixo custo e diferenciação –, não abrange todas as maneiras pelas quais as organizações podem competir no ambiente atual. O modelo Delta emerge da análise de mais de 100 organizações e *workshops* com mais de 30 CEO de corporações globalizadas.

---

**SAIBA MAIS**

**Arnoldo Hax.** Professor emérito de administração do MIT (Sloan School of Management), tem seu foco de pesquisa no desenvolvimento e implementação dos sistemas de planejamento estratégico para empresas.

**Fonte:** https://mitsloan.mit.edu/faculty/directory/arnoldo-hax

**Dean Wilde II.** Diretor executivo (CEO) e presidente do conselho da empresa de investimentos DC Energy. É também presidente do conselho da Dean & Company Strategy Consultants. Formado em física pela Iowa State University, tem um mestrado em administração pelo MIT.

**Fonte:** https://www.bloomberg.com/research/stocks/private/person.asp?personId=11766928&privcapId=32573362

---

A proposta conceitual do modelo Delta reflete melhor certas particularidades presentes no ambiente de negócios contemporâneo, e propõe estabelecer pontos de conexão e integração entre os modelos conceituais tradicionais de duas escolas, posicionamento e visão baseada em recursos (RBV), situando, todavia, o cliente no âmago das proposições estratégicas.

Na visão de Hax e Wilde II,[78] apesar de as duas alternativas estratégicas de Porter (baixo custo e diferenciação) implicarem proposições distintas entre si, ambas refletem uma proposta básica de competição focada na economia do produto, ou seja, entregar o "melhor produto". E essas duas alternativas não representam bem todas as modalidades de competição, sobretudo em um ambiente complexo das relações em redes de relacionamento e alianças estratégicas.

O modelo Delta pressupõe que, no sistema competitivo de uma organização, a arquitetura, a articulação e a efetivação de relacionamentos/vínculos com os clientes emergem como elementos decisivos para configurar a estratégia. Hax e Wilde II[79] denominam *customer bonding* o mecanismo de criação de vínculos quase indissociáveis com os clientes, o que é feito direta ou indiretamente, por meio de complementadores, elementos externos à oferta da organização em si. Portanto, o modelo Delta concebe o posicionamento central como um esquema gerencial, no qual a estratégia se desenvolve alicerçada em um sistema de estreito relacionamentos organização-complementador-cliente.

Os clientes e complementadores devem representar o centro da estratégia, e o modelo Delta, a essência de como a organização deve competir e servir seus clientes no mercado. Em função disso, existem três formas de posicionamento competitivo, representadas por um triângulo, cujos vértices se referem a cada uma das seguintes posições: (i) melhor produto; (ii) soluções totais para o cliente; e (iii) *lock-in* do sistema, conforme demonstrado na Figura 2.11.

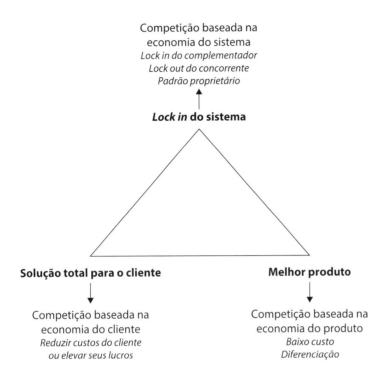

**Figura 2.11**
Modelo Delta.
**Fonte:** Hax e Wilde II (2001).[80]

## 2.8.1 Posição 1 – Opção estratégica do melhor produto

A melhor estratégia de produto baseia-se na forma clássica de análise da concorrência, sendo que só há duas maneiras de vencê-la: baixo custo ou diferenciação. O problema é que essa estratégia raramente é uma fonte de vantagem competitiva sustentável. Uma vez que a estratégia é desenvolvida e se torna conhecida, a tecnologia frequentemente permite a sua imitação, o que pode neutralizar a vantagem competitiva obtida.

Os clientes das organizações que abordam este posicionamento competitivo são atraídos pelas características intrínsecas do produto: seja pela diferenciação, que dá ao produto características únicas, geralmente elevando seu preço final; seja pelo baixo custo, que dá ao produto diferenciais de competitividade em termos de preço.[81]

Na opção de melhor produto, o foco de atenção da organização está nos concorrentes, gerando pouca ou nenhuma ação junto ao cliente. Todos os esforços e recursos são destinados à competição de produtos. Por um lado, organizações orientadas para produtos têm alta concentração de ativos em estruturas de P&D e são altamente dependentes das margens obtidas por meio dos preços diferenciados de seus produtos. Por outro lado, quando essa concentração ocorre em produtos de baixo valor agregado, os investimentos em P&D são reduzidos, e as organizações se orientam estrategicamente para a produção, para a redução máxima de custos e possibilidade de competição no mercado com preços reduzidos.

## 2.8.2 Posição 2 – Opção estratégica de solução total para o cliente

A opção estratégica de solução total para o cliente difere em muito da opção de melhor produto. Ela parte da premissa de que o foco, os esforços e os recursos da organização devem estar em linha com as expectativas e os desejos dos clientes, a fim de atendê-los. Esta opção estratégica é altamente fundamentada nos atributos de orientação para o mercado.[82]

O foco é a economia do cliente, em vez da economia do produto. A proximidade com o cliente permite que a organização se antecipe às suas necessidades e trabalhe em conjunto com ele para desenvolver produtos novos e diferenciados. Então, a opção de solução total para o cliente pode configurar-se de três maneiras:[83]

1. Redefinição da experiência do cliente, que consiste em mudar o relacionamento com o cliente, desde a compra do produto até o fim de sua vida útil. As Casas Bahia é um exemplo, por ser uma referência em vendas no mercado de baixa renda.

2. Escopo horizontal, ou seja, montar um pacote de produtos para satisfazer a uma ampla gama de necessidades do cliente. A empresa Submarino.com é um exemplo, pois em seu portal é oferecido um amplo pacote de produtos para satisfazer as mais variadas necessidades dos clientes.

3. Integração com o cliente, que pode significar que a organização vai realizar tarefas anteriormente relegadas ao cliente. O Martins, de Uberlândia (MG), empresa atacadista de distribuição de bens de consumo, no atendimento dos pequenos e médios varejistas, constitui um exemplo para essa opção.

### 2.8.3 Posição 3 – Opção estratégica de *lock-in* do sistema

Nesta opção, a organização foca não somente no produto ou no cliente, mas também nos outros atores do sistema – em especial, o denominado complementador –, que contribuem para a criação de valor econômico, tentando promover uma forte amarração, ou a chamada posição de *lock-in* do sistema. Segundo Brandenburger e Nalebuff,[84] "um participante é um complementador se os clientes valorizarem mais seu produto nas situações em que ele está acompanhado do produto de outro participante". Portanto, o significado da palavra envolve a ideia de que o complementador não é necessariamente um competidor ou um fornecedor.

Para atrair, satisfazer e reter os clientes, a organização necessita também atrair, satisfazer e reter os complementadores, o que eleva o valor do sistema, em termos de retornos e expansão crescentes. Contudo, a ocorrência do *lock-in* depende do atendimento de duas condições: (i) existência de retornos marginais crescentes; e (ii) efeitos da rede externa de trabalho.

Retornos marginais crescentes demonstram a elevação de valor de um produto ou serviço em decorrência do aumento do número de usuários e da intensidade de uso. A rede externa de trabalho reflete a atratividade do produto, uma vez que esta resulta não das características do produto, mas dos investimentos realizados pelas outras partes, especialmente clientes e complementadores.[85]

Atendidas as condições essenciais, as formas possíveis pelas quais a organização pode alcançar a posição de *lock-in* do sistema são: padrão proprietário; troca dominante e acesso restrito:[86]

a) O estabelecimento do padrão proprietário pressupõe que a organização atinja dois pontos importantes. Primeiramente, é preciso que a organização se posicione naturalmente como um ponto de ligação em um sistema aberto. Em segundo lugar, a organização deve conquistar a maior participação de valor criado pelo sistema. Essa opção vale para empresas que licenciam marcas internacionais, sendo seus únicos e legítimos representantes no Brasil. É o caso da empresa Arcos Dourados representando a marca McDonald's no Brasil.

b) A troca dominante é uma forma de *lock-in* que prevê uma interface entre compradores e vendedores, ou entre as partes que desejam trocar informações ou mercadorias. O valor dessa associação cresce de acordo com o número de pessoas que vai até ela para procurar, comprar ou trocar itens. Isso gera um ciclo virtuoso, sendo que a principal organização tende a dominar o mercado.

Empresas de vale-refeição podem adotar esse tipo de estratégia, tais como a Ticket, do grupo francês Accor, a VR, empresa brasileira, e a Sodexho Pass, do grupo francês Sodexho, líder mundial em restaurantes industriais. Os usuários dos vales preferem ter o vale que é aceito pelo maior número de vendedores (estabelecimentos conveniados), e os últimos preferem trabalhar com os vales que têm o maior número de compradores (usuários). A empresa de vale-refeição se posiciona entre os dois elos e estabelece o aprisionamento do sistema (*lock-in*).[87]

Da mesma maneira trabalham os aplicativos de transporte particular de pessoas, Uber ou a brasileira 99, que procuram, de um lado, atrair o motorista a trabalhar com eles por meio do oferecimento de benefícios e/ou tarifas mais baixas; e, de outro, atrair os passageiros com preços mais baratos que o táxi, mas ainda lucrativos para o motorista e a empresa de aplicativo. Inicialmente, a Uber estava sozinha no mercado e tentou abocanhar uma boa parte do valor gerado no sistema. Como o *lockout* do sistema não foi bem feito, hoje a 99 ameaça o reinado da Uber oferecendo tarifas mais baratas ao motorista e, por consequência, preços mais baratos aos passageiros. O mesmo raciocínio vale para os *marketplaces*, como Mercado Livre e OLX.

c) No caso do acesso restrito, os competidores são privados do acesso ao consumidor porque os canais têm capacidade limitada de lidar com múltiplos vendedores. Tendo em vista que os padrões proprietários e as trocas dominantes fazem amarração por meio do *lock-in* dos clientes, a situação de *lock-out* dos concorrentes é uma consequência das limitações de distribuição e da cadeia de suprimentos.

Esse é o caso das companhias de bebidas como Coca-Cola, Ambev e Heineken, que tentam bloquear a entrada de concorrentes nos canais (bares e restaurantes) que já estão associados a eles por meio dos benefícios oferecidos e preços diferenciados. O mesmo raciocínio vale para os patrocinadores de grandes eventos esportivos, como a Copa do Mundo de Futebol e os Jogos Olímpicos.

## 2.9 CONSIDERAÇÕES FINAIS

Este capítulo deixou a mensagem de que o posicionamento competitivo depende da capacidade da organização em se comparar e superar a concorrência (visão porteriana); em atender as necessidades e preferências dos consumidores de maneira que a marca da organização fique guardada na memória dos mesmos (visão do marketing); e também em organizar seus recursos internos e sua rede de parceiros (complementadores) no sentido de criar uma oferta única de valor (visão a ser melhor trabalhada no próximo capítulo).

De qualquer forma, como base dos ensinamentos deste capítulo está a obra de Michael Porter. Os modelos sugeridos por ele para o posicionamento competitivo das organizações têm sido discutidos amplamente e sob diferentes perspectivas nos círculos acadêmicos brasileiros e internacionais. E, por isso, para que você tenha conhecimento dos mesmos, procuramos apresentá-los de maneira sintética:

- Modelo Diamante para obtenção de vantagem competitiva.
- As cinco forças de análise da atratividade de uma indústria.
- As estratégias competitivas genéricas: liderança em custo, diferenciação ou enfoque.
- Cadeia de valor interna.

No entanto, diversas contribuições, alternativas ou complementares à proposta de posicionamento idealizada por Porter, têm sido colhidas. Nesse sentido, foram revistas as contribuições de:

- John Narver e Stanley Slater (1990) – orientação para o mercado: posicionamento a partir da perspectiva interna, dos concorrentes e do cliente.
- George S. Day (1990) – organização dirigida pelo mercado: posicionamento a partir da perspectiva interna, dos concorrentes e do cliente.
- Treacy e Wiersema (1995) – disciplinas de valor: complementar às estratégias genéricas.
- Hax e Wilde II (2001) – modelo Delta: complementar às estratégias genéricas.

As discussões apresentadas neste capítulo não significam o descarte dos postulados de Porter, mas ampliam os horizontes sobre os caminhos de desenvolvimento e implantação de estratégias competitivas, da busca de vantagem competitiva sustentável e obtenção de um efetivo posicionamento competitivo.

Os últimos autores contribuem para que possamos expandir nossa compreensão acerca das três perspectivas do posicionamento competitivo (concorrência, cliente e interna) e também para conhecer outras opções de estratégias competitivas genéricas além da dualidade entre liderança em custo e diferenciação.

## CASO FINAL – NATURA: NEGOCIAÇÃO DE COMPRA DA THE BODY SHOP E A ESTRATÉGIA DE VENDAS NO VAREJO[88]

### 1 – CONTEXTO INICIAL

Esse caso relata o momento anterior de aquisição da marca The Body Shop pela empresa Natura, tentando lidar com os elementos envolvidos na tomada de decisão de compra ou fusão, e como esse movimento pôde impactar o posicionamento competitivo da Natura.

A empresa Natura, uma empresa no segmento de cosméticos, teve o desafio estratégico de adquirir ou não a marca e as lojas da The Body Shop, da gigante de higiene e beleza L'Oréal. Detalhes de ambas as empresas, antes da aquisição da The Body Shop pela Natura, são apresentados no Quadro 2.2. O valor da transação foi avaliado em 1 bilhão de euros.

**Quadro 2.2** Perfil Natura × The Body Shop

| Natura | | The Body Shop |
|---|---|---|
| 1969, no Brasil | FUNDAÇÃO | 1976, no Reino Unido |
| 16, em três países | LOJAS NO MUNDO | 3000, em 66 países |
| 14 | LOJAS NO BRASIL | 109 |
| 7.000 | FUNCIONÁRIOS | 22.000 |
| 7,9 bilhões de reais | FATURAMENTO (2016) | 920 milhões de euros (3,6 bilhões de reais) |

**Fonte:** *Revista Veja*, edição 2535, em 21 jun. 2017.

A Natura está inserida em um segmento de potentes concorrentes no mercado, como O Boticário, Jonhson & Jonhson, P&G, Unilever, e a própria L'Oréal. A aquisição alavancaria a posição global da Natura, pois a mesma registrava baixa penetração no canal de lojas próprias, tendo, historicamente, focado no formato de vendas por meio de catálogos. É sabido que este canal não atinge todos os públicos, como o de alta renda, em virtude de um preconceito cultural, e tão pouco aqueles que procuram conveniência da pronta entrega.

A Natura já atuava com *e-commerce*, além dos produtos da linha Soul comercializados em redes de farmácias, porém contava com pouquíssimas lojas próprias em grandes centros. Sem mencionar o ritmo muito lento de aberturas de lojas: no ano de 2016, foram apenas cinco e, em 2017, 30 lojas. Um plano pequeno para uma empresa que tinha gana de pulverizar seus produtos e sua marca no território nacional e internacional.

Com esta aquisição, a empresa, além de ampliar sua rede de atendimento, poderia também consolidar ainda mais a imagem de organização com princípios éticos e compromisso de sustentabilidade em seus produtos, pois a fundadora da The Body Shop da mesma forma valorizava estes princípios, que foram esquecidos pela L'Oréal e poderiam então serem resgatados.

### 2 – HISTÓRIA DA NATURA

A história da Natura começa em 1969, quando nasce com o objetivo de vender produtos de cuidado pessoal que fossem produzidos com fórmulas naturais, de alta qualidade e a preços competitivos. Em 1974, a Natura opta pela venda direta, reconhecendo a força do contato pessoal e das relações humanas para levar os produtos à casa de mais consumidores. Em 1983, coerente com o compromisso de equilíbrio com a vida no planeta, a Natura foi a primeira empresa de cosméticos a oferecer refil de produtos.

Em 1994, iniciou sua operação na Argentina, um grande passo de internacionalização. Em 1999, passou a fomentar a relação com comunidades tradicionais para fornecimento de insumos da sociobiodiversidade, inovação na forma de fazer negócios, tendo em vista que a organização propunha relacionar-se diretamente com pequenos agricultores e famílias extrativistas que tiravam dos frutos da biodiversidade o seu sustento.

Em 2000, foi lançada a linha Ekos, apoiada na valorização da cultura, da tradição e da biodiversidade brasileiras. Em 2004, a Natura abre capital na BM&FBovespa. Em 2005, o Movimento Natura é criado para incentivar as Consultoras Natura (CN) a se engajarem em causas socioambientais, atuando como agentes de transformação nas comunidades onde vivem.

Em 2006, a Natura passa a realizar testes com material sintético, encerrando as pesquisas com animais. Em 2007, em mais um passo para reduzir seu impacto ambiental, a Natura lança o Programa Carbono Neutro e se compromete com metas ousadas de redução das emissões $CO_2$ em toda a cadeia produtiva.

Em 2012, a Natura adquire a marca australiana Aesop, presente nos Estados Unidos e em países da Europa e da Ásia. A afinidade com a essência da Natura aproximou as duas empresas. Foi inaugurado em agosto de 2012 o Núcleo de Inovação Natura na Amazônia (NINA), em Manaus – AM, para fomentar ciência e tecnologia em rede.

Em 2013, foi criada a linha SOU, que inova ao promover a reflexão sobre consumo consciente desde a concepção do produto, do processo de produção (que reduz o impacto ambiental da matéria-prima ao pós-consumo) e da comunicação com os consumidores finais. Em 2014, foi inaugurado o Eco Parque, em Benevides (PA), um complexo industrial que pretende gerar negócios sustentáveis a partir da sociobiodiversidade amazônica e impulsionar o empreendedorismo local.

## 3 – TOMADA DE DECISÃO

É sabido atualmente que a Natura já formalizou a transação de compra da Body Shop, mas vamos pensar no desafio que foi essa tomada de decisão.

A decisão propiciaria uma diversificação de canais, porém, para uma empresa que sempre atuou por meio de consultores(as) e catálogos, a venda direta ao consumidor por meio de lojas próprias seria uma grande mudança na sua identidade, sua cultura, seu jeito de ser e fazer. "De cada 10 reais vendidos pela Natura, 9 são por meio dos catálogos. Agora, com a The Body Shop, a brasileira terá de administrar uma rede de milhares de lojas pelo mundo."[89]

Por outro lado, a decisão de não comprar significaria um risco de perder mercado e abalar sua própria existência. A empresa precisaria adotar uma postura mais agressiva que no passado quanto ao investimento no seu crescimento orgânico.

De qualquer forma, independente da decisão tomada, a simples possibilidade de compra já significou uma grande mudança na postura da empresa, o que desafiou acionistas e a própria gestão da empresa. E uma vez que a decisão de compra foi tomada, o grupo Natura – The Body Shop precisa agora pensar em suas referências em boas práticas empresariais, no crescimento e presença em canais de vendas sólidos no Brasil, além de aumentar e fortalecer a sua penetração em áreas internacionais.

### QUESTÕES PARA DISCUSSÃO

1. Com base no caso analisado e em outras informações obtidas na Internet, apresente o posicionamento competitivo da Natura antes da compra da The Body Shop.

2. Discuta o papel do consultor(a) Natura diante do discutido no modelo Delta em relação à figura do complementador.

3. Como o canal de distribuição, por meio de consultores(as) e catálogos, influencia o posicionamento competitivo da Natura?

4. Em que a compra da The Body Shop reforça o posicionamento competitivo da Natura? Em que a compra da The Body Shop muda o posicionamento competitivo da Natura?

5. Como a Natura poderia trabalhar com múltiplos canais de vendas, sem gerar conflitos/concorrência entre eles?

## QUESTÕES PARA REFLEXÃO

1. Por que as organizações sofrem miopia no entendimento de seu posicionamento competitivo? Qual é a diferença entre o posicionamento desejado e o percebido?

2. Como uma organização pode se diferenciar no mercado de *commodities* com produtos agropecuários?

3. Como uma organização pode sair da situação *stuck in the middle* em seu posicionamento competitivo?

4. Quais as limitações do modelo da Cadeia de Valor para representar o setor de serviços?

5. Como um concorrente consegue furar o bloqueio da situação de *lock-out* imposta por organizações com a estratégia de *lock-in* do sistema?

## QUESTÕES PARA AVALIAÇÃO DO CONHECIMENTO

1. Qual é a diferença do conceito de posicionamento competitivo entre a perspectiva da estratégia e a do marketing?

2. Como você associaria as orientações para o concorrente, para o cliente, e para si própria com as três perspectivas de posicionamento competitivo?

3. Como você compararia o modelo Diamante com o modelo das Cinco Forças, ambos de Porter? O que eles têm de semelhantes e complementares?

4. Como você compararia o modelo das estratégias genéricas de Porter com as disciplinas de valor de Treacy e Wiersema e o modelo Delta de Hax e Wilde II?

5. Como o modelo da Cadeia de Valor de Porter se assemelha à visão baseada em recursos (RBV), mais bem discutida no Capítulo 3?

## REFERÊNCIAS

1. ADCOCK, D. **Marketing strategies for competitive advantage**. Wiley, 2000.
2. ANSOFF, H. I. **Corporate strategy**: An analytic approach to business policy for growth and expansion. McGraw-Hill, 1965.
3. PORTER, M. E. **Estratégia competitiva**: técnica para análise de indústrias e da concorrência. Campus, 1986.
4. PORTER, M. E. **Estratégia competitiva**: técnica para análise de indústrias e da concorrência. Campus, 1986.
5. MINTZBERG, H.; AHLSTRAND, B.; LAMPEL, J. **Safári de estratégia**: um roteiro pela selva do planejamento estratégico. Bookman, 2000.
6. ECKLES, R. W. **Business marketing management**: marketing of business products and services. Prentice-Hall, 1990.
   CRAVENS, D. W. **Strategic marketing**. 4. ed. Irwin, 1994.
   PALMER, A.; COLE, C. **Services marketing**: principles and practice. Prentice-Hall, 1995.
   ADCOCK, D. **Marketing strategies for competitive advantage**. Wiley, 2000.
7. RIES, A.; TROUT, J. **Posicionamento**: como a mídia faz sua cabeça. Pioneira, 1987.
8. KOTLER, P. **Administração de marketing**: analise, planejamento, implementação e controle. Atlas, 1998.
9. RIES, A.; TROUT, J. **Posicionamento**: a batalha por sua mente. Pearson Makron Books, 2002.
10. TOLEDO, G. L.; HEMZO, M. A. O processo de posicionamento e o marketing estratégico. **XV Encontro Anual da Associação Nacional de Pós-graduação em Administração**, 1991.
11. ROCHA, A.D.; CHRISTENSEN, C. **Marketing**: teoria e prática no Brasil. Atlas, 1999.
12. GILLIGAN, C.; WILSON, R. **Strategic marketing planning**. Butterworth-Heinemann, 2003.
13. GILLIGAN, C.; WILSON, R. **Strategic marketing planning**. Butterworth-Heinemann, 2003.
14. KOTLER, P.; KELLER, K. L. **Administração de marketing**.12. ed. Pearson Prentice Hall, 2006.
15. NARVER, J. C.; SLATER, S. F. The effect of a market orientation on business profitability. **The Journal of Marketing**, 54 (4), 20-36, 1990.
16. JAWORSKI, B. J.; KOHLI, A. K. Market orientation: antecedents and consequences. **The Journal of Marketing**, 57 (3), 53-71, 1993.
17. SHAPIRO, B. P.; SVIOKLA, J. J. **Mantendo clientes**. Makron Books, 1994.
18. NARVER, J. C.; SLATER, S. F. The effect of a market orientation on business profitability. **The Journal of Marketing**, 54 (4), 20-36, 1990.
19. NARVER, J. C.; SLATER, S. F. The effect of a market orientation on business profitability. **The Journal of Marketing**, 54 (4), 20-36, 1990.
20. NARVER, J. C.; SLATER, S. F. The effect of a market orientation on business profitability. **The Journal of Marketing**, 54 (4), 20-36, 1990.
21. DAY, G. S. **A empresa para o mercado**: compreender, atrair e manter clientes valiosos. Bookman, 2001.
22. DAY, G. S. **Market driven strategy**: processes for creating value. Free Press, 1990.
23. DAY, G. S. **A empresa para o mercado**: compreender, atrair e manter clientes valiosos. Bookman, 2001.
24. NARVER, J. C.; SLATER, S. F. The effect of a market orientation on business profitability. **The Journal of Marketing**, 54 (4), 20-36, 1990.
25. DAY, G. S. **A empresa para o mercado**: compreender, atrair e manter clientes valiosos. Bookman, 2001.
26. DAY, G. S. **A empresa para o mercado**: compreender, atrair e manter clientes valiosos. Bookman, 2001.
27. DAY, G. S. **A empresa para o mercado**: compreender, atrair e manter clientes valiosos. Bookman, 2001.
28. HAMEL, G.; PRAHALAD, C. K. Competing for the future. Harvard Business School Press, 1994. In: LAMBIN, J. J. **Marketing estratégico**. 4. ed. McGraw-Hill, 2000.
29. PORTER, M. E. **A vantagem competitiva das nações**. Campus, 1992.
30. PORTER, M. E. **A vantagem competitiva das nações**. Campus, 1992.
31. PORTER, M. E. **A vantagem competitiva das nações**. Campus, 1992.
32. PORTER, M. E. **A vantagem competitiva das nações**. Campus, 1992.
33. PORTER, M. E. **A vantagem competitiva das nações**. Campus, 1992.
34. PORTER, M. E. **A vantagem competitiva das nações**. Campus, 1992.
35. TOLEDO, G. L.; QUELOPANA, E. M.; POLLERO, Á. C. Posicionamento estratégico e liderança em mercado globalizado sob o enfoque do modelo Delta: o caso de uma holding latino-americana líder em P&D&I. **Organizações & Sociedade**, 14(41), 135-159, 2007.
36. PORTER, M. E. **Competitive strategy**: techniques for analyzing industries and competitors. Free Press, 1980.
   PORTER, M. E. **Competitive advantage**: creating and sustaining superior performance. Free Press, 1985.
37. PORTER, M. E. **Competitive strategy**: techniques for analyzing industries and competitors. Free Press, 1980.
   PORTER, M. E. **Competitive advantage**: creating and sustaining superior performance. Free Press, 1985.
38. GRANT, R. M. **Contemporary strategy analysis**: text and cases edition. Wiley, 2016.
39. GRANT, R. M. **Contemporary strategy analysis**: text and cases edition. Wiley, 2016.
40. GRANT, R. M. **Contemporary strategy analysis**: text and cases edition. Wiley, 2016.
41. GRANT, R. M. **Contemporary strategy analysis**: text and cases edition. Wiley, 2016.
42. GRANT, R. M. **Contemporary strategy analysis**: text and cases edition. Wiley, 2016.
43. NEVES, M. F. **Planejamento e gestão estratégica de marketing**. Atlas, 2005.
44. NEVES, M. F. **Planejamento e gestão estratégica de marketing**. Atlas, 2005.
45. PORTER, M. E. **Competitive strategy**: techniques for analyzing industries and competitors. Free Press, 1980.
46. PORTER, M. E. **Competitive strategy**: techniques for analyzing industries and competitors. Free Press, 1980.
47. PORTER, M. E. **Competitive strategy**: techniques for analyzing industries and competitors. Free Press, 1980.
48. PORTER, M. E. **Estratégia competitiva**: técnica para análise de indústrias e da concorrência. Campus, 1986.
49. PORTER, M. E. **Estratégia competitiva**: técnica para análise de indústrias e da concorrência. Campus, 1986.
50. KOTLER, P. **Administração de marketing**. 10. ed. Prentice Hall, 2000.
51. Porter, M. E. **Estratégia competitiva**: técnica para análise de indústrias e da concorrência. Campus, 1986.
52. GRANT, R. M. **Contemporary strategy analysis**: text and cases edition. Wiley, 2016.
53. PORTAL EXAME. 01 abr. 2002. Disponível em: <http://portalexame.abril.com.br>.
54. PORTAL EXAME. 08 abr. 1996. Disponível em: <http://portalexame.abril.com.br>.
55. PORTER, M. E. **Estratégia competitiva**: técnica para análise de indústrias e da concorrência. Campus, 1986.
56. GRANT, R. M. **Contemporary strategy analysis**: text and cases edition. Wiley, 2016.
57. DAY, G. S. **Market driven strategy**: processes for creating value. Free Press, 1990.
58. PRAHALAD, C. Estratégias na globalização. **HSM Management**, 1(5), 1997.
59. BESANKO, D.; DRANOVE, D.; SHANLEY, M.; SCHAEFER, S. **Economics of strategy**. Wiley, 2004.
60. TOLEDO, G. L.; QUELOPANA, E. M.; POLLERO, Á. C. Posicionamento estratégico e liderança em mercado globalizado sob o enfoque do modelo Delta: o caso de uma holding latino-americana líder em P&D&I. **Organizações & Sociedade**, 14(41), 135-159, 2007.
61. FLEURY, A.; FLEURY, M. T. L. **Estratégias empresariais e formação de competências**: um quebra-cabeça caleidoscópico da indústria brasileira. 3. ed. Atlas, 2000.
62. PORTER, M. E. **Competitive advantage**: creating and sustaining superior performance. Free Press, 1985.
63. BESANKO, D.; DRANOVE, D.; SHANLEY, M.; SCHAEFER, S. **Economics of strategy**. Wiley, 2009.
64. PORTER, M. E. **Competitive advantage**: creating and sustaining superior performance. Free Press, 1985.
65. PORTER, M. E. What is strategy?. **Harvard Business Review**, 74, 61-78, 1996.

66. BINDER, M. P. Discussão da cadeia de valor e estratégias genéricas de Michael Porter a partir do caso Gol Transportes Aéreos. **Anais** [...] XXVI EnANPAD, Salvador, 2002.

67. CARVALHO, L. D.; PISCOPO, M. R.; OLIVEIRA JR., M. M. Balanced scorecard e implementação de estrégicas competitivas: a importância dos mapas estratégicos. **VII SEMEAD** – Seminários em Administração, São Paulo, FEA-USP, 2004.

68. TREACY, M.; WIERSEMA, F. **A disciplina dos líderes de mercado**: escolha os seus clientes, concentre os seus esforços, domine o seu mercado. Rocco, 1995.

69. TREACY, M.; WIERSEMA, F. **A disciplina dos líderes de mercado**: escolha os seus clientes, concentre os seus esforços, domine o seu mercado. Rocco, 1995.

70. TREACY, M.; WIERSEMA, F. **A disciplina dos líderes de mercado**: escolha os seus clientes, concentre os seus esforços, domine o seu mercado. Rocco, 1995.

71. TREACY, M.; WIERSEMA, F. **A disciplina dos líderes de mercado**: escolha os seus clientes, concentre os seus esforços, domine o seu mercado. Rocco, 1995.

72. SCHUMPETER, J. A. **Teoria do desenvolvimento econômico**. Abril Cultural, 1982.

73. TREACY, M.; WIERSEMA, F. **A disciplina dos líderes de mercado**: escolha os seus clientes, concentre os seus esforços, domine o seu mercado. Rocco, 1995.

74. TREACY, M.; WIERSEMA, F. **A disciplina dos líderes de mercado**: escolha os seus clientes, concentre os seus esforços, domine o seu mercado. Rocco, 1995.

75. HAX, A.; Wilde II, D. **The Delta project**: discovering new sources of profitability in a networked economy. Springer, 2001.

76. TREACY, M.; WIERSEMA, F. **A disciplina dos líderes de mercado**: escolha os seus clientes, concentre os seus esforços, domine o seu mercado. Rocco, 1995.

77. HAX, A.; Wilde II, D. **The Delta project**: Discovering new sources of profitability in a networked economy. Springer, 2001.

78. HAX, A.; Wilde II, D. **The Delta project**: Discovering new sources of profitability in a networked economy. Springer, 2001.

79. HAX, A.; Wilde II, D. **The Delta project**: Discovering new sources of profitability in a networked economy. Springer, 2001.

80. HAX, A.; Wilde II, D. **The Delta project**: Discovering new sources of profitability in a networked economy. Springer, 2001.

81. QUADROS JR., A. C. **Orientação para o mercado e o modelo Delta de estratégia**: um estudo de caso em empresa distribuidora de insumos para marcenarias. 2005. Dissertação (Mestrado em Administração), Faculdade de Economia, Administração e Contabilidade, Universidade de São Paulo, São Paulo, 2005.

82. DAY, G. S. **Market driven strategy**: processes for creating value. Free Press, 1990.

83. TOLEDO, Geraldo Luciano; QUELOPANA, Eliana Marroquin; POLLERO, Álvaro Castroman. Posicionamento estratégico e liderança em mercado globalizado sob o enfoque do modelo Delta: o caso de uma holding latino-americana líder em P&D&I. **Organizações & Sociedade**, 14(41), 135-159, 2007.

84. BRANDENBURGER, A. M.; NALEBUFF, B. J. **Co-opetition**: a revolution mindset that combines competition and cooperation: the game theory strategy that's changing the game of business. Currency, 1997.

85. HAX, A.; Wilde II, D. **The Delta project**: discovering new sources of profitability in a networked economy. Springer, 2001.

86. HAX, A.; Wilde II, D. **The Delta project**: discovering new sources of profitability in a networked economy. Springer, 2001.

87. TOLEDO, Geraldo Luciano; QUELOPANA, Eliana Marroquin; POLLERO, Álvaro Castroman. Posicionamento estratégico e liderança em mercado globalizado sob o enfoque do modelo Delta: o caso de uma holding latino-americana líder em P&D&I. **Organizações & Sociedade**, 14(41), 135-159, 2007.

88. NATURA. 2017. Disponível em: <http://www.natura.com.br/a-natura>. Acesso em: 06 jun. 2017.
REVISTA VEJA. **A expansão global da Natura com a compra da inglesa The Body Shop**. 21 junho 2017, edição 2535. Disponível em: <https://veja.abril.com.br/edicoes-veja/2535/>. Acesso em: 06 jun. 2017.
BRASIL ECONÔMICO. **Natura pode comprar a marca de Body Shop pertencente à L'Oréal**. 25 abril 2017. Disponível em: <http://economia.ig.com.br/2017-04-25/loreal-pode-negociar-com-natura.html>. Acesso em: 07 jun. 2017.
O ESTADO DE S. PAULO. Natura disputa com fundos a compra da rede The Body Shop, da L'Oréal. Economia & Negócios, abr. 2017. Disponível em: <http://economia.estadao.com.br/noticias/geral,natura-disputa-com-fundos-a-comprada-rede-the-body-shop-da-loreal,70001750673>. Acesso em: 07 jun. 2017.

89. REVISTA VEJA. **A expansão global da Natura com a compra da inglesa The Body Shop**. 21 junho 2017, edição 2535. Disponível em: <https://veja.abril.com.br/edicoes-veja/2535/>. Acesso em: 06 jun. 2017.

# VISÃO BASEADA EM RECURSOS (VBR)

3

*Ricardo Messias Rossi*
*Hugo Moreira de Oliveira*

## RESUMO

Este capítulo do livro é destinado a discutir aspectos relacionados com os recursos e capacidades organizacionais. Em mercados competitivos, as organizações travam uma luta constante pela obtenção e manutenção de uma posição de vantagem competitiva. Segundo a visão baseada em recursos, a posição de vantagem competitiva sustentável depende dos recursos e capacidades controlados pela organização. Recursos estratégicos são valiosos, raros, de difícil imitação e substituição, além de bem explorados pela organização. Capacidades são grupos complexos de habilidades e conhecimento acumulado que, exercidos nos processos organizacionais, permitem que a firma coordene suas atividades e faça uso de seus ativos. As competências essenciais são a combinação de recursos e capacidades que viabiliza a gama de linhas de produtos da firma, permitindo entregar um benefício fundamental para o consumidor. Em contextos altamente dinâmicos, a capacidade principal (e especial) de uma organização é a de mudar, inovar, adaptar, enfim, se adequar ao contexto. Essas capacidades especiais são conhecidas por capacidades dinâmicas. Baseado no conceito de recursos, o modelo de análise denominado VRIO considera quatro questões para analisar a situação interna da empresa: a questão do valor; a questão da raridade; a questão da imitação; e a questão da organização. A competição é um processo dinâmico que consiste na constante disputa entre as firmas por uma vantagem comparativa em recursos, que irá gerar uma posição de vantagem competitiva no mercado e, consequentemente, desempenho financeiro superior.

### OBJETIVOS DE APRENDIZAGEM

Neste capítulo, o leitor poderá aprofundar seu conhecimento sobre:
- O que são recursos e capacidades.
- Como deve ser realizada a análise dos recursos e capacidades organizacionais.
- A importância das capacidades dinâmicas em determinados contextos de negócios.
- Como relacionar a atividade de análise interna com as posições de (des)vantagens competitivas em determinados segmentos de mercado.

## 3.1 INTRODUÇÃO

Diz a lenda, certa vez, no século passado, o fundador de uma grande empresa produtora de suco de laranja no Brasil estava aparando sua barba em uma cidade do interior paulista quando escutou, pelo rádio da barbearia, que havia ocorrido uma geada na Flórida (importante região produtora de laranjas nos Estados Unidos). Ele teria saído às pressas do estabelecimento (os recursos de comunicação eram muito mais limitados naquela época) com o intuito de avisar os compradores de sua empresa para adquirir imediatamente o máximo de frutas dos laranjais daquela região paulista. A lógica era que a geada iria diminuir a produção de laranjas na Flórida (principal região concorrente ao cinturão citrícola paulista na produção dessa fruta) e,

43

## SAIBA MAIS

**Birger Wernerfelt** é um economista dinamarquês, prof. de Gestão na MIT Sloan School of Management.

**Jay B. Barney** é um prof. norte-americano em Gestão Estratégica da David Eccles School of Business da University of Utah, mais conhecido por suas contribuições à teoria da visão baseada em recursos da vantagem competitiva.

---

**Gestão estratégica** é uma disciplina relativamente jovem que amadureceu continuamente nos últimos 50 anos. O campo se consolidou nesse período, ao mesmo tempo em que ampliou a gama de tópicos analisados e metodologias de pesquisa utilizadas. Diferentes teorias e abordagens foram desenvolvidas para explicar as razões subjacentes à vantagem competitiva e ao sucesso das empresas.

Esta é uma versão reduzida do estudo dos autores indicados a seguir na revista *Business Research Quarterly*.[2]

---

consequentemente, os preços dessa matéria-prima iriam aumentar. Com este recurso informacional (a notícia), o empresário teve a capacidade de antecipar o movimento do mercado (identificando a causalidade entre os fatos).

Em mercados competitivos, as organizações travam uma luta constante pela obtenção e manutenção de uma posição de vantagem competitiva. A posição de vantagem competitiva de uma organização é o resultado da obtenção de vantagens comparativas em recursos sobre os competidores diretos em determinado segmento de mercado.[1] Nesta perspectiva surge uma importante atividade estratégica nas organizações: o gerenciamento de recursos e capacidades.

O conhecimento acadêmico sobre Administração Estratégica foi historicamente desenvolvido seguindo teorias que ora privilegiaram o contexto externo (organização industrial, teoria institucional, economia dos custos de transação, entre outras), ora o contexto interno das organizações (visão baseada em recursos, visão baseada em conhecimento, microfundamentos, entre outras)[2].

De fato, a partir das décadas de 1980 e 1990, com os trabalhos seminais de alguns autores,[3,4] a ênfase para os aspectos internos das organizações nos estudos acadêmicos em Administração Estratégica aumentou consideravelmente. Entre os anos 1980 e 2009 a visão baseada em recursos (VBR) foi a teoria mais utilizada na elaboração de pesquisas empíricas publicadas em periódicos internacionais de alto impacto na área de Administração Estratégica.[5]

Este capítulo vai facilitar a compreensão da atividade de gerenciamento de recursos nas organizações por meio da apresentação dos principais conhecimentos relacionados com a VBR. Inicialmente, será apresentada a estrutura básica da teoria, na sequência será mostrado como a VBR pode ser utilizada para a avaliação das capacidades internas de uma organização e, finalmente, serão discutidos um modelo para a avaliação dos recursos das organizações (modelo VRIO) e a obtenção de uma posição de vantagem competitiva sustentável pelas organizações (Figura 3.1).

## 3.2 RECURSOS E CAPACIDADES

Segundo a VBR (internacionalmente conhecida por *resource-based view* - RBV), a posição de vantagem competitiva sustentável depende dos recursos e capacidades controlados pela organização.[4]

**Figura 3.1**
Estrutura do Capítulo 3.

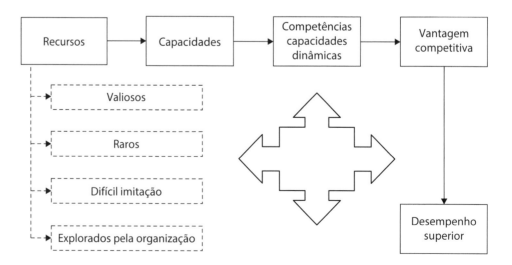

No entanto, a ideia de recurso pode parecer inicialmente um tanto vaga. Praticamente tudo que podemos imaginar em uma empresa pode ser considerado um recurso: material de escritório, máquinas e equipamentos, matéria-prima e componentes, relatórios, e assim por diante. Na verdade, a VBR indica algumas características que distinguem recursos ordinários de recursos estratégicos. O potencial para um recurso contribuir para a geração e manutenção da vantagem competitiva está relacionado com quatro características: valor; raridade; dificuldade de imitação; e dificuldade de substituição.[4] Portanto, recursos estratégicos devem ter as seguintes características:

a) **Valor:** o recurso deve propiciar um aumento no valor da oferta da organização por meio da diminuição de custos, aumento dos benefícios ou ambos, simultaneamente. Esta característica está associada com a eficiência, eficácia e efetividade da organização.

**Exemplo:** a marca utilizada por uma empresa pode ser um recurso valioso se o consumidor estiver disposto a pagar um preço *premium* pelo sentimento positivo em relação àquela marca (em termos de qualidade, credibilidade, sustentabilidade, entre outros). Imagine a credibilidade que muitos consumidores depositariam na qualidade de um novo sanduíche de hambúrguer elaborado pelo *chef* Junior Durski do restaurante Madero.

b) **Raridade:** o recurso deve ser raro, ou seja, outras empresas não devem possuir recursos similares aos da organização. Mesmo gerando valor para a oferta, um recurso só será estratégico se não estiver disponível para todas as empresas concorrentes.

**Exemplo:** a cultura organizacional pode ser um recurso raro uma vez que é um atributo que depende de características exclusivas de cada organização, por exemplo, dos eventos históricos que construíram a trajetória de uma empresa. Pense na cultura da meritocracia desenvolvida na Ambev por Jorge Paulo Lemann e seus parceiros de negócios.

c) **Dificuldade de imitação:** a terceira característica de um recurso estratégico é a dificuldade de imitação. Ações bem-sucedidas de uma empresa tendem a ser copiadas pelos concorrentes se não existirem mecanismos de proteção. Assim, um recurso estratégico de uma organização deve possuir características que dificultem a sua imitação por outras empresas.

**Exemplo:** patentes podem ser recursos de difícil imitação. Quando uma empresa desenvolve uma nova tecnologia (produto ou processo) e registra uma patente, o objetivo é gerar um mecanismo que proteja a inovação e permita que a organização desenvolvedora explore economicamente a sua descoberta, recuperando o capital investido e gerando lucro. Este mecanismo de proteção contra a imitação estimula os investimentos em inovação. Quando a Brasken, em 2010, iniciou a produção de polietileno verde (plástico produzido a partir do etanol de cana-de-açúcar, uma matéria-prima renovável) era importante disseminar a identidade de sustentabilidade desta inovação. A empresa registrou a marca do selo *I'm Green* como forma de agregar valor e proteger os produtos que utilizam essa tecnologia.

d) **Dificuldade de substituição:** a quarta característica de um recurso estratégico é a dificuldade de substituição. Na impossibilidade de imitar, os concorrentes tentarão neutralizar uma posição de desvantagem comparativa em recursos por meio da substituição. Substituir um recurso significa trocá-lo por outro que não é igual, mas equivalente, ou seja, propicia resultados semelhantes. Imagine a troca de gasolina por etanol no abastecimento de carros com motores *flex*. Nesse caso, gasolina e álcool seriam produtos substitutos.

**Exemplo:** um contrato de concessão para exploração de um negócio, como uma rodovia, é um recurso de difícil substituição uma vez que protege a empresa concessionária da atuação de concorrentes diretos. É claro que o consumidor poderia optar por outro modal de transporte. Assim como o nome *"Champagne"* indica um tipo diferenciado de vinho, a obtenção da indicação de Denominação de Origem Protegida (DOP) do "Café de Colombia",

ADMINISTRAÇÃO ESTRATÉGICA

obtida pelos cafeicultores colombianos, permitiu a exploração da atividade com um produto diferenciado a partir de condições naturais e humanas específicas da própria região produtora, dificultando, assim, a substituição.

Com base nas quatro características indicadas anteriormente, a tarefa de distinguir um recurso ordinário de um recurso estratégico fica facilitada. Contudo, a palavra recursos ainda é muito abrangente. Para simplificar a compreensão em relação aos tipos de recursos existentes em uma organização, várias classificações foram propostas na literatura. O Quadro 3.1 apresenta uma classificação de recursos a partir dos trabalhos de alguns autores.[1,6,7,8,9,10,11]

**Quadro 3.1**

Classificação de recursos

**Fonte:** Rossi (2008).[12]

| Tipo do Recurso | Exemplos |
|---|---|
| Financeiro | Reservas em dinheiro; acesso a fontes de crédito; engenharia financeira. |
| Físico | Planta industrial; construções; matéria-prima; máquinas e equipamentos; localização geográfica. |
| Legal | Patentes; propriedade intelectual; direitos autorais; licenças; segredos industriais; contratos. |
| Humano | Habilidades; conhecimentos individuais; empreendedorismo de cada funcionário; experiência. |
| Organizacional | Controles; rotinas; cultura; flexibilidade; competências; capacidades; empreendedorismo; estrutura organizacional; equipes; planejamento formal ou informal; sistemas; reputação; imagem; relacionamentos internos; políticas; adaptabilidade ao ambiente; ética; *know-how*. |
| Informacional | Conhecimento de clientes e segmentos de mercado; conhecimento dos competidores; tecnologia. |
| Relacional | Relacionamentos com competidores, clientes, fornecedores, poder público e comunidade; estrutura de redes (*networks*). |

▶ **NÃO SE ESQUEÇA!**

Os gestores devem:

**(a) identificar recursos;**

**(b) desenvolver recursos,**

**(c) proteger recursos;**

**(d) alavancar recursos.**

Ver mais no Quadro 3.2.

A partir da análise do Quadro 3.1, é possível perceber que existem diversos tipos de recursos em uma organização, sendo alguns bastante óbvios (capital, máquinas e equipamentos) e outros mais complexos (conhecimento, relacionamentos e estruturas de redes). O papel dos gestores é identificar, desenvolver, proteger e alavancar recursos e capacidades de uma forma que possibilite que a empresa obtenha uma posição de vantagem competitiva sustentável e, consequentemente, retornos financeiros superiores[13].

**Quadro 3.2**

Tarefas dos gestores no gerenciamento dos recursos das organizações

| Tarefa | Descrição |
|---|---|
| Identificar | Esta atividade consiste na identificação de quais recursos são necessários para aprimorar a eficiência, a eficácia e a efetividade da organização. Exemplo: uma empresa pode identificar que precisa estabelecer uma nova marca para comercializar um produto inovador que será lançado. |
| Desenvolver | Esta atividade consiste no desenvolvimento dos recursos identificados e ainda inexistentes na organização. Em inglês, o termo utilizado é *exploration*. Exemplo: a empresa realiza as etapas para estabelecimento de uma nova marca para seus produtos (atividades de *branding* – gestão de marca). |
| Proteger | Esta atividade consiste na proteção dos recursos existentes na organização. Exemplo: uma marca consolidada necessita de reinvestimentos periódicos para manter sua identidade junto aos clientes. |
| Alavancar | Esta atividade consiste em aproveitar os recursos existentes para maximizar a geração de valor para a organização. Em inglês, o termo utilizado é *exploitation*. Exemplo: uma empresa pode aproveitar uma de suas marcas existentes para utilizá-la em novos produtos inseridos no seu portfólio e, assim, gerar sinergia. |

CAPÍTULO 3 | Visão baseada em recursos (VBR)

A vantagem competitiva muitas vezes não é dependente de um único recurso estratégico, mas da vantagem comparativa em uma gama de recursos. A habilidade de combinar os recursos existentes é denominada "capacidade" e será mais bem detalhada na próxima seção deste capítulo. A seguir, apresentamos o Quadro 3.3, que exemplifica alguns recursos importantes para o setor de *food truck* no Brasil.

**Quadro 3.3**

Recursos estratégicos para *food trucks* no Brasil

**Fonte:** Elaborado pelos autores a partir de Hoffmann, Leonelo, Dias e Matias (2016),[16] Sebrae (2015)[14] e Simões (2016).[15]

---

### DA TEORIA À REALIDADE BRASILEIRA

O *food truck* pode ser definido como uma cozinha móvel, de dimensões pequenas, sobre rodas, que transporta e vende alimentos de forma itinerante.[14] Os *trucks* podem utilizar como modelo de operação a revenda de alimentos totalmente elaborados previamente ou a venda de alimentos manipulados (finalizados) no próprio *food truck*. Para ter sucesso no segmento de *food truck*, o empreendedor deve ter paixão pelo negócio (e um bom modelo de negócio), um bom planejamento (capital e giro e conhecimento sobre o mercado), um bom plano de marketing, preocupação com a legislação específica e com a segurança alimentar.[15]

Pesquisa[16] com *food truks* do Distrito Federal identificou 25 recursos importantes para o sucesso do negócio, sendo que dez deles se destacaram (dentro de quatro categorias). Esses dez recursos são:

- **Capital físico:** modelo de *truck*; matéria-prima exclusiva; geração de energia; equipamentos.
- **Capital organizacional:** receita própria; reputação da empresa.
- **Capital humano:** *network*; conhecimento técnico dos funcionários; bom atendimento.
- **Capital financeiro:** investimentos.

---

## 3.3 AVALIANDO CAPACIDADES INTERNAS

Enquanto a palavra "recurso" nos remete a algo que a empresa possui, a palavra "capacidade" nos faz pensar em algo que a empresa consegue realizar bem. As capacidades são conjuntos complexos de habilidades e aprendizagem coletiva, exercidas por meio de processos organizacionais, que garantem uma coordenação superior das atividades funcionais da organização.[17]

A abordagem estratégica das capacidades une os recursos individuais e as habilidades da firma com a estratégia.[18] Capacidades são grupos complexos de habilidades e conhecimento acumulado que, exercidos nos processos organizacionais, permitem que a firma coordene suas atividades e faça uso de seus ativos. As capacidades permitem que a firma desempenhe seus processos. Entre as inúmeras capacidades existentes em uma firma, algumas possuem maior importância estratégica por serem cruciais para geração e manutenção da vantagem competitiva. Essas capacidades, classificadas como distintas, sustentam uma posição privilegiada de mercado e são difíceis de ser copiadas.[17] Em outras palavras, capacidade distinta é aquela que gera valor para a oferta da empresa e, simultaneamente, é difícil de ser copiada pelos concorrentes. O Quadro 3.4 mostra alguns exemplos de capacidades estratégicas.

Conforme foi apresentado no início do capítulo, a vantagem competitiva é resultado da vantagem comparativa em recursos. Assim, as capacidades são fundamentais para gerar combinações de recursos que possibilitam a obtenção e a manutenção da vantagem competitiva. As capacidades distintas possibilitam gerar valor por meio da combinação dos recursos estratégicos da organização.

O conjunto de capacidades distintas será a base para a formação das competências essenciais de uma organização. As competências essenciais são a combinação de recursos e capacidades que viabiliza a gama de linhas de produtos da firma, permitindo entregar um benefício fundamental para o consumidor.[20] São as competências essenciais que permitem que empresas diversificadas atuem de forma competitiva em diferentes mercados. Um exemplo indicado na literatura é a competência essencial da Honda em motores e sistemas de transmissão, o que lhe conferiu, no início da década de 1990, uma vantagem distinta nos negócios de carros, motocicletas, cortadores de grama e geradores de energia.[20]

**Quadro 3.4**

Exemplos de capacidades estratégicas

**Fonte:** Elaborado pelos autores a partir de Sammut-Bonnici e Galea (2015).[19]

| Capacidades estratégicas | Exemplos |
| --- | --- |
| **Desenvolver produtos inovadores tecnologicamente** | A Embraer investe anualmente cerca de 10% da sua receita em pesquisa, desenvolvimento, inovação e melhoria de instalações industriais. Como resultado, em 2017, grande parte da receita da empresa foi originada a partir de inovações e melhorias implantadas nos últimos cinco anos. |
| **Reduzir o tempo de desenvolvimento de um produto (time to market)** | A redução do tempo de lançamento de produtos é um objetivo almejado por empresas de diversos segmentos, especialmente em contextos dinâmicos. Esse é o caso da Netshoes, especializada em e-commerce de artigos esportivos. A empresa implantou ferramentas de gestão de dados para reduzir em mais de 30% o tempo de lançamento de produtos. |
| **Criar canais de distribuição e modelos de lojas de varejo mais eficientes** | A ViaVarejo, responsável pela administração das Casas Bahia e do Pontofrio, apostou na omnicanalidade (integração de todos os canais de contato com o cliente) como forma de aprimorar, simultaneamente, a eficiência das operações logísticas e as experiências de compras dos clientes. |
| **Capturar a atenção dos consumidores por meio de atividades de marketing** | Há muito tempo a Caixa Econômica Federal investe na comunicação da opção de investimento na poupança. Personagens como os "poupançudos" são bastante conhecidos pela população brasileira. O resultado é que a Caixa ocupou a liderança na categoria "poupança", lembrada por 54% dos entrevistados, na Pesquisa Top of Mind, realizada pelo Datafolha em 2017. |
| **Gerenciar os relacionamentos com consumidores para obter fidelidade à marca em longo prazo** | Quando os amigos de infância Rony Meisler e Fernando Sigal lançaram a marca de vestuário "Reserva" para atuar no competitivo mercado da moda masculina, eles sabiam que precisariam criar um posicionamento diferenciado. Assim nasceu a "Experiência Reserva" de atendimento, fazendo os clientes sentirem-se em casa, escutando música eletrônica mais alta, saboreando uma cerveja, conversando com os atendentes, entre outras. |

Os conceitos de recursos, capacidades e competências podem ser utilizados como base para o diagnóstico estratégico do ambiente interno da organização. Recursos estariam relacionados com fatores específicos (tangíveis e intangíveis), que são, pelo menos em parte, controlados pela firma. Capacidades se referem aos processos organizacionais que permitem a firma explorar seus recursos. Competências essenciais são formadas por uma gama de capacidades e permitem que a firma atue de forma competitiva em vários mercados distintos. Foram propostas as seguintes etapas para o desenvolvimento de capacidades em organizações orientadas para o mercado:[17]

a) **Diagnóstico das capacidades atuais:** identificar os processos relevantes e avaliar o desempenho em termos do resultado desejado. A atividade de *benchmarking* pode auxiliar este diagnóstico. A etapa de diagnóstico mostrará o portfólio de capacidades da organização.

b) **Antecipar as necessidades futuras por novas capacidades:** a partir da análise das demandas do mercado, a alocação de recursos deve estar coerente com a centralidade das capacidades em relação à estratégia da organização. Novas capacidades poderão ser necessárias para a implantação da estratégia da organização.

c) **Redesenhar processos a partir de uma abordagem "de baixo para cima"** (*bottom-up*): o esforço de redesenho de processos requer a formação de equipes que serão responsáveis pelo resultado do processo. É indicado delegar esta atividade de melhoria para os responsáveis diretos daquele processo específico.

d) **Direcionamento "de cima para baixo"** (*top-down*): para a organização reforçar a sua orientação para o mercado e desenvolver as capacidades de sensibilidade de mercado e proximidade com o consumidor, a alta administração precisa assumir o compromisso inequívoco de colocar os clientes em primeiro lugar.

CAPÍTULO 3 | Visão baseada em recursos (VBR) **49**

e) **Utilizar tecnologia da informação:** a tecnologia da informação deve ser utilizada para compartilhar informações, formar redes de comunicação em tempo real, gerar sistemas de suporte para as tomadas de decisões, rastrear produtos, entre outros.

f) **Monitoramento contínuo do progresso:** a etapa final para o aprimoramento das capacidades da organização é decidir quais indicadores-chave de desempenho (*key performance indicators* – KPI) serão monitorados. Cada KPI deverá ser periodicamente medido e metas de desempenho deverão ser estabelecidas. Assim, problemas poderão ser rapidamente reconhecidos e ações corretivas tomadas.

Diversos tipos de capacidades podem ser desenvolvidos pelas empresas.[17] Temos capacidades que são desenvolvidas internamente (*inside-out*) e ativadas por meio de exigências do mercado, desafios competitivos e oportunidades externas. Também temos aquelas capacidades cujo ponto focal está quase exclusivamente fora da organização (*outside-in*). Por fim, temos capacidades (integradoras), que são necessárias para integrar as capacidades *inside-out* e as capacidades *outside-in*. O Quadro 3.5 apresenta uma forma de classificar as capacidades de uma organização a partir dessas três categorias: processos de dentro para fora (*inside-out*); processos de fora para dentro (*outside-in*); e processos integradores.

---

**Processos *inside-out*:** Gerenciamento Financeiro; Controle de Custos; Desenvolvimento de Tecnologias; Logística Integrada; Processos de Transformação e Fabricação; Gerenciamento de Recursos Humanos; Sustentabilidade Ambiental.

**Processos *outside-in*:** Monitoramento do Mercado; Conexão com os Clientes; Relacionamento com Canais de Distribuição; Rastreabilidade.

**Processos integradores:** Atendimento dos Pedidos dos Clientes; Atividades de Precificação de Produtos e Serviços; Atividades de Compras; Serviço de Entrega ao Cliente; Desenvolvimento de Novos Produtos/Serviços; Desenvolvimento de Estratégias.

---

**Quadro 3.5**

Classificando capacidades

**Fonte:** Elaborado pelos autores a partir de Day (1994).[17]

---

## DA TEORIA À REALIDADE BRASILEIRA

O Quadro 3.6 apresenta um exemplo de identificação de capacidades na distribuição de carne bovina brasileira para o mercado europeu.

---

Segundo dados da Associação Brasileira das Indústrias Exportadoras de Carnes,[21] as exportações brasileiras de carne bovina geraram uma receita de US$ 5,9 bilhões em 2015, representando (em termos de receita) 3% de tudo o que o Brasil exportou nesse mesmo ano. A União Europeia (UE) foi responsável (em termos de faturamento) por 14% das vendas de carne bovina brasileira em 2015.

Em 2017, as empresas interessadas em exportar carne bovina *in natura* para a UE, a partir do Brasil, precisavam atender a uma série de exigências, entre elas: os estabelecimentos produtores deveriam estar habilitados pela Comissão Europeia; deveriam operar a partir de territórios aprovados para a exportação de carne bovina *in natura* para a UE; deveriam obter certificações sanitárias (Atestado de Saúde Pública; Atestado de Sanidade Animal; Atestado de Bem-estar Animal)[22].

Um estudo[23] apresentou as principais capacidades existentes nos frigoríficos brasileiros que exportavam para a Europa: Essas capacidades eram:

(1) Acesso a recursos financeiros diferenciados (mercado de capitais, possibilidade de abertura de capital).

(2) Governança corporativa.

(3) Gestão participativa;

(4) Estratégia de crescimento via fusões e aquisições;

(5) Internacionalização;

(6) Sistemas de qualidade/controle de processos;

---

**Quadro 3.6**

Capacidades das empresas brasileiras exportadoras de carne bovina *in natura* para a União Europeia

**Fonte:** Elaborado pelos autores a partir de Abiec (2016),[21] MAPA (2018),[22] e Stamato Neto e Alcantara (2013).[23]

*Continua*

**Quadro 3.6**

*Continuação*

(7) Certificação – canais de distribuição genéricos;

(8) Certificação – exportação para canais de distribuição específicos;

(9) Processo de abate e desossa;

(10) Processo de armazenagem de carne bovina;

(11) Capacidade de adquirir animais "padrão-exportação" com certa regularidade;

(12) Diversificação geográfica (*hedge* sanitário e acesso à matéria-prima);

(13) Transporte eficiente;

(14) Operar em grande escala de produção;

(15) Agregar valor à carne do dianteiro bovino e criar novos canais de distribuição para o produto;

(16) Tecnologia de processamento;

(17) Conhecimento do mercado europeu da carne bovina;

(18) Gestão profissionalizada;

(19) Produtos inovadores;

(20) Tradição;

(21) Marcas: credibilidade/bons produtos/confiança do cliente;

(22) Percepção de qualidade: qualidade/credibilidade/confiança dos clientes;

(23) Relacionamento com fornecedores: capacidade de adquirir animais padrão exportação.

Esta seção discutiu as relações entre os conceitos de recursos, capacidades e competências. Esses três termos são importantes para o estudo da Administração Estratégica. A próxima seção abordará a importância das capacidades dinâmicas em contextos instáveis ou que evoluem rapidamente.

## 3.4 CAPACIDADES DINÂMICAS

Até o momento, este capítulo revelou as bases para a obtenção e manutenção da vantagem competitiva: recursos, capacidades e competências. As relações entre essas bases foram apresentadas, no entanto, visando simplificar a terminologia, o Quadro 3.1 (Classificação de recursos), mostrado anteriormente, considera capacidades e competências como tipos especiais de recursos. Assim, entre os diversos tipos de recursos de uma organização (tangíveis e intangíveis), teríamos as capacidades e as competências. Essa simplificação permite tornar a atividade de análise interna mais direta, uma vez que a avaliação das relações entre recursos, capacidades e competências é uma tarefa de difícil execução prática.

A visão baseada em recursos é uma abordagem interessante para explicar a vantagem competitiva em diversas situações. Contudo, existe um contexto específico que desafia as premissas da VBR. Esse contexto específico tem ampliado a sua importância global ao longo dos últimos anos. Trata-se do contexto dinâmico. Algumas indústrias, por exemplo, a de Tecnologia da Informação, alteram suas características (tecnologias, competidores, fusões e aquisições, entre outras) de forma tão rápida e constante que o conceito de vantagem competitiva sustentável parece não fazer muito sentido, pelo menos na forma original de analisá-lo. Em contextos altamente dinâmicos, a capacidade principal (e especial) de uma organização é a de mudar, inovar, adaptar, enfim, se adequar ao contexto. Para explicar esse tipo de capacidade, uma nova abordagem surgiu na década de 1990. Essa abordagem é conhecida por "capacidades dinâmicas".

Capacidades dinâmicas podem ser definidas como a orientação comportamental constante de uma organização para integrar, reconfigurar, renovar e recriar seus recursos e capacidades e, principalmente, atualizar e reconstruir suas capacidades distintas em respostas a um ambiente em mudança para obter e sustentar a vantagem competitiva.[24] Portanto, nesta abordagem, a vantagem competitiva pode ser sustentada não por uma gama definida de recursos, mas pela reconfiguração constante dos recursos da organização. Foram identificados três fatores que compõem as

Sobre **capacidades dinâmicas**, conheça um pouco mais a respeito de David John Teece, prof. de Negócios Globais na University of California, em Berkeley.

capacidades dinâmicas e juntos explicam os mecanismos da organização que unem as vantagens em recursos internos com a posição de vantagem competitiva no mercado.[24] Estes fatores são:

a) **Capacidade adaptativa:** é a habilidade da organização em identificar e aproveitar oportunidades emergentes de mercado.
b) **Capacidade absortiva:** é a habilidade da organização em reconhecer o valor de novas informações externas, assimilá-las e aplicá-las para fins comerciais.
c) **Capacidade de inovação:** é a habilidade da organização em desenvolver novos produtos e/ou mercados.

A Figura 3.2 mostra que a estratégia competitiva e as capacidades dinâmicas se combinam para criar e refinar o modelo de negócio da organização, dirigindo a transformação organizacional.[25]

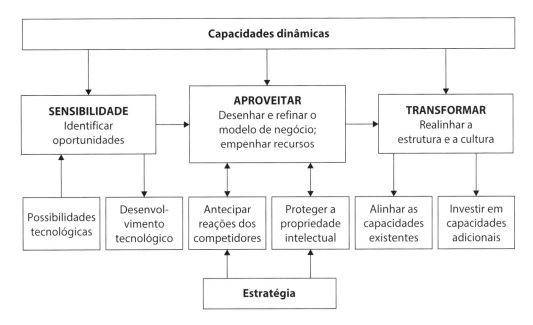

**Figura 3.2**
Esquema simplificado das capacidades dinâmicas, modelos de negócio e estratégia.

**Fonte:** Traduzida pelos autores a partir de Teece (2017).[25]

## DA TEORIA À REALIDADE BRASILEIRA

### SAIBA MAIS

Um exemplo da aplicação do conceito de capacidades dinâmicas no Brasil é o estudo da Artecola Química.[26] A Artecola Química é uma multinacional brasileira que fornece soluções inovadoras no ramo de adesivos e laminados especiais. A capacidade de inovação da Artecola pode ser explicada (pelo menos em parte) pela capacidade dinâmica de monitorar e identificar oportunidades (*sensing*), desenvolvida por meio de rotinas e processos gerenciais e organizacionais.[26] A Artecola vem observando e analisando produtos, processos e serviços de empresas químicas multinacionais desde a década de 1970 para identificar e propor novas soluções para seus clientes.[26] Os seguintes processos de monitoramento e identificação de oportunidades foram identificados na Artecola:[26] grupo de tecnologia (equipe interdisciplinar que trabalha para traduzir as necessidades dos *stakeholders*); diretriz estratégica de "crescimento com alianças" (a empresa busca permanentemente estabelecer parcerias); parcerias com centros de pesquisa de universidades nacionais e internacionais; e grupo de inteligência de mercado (realiza estudos, pesquisas de tendências, monitora os novos produtos da concorrência para identificar novas necessidades que possam gerar novos produtos, serviços e mercados).

Esta seção discutiu as capacidades dinâmicas. Essas capacidades são particularmente importantes em contextos que evoluem rapidamente. A parte final deste capítulo focalizará o conceito de recursos apresentando o modelo VRIO de análise e a sustentação da vantagem competitiva.

## 3.5 MODELO VRIO E VANTAGEM COMPETITIVA SUSTENTÁVEL

Baseado no conceito de recursos, foi desenvolvido[27] um modelo de análise denominado VRIO (*value*; *rarity*; *imitability*; *organization*). Como o próprio nome indica, a análise é realizada por meio do contraste das atividades da empresa com quatro questões: (i) a questão do valor; (ii) a questão da raridade; (iii) a questão da imitação; e (iv) a questão da organização. A resposta a essas questões determina se cada recurso ou capacidade da empresa é um ponto forte ou fraco. Assim, antes de responder às quatro questões, é necessário realizar a identificação dos recursos da empresa. Foi proposto[27] que essa identificação seja feita por meio da utilização da análise da cadeia de valor.[28] A cadeia de valor desagrega uma empresa em suas atividades de relevância estratégica para que se possa compreender o comportamento dos custos e as fontes existentes e potenciais de diferenciação. A partir da análise da cadeia de valor, é possível identificar os recursos valiosos da organização.

> ▶ **RELEMBRANDO**
>
> A **cadeia de valor** foi mais bem discutida no Capítulo 2.

No modelo VRIO, depois de identificados, os recursos da organização são contrastados com as seguintes questões:

a) **A questão do valor:** Os recursos permitem que a firma responda às oportunidades e às ameaças do ambiente?

b) **A questão da raridade:** Esses recursos são atualmente controlados somente por um pequeno número de firmas?

c) **A questão da imitação:** As firmas que não possuem estes recursos têm dificuldade para obtê-los ou desenvolvê-los?

d) **A questão da organização:** As políticas e procedimentos da firma estão organizados para suportar a exploração do valor, raridade e custo de imitação desses recursos?

Dessa forma, a aplicação do modelo VRIO ocorre por meio da análise dos recursos da empresa (identificados na cadeia de valor) em relação às questões de valor, raridade, imitação e organização. O Quadro 3.7 mostra a estrutura de análise VRIO.

**Figura 3.7**

Modelo VRIO

**Fonte:** Traduzido pelos autores a partir de Barney (2001).[27]

| O recurso é... | | | | | |
|---|---|---|---|---|---|
| **Valioso?** | **Raro?** | **Difícil de imitar?** | **Explorado pela organização?** | **Implicações competitivas** | **Desempenho econômico** |
| Não | – | – | Não | Desvantagem competitiva | Abaixo do normal |
| Sim | Não | – | ↑ | Paridade competitiva | Normal |
| Sim | Sim | Não | | Vantagem competitiva temporária | Acima do normal |
| Sim | Sim | Sim | ↓ Sim | Vantagem competitiva sustentável | Acima do normal |

Pela análise do Quadro 3.7, percebe-se que, se um recurso controlado pela firma não é valioso, ele não permitirá que a empresa implemente estratégias para explorar oportunidades ou neutralizar ameaças ambientais. Se o recurso é valioso, mas não é raro, a exploração desse recurso acarretará uma posição de paridade no mercado e retornos econômicos normais. Se um recurso é valioso e raro, mas facilmente imitável, ele irá gerar uma posição de vantagem competitiva temporária, assim a firma obterá retornos econômicos acima da média, que, no entanto, não deverão ser sustentados por muito tempo. Se um recurso é valioso, raro, difícil de ser imitado e explorado pela organização, a firma controladora desse recurso obterá uma posição de vantagem competitiva sustentável e, consequentemente, retornos econômicos superiores à média do mercado.[27]

CAPÍTULO 3 | Visão baseada em recursos (VBR) **53**

A sustentação de uma posição de vantagem competitiva dependerá da dificuldade que os competidores possuem em imitar os recursos valiosos e raros de uma organização. A dificuldade de imitação dos recursos por um competidor depende de três condições:[4]

a) **Condições históricas:** a geração dos recursos ser dependente de condições históricas únicas.

   **Exemplo:** a tradição e a reputação de uma empresa são formadas ao longo do tempo, por meio de uma série de eventos que contribuem para a construção de uma imagem perante os *stakeholders*.

b) **Ambiguidade causal:** a ambiguidade causal existente, ou seja, a dificuldade de compreender-se a relação entre recursos e vantagem competitiva.

   **Exemplo:** as empresas ocidentais demoram em compreender as bases de sustentação do sistema de produção enxuta (produção *lean*) de automóveis desenvolvido pela empresa Toyota, no Japão, após a Segunda Guerra Mundial.

c) **Socialmente complexo:** o recurso ser socialmente complexo.

   **Exemplo:** contextos sociais dificultam a imitação do recurso. Imagine a dificuldade de imitar uma equipe talentosa de colaboradores que trabalham inseridos em uma cultura organizacional específica e seguindo as rotinas particulares de uma empresa.

O Quadro 3.8 mostra a relação entre a análise VRIO e os pontos fortes e fracos da empresa.

| O recurso é... | | | | |
|---|---|---|---|---|
| **Valioso?** | **Raro?** | **Difícil de imitar?** | **Explorado pela organização?** | **Ponto forte ou fraco** |
| Não | – | – | Não | Ponto fraco |
| Sim | Não | – | | Ponto forte |
| Sim | Sim | Não | | Ponto forte e competência distinta |
| Sim | Sim | Sim | Sim | Ponto forte e competência distinta sustentável |

**Quadro 3.8**

A relação entre o modelo VRIO e as forças e fraquezas da organização

**Fonte:** Traduzido pelos autores a partir de Barney (2001).[27]

Analisando o Quadro 3.8, nota-se que, se um recurso não é valioso, ele é um ponto fraco e, se for valioso, um ponto forte da organização. Se um recurso é, simultaneamente, valioso e raro, ele, além de ser um ponto forte, é uma competência distinta, ou seja, relativamente exclusiva. Se o recurso for simultaneamente valioso, raro e de difícil imitação, será um ponto forte e uma competência distinta sustentável, ou seja, dificilmente neutralizada pelos competidores. Recursos valiosos não explorados pela organização não estão sendo convenientemente aproveitados. O Quadro 3.9 apresenta um exemplo de aplicação do método VRIO em uma empresa do setor sucroalcooleiro no Brasil.

## DA TEORIA À REALIDADE BRASILEIRA

Segundo dados da União da Indústria de Cana-de-açúcar,[29] o Setor Sucroalcooleiro brasileiro faturou mais de US$ 70 bilhões em 2015 (sendo US$ 10,2 bilhões provenientes de exportações) com 369 usinas e destilarias espalhadas pelo País. Para abastecer esta indústria, mais de 70.000 produtores rurais independentes se dedicam ao cultivo de cana-de-açúcar. Empregando diretamente cerca de 1,02 milhão de trabalhadores, o setor sucroalcooleiro é responsável por aproximadamente 15,7% da matriz energética no Brasil, país que possuía em 2014 uma frota de 24 milhões de veículos *flex fuel* (que podem ser abastecidos com etanol, gasolina ou ambos em qualquer proporção).[29] Utilizando a cana-de-açúcar como matéria-prima principal, as empresas do setor sucroalcooleiro tradicionalmente produzem açúcar, etanol e bioeletricidade. Recentemente, outras possibilidades de produtos têm surgido, como bioplásticos, bio-hidrocarbonetos e bioquímicos.

**Quadro 3.9**

Exemplo de utilização do modelo VRIO para uma empresa do setor sucroalcooleiro no Brasil

**Fonte:** Elaborado pelos autores a partir de Gohr et al. (2011)[30] e Unica (2015).[29]

*Continua*

**54** ADMINISTRAÇÃO ESTRATÉGICA

**Quadro 3.9**
*Continuação*

Um estudo[30] avaliou os recursos estratégicos de uma empresa do setor sucroalcooleiro brasileiro a partir do modelo VRIO. Os resultados são apresentados a seguir.

**Exemplo de aplicação do modelo VRIO[30]**

| Recurso | Valor | Raridade | Difícil de imitar | Organização | Implicações competitivas | Força/ fraqueza |
|---|---|---|---|---|---|---|
| **Recursos financeiros** | | | | | | |
| Ativos | Sim | Não | Não | Sim | Paridade competitiva | Força |
| Capital de giro | Sim | Não | Não | Sim | Paridade competitiva | Força |
| **Recursos físicos** | | | | | | |
| Equipamentos de última geração | Sim | Sim | Não | Sim | Vantagem competitiva temporária | Força distintiva |
| Caldeira com grande capacidade de operação | Sim | Sim | Sim | Sim | Vantagem competitiva sustentável | Força distintiva e sustentável |
| Qualidade da terra | Sim | Não | Não | Sim | Paridade competitiva | Força |
| Localização privilegiada | Sim | Sim | Não | Sim | Vantagem competitiva temporária | Força distintiva |
| Condições agronômicas | Sim | Sim | Sim | Sim | Vantagem competitiva sustentável | Força distintiva e sustentável |
| **Recursos individuais** | | | | | | |
| Mão de obra qualificada | Sim | Sim | Sim | Sim | Vantagem competitiva sustentável | Força distintiva e sustentável |
| **Recursos organizacionais** | | | | | | |
| Estrutura hierárquica | Sim | Não | Não | Sim | Paridade competitiva | Força |
| Conhecimento empresarial | Sim | Sim | Sim | Sim | Vantagem competitiva sustentável | Força distintiva e sustentável |
| Preocupação socioambiental | Sim | Sim | Sim | Sim | Vantagem competitiva sustentável | Força distintiva e sustentável |

Percebe-se, pelas informações apresentadas no exemplo, que o objetivo da análise VRIO é identificar os pontos fortes e fracos da organização fazendo uma relação com a possibilidade de sustentação de posições de vantagem competitiva. Essa análise serve para a discussão de como a organização pode proteger suas fortalezas e desenvolver suas fragilidades.

---

Sobre *resource-advantage theory* (R-A) conheça um pouco mais sobre os autores Shelby D. Hunt (prof. de Marketing na Texas Tech University) e Robert Morgan (prof. de Marketing na University of Alabama).

Ressalte-se que as "implicações competitivas" indicadas no Quadro 3.9 representam uma tendência de contribuição de cada recurso analisado para a posição competitiva da empresa. Na verdade, as situações de desvantagem, paridade e vantagem competitiva são resultados da gama de recursos da organização e não de um recurso isoladamente. A competição é uma constante luta pela obtenção de vantagens comparativas em recursos que propiciarão uma posição de vantagem competitiva no mercado e, consequentemente, desempenho financeiro superior (*resource-advantage theory*),[31] conforme mostrado na Figura 3.3. Note-se que a vantagem competitiva não pode ser construída somente a partir de uma análise interna da organização, por

**Figura 3.3** Esquema da *resource-advantage theory*.
**Fonte:** Traduzida pelos autores a partir de Hunt e Derozier (2004).[31]

isso a combinação das análises interna e externa (análise SWOT) será determinante para identificar oportunidades para a obtenção de posições de vantagens competitivas.

Posições de vantagem (ou desvantagem) competitiva resultarão em desempenho financeiro superior (ou inferior). As firmas podem obter uma posição de vantagem competitiva quando possuem uma gama de recursos que permitam entregar, para determinado segmento de mercado, uma oferta de (i) valor superior percebido e/ou (ii) produzida com custos mais baixos.[32] Esse processo de disputa por posições de vantagem competitiva é influenciado por variáveis externas, especialmente as políticas públicas, os consumidores, os fornecedores e competidores, os recursos da sociedade e as instituições. Assim, segundo esses autores, nove posições de mercado são possíveis (Figura 3.4).

**Valor criado a partir dos recursos relativos da firma (eficácia)**

|  |  | Inferior | Paridade | Superior |
|---|---|---|---|---|
| **Custo para produzir valor a partir dos recursos relativos da firma (eficiência)** | Inferior | 1<br>Posição indeterminada | 2<br>Vantagem competitiva | 3<br>Vantagem competitiva |
|  | Paridade | 4<br>Desvantagem competitiva | 5<br>Posição de paridade | 6<br>Vantagem competitiva |
|  | Superior | 7<br>Desvantagem competitiva | 8<br>Desvantagem competitiva | 9<br>Posição indeterminada |

**Figura 3.4**
Matriz das posições competitivas.
**Fonte:** Traduzida pelos autores a partir de Hunt e Derozier (2004).[31]

**Nota:** A posição de vantagem competitiva no mercado identificada na célula 3 é resultante da situação onde a firma possui uma gama de recursos, em comparação com seus competidores, que possibilita a disponibilização de uma oferta, para determinado segmento de mercado, percebida como (a) sendo de valor superior e (b) produzida com custos inferiores.

ADMINISTRAÇÃO ESTRATÉGICA

As células de números 2, 3 e 6 indicam posições de vantagem competitiva. A célula 3 mostra uma posição competitiva ideal para uma firma, em que as vantagens comparativas em recursos conseguem produzir benefícios superiores com custos menores. As células 2 e 6 significam, respectivamente, uma vantagem em custos e em benefícios, o que corresponde, respectivamente, às estratégias de liderança em custo total e diferenciação.[33] Já as células de números 4, 7 e 8 revelam posições de desvantagem competitiva, demonstrando a inabilidade da firma na combinação de recursos, o que, consequentemente, resultará em retornos financeiros inferiores. As posições indicadas nas células 1 e 9 correspondem a uma situação indeterminada, em que a vantagem comparativa, em benefícios ou custos, pode gerar retornos superiores, similares (paridade) ou inferiores. Por último, a célula 5 corresponde a uma posição de paridade, sendo a situação de mercado explicada, em parte, pela teoria da competição perfeita.[1]

Ressalte-se que as posições na matriz fazem referência a um segmento de mercado específico. Em outras palavras, a matriz de posições competitivas deve ser utilizada para cada segmento de mercado explorado pela organização (segmento A, segmento B...). É possível que uma organização desfrute de uma posição de vantagem competitiva em um segmento de mercado, enquanto está em posição de desvantagem competitiva em outro segmento.

> Em economia, **competição ou concorrência perfeita** descreve mercados em que nenhum participante tem tamanho suficiente para definir o preço de um produto homogêneo no mercado.[1]

## 3.6 CONSIDERAÇÕES FINAIS

Este capítulo apresentou alguns aspectos básicos da visão baseada em recursos (VBR). Para aprofundar as discussões a respeito das implicações estratégicas do gerenciamento de recursos nas organizações, além da VBR, utilizamos outras abordagens (visão baseada em conhecimento, capacidades dinâmicas e *resource-advantage theory*).

Foram indicadas algumas contribuições da VBR para a Administração Estratégica:[27]

## CONTRIBUIÇÕES DA VBR PARA A ADMINISTRAÇÃO ESTRATÉGICA:

a) A responsabilidade pela obtenção e manutenção de uma posição de vantagem competitiva é de cada colaborador da firma.

b) Se uma organização faz o mesmo que os competidores, seu melhor resultado só poderá ser a paridade competitiva.

c) Para obter uma posição de vantagem competitiva, é melhor a organização explorar seus próprios recursos do que tentar copiar os recursos de um competidor.

d) Além de questionar-se sobre o custo de implementação e o valor criado por cada opção estratégica, a organização também deve analisar se as estratégias que pode implementar facilmente também podem ser facilmente implementadas pelos concorrentes. Caso a resposta seja positiva, provavelmente a opção por essa estratégia esteja equivocada, pois a vantagem gerada não será sustentável.

e) As organizações podem sistematicamente superestimar ou subestimar suas competências.

f) Os recursos socialmente complexos, relacionados com o capital intelectual da organização, podem ser fonte de vantagem competitiva sustentável.

g) A organização deve estar preparada para suportar a exploração de recursos valiosos, raros e de difícil imitação; entretanto, se não estiver adequada para suportar esses atributos simultaneamente, cabem mudanças na organização.

## MINICASO

### Longevidade e sucesso em uma empresa familiar: análise do grupo Gerdau

#### 1 – PERFIL DA ORGANIZAÇÃO

Em 26 de março de 2015, o grupo Gerdau finalizou um processo sucessório iniciado em 2002, totalizando quatro sucessões familiares. Como disse Jorge Gerdau em uma entrevista ao portal Exame: "A responsabilidade em uma sucessão é muito grande, não se pode trabalhar com achismos". Duas perguntas se destacam na história do grupo: como a empresa se tornou longeva? Como a família conseguiu executar bem as sucessões de comando empresarial?

O grupo Gerdau é líder na produção de aços longos (barras, perfis, vergalhões) nas Américas e um dos principais produtores de aços especiais no mundo. Possui 52 unidades produtivas de aço, distribuídas em 14 países. Adicionalmente, o grupo ainda atua de forma integrada, controlando 50% da captação da matéria-prima sucata, operando uma mina de minério de ferro, além de atuar na transformação do aço com refinarias e laminadoras, bem como na sua distribuição junto aos clientes.

O grupo Gerdau foi criado em 1901, em Porto Alegre (RS), quando o imigrante e comerciante alemão João Gerdau comprou a fábrica de pregos Cia. de Pregos Ponta de Paris para que seu filho, Hugo Gerdau, a administrasse. A empresa passou a se chamar João Gerdau e Filho. Em 1917, morre João Gerdau, deixando vários legados para seus herdeiros. Nos negócios, passou para os seus filhos visão de mercado, senso de oportunidade, habilidade nas negociações, respeito aos compromissos assumidos e responsabilidade nas atividades empresariais. Tornou-se industrial, enquanto a maior parte dos imigrantes alemães se dedicava à agricultura. O legado familiar consistiu na conservação das próprias raízes alemãs, disciplina doméstica, empenho no preparo para a vida profissional e manutenção das tradições alemãs. Hugo Gerdau continuou a desenvolver a fábrica de pregos e abriu uma filial em Passo Fundo (RS).

A sucessão de Hugo Gerdau, com seu falecimento em 1939, não se dá imediatamente dentro da família. Roberto Nickhorn e Waldomiro Shapke, funcionários de confiança de Hugo Gerdau, passaram a ter participação acionária na companhia e assumiram a gestão da empresa durante a Guerra. Em 1946, com a entrada de Curt Johannpeter (genro de Hugo Gerdau) na administração, o grupo Gerdau passa a ter uma visão de administração por processos e metas de gestão. A trajetória de crescimento da empresa dá um salto em 1948 com a compra da Siderúrgica Rio Grandense, com o objetivo de garantir a matéria-prima necessária para a fabricação de pregos.

Germano, o filho mais velho de Curt Johannpeter e Helda Gerdau, com 17 anos em 1951, teve sua carteira de trabalho assinada na Gerdau e começou a trabalhar no processo de fabricação de vergalhões e arames. Nos anos seguintes, vieram seus irmãos, que, desde adolescentes, trabalhavam na fábrica de pregos em suas férias. Nascia, assim, o futuro Conselho Diretor do grupo Gerdau. A entrada dos irmãos no grupo coincide com o crescimento da produção a partir da abertura e compra de novas unidades produtivas.

Para escoar a produção, Germano tornou-se responsável por vender os produtos em outros estados. Este foi o embrião da Comercial Gerdau. A Comercial Gerdau também foi responsável por criar uma rede de captação de sucata em todo o Brasil para suprir a crescente produção do grupo. Ao implementar esta rede de captação de sucata de aço, o grupo obteve uma importante vantagem competitiva, verticalizando seu processo produtivo e otimizando a logística e o custo de matéria-prima.

Durante as décadas de 1960 e 1970, o grupo aumentou sua produção de aço com a compra da Siderúrgica Açonorte, em Recife, e a construção da Companhia Siderúrgica da Guanabara (Cosigua), no Rio de Janeiro. Demanda para o produto não faltava, afinal o Brasil vivenciava, no início dos anos 1970, o "Milagre Econômico". Depois do "Milagre Econômico" veio a "Década Perdida", como foram chamados os anos 1980 no Brasil, com recessão, inflação, baixo crescimento e planos econômicos. O grupo Gerdau então volta-se para o exterior, inicialmente aumentando as exportações.

A década de 1980 também é marcada pelo falecimento de Curt Johannpeter, em 1983, e a assunção definitiva da quarta geração no comando da empresa. Também durante os anos 1980, começou a trabalhar na empresa a quinta geração da família – Carlos ("Caco") e André, filhos de Jorge Gerdau, Cláudio, filho de Klaus Gerdau, e Guilherme, filho de Frederico Gerdau. Todos ingressaram com menos de 20 anos em funções de auxiliares na fábrica de pregos ou na área administrativa.

Em 2002, o Grupo dá início formalmente ao seu processo de sucessão, com alterações em seu comando. Em 2006, na continuidade do processo sucessório, André Gerdau é anunciado o novo presidente do grupo e seu primo Cláudio, nomeado vice-presidente responsável por toda a operação industrial. A decisão foi tomada de forma unânime por todo o Conselho de Administração. Em março de 2015, finaliza-se a sucessão do Grupo Gerdau, depois de 13 anos. Germano, Klaus, Jorge e Frederico Gerdau saem do Conselho de Administração após quase 60 anos de trabalho e passam a compor o Conselho Consultivo, órgão criado para permitir ainda a transferência da experiência empreendedora da família. Segundo depoimentos da família, o segredo da longevidade do grupo Gerdau está nos valores passados pelos membros familiares ao negócio.

## 2 – SITUAÇÃO-PROBLEMA

Os desafios da quinta geração são diferentes dos enfrentados pela geração dos quatro irmãos. A empresa cresceu, internacionalizou-se e enfrenta em igualdade de condições grandes grupos siderúrgicos internacionais. O grupo Gerdau, em 2015, era o maior produtor de aços longos das Américas e o segundo maior do mundo.

A família Gerdau construiu com êxito um dos maiores grupos econômicos do Brasil, mas teve que abrir mão de participações acionárias para financiar o seu crescimento. A família mantém o controle do voto, mas, hoje, detém apenas 8,77% do capital econômico do grupo, o que limita novas diluições de participação acionária.

Com aproximadamente 50 anos de idade, a quinta geração tem a responsabilidade de fazer crescer o grupo Gerdau para permitir que o legado recebido possa ser perpetuado, com o desafio de atender uma família cada vez mais numerosa. Dos quatro irmãos da geração anterior, hoje existem 16 primos da atual geração, e a quinta geração já possui 35 herdeiros. Este é o desafio de qualquer empresa familiar na perpetuação: crescer o resultado da empresa pelo menos na mesma taxa de crescimento dos membros da família.

**58** ADMINISTRAÇÃO ESTRATÉGICA

## 3 – ANÁLISE A PARTIR DA VISÃO BASEADA EM RECURSOS

Segundo Barney (1991),[4] o modelo VRIO, derivado da visão baseada em recursos (*resource based view* – RBV), tem por objetivo analisar as vantagens competitivas de uma empresa a partir da análise dos recursos, que devem ser valiosos, raros, imperfeitamente imitáveis e que a organização consiga explorar. A teoria das capacidades dinâmicas de Teece *et al.* (1997)[34] avança na visão baseada em recursos ao adicionar a gestão das competências como elemento de diferenciação e criação de vantagens competitivas, principalmente em mercados mais dinâmicos.

Ao analisar o caso da Gerdau em sua história de mais de 100 anos, podemos elencar algumas vantagens competitivas sustentáveis construídas pela empresa ao longo de sua trajetória, cujas bases são, inclusive, transferidas para os valores corporativos. O grupo Gerdau sempre buscou utilizar os melhores processos e recursos tecnológicos para a produção, bem como procurou integrar e verticalizar o processo produtivo, com controle na originação de matéria-prima (sucata) e na distribuição dos produtos por meio da Comercial Gerdau, aproximando-se do cliente.

Do ponto de vista familiar, a cultura alemã, com disciplina, planejamento e preparação para o trabalho, perpassou as diversas gerações, tendo a quarta geração estudado, inclusive, em colégios alemães na Argentina e no Brasil. A transmissão do empreendedorismo e da forma de agir como empresário foi passada por João Gerdau a seus filhos enquanto trabalharam em conjunto. Da mesma forma, a ascensão da quarta geração com Jorge, Germano, Klaus e Frederico dá continuidade à cultura de seu pai porque participaram com ele da direção da empresa. O crescimento para o exterior é outro elemento cultural que foi acrescentado ao Grupo durante a década de 1990 e os anos 2000.

### QUESTÕES PARA DISCUSSÃO

1. Recapitule não só os principais pontos da teoria dos recursos da firma (*resource based view* – modelo VRIO), bem como os da teoria das capacidades dinâmicas, e responda quais são as principais capacidades organizacionais, recursos e estratégias do grupo Gerdau responsáveis pelo sucesso e longevidade de uma empresa que existe há mais de 100 anos.

2. Considere que a cultura organizacional constitui um dos principais recursos que uma empresa familiar de sucesso possui para se perpetuar, tendo em vista que os valores iniciais responsáveis pela integração interna da empresa e sua adaptação externa ao meio ambiente de negócios são oferecidos pelo fundador ou pela família fundadora, de acordo com os valores familiares. Como a Gerdau tem perpetuado a mesma família na liderança da empresa há mais de cinco gerações, responda que elementos da cultura organizacional da Gerdau e dos valores da família são responsáveis por esta longevidade no poder da família, pelo sucesso da empresa e seus excelentes resultados financeiros.

**Fonte:** Resumido pelos autores a partir de Lima (2016).[35]

Finalizamos este capítulo propondo as seguintes questões para reflexão e para avaliação do conhecimento.

## QUESTÕES PARA REFLEXÃO

1. Pense em um time de futebol famoso (Barcelona ou Real Madrid, por exemplo) ou em um famoso festival de música (Rock in Rio, por exemplo). Quais recursos valiosos, raros, de difícil imitação e difícil substituição este time de futebol ou festival de música precisou desenvolver para obter sucesso?

2. Discuta a importância de as organizações desenvolverem e adquirirem recursos estratégicos.

3. Cite um exemplo prático de uma capacidade que uma organização precisa ter para aproveitar determinada gama de recursos existentes. Reflita como essa capacidade pode ser desenvolvida ao longo do tempo em uma organização.

4. Cite um exemplo de competência essencial em uma empresa diversificada. Discuta como essa competência ajudou a organização a competir, simultaneamente, em diversos mercados.

5. Por que, em contextos dinâmicos, faz mais sentido pensarmos em capacidades dinâmicas do que em posições de vantagens competitivas sustentáveis?

## QUESTÕES PARA AVALIAÇÃO DO CONHECIMENTO

1. Cite pelo menos um exemplo prático de recurso para cada categoria a seguir: (i) financeiro; (ii) físico; (iii) legal; (iv) humano; (v) organizacional; (vi) informacional; e (vii) relacional.

2. O que significa desenvolver (*exploration*) e alavancar (*exploitation*) recursos? Cite exemplos práticos para cada situação.

**CAPÍTULO 3** | Visão baseada em recursos (VBR)

3. O que são as capacidades dinâmicas? Cite um exemplo de empresa que atua em um contexto que exige o desenvolvimento de capacidades dinâmicas.

4. Explique a obtenção de uma posição de vantagem competitiva sustentável segundo o modelo VRIO.

5. Como as condições históricas, a ambiguidade causal e a complexidade social ajudam a dificultar a imitação dos recursos.

## REFERÊNCIAS

1. HUNT, S. D. **A general theory of competition**: resources, competences, productivity and economic growth. 1. ed. Sage, 2000.
2. GUERRAS-MARTÍN, L. Á.; MADHOK, A.; MONTORO-SÁNCHEZ, Á. The evolution of strategic management research: recent trends and current directions. **Business Research Quarterly**, 17(2), 69-76, 2014.
3. WERNERFELT, B. A resource-based view of the firm. **Strategic Management Journal**, 5(2), 171-180, 1984.
4. BARNEY, J. Firm resources and sustained competitive advantage. **Journal of Management**, 17(1), 99-120, 1991.
5. KENWORTHY, T. P.; VERBEKE, A. The future of strategic management research: assessing the quality of theory borrowing. **European Management Journal**, 33(3), 179-190, 2015.
6. FERNÁNDEZ, E.; MONTES, J. M.; VÁZQUEZ, C. J. Typology and strategic analysis of intangible resources. A resource-based approach. **Technovation**, 20(2), 81-92, 2000.
7. GULATI, R.; NOHRIA, N.; ZAHEER, A. Strategic networks. **Strategic Management Journal**, 21(3), 203-215, 2000.
8. GRANT, R. M. **Contemporary strategy analysis**: concepts, techniques, applications. 4. ed. Blackwell Publishers, 2002.
9. MILLS, J.; PLATTS, K.; BOURNE, M. Applying resource-based theory. **International Journal of Operations & Production Management**, 23(2), 148-166, 2003.
10. CARMELI, A. Assessing core intangible resources. **European Management Journal**, 22(1), 110-122, 2004.
11. GALBREATH, J. Which resources matter the most to firm success? An exploratory study of resource-based theory. **Technovation**, 25(9), 979-987, 2005.
12. ROSSI, R. M. **Método para análise interna das organizações: uma abordagem a partir da Resource-Advantage Theory**. 2008. 257 f. Tese (Doutorado em Ciências Exatas e da Terra) – Universidade Federal de São Carlos, 2008.
13. AMIT, R.; SCHOEMAKER, P. J. H. Strategic assets and organizational rent. **Strategic Management Journal**, 14(1), 33-46, 1993.
14. SEBRAE. **Food truck**: modelo de negócio e sua regulamentação. 2015. Sebrae Brasília. Disponível em: <http://www.bibliotecas.sebrae.com.br/chronus/ARQUIVOS_CHRONUS/bds/bds.nsf/32748b6a9b2d815bb459a3574ca39872/$File/5335a.pdf>. Acesso em: jan. 2019.
15. SIMÕES, A. R. **O mercado de food trucks**. 2016. Sebrae Minas Gerais. Disponível em: https://www.sebrae.com.br/sites/PortalSebrae/ufs/mg/artigos/o-mercado-de-food-trucks,2e491bc9c86f8510VgnVCM1000004c00210aRCRD. Acesso em: jan. 2019.
16. HOFFMANN, V. E.; LEONELO, A. M.; DIAS, C. N.; MATIAS, I. Recursos estratégicos para vantagem competitiva sustentável em food trucks. **Revista Alcance**, 23(3), 352-371, 2016.
17. DAY, G. S. The of market-drive capabilities organizations. **Journal of Marketing**, 58(4), 37-52, 1994.

18. SCHOLTEN, V. E. **The early growth of academic spin-offs**: factors influencing the early growth of dutch spin-offs in the life sciences, ICT and consulting. Wageningen University and Research Centrum, 2006.
19. SAMMUT-BONNICI, T.; GALEA, D. SWOT Analysis. **Wiley Encyclopedia of Management**, 12, 1-8, 2015.
20. PRAHALAD, C. K.; HAMEL, G. The core competence of the corporation. **Harvard Business Review**, 68(3), 79-90, 1990.
21. ABIEC. **Perfil da pecuária no Brasil**. 2016. São Paulo. Disponível em: <http://abiec.siteoficial.ws/images/upload/sumario-pt-010217.pdf>. Acesso em: jan. 2019.
22. MAPA. **Requisitos sanitários e fitossanitários para produtos brasileiros exportados para a União Europeia**. 2018. Brasília. Disponível em: <http://www.agricultura.gov.br/assuntos/relacoes-internacionais/documentos/requisitos-sps/requisitos-sps-uniao-europeia.pdf>. Acesso em: jan. 2019.
23. STAMATO NETO, J.; ALCANTARA, R. L. C. Competências essenciais presentes em frigoríficos brasileiros exportadores para a Europa: um estudo multicaso. **Revista Produção Online**, 13(1), 180-207, 2013.
24. WANG, C. L.; AHMED, P. K. Dynamic capabilities: a review and research agenda. **International Journal of Management Reviews**, 9(1), 31-51, 2007.
25. TEECE, D. J. Business models and dynamic capabilities. **Long Range Planning**, 1-10, 2017.
26. FROEHLICH, C.: BITENCOURT, C. C.: BOSSLE, M. B. The use of dynamic capabilities to boost innovation in a brazilian chemical company. **Revista de Administração**, 52, 479-491, 2017.
27. BARNEY, J. **Gaining and sustaining competitive advantage**. 2. ed. Englewood Cliffs: Prentice Hall, 2001.
28. PORTER, M. E. **Competitive advantage**. 1. ed. Free Press, 1985.
29. UNICA. **Sugarcane one plant, many solutions**: sugar, ethanol, bioelectricity & beyond. 2015. São Paulo. Disponível em: <http://www.unica.com.br/documentos/publicacoes/unica/>. Acesso em: jan. 2019.
30. GOHR, C. F. *et al.* Recursos estratégicos e vantagem competitiva: aplicação do modelo VRIO em uma organização do setor sucroalcooleiro. **Revista Gestão Organizacional**, 4(1), 115-139, 2011.
31. HUNT, S. D.; DEROZIER, C. The normative imperatives of business and marketing strategy: grounding strategy in resource-advantage theory. **Journal of Business & Industrial Marketing**, 19(1), 5-22, 2004.
32. HUNT, S. D.; MORGAN, R. M. The comparative advantage theory of competition. **Journal of Marketing**, 59(1), 1-15, 1995.
33. PORTER, M. E. **Competitive strategy**. Free Press, 1980.
34. TEECE, D. J.; PISANO, G.; SHUEN, A. Dynamic capabilities and strategic management. **Strategic Management Journal**, 18(7), 509-533, 1997.
35. LIMA, R. P. **Longevidade e sucesso em uma empresa familiar**: análise do Grupo Gerdau em um estudo de caso para ensino. Fundação Getulio Vargas, 2016.

# PARTE II

# O PROCESSO ESTRATÉGICO

# DEFINIÇÕES PRELIMINARES DO PLANEJAMENTO ESTRATÉGICO

*Douglas Murilo Siqueira*

## RESUMO

O objetivo deste capítulo é desenvolver, junto com o leitor e por meio de exemplos práticos de empresas nacionais, os conceitos das principais diretrizes organizacionais para a elaboração do planejamento estratégico, considerando a cultura da organização. O planejamento estratégico, inserido em um modelo de gestão estratégica, deve ser considerado como um meio e não um fim para que a organização possa atingir seus resultados. Para o desenvolvimento deste planejamento é importante que exista uma sinergia entre as diretrizes estratégicas (propósito, missão, visão e valores), a fim de que seja possível construir um plano consistente. O propósito (motivo da existência da organização) alinhado com a missão (qual a diretriz para seu negócio) e a visão (onde a organização pretende chegar no futuro) devem estar intimamente conectados aos seus valores (princípios que irão nortear a organização ao longo de sua existência). Estes valores, agregados aos artefatos, ritos e heróis, são conhecidos como componentes que formam a cultura organizacional, e esta pode ser um fator facilitador ou restritivo de mudanças para a implementação das estratégias.

### OBJETIVOS DE APRENDIZAGEM

Neste capítulo, o leitor poderá aprofundar seu conhecimento sobre:
- A diferença entre planejamento e gestão estratégica.
- Como entender e diferenciar os conceitos relacionados com as diretrizes estratégicas:
  - Propósito
  - Missão
  - Visão
  - Valores
- A formulação das diretrizes estratégicas organizacionais.

## 4.1 INTRODUÇÃO

A escola do pensamento estratégico teve sua maior importância na década de 1970, com a proposta de que a estratégia não era algo inerente à pessoa, como se fosse uma intuição, mas um processo racional, que deve ser aprendido e formalmente descrito.[1] Segundo a visão desta escola, a estratégia deve ser formulada a partir da avaliação do ambiente interno e externo da organização (matriz SWOT, que será vista no Capítulo 5), com ênfase na busca da eficiência e eficácia (Quadro 4.1).

No entanto, ao longo do tempo foi possível presenciar uma mudança no conceito do pensamento estratégico. Com o ambiente organizacional mais competitivo, a gestão estratégica passou a ser mais valorizada, já que não bastava somente desenvolver a estratégia, mas era necessário organizar, dirigir, coordenar e controlar.[2]

A gestão estratégica, ao contrário do pensamento centralizado, traz o conceito da visão sistêmica e a integração entre os setores organizacionais. Neste novo paradigma, o planejamento passa a fazer parte de um modelo sistêmico do processo de gestão estratégica (Figura 4.1).

**Quadro 4.1**
Eficiência × eficácia
**Fonte:** Lobato et al. (2003, p. 21).[2]

| Eficiência | Eficácia |
|---|---|
| **Fazer corretamente as coisas** | **Fazer as coisas corretas** |
| Soluciona problemas | Antecipa-se aos problemas |
| Economiza recursos | Otimiza a utilização dos recursos |
| Cumpre obrigações | Obtém resultados |
| Diminui custos | Aumenta lucros |
| Sistema fechado | Sistema aberto |
| Ganhador | Vencedor |
| Curto prazo | Longo prazo |

**Figura 4.1**
Gestão estratégica – visão sistêmica.
**Fonte:** Adaptada de Lobato et al. (2003, p. 26).[2]

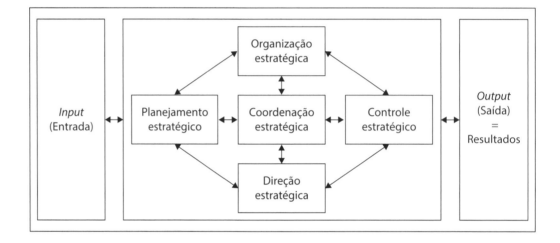

O termo **stakeholder** significa "qualquer grupo ou indivíduo que afeta ou é afetado pelo alcance dos objetivos da empresa" (FREEMAN, 1984, p. 25) e, portanto, para que a organização tenha sucesso em seu planejamento e objetivos, ela tem a responsabilidade em gerenciar todos os atores considerados em sua cadeia de stakeholder. Você sabia que clientes, funcionários, sociedade, meio ambiente, acionistas (também chamados de shareholders), governo, mídia, fornecedores e concorrentes são os atores que fazem parte da cadeia de shareholders de uma organização?

Perceba que, assim como em um sistema de computação, o modelo da Figura 4.1 é formado pelos *inputs*, que são as entradas, que correspondem aos insumos para a gestão estratégica (informações, energia necessária para o trabalho; materiais etc.). O núcleo do sistema é composto pelos pilares da Administração, ou seja: **planejamento** (formalização do plano, como um meio para que a empresa possa atingir seus objetivos); **coordenação** (determina a metodologia do planejamento e articula entre as diversas áreas da organização para conseguir os esforços coletivos); **organização** (desenvolvimento do plano, atuação sobre as decisões de implementação; ações do patrocinador da gestão estratégica); **direção** (tem a missão da comunicação, estímulo e liderança); **controle** (correção de desvios, identificação de falhas) e, como *outpus*, que são as saídas, os resultados inerentes da implementação do planejamento.[2]

Neste contexto, o planejamento não pode ser visto como um fim, mas como um meio para que a empresa possa atingir seus resultados.[2] Para o desenvolvimento do planejamento estratégico, se faz necessário que a organização estabeleça suas principais diretrizes, pois serão elas que irão ajudar a identificar as oportunidades e a realizar, de forma sistemática, ações para que possa atingir seus objetivos.[2]

Para que você possa compreender a formulação das diretrizes estratégicas organizacionais, este capítulo foi dividido em cinco seções, conforme ilustrado na Figura 4.2.

É fato que **missão**, **visão**, **valores** são componentes fundamentais para a formulação das diretrizes estratégicas de uma organização, todavia, em um mundo em que a tecnologia promove mudanças revolucionárias alterando da noite para o dia modelos produtivos, desaparecimento e surgimento de profissões, novas exigências da sociedade perante a responsabilidade socioambiental, sem contar o desafio da gestão dos talentos, principalmente dos jovens, que buscam dar sentido ao seu trabalho e à sua existência, é essencial que estes componentes estejam intimamente conectados ao **propósito** da organização.[3]

**Figura 4.2**
Seções deste capítulo.

**Propósito organizacional**
- Aqui vamos discutir a formação do propósito organizacional. Afinal, qual o sentido da existência da organização?
- Aprenda com exemplo de propósito organizacional de uma empresa nacional.

**Missão organizacional**
- Neste item você vai entender o que é a Missão e sua importância para a organização.
- Como descrever uma missão? Vamos apresentar alguns pontos-chave para esta definição.

**Visão organizacional**
- Você sabe o que difere visão da missão? Aqui você poderá entender esta diferença.
- Vamos apresentar visões de empresas nacionais utilizadas para o direcionamento do planejamento estratégico.

**Valores organizacionais**
- Neste item você vai compreender o que são valores organizacionais.
- Os valores organizacionais podem ser alterados? Vamos refletir sobre este desafio para a organização.

**Cultura organizacional**
- Você vai entender o conceito de cultura organizacional e seus componentes, sendo os valores um dos componentes.
- Vamos apresentar e discutir a importância do gerenciamento da cultura para o engajamento dos *stakeholders*, principalmente os colaboradores.

### DESAFIO

**O OBJETIVO DE UMA EMPRESA**

Antes de continuar sua leitura, discuta em grupo ou faça uma reflexão individual e responda: qual o principal objetivo de uma organização? E de uma empresa? Agora, justifique sua resposta e compartilhe com os demais grupos da classe. Após a leitura deste capítulo, reveja sua resposta e complemente, se necessário.

Fique atento, pois uma organização pode ter objetivos diferentes, dependendo de seu tipo e finalidade (empresas; ONGs; instituições religiosas etc. são tipos distintos de organizações).

Neste capítulo você vai entender o conceito de cultura organizacional, compreender a importância dos valores organizacionais, sua ligação com a missão e visão, onde tudo isso se encaixa com o propósito e entender a importância destas diretrizes para a estratégia organizacional. Vamos começar discutindo o que é propósito organizacional.

## 4.2 PROPÓSITO ORGANIZACIONAL

Vamos iniciar com algumas questões para reflexão: **qual o motivo de sua existência?** Um dos dias mais importantes de sua vida, com certeza é quando nasceu, **mas qual seria o segundo dia?**[15]

Estas provocações ajudam a compreender o que é propósito.[3,15] Para responder, sugiro que o leitor reflita, respondendo para si: será que nascemos **somente** para trabalhar, ter um sustento, ganhar dinheiro, comer, beber, casar, ter filhos e morrer? Não seria muito pouco para uma vida inteira?

Alguns estudiosos deste tema[3,15] respondem que o segundo dia mais importante na vida de alguém é quando a pessoa **percebe por que nasceu**. Infelizmente, complementam estes autores, muitos nem pensam nisso, mas para aqueles que encontram a resposta e percebem os motivos de sua existência, descobrem seu verdadeiro propósito, sua verdadeira vocação e, a partir deste momento, tudo muda, pois tudo passa a fazer sentido.

Ao transportar esta reflexão para o mundo organizacional, as organizações precisam responder às seguintes questões, a fim de que possam descobrir seu propósito:[15]

- Por que existimos?
- Por que precisamos existir?
- Quais contribuições queremos dar?
- O mundo fica melhor com nossa presença?
- Sentirá nossa falta se deixarmos de existir?

O propósito é o que mantém as pessoas unidas e todos os *stakeholders* alinhados em uma única direção.[15] Ter um propósito faz com que as ações realizadas pela organização tenham um sentido e, assim, possam ser articuladas não somente com objetividade e clareza, mas com paixão pelo que está sendo realizado. Isto faz com que tudo flua com mais naturalidade, pois as pessoas se sentem bem fazendo o que estão fazendo e têm a noção de como chegar nos objetivos e no propósito declarado. Quanto maior for o público que impacta e é impactado pela organização (*stakeholders*), maior é a necessidade da existência de um propósito, que seja simples, mas agregador, em torno de valores comuns que façam com que haja interação entre as pessoas.[16]

---

### SAIBA MAIS

Segundo Luiza Trajano, o propósito do **Magazine Luiza** é gerar empregos e dar certo. Para que isso ocorra, o principal valor da organização é colocar as pessoas em primeiro lugar.[17]

A **Reserva**, indústria têxtil nacional, com 1580 pessoas, três marcas e 65 lojas no Brasil, é uma empresa que nasceu em 2004 e declara que tem como propósito "ser um grupo de comunicação, que usa a roupa como mídia para disseminar nossas causas".[18]

---

Quando a organização trabalha, tendo como alicerce um **propósito**, sua linha de atuação estratégica deve considerar o engajamento de seus *stakeholders*. Neste processo, quando surgem conflitos, utilizam do diálogo, bom senso e criatividade para encontrarem uma solução.[15] Mas atuar com o propósito na formação das diretrizes estratégicas não vai contra o conceito ensinado nas escolas de negócios e cursos de Administração, de que o objetivo principal de uma empresa é a geração de lucros?

Em um painel intitulado "Liderando Negócios com Propósito", no Fórum Econômico Mundial de 2018, uma executiva da organização BlackRock, maior gestora de ativos financeiros do mundo, declarou, em suas pesquisas, que as empresas que atuam com um propósito apresentaram maior retorno financeiro no longo prazo, além de terem ampliado sua vantagem competitiva. Estas empresas atraem os melhores talentos e sabem motivar melhor seus funcionários. Neste caso, atuar com propósito passa a ser um ótimo negócio. Portanto, o objetivo de gerar lucro continua, porém, com a possibilidade de gerar, também, um impacto positivo social e ambiental.[19]

Após entender o conceito do propósito, uma dúvida pode surgir: propósito seria a mesma coisa que missão? A partir desta provocação, inicia-se a próxima seção. O que é missão organizacional? O que a difere do propósito? Como criar a missão organizacional? Convido você para continuar sua jornada e desvendar as respostas.

## 4.3 MISSÃO

A definição de missão, assim como a declaração da visão e a identificação dos propósitos e valores, não é tarefa fácil de uma organização. Exige muito esforço por parte dos gestores, mas, mesmo assim, muitas declarações são realizadas sem a objetividade que deveriam ter. Assim como os demais componentes que formam as diretrizes estratégicas, a missão deve ser difundida na organização e, constantemente, repetida junto aos funcionários e demais envolvidos.[2] Em conjunto com os demais elementos das diretrizes, deve servir de inspiração para todos, a fim de que caminhem em uma direção única. Para tanto, as declarações de propósito, missão, visão e valores devem ser sucintas, simples e fáceis de serem entendidas. São frases curtas, com mensagens desafiadoras, de fácil memorização e aceitação. A declaração de missão (além do propósito, visão e valores) ajuda a alta gestão de cinco formas:[9]

- Cristaliza a visão dos administradores em relação à posição estratégica da empresa no longo prazo.
- Ajuda que funcionários tenham seu comportamento orientado para a realização da missão corporativa.
- Transmite mensagem para todos os demais *stakeholders* sobre os caminhos da empresa.
- Ajuda a garantir a confiança institucional.
- Possibilita uma visão estratégica de longo prazo.

Definir a missão da empresa é algo penoso e que demanda tempo, todavia, somente com uma boa definição é que a organização consegue definir suas políticas e estratégias, a fim de alocar corretamente os recursos em direção a seus objetivos.[23] A definição de missão não se restringe à diferença entre receita e lucro. "O lucro não é a explicação, a causa ou o fundamento único das decisões e atitudes da organização, e sim seu teste de validade."[2] Mas, o que é uma missão? Destaca-se algumas definições: [25]

- Declaração de longo prazo do que a organização que ser e a quem quer servir.
- Também é considerada como o propósito que diferencia uma empresa de outra do mesmo tipo, identificando a abrangência de suas operações em relação aos seus produtos e mercados.
- Pode ser entendida como aquilo que a organização quer se tornar, estabelecendo seu futuro, respondendo às perguntas: quem somos? O que fazemos? Aonde vamos?
- Uma declaração que descreve os objetivos fundamentais do negócio.

Apesar de encontrar na literatura diversas definições, pode-se resumir que a missão de uma organização é a "descrição de seu produto, seu mercado e sua tecnologia de um modo que reflita seus valores e as prioridades que norteiam suas decisões estratégicas".[25]

### ATENÇÃO

**NÃO CONFUNDA MISSÃO E PROPÓSITO**

Ambos os conceitos estão intimamente ligados, todavia, enquanto a missão define os objetivos, produto, mercado, tecnologia na qual a organização está inserida e sua razão de existir, o propósito está vinculado a POR QUE a organização realiza tais movimentos e QUAL o motivo de sua existência.

No entanto, considerando que a missão tem ligação íntima com o negócio da organização, quais seriam as questões reflexivas que deveriam ser respondidas para construir a missão? Podem-se elencar seis principais:[2]

- Qual o negócio da organização?
- Quem é seu cliente?
- Onde ela tem sua base de atuação?
- Qual a sua vantagem competitiva?
- Qual a sua contribuição social?

### Exemplos de missão:

| Ultragaz | "Atuar com os melhores padrões de qualidade, segurança e excelência operacional de produtos e serviços." |
| | "Fortalecer a marca, promovendo o melhor atendimento ao cliente e o reconhecimento da nossa atuação como empresa sustentável." |
| | "Buscar crescimento permanente, observando nossos valores, princípios e sustentação financeira." |
| Bradesco | "Fornecer soluções, produtos e serviços financeiros e de seguros com agilidade e competência por meio da inclusão bancária e da promoção da mobilidade social, contribuindo para o desenvolvimento sustentável e a construção de relacionamentos duradouros para a criação de valor aos acionistas e a toda a sociedade." |
| Grupo Abril | "A Abril está empenhada em contribuir para a difusão de informação, cultura e entretenimento, para o progresso da educação, a melhoria da qualidade de vida, o desenvolvimento da livre iniciativa e o fortalecimento das instituições democráticas do País." |
| Magazine Luiza | "Ser uma empresa competitiva, inovadora e ousada que visa sempre o bem-estar comum." |

**Fonte**: Elaborado pelos autores a partir das declarações extraídas do portal das empresas, em 2018.

Considerando o que se aprendeu sobre a definição de missão é possível perceber, conforme a declaração de cada organização citada, como exemplo no quadro anterior, sua proposta de negócios, objetivos e sua razão de existir. Vejamos:

- **Ultragaz:** é possível perceber na declaração que suas decisões estratégicas são norteadas pelo vetor da excelência operacional (portanto, uma organização voltada para a eficiência), com diretriz no crescimento e sustentabilidade financeira. Foco na qualidade e segurança, pois possui um produto de alta periculosidade.
- **Bradesco:** uma empresa com foco no mercado financeiro e com estratégia direcionada em gerar produtos e serviços para este mercado. Seu objetivo está em gerar valor para seus acionistas e para a sociedade, todavia, perceba que o valor para o acionista aparece antes da sociedade. Neste contexto, podemos inferir que a prioridade estratégica da empresa está no acionista.
- **Grupo Abril:** declara que seu principal produto é a difusão da informação, cultura e entretenimento. Note que não está declarado que é uma gráfica ou que produz somente revistas. Sua razão de existir está em "desenvolver a livre iniciativa e o fortalecimento das instituições democráticas no Brasil".
- **Magazine Luiza:** apresenta uma declaração de missão bem objetiva, que busca a competitividade e a inovação. Sua razão de existir está em promover o bem comum.

## MISSÃO E PROPÓSITO

Perceba que a **razão de existência** declarada na missão do Magazine Luiza é "visar sempre o bem-estar comum". O **motivo de sua existência**, (propósito), segundo sua fundadora, Luiza Trajano, é o de gerar empregos. Missão e propósito estão em sinergia, haja vista que a geração de empregos pode acarretar inclusão socioeconômica, proporcionando melhoria da qualidade de vida e gerando o bem-estar.

Apesar dos conceitos apresentados, é fato que o leitor irá se deparar com diferentes formas de declaração de missão e visão. Muitas delas são carregadas de clichês e outras confundem visão com missão. Todavia, independentemente do formato da declaração, é fato que não haverá credibilidade nem engajamento, se o discurso não for seguido pela prática, principalmente por parte dos gestores.

## 4.4 VISÃO ORGANIZACIONAL

A definição bem articulada da declaração de visão de uma organização gera impactos positivos em seu desempenho, desde que disseminada e, claro, utilizada na definição da estratégia e nas ações gerenciais para obtenção dos resultados.[20] A visão deve estar alinhada com a missão e em conformidade com o propósito e valores organizacionais.

A visão organizacional deve representar a intenção estratégica da empresa. O que ela gostaria de ser no futuro. Para tanto, é uma declaração objetiva, clara, mas que deve ser desafiadora e atrativa. Ela direciona como a empresa gostaria de ser reconhecida no mercado.[21]

### Exemplos de visão:

| | |
|---|---|
| Ultragaz | "Ser referência em GLP." |
| Bradesco | "Ser a opção preferencial do cliente, tanto no mundo físico quanto no digital, diferenciando-se por uma atuação eficiente e para todos os segmentos de mercado." |
| Grupo Abril | "Ser a companhia líder em multimídia integrada, atendendo aos segmentos mais rentáveis e de maior crescimento dos mercados de comunicação e educação." |
| Magazine Luiza | "Ser o grupo mais inovador do varejo nacional, oferecendo diversas linhas de produtos e serviços para a família brasileira. Estar presente onde, quando e como o cliente desejar, seja em lojas físicas, virtuais ou *on-line*. Encantar sempre o cliente com o melhor time do varejo, um atendimento diferenciado e preços competitivos." |

Perceba que, nas declarações desses exemplos, é possível identificar várias semelhanças, que respondem a algumas questões genéricas, quando a organização vai construir sua visão. Uma delas é como a organização quer ser reconhecida no futuro,[2] ou seja, qual o seu sonho.

- **Ultragaz:** ser a referência no que produz (no caso, GLP).
- **Bradesco:** ser a opção preferencial dos clientes.
- **Abril:** ser líder em multimídia integrada.
- **Magazine Luiza:** ser o grupo mais inovador do varejo nacional.

Ao delinear sua visão, a empresa deve comunicar, com clareza e objetividade para todos de seu relacionamento, ou seja, todos seus *stakeholders*, qual é este sonho. É a partir da declaração de visão que se estabelece a estratégia, pois é ela que move a organização.

ADMINISTRAÇÃO ESTRATÉGICA

O estrategista em mudança John Kotter[22] afirma que uma organização sem uma visão bem definida raramente inspira ações para produzir grandes mudanças. Luzio,[21] com base em Kotter,[22] apresenta seis características para a construção de uma visão eficaz, conforme demonstradas no Quadro 4.2 e referenciadas utilizando os exemplos já mencionados.

**Quadro 4.2**

Principais características da declaração de visão

**Fonte:** Adaptado de Luzio (2010, p. 34).[21]

| Característica | Descrição | Exemplo |
|---|---|---|
| Imaginável | Apresentar para as pessoas como será o futuro. | Ultragaz: ser líder em seu segmento de atuação. |
| Desejável | Exerce forte apelo emocional junto aos *stakeholders* em razão das possibilidades de transformação dos envolvidos. | Magazine: ser o grupo mais inovador do varejo [...]. Encantar sempre o cliente. |
| Viável | Objetivo desafiador, mas realista de ser atingido. | Grupo Abril: ser empresa líder em multimídia integrada. |
| Focada | Declaração clara e objetiva para mover o processo decisório. | Magazine Luiza: "estar onde, quando e como o cliente desejar, sejam em lojas físicas ou virtuais". |
| Precisa | Não ser uma declaração vaga e prolixa. | Bradesco: "ser a opção preferencial do cliente, tanto no mundo físico quanto no digital [...]". |
| Comunicável | Ser clara, compreensível para todos que a lerem, principalmente para os funcionários, e fácil de ser explicada. | Bradesco: "ser a opção preferencial do cliente, tanto no mundo físico quanto no digital, diferenciando-se por uma atuação eficiente e para todos os segmentos de mercado". |

Para a construção da visão, recomenda-se que a organização reflita sobre cinco questões:[2]

1. Como queremos ser reconhecidos no futuro?
2. Que desafio se apresenta aos nossos colaboradores?
3. O que queremos ouvir de nossos *stakeholders*?
4. Onde estaremos atuando com os nossos clientes?
5. Quais as principais oportunidades que podem surgir?

Após responder às questões, a organização poderá definir sua declaração, buscando atender às características mencionadas no Quadro 4.2. É importante ressaltar que, para ter sucesso, a visão deve ser compartilhada e internalizada, portanto, sua implementação deve ser participativa.

Você percebeu que a visão para a organização é muito semelhante à visão que uma pessoa pode ter para seu futuro? Basta responder as mesmas questões anteriores, mas pensando em sua projeção pessoal. Como gostaria de ser reconhecido no futuro na profissão? Como e onde pretende estar na vida pessoal daqui há alguns anos?

São questões aparentemente simples, mas difíceis de serem respondidas. As respostas dependem da capacidade da pessoa em sonhar e em buscar realizar este sonho. Assim como ocorre com a organização, quando se tem uma visão, ou seja, um "sonho", ele move a pessoa sempre para frente e, para que seja concretizado, são desenvolvidos planos estratégicos individuais.

E voltando para o início dessa discussão, ou seja, para que a empresa seja fiel ao seu propósito, missão e visão, ela deve possuir valores. Assim, é importante debater o que são valores organizacionais.

## 4.5 VALORES

### VOCÊ CONHECE OS VALORES DA ORGANIZAÇÃO COM A QUAL SE RELACIONA?

Antes de continuar sua leitura, investigue no *site* de uma organização com a qual você se relaciona, se ela possui seus valores declarados. Anote e depois os analise com base nos conceitos que irá aprender adiante e avalie se, de fato, você percebe que esta organização os persegue. Pesquise na organização em que trabalha ou em outra na qual adquiriu algum bem ou serviço.

Antes de mais nada, faz-se importante discutir os valores pessoais e como eles espelham os valores organizacionais.

Valores são crenças que as pessoas têm sobre como devem ou deveriam se comportar. É o que dá a direção para o comportamento. Por exemplo, se o valor de uma pessoa for honestidade e/ou ética, provavelmente não compactuará com conluios ou agirá de forma desonesta com seu semelhante, nem mesmo se associará com indivíduos com valores escusos, já que não compartilharia das mesmas crenças.

Nos indivíduos, os valores são adquiridos no início da vida e, conforme a pessoa amadurece, tornam-se mais enraizados e, portanto, de difícil alteração na vida adulta.[9] É simples perceber este fato: já tentou mudar os valores de alguma pessoa de quem gosta para que ela se comportasse de forma diferente? Conseguiu? Se sim, foi fácil? E no caso dos valores do leitor? Tem algum que precisa mudar e não consegue? Uma das dificuldades em mudar valores reside no fato de que os comportamentos se repetem. Se o indivíduo não coloca à tona suas crenças, a fim de ficar atento para uma possível mudança, as crenças enraizadas irão se repetir.

Ao se levar os conceitos para as organizações ele permanece exatamente o mesmo. Os valores organizacionais são as crenças que norteiam o comportamento que se espera das pessoas, ou seja, os ideais a serem atingidos. O desafio de um setor de Recrutamento e Seleção de empresas que gerencia conscientemente sua cultura está em contratar funcionários que, além das competências técnicas, tenham as competências comportamentais compartilhadas com as da organização, pois uma contratação equivocada pode gerar problemas internos em uma equipe e, dependendo do cargo, para a própria organização.

Os valores fazem parte da organização, seja ela pequena, média ou grande. Estando eles declarados ou não, estão presentes. Para perceber sua existência e quais são esses valores, existem procedimentos metodológicos. Uma análise com maior profundidade para conhecer os reais valores existentes na organização pode ser realizada por meio de entrevistas com os colaboradores, direção executiva e demais gestores, confrontado os resultados com o que é declarado ou esperado. Existem instrumentos já validados para esta investigação, por exemplo, a "escala de valores organizacionais".[10] Vale a pena você conhecer também o "inventário de perfis de valores organizacionais",[11] ambos desenvolvidos pelo professor Tamayo (ver em Referências).

A formação dos valores nasce com o surgimento da organização, geralmente semelhantes aos valores individuais de seu fundador ou sócios, consolidando-se ao longo de sua vida. Da mesma forma que ocorre com as pessoas, eles se tornam enraizados e de difícil alteração. Este enraizamento pode, dependendo das novas diretrizes estratégicas da organização e de novos valores que se queira inserir, funcionar como um fator **restritivo** de mudanças e, portanto, deve ser considerado no planejamento organizacional.

### MINICASO

#### Dois exemplos de transferência de valores pessoais para os organizacionais

Os valores organizacionais têm muita aderência com os valores dos fundadores da organização. Casos emblemáticos podem ser citados, como o Grupo Pão de Açúcar (GPA), antes de sua fusão com os grupos multinacionais. O empresário Abílio Diniz transferiu para o GPA aquilo que acreditava, ou seja, valores do esforço e garra como forma de atingir os resultados. Para Abílio, era necessário ter disciplina, objetividade e constância, e saber onde se quer chegar.[12] Outro exemplo importante são os valores do Comandante Rolim Amaro, falecido em 2001, fundador da empresa de aviação TAM. Rolim transferiu para a TAM seus valores pessoais. Um apaixonado por aviões, transformou uma pequena empresa de táxi aéreo em uma das maiores companhias de aviação do Brasil, hoje pertencente à Latam. Rolim foi considerado um empresário que humanizou a aviação civil nacional, implementando diversas ações voltadas para o atendimento de alta qualidade para o consumidor, pois acreditava fielmente neste valor. É dele inovações voltadas para o atendimento ao cliente, que fortaleceu uma cultura e virou, inclusive, *benchmark* para outras organizações.[13]

## MAS NEM TUDO SÃO FLORES

A gestão dos valores culturais é fundamental, principalmente quando a organização pretende crescer, estrategicamente, por meio de fusão ou aquisição. Ao adquirir uma empresa, mesmo que do mesmo segmento de negócio, choque de valores culturais poderão ocorrer e, se não forem bem gerenciados, podem ocasionar grandes perdas, tanto de pessoas quanto financeiras. Podemos citar um exemplo muito conhecido, referente à compra do banco estatal paulista Banespa pelo espanhol Santander, em 2000. Os então funcionários do Banespa passaram a cumprir metas. Ao final do expediente bancário, quando antes iam embora, passaram a participar de reuniões para análise do desempenho. Muitos funcionários pediram desligamento, pois os valores pessoais não eram mais compartilhados com a nova cultura, voltados para a meritocracia, e muitos outros foram desligados.[14] Exemplos recentes encontramos com a compra do banco Unibanco pelo banco Itaú e do ABN Real pelo próprio Santander.

Um exemplo de fusão que deu errado por choque de culturas foi a aquisição do banco brasileiro Excel Econômico pelo banco BBVA, em 1998. O BBVA, banco espanhol, resolveu trocar todo o primeiro escalão e quase todo o segundo escalão do banco brasileiro, impondo sua forma de gestão, não aceitando contestação nem sugestões. Confrontou uma cultura aberta do Excel com uma cultura de disciplina do BBVA. Em cinco anos, o BBVA desistiu do negócio, vendeu suas operações para o Bradesco e saiu do Brasil.[14]

## QUESTÕES PARA DISCUSSÃO

1. Diante desses exemplos de transferência de valores pessoais para os valores organizacionais (casos dos empresários Abílio Diniz e Rolim Amaro) e dos choques de valores culturais em processos de fusão e aquisição, conforme exemplos relatados, pesquise na organização em que trabalha ou que gostaria de trabalhar, se os valores que ela declara são compatíveis com os seus. Em caso negativo, o que poderia (ou pode) estar acontecendo com sua motivação? Agora, pense que você irá abrir algum empreendimento. Quais seriam os valores pessoais que você transferiria para a formação da cultura de sua organização? Compartilhe suas respostas com as de seus colegas.

Mas nesse momento você deve estar se perguntando, então: qual a diferença entre propósito, missão, visão e valores? Para responder a esta questão, atente-se à próxima seção.

## 4.6 DIFERENÇA ENTRE PROPÓSITO, MISSÃO, VISÃO E VALORES

Para explicar, vamos observar a Figura 4.3.

**Figura 4.3**
Propósito, missão, visão e valores.

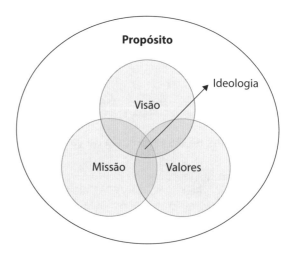

É fundamental que as definições de Propósito, Missão, Visão e Valores estejam alinhadas, haja vista que não são declarações interdependentes, ou seja, estão intimamente conectadas e devem direcionar as estratégias da organização em uma ideologia central, como sugere a ilustração.

Procurou-se representar na figura, que as declarações da missão, visão e valores devem gravitar em torno do propósito organizacional (motivo da existência da organização), a fim de que exista sinergia entre a missão da empresa (declaração relacionada ao seu negócio), o que a empresa pretende ser (seu sonho, sua visão), respeitando, sempre, os valores que a norteia.

Para que fique mais claro a diferença entre os três conceitos (propósito, missão e visão), utilizar-se-á o exemplo do Magazine Luíza para fazer uma nova leitura de suas declarações.

a) Propósito: gerar empregos e dar certo.
b) Missão: ser uma empresa competitiva, inovadora e ousada que visa sempre ao bem-estar comum.
c) Visão: ser o grupo mais inovador do varejo nacional, oferecendo diversas linhas de produtos e serviços para a família brasileira [...].

Note-se que o **propósito** busca responder o motivo da existência da organização, o que ela é, para que ela existe, qual o sentido que ela tem para a sociedade. Já a **missão** procura dar a diretriz para o negócio da organização. Já a **visão** referencia o que a organização quer ser no futuro, onde a empresa pretende chegar. Declara, com objetividade, determinada grandeza (ser a melhor, ser a maior, ser a pioneira, ser a mais inovadora etc.). Veja, a seguir, uma síntese que demonstra a sinergia entre as declarações.

> **Propósito:** no exemplo, fica claro que o propósito do Magazine Luiza é contribuir para a sociedade por meio de seu negócio, gerando empregos. Portanto, quanto mais lojas abrir e mais vendas efetuar, maiores as chances de atingir o seu propósito.

> **Missão:** para crescer, deve ser COMPETITIVA e ousada, dentro de seu negócio, que é o varejo. Somente assim atenderá ao bem comum.

> **Visão:** todavia, para que seu propósito e missão sejam atendidos, precisa SER um grupo inovador para atender às famílias brasileiras.

Para que a ideologia (conexão entre as diretrizes) desta empresa seja, de fato, consistente e provoque o engajamento de suas pessoas, as definições de seus valores devem estar alinhadas ao todo, conforme demonstrado na Figura 4.3. Neste caso, observe como os valores estão sinérgicos ao propósito, missão e visão desta empresa:

**Valores e princípios do Magazine Luiza:**

- **Respeito, desenvolvimento e reconhecimento:** nós colocamos as pessoas em primeiro lugar. Elas são a força e a vitalidade de nossa organização.
- **Ética:** nossas ações e relações são baseadas na verdade, integridade, honestidade, transparência, justiça e bem comum.
- **Simplicidade e liberdade de expressão:** buscamos a simplicidade nas nossas relações e processos, respeitamos as opiniões de todos e estamos abertos a ouvi-las, independentemente da posição que ocupam na empresa.
- **Inovação e ousadia:** cultivamos o empreendedorismo na busca de fazer diferente, por meio de iniciativas inovadoras e ousadas.
- **Crença:** acreditamos em um Ser Supremo, independentemente de religião, bem como nas pessoas, na empresa e no nosso País.
- **Regra de Ouro:** faça aos outros o que gostaria que fizessem a você.

# 74 ADMINISTRAÇÃO ESTRATÉGICA

Referenciam "pessoas em primeiro lugar" e, de fato, faz parte da primeira declaração de valores da lista. A palavra "bem comum" volta a aparecer em seus valores, assim como acontece na declaração de missão da empresa e está subentendida em seu propósito, quando tem a pretensão de gerar empregos. A ousadia faz parte de seu valor, assim como esta mesma palavra consta nas declarações de missão e visão. Enfim, existe uma ideologia declarada para o mercado por meio das declarações de missão, visão, valores e propósito e, caso a organização as infrinja, sua credibilidade pode sofrer sérios danos.

O exemplo ora comentado tem como base uma leitura simples que podemos fazer, apenas observando as declarações publicadas por uma organização. Veja como é importante que a comunicação das diretrizes estratégicas esteja em conformidade com a prática, pois tanto os clientes quanto os funcionários, e demais públicos envolvidos, saberão diferenciar o que é clichê do que é realidade, e a falta de confiança é uma ameaça à sobrevivência de qualquer organização.

Por fim, inicia-se o capítulo referenciando a importância da gestão da cultura organizacional, haja vista que as diretrizes estratégicas estão inseridas dentro deste contexto. Agora, já com os subsídios para definir o que é **cultura organizacional**, tema da próxima e última seção.

## 4.7  CULTURA ORGANIZACIONAL

É importante que o desenho da formulação das diretrizes estratégicas de uma organização leve em consideração todos os componentes de sua cultura, pois, se negligenciado, poderão ocorrer problemas no engajamento dos *stakeholders* envolvidos no processo, principalmente de seus funcionários.

Mas, o que é cultura organizacional? Este é um tema vasto e largamente estudado, principalmente a partir das décadas de 1970 e 1980. Apesar de diversos autores trabalharem no assunto, pode-se destacar quatro atributos em comum:[4]

a) A cultura é um fenômeno social, ou seja, de grupo, **compartilhada** e vivenciada por comportamentos, valores, pressupostos e por expectativas e normas (não escritas).

b) A cultura é **difundida** em toda organização e, segundo os autores, por vezes confundida com a própria organização. É manifestada no ambiente físico por meio de seu mobiliário, equipamentos etc.; pelos símbolos visíveis, denominados artefatos,[5] nos comportamentos coletivos; rituais (por exemplo, festas de final de ano); e nas histórias e lendas difundidas internamente. Fazem parte da cultura aspectos que não conseguimos ver, tais como os valores compartilhados e o modo de pensar coletivo.

c) A cultura resiste ao longo do tempo, portanto é **duradoura**. Isso ocorre porque as organizações, de forma geral, tendem a selecionar candidatos com comportamentos semelhantes aos existentes e, por vezes, os candidatos são atraídos por empresas que tenham valores semelhantes aos seus. Este fator faz com que as organizações criem culturas densas com valores enraizados, gerando um padrão social que pode se **tornar resistente a mudanças e a influências externas**.

d) As pessoas se conectam com a cultura, respondendo imediatamente a ela como uma espécie de linguagem silenciosa. Esse é um componente **implícito** da cultura. Por outro lado, dependendo dos valores culturais que foram enraizados, a organização também pode ser flexível e adaptável às transformações.

---

### MINICASO

**Cultura como fator decisório e facilitador no processo de aquisição de empresas**

O ano era 1995. O então banco holandês ABN AMRO tinha 75.000 funcionários e era o sexto maior banco da Europa e o maior banco estrangeiro nos Estados Unidos. Em uma redefinição estratégica, reafirmara sua vocação de ser global. Para atender a esta premissa, identificaram na América Latina um mercado importante e o Brasil, pós-Plano Cruzado que controlou a inflação, foi o país escolhido para atender a seu planejamento estratégico. Ao traçar o perfil do banco brasileiro a ser adquirido, algumas premissas foram adotadas, dentre elas: ser um banco privado, pois os estatais tinham cultura diferente; possuir entre 3% e 4% do mercado, no mínimo, pois evitariam, assim, a compra de diversos bancos pequenos, o que traria problemas de integração das culturas; ter um forte apelo para o varejo, como era a cultura do ABN; ter preço justo; e, o mais importante, apesar de ser o mais subjetivo: o banco a ser adquirido deveria ter valores e culturas semelhantes aos do ABN, ou que pelo menos não fossem conflitantes.

# CAPÍTULO 4 | Definições preliminares do planejamento estratégico

**75**

O banco brasileiro escolhido e adquirido pelo ABN em 1998 foi o Real, na época o quarto maior banco privado brasileiro. Você deve ter notado que, para a escolha do banco, em todas as premissas o ABN estava preocupado que a cultura do banco estivesse próxima à sua. Neste contexto, a cultura tende a agir como um fator facilitador da integração, pois, quanto mais distante for uma cultura da outra, maiores serão as resistências e dificuldades para a gestão do negócio, podendo, inclusive, incorrer em fracasso ou grandes perdas de pessoas-chave e de recursos, o que foi minimizado em face dessa preocupação estratégica.[6]

## QUESTÕES PARA DISCUSSÃO

**1.** O caso do ABN na compra do banco Real pode ser considerado um sucesso em relação ao fato de a cultura ter sido um fator que facilitou a integração. Agora, faça uma discussão em grupo ou uma reflexão individual e responda: em que momento uma cultura duradoura, densa e enraizada deve ser considerada como um ponto de atenção para as implementações das estratégias organizacionais? Justifique sua resposta.

A partir dos quatro atributos, percebe-se a existência de fatores visíveis e invisíveis da cultura. Os fatores invisíveis são os mais difíceis de serem identificados, principalmente pelas pessoas que vivem a cultura, já que o comportamento segue valores que são compartilhados, gerando, assim, o "jeito de ser" de uma organização. Quando esses valores estão enraizados e densos, são seguidos por todos, pois estão internalizados e considerados como verdade.[8]

Para entender melhor a força da cultura, veja este caso prático. É comum uma pessoa se candidatar a uma vaga de emprego, ter todas as competências técnicas para a função, passar pelas diversas fases do processo seletivo, todavia não ser selecionada. Dentre diversos fatores, isso pode ocorrer pois, mesmo que a organização não tenha gestão de sua cultura, o selecionador pode não ter identificado no candidato, mesmo que inconscientemente, valores compatíveis com os demais membros de sua equipe, optando por outra pessoa.

### SAIBA MAIS

Conhecer mais sobre os conceitos da cultura organizacional ajuda a organização a chegar mais rápido em seus objetivos e a implementar suas estratégias, pois, como tudo é realizado por meio das pessoas, quanto maior o engajamento delas com os valores da organização, melhores serão os resultados.

Para saber mais sobre a cultura organizacional, recomendamos a leitura de autores clássicos, como o norte-americano Edgar Schein. No Brasil, a profa. Maria Ester de Freitas também investigou este tema em profundidade.

O prof. Shein é um dos grandes teóricos sobre gestão. Revelou importantes conceitos ao investigar a cultura organizacional. Desenvolveu diversos artigos e livros sobre o tema, dentre eles *Cultura organizacional e liderança*; *Guia de sobrevivência da cultura corporativa*.

A profa. Maria Ester de Freitas possui mestrado e doutorado pela Fundação Getúlio Vargas, e pós-doutorado na França. Autora de livros e artigos em estudos organizacionais, culturas e cultura organizacional, recursos humanos internacionais, psicossociologia das organizações, administração intercultural, diversidade e qualidade do ambiente de trabalho. Escreveu as obras *Cultura organizacional: identidade, sedução, carisma?* e *Cultura organizacional: formação, tipologia e impactos*, dentre outras.

Portanto, uma cultura é formada por diversos componentes (Figura 4.4), que, ao longo dos anos, moldam atitudes e comportamentos, principalmente por meio dos valores. Por sua vez, estes valores, assim como a definição do propósito, missão e visão de uma organização, desenham sua diretriz estratégica.

Os símbolos representados na figura são os artefatos, ou seja, a parte visível da cultura. Podem ser exemplificados pelos quadros, vestuário, prédio, equipamentos etc. Os ritos, ou rituais, são as ações cotidianas, tais como a forma de se cumprimentar, cafés, *happy hour*, cerimônias e reuniões.[7] Os heróis são a base dos valores, pois concebem os modelos que serão seguidos.[8] Como exemplos de heróis em suas organizações, podemos citar o empresário, já falecido, Antônio Ermírio de Moraes, do grupo Votorantim. Também a fundadora do Magazine Luiza, Luiza Trajano. Que outros pioneiros e empreendedores brasileiros podemos ter como referências?

**Figura 4.4**
Os diferentes níveis dos componentes da cultura.

**Fonte:** Adaptada de Hofstede (2003, p. 23).[7]

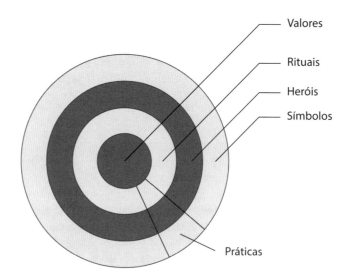

O termo "práticas" na figura abrange justamente os símbolos, ritos e heróis, para referenciar os componentes que um observador externo consegue visualizar.

Perceba que os valores organizacionais se situam no centro da figura. É o componente central e a parte invisível. Não está inserido na abrangência das práticas, pois não é visual. Os valores são considerados como a alma da organização, pois é o que direciona o comportamento das pessoas na organização.[8] É a partir dos valores que os mitos, os ritos, os símbolos e os heróis são formados.

## 4.8 CONSIDERAÇÕES FINAIS

Nessa jornada, faz-se importante entender que uma organização difere da outra, mesmo que esteja em um mesmo mercado, por meio de sua **cultura organizacional**. Um dos principais componentes da cultura são os **valores**. Apesar de invisíveis, estão presentes no dia a dia da organização, mesmo que não definidos ou declarados. São eles que norteiam a vida organizacional, assim como são eles que direcionam nossa vida pessoal.

Demonstrou-se, por meio de exemplos práticos, o propósito e as declarações de missão e visão, e a diferença entre estes conceitos, à medida que é a partir dessas definições que a organização poderá delinear seu planejamento estratégico.

Nem todas as organizações possuem formalizadas estas diretrizes. Poucas são as que têm seu propósito divulgado ou formatado, todavia, esse e os outros são componentes importantes que norteiam a estratégia organizacional.

A partir das reflexões realizadas e dos conceitos apresentados, o leitor já possui subsídios para responder aos desafios que foram propostos ao longo da leitura deste capítulo, bem como tem condições de, ao ler as declarações das diretrizes estratégicas de alguma organização, compreender seu significado e analisar a conexão entre suas definições.

Finalizamos com algumas questões para reflexão e de avaliação do conhecimento.

## QUESTÕES PARA REFLEXÃO

1. Você percebe que existe planejamento estratégico na organização em que atua ou atuou? Se sim, ele procura seguir as diretrizes estratégicas? Se não, como a organização direciona suas ações estratégicas?

2. A organização em que atua declara sua missão e visão? Se sim, faça uma reflexão se ela procura seguir o que é declarado. Se não, quais seriam, na sua percepção, a missão e visão desta organização? (Realize este exercício com base na última organização em que esteja atuando ou atuou).

3. A organização em que atua ou atuou tem um propósito claro e divulgado para suas pessoas? Em caso negativo, qual o propósito que você acredita existir? Justifique.

4. Quais os valores declarados na organização em que você atua ou atou? Você percebe que a organização procura segui-los e internalizá-los em suas pessoas? Se não estão declarados, quais os que você percebe que existem nesta organização?

## CAPÍTULO 4 | Definições preliminares do planejamento estratégico

**5.** Em relação à resposta da questão anterior, você considera que o "dito", ou seja, o que é declarado corresponde ao "não dito", ou seja, o que de fato as pessoas seguem como valores centrais? Justifique.

**6.** Observe mais atentamente a organização em que atua ou atuou e identifique seus artefatos, seus heróis e seus ritos.

**7.** Compare a organização em que atua ou atou com outra de seu conhecimento e identifique, com base nos componentes da cultura e nas diretrizes estratégicas, as diferenças culturais.

## QUESTÕES PARA AVALIAÇÃO DO CONHECIMENTO

**1.** "O planejamento estratégico deve ser um meio e não um fim em si mesmo." Qual o significado desta expressão no contexto da estratégia?

**2.** O que são as diretrizes estratégicas e qual sua importância para a definição do planejamento estratégico?

**3.** Quais as questões norteadoras para a definição de cada diretriz estratégica (propósito, missão e visão)?

**4.** Quais as diferenças entre propósito, missão e visão? Responda com base em um exemplo real.

**5.** O que são os valores organizacionais e qual sua importância para o delineamento estratégico?

**6.** Quais os componentes da cultura organizacional? Cite exemplos de cada um.

**7.** Como empreendedor, você resolve abrir uma organização voltada para o varejo de roupas. Defina as diretrizes estratégicas para esta empresa, com base nas questões norteadoras apresentadas neste capítulo.

## REFERÊNCIAS

1. MINTZBERG, H.; AHLSTRAND, B.; LAMPEL, J. **Safári de estratégia**. Bookman, 2002.
2. LOBATO, D. M. et al. **Estratégia de empresas**. Fundação Getulio Vargas, 2003.
3. SISODIA, R. **Negócios devem fazer as pessoas melhores**. 2015. Disponível em: <https://revistapegn.globo.com/Dia-a-dia/noticia/2015/08/negocios-devem-fazer-pessoas-melhores-diz-raj-sisodia.html>. Acesso em: 05 mar. 2018.
4. GROYSBERG, B. et al. Manual da cultura corporativa para o líder: como administrar os oito elementos críticos da vida organizacional. **Harvard Business Review**, v. 96, n. 2, p. 24-33, 2018.
5. SCHEIN, E. How culture forms, develops and changes. In: KILMANN, P. H; SAXTON, M. J.; SERPA, R. (Eds.). **Gaining control of the corporate culture**. Jossey-Bass, 1985.
6. LAMENZA, A. (Org.). **Estratégias empresariais**. Pesquisas e casos brasileiros. Saint Paul, 2008.
7. HOFSTEDE, G. **Culturas e organizações**: compreender a nossa programação mental. Silabo, 2003.
8. DEAL, T. E.; KENNEDY, A. **Corporate cultures**. The rites and rituals of corporate life. Basic Books, 2000.
9. COOPERS, C.; ARGYRIS, C. (Org.). **Dicionário Enciclopédico de Administração**. Atlas, 2003.
10. TAMAYO, Á. Escala de valores organizacionais. **Revista de Administração**, v. 31, n. 2, p. 62-72, abr/jun.1996.

11. TAMAYO, Á.; OLIVEIRA, Á. F. Inventário de perfis de valores organizacionais. **Revista de Administração**, v. 39, n. 2, p. 129-140, abr/maio 2004.
12. DINIZ, A. **Valores do líder**. 2018. Disponível em: <http://abiliodiniz.com.br/lideranca/lideranca/valores-lider-2/>. Acesso em: 31 jul. 2018.
13. CLIENTESA. Valores do líder. **Revista clienteSA**, edição n. 35, ano 4, fev. 2005. Disponível em: <http://www.revista.clientesa.com.br/secao/imprimir.asp?entrevista/6417/olha-so-o legado-que-ele-deixou>. Acesso em: 31 jul. 2018.
14. TEIXEIRA, A. **Santander segundo ato**. 2005. Disponível em: <http://epocanegocios.globo.com/Revista/Epocanegocios/0,,EDR79850-9560,00.html>. Acesso em: 31 jul. 2018.
15. MACKEY, J.; SISODIA, R. **Capitalismo consciente**: como libertar o espírito heroico dos negócios. HSM, 2014.
16. SPENCE, R.; RUSHING, H. **It's not what you sell, it's what you stand for**: why every extraordinary business is driven by purpose. Portfolio, 2009.
17. SUAFRANQUIA. Magazine Luiza: 850 lojas com um propósito bem definido. 2017. Disponível em: <https://www.suafranquia.com/noticias/especial/2017/11/magazine-luiza-850-lojas-com-um-proposito-bem-definido/>. Acesso em: 31 jul. 2018.
18. RESERVA. **No caminho do bem**. 2018. Disponível em: <https://www.usereserva.com/usereserva/institucional/social>. Acesso em: 31 jul. 2018.

# ANÁLISE ESTRATÉGICA

*Hugo Moreira de Oliveira*
*Ricardo Messias Rossi*

**5**

## RESUMO

Este capítulo do livro é destinado a discutir aspectos relacionados com a análise estratégica das organizações. A escolha da estratégia a ser adotada por parte das organizações está associada às características da própria empresa e também do mercado em que está inserida. Aqui, serão discutidos conhecimentos relativos ao modelo de Negócios, segmentação de mercado B2B (*business to business*) e B2C (*business to consumer*), matriz BCG (Boston Consulting Group), ciclo de vida do produto, análise SWOT (*strengths, weaknesses, opportunities and threats*), análise do ambiente externo, análise Pestel (*political, economic, social, technological, environmental and legal*), *benchmarking* e análise interna. Esses conhecimentos evidenciam a importância de ambos os aspectos, internos e externos, na condução de análises e diagnósticos estratégicos.

---

### OBJETIVOS DE APRENDIZAGEM

Neste capítulo, o leitor poderá aprofundar seu conhecimento sobre:
- A construção de modelos de negócios.
- A identificação de segmentos de mercado e posicionamento da organização.
- A elaboração de análises de portfólio (matriz BCG e ciclo de vida do produto).
- A condução de análises interna e externa nas organizações.

---

## 5.1 INTRODUÇÃO

A literatura tenta explicar de diversas formas o porquê da diferença de desempenho entre as organizações: seja pela análise da política interna da empresa, pelas características dos recursos e processos, por meio das relações de mercado, da criatividade, do lucro, dentre outros. Contudo, há um conceito que contempla todos estes aspectos: a estratégia.[1,2] A questão é: qual a estratégia mais adequada para sua empresa? A estratégia que deu certo com seu concorrente também vai funcionar para a sua empresa?

Não existem respostas prontas a essas perguntas. Uma organização pode ser comparada a uma árvore, onde as raízes consistem nos principais recursos e competências, que conseguirão extrair nutrientes do solo. Os troncos como os principais processos, responsáveis por levar os nutrientes do solo para formação das flores e frutos, que, por sua vez, seriam os produtos finais, consumidos pelo mercado.[3]

No entanto, para se ter uma visão mais ampla da árvore, é necessário visualizar a floresta como um todo, uma vez que este é o ambiente em que a árvore está inserida, atentando-se para as outras árvores que já estão estabelecidas e para aquelas que estão crescendo ao seu redor. Essa analogia da relação da árvore com o solo e com as outras árvores da floresta nos ajuda a refletir sobre a análise estratégica.[3,4]

ADMINISTRAÇÃO ESTRATÉGICA

A escolha da estratégia a ser adotada por parte das organizações está relacionada com as características da própria empresa e também do mercado em que está inserida, o que evidencia a importância dessa análise.[5] Este capítulo irá facilitar sua compreensão sobre a análise estratégica e ajudar a desenvolver um diagnóstico correto por meio de algumas ferramentas indicadas na literatura e utilizadas no mercado. Inicialmente, será explorado o conceito de modelo de negócios, com ênfase no modelo de negócios Canvas.

Na seção seguinte, serão apresentados os conceitos de segmentação de mercado B2B (*business to business*) e B2C (*business to consumer*), matriz BCG (Boston Consulting Group) e ciclo de vida do produto, análise SWOT (*strengths, weaknesses, opportunities and threats*), análise do ambiente, análise Pestel (*political, economic, social, technological, environmental and legal*), *benchmarking* e análise interna. Por fim, as considerações finais do capítulo. O Quadro 5.1 destaca essas ferramentas em termos da ênfase na análise interna, externa ou ambas.

**Quadro 5.1**

Classificação das ferramentas: ênfase interna, externa ou ambas

| Análise Estratégica | |
|---|---|
| **Ênfase interna** | **Ênfase externa** |
| Análise interna | Segmentação de mercado B2B e B2C; análise do ambiente; análise de *stakeholders*; análise Pestel |
| Modelo de negócios; matriz BCG e ciclo de vida do produto; análise SWOT; *benchmarking* | |

## 5.2  MODELO DE NEGÓCIOS

Quando se pensa em abrir uma empresa, muitos empreendedores procuram elaborar um plano de negócios, um documento de algumas páginas, que descreve de forma detalhada os clientes potenciais, investimento necessário, estudo de mercado e concorrência, logística, despesas, marketing, entre outros. Seu objetivo é o de projetar estratégias de mercado, minimizar falhas e fornecer informações sobre o negócio e gestão empresarial.

Agora, imagine uma ferramenta que permita visualizar todos os conceitos de um plano de negócio em uma única representação, de forma clara e simplificada. Esse é o modelo de negócios, que pode ser entendido como uma ferramenta que leva à criação de valor e a busca por vantagem competitiva para a empresa, com intuito de evidenciar o posicionamento estratégico das empresas no mercado.

Para atingir esses objetivos, o modelo de negócios deve apresentar conceitos claros, uma linguagem comum e de fácil entendimento, pois dessa forma a organização poderá utilizá-lo como uma ferramenta estratégica, fundamental para tomada de decisão. Para tanto, é importante que o modelo de negócios seja apresentado e divulgado a todos os membros que fazem parte daquele ambiente.[6]

Embora não haja unanimidade sobre o conceito de modelo de negócios na literatura, as definições de importantes autores sobre o assunto[7,8,9,10] convergem no sentido de uma ferramenta que coordena os diversos elementos que fazem parte do negócio de uma empresa, a fim de gerar valor e proporcionar vantagens competitivas para ela.

A fim de facilitar o entendimento sobre o assunto, alguns autores[2] comparam um modelo de negócios a um carro composto por diversos componentes. Eles defendem a ideia de que cada componente individualmente não consegue fazer o veículo andar, sendo a interação entre os componentes o que interessa ao motorista, uma vez que é a partir dessas comunicações que o carro funciona, e assim cria-se valor a esse ativo. Da mesma forma estão os componentes de um modelo de negócios, que, ao se relacionarem, geram valor para a organização, que, neste exemplo, é análoga ao motorista do carro.

Um bom modelo de negócios deve sistematizar diferentes conceitos e ser claro quanto ao que está sendo abordado, de maneira que os diversos elementos que o compõem permitam se comunicar em uma linguagem única e com um objetivo em comum. Por meio do conceito de *design thinking,* metodologia que permite a criação de soluções criativas para resolução de problemas, Osterwalder e Pigneur[8] conceberam o *business model generation* Canvas.

O *business model* Canvas foi baseado no trabalho anterior de Alexander Osterwalder sobre *business model ontology*, sua tese de doutorado. A metodologia *design thinking*, que dá suporte para o Canvas, consiste em um conjunto de métodos e processos que relaciona, de forma criativa, o conhecimento e a análise de informações com a solução de problemas futuros, colocando as pessoas no centro de desenvolvimento de um projeto.

A metodologia Canvas pode ser utilizada tanto por empresas iniciantes, assessorando-as em seu ciclo de aprendizagem, quanto por empresas já consolidadas no mercado, contribuindo com as inovações de sua cadeia de valor. O método Canvas possibilita que, por meio de um exercício de autorreflexão, a empresa identifique falhas e ameaças em seus componentes, estimulando o desenvolvimento de soluções criativas para os negócios.[8,11]

Este modelo auxilia a empresa na tomada de decisão e no desenvolvimento do negócio ao estabelecer uma relação entre nove componentes, os quais se referem a quatro campos: produto, cliente, infraestrutura e finanças. Neste modelo, todos os quadrantes devem ser questionados e revisados, de forma que as perguntas "Como obter lucro?", "Quem é meu cliente?", "O que é valor para meu cliente?" e "Quanto custa satisfazer meu cliente?" devem ser feitas constantemente, de modo que as respostas a essas perguntas possibilitem alcançar o melhor desempenho possível. A Figura 5.1 apesenta esquematicamente o modelo Canvas.

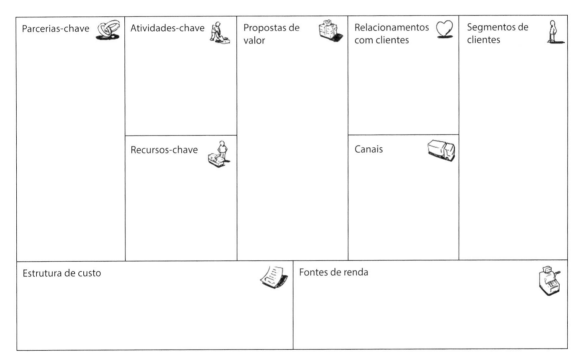

**Figura 5.1**
*Business model Canvas* (BMC).

**Fonte:** Adaptada de Osterwalder e Pigneur (2010).[8]

Os nove elementos que compõem o *business model* Canvas e permitem a captura de valor e a obtenção de vantagem competitiva a uma organização são: segmentos de clientes, proposta de valor, canais, relacionamento com clientes, fontes de receita, atividades-chave, recursos-chave, parceiros-chave e estrutura de custo.[8] O Quadro 5.2 apresenta a descrição de cada elemento presente no modelo Canvas, sob a perspectiva da empresa brasileira "Mercado Livre".

Embora o modelo de negócio Canvas seja o mais conhecido do grande público, não significa que seja o único. O modelo proposto por Demil e Lecocq[12] é representado de outra maneira. Os autores, com intuito de explorarem a interação entre os componentes do modelo de negócio do Arsenal Football Club, clube de futebol inglês, utilizaram em seu estudo um modelo de negócio do tipo RCOV, composto por três componentes principais: **r**ecursos e **c**ompetências; estrutura **o**rganizacional; e entrega de **v**alor. Nota-se, entretanto, que embora retratado de maneira completamente diferente do Canvas, a estrutura e a finalidade dos dois modelos são as mesmas: gerar valor para o cliente.

O modelo RCOV se sustenta na prerrogativa de que o aumento no desempenho de uma organização é resultado da interação entre seus recursos, a forma com que o negócio

**Quadro 5.2** Modelo de negócio Canvas e o exemplo da empresa "Mercado Livre"

| Elemento | Definição | Exemplos |
|---|---|---|
| Segmento de cliente | Define qual o nicho de clientes, sejam pessoas ou empresas, que a organização visa a atender. | Os pequenos varejistas virtuais. |
| Proposta de valor | É o diferencial que justifica o porquê dos consumidores optarem por escolher uma empresa em detrimento de sua concorrente. | Acesso a um grande número de produtos e consumidores em um ambiente confiável. |
| Canais | Dizem respeito à forma com que a organização entregará valor para seu cliente. | *Website* Mercado Livre. |
| Relacionamento com clientes | Descreve o tipo de relação que uma organização visa a estabelecer com seu segmento de clientes. | Sistema de Atendimento ao Consumidor (SAC) e Sistema de Avaliações. |
| Fontes de renda | Representam os ganhos financeiros obtidos pela empresa a partir de seu segmento de clientes. | Tarifas de anúncios, vendas, frete e intermediação de pagamento. |
| Recursos-chave | Compreendem os principais recursos necessários para execução do modelo de negócio de uma empresa. | Plataforma tecnológica e marca. |
| Atividades-chave | Consistem nas ações mais importantes que a empresa deve realizar para permitir a criação de valor para seu cliente. | Auditoria e ações antifraude. Gestão da qualidade dos pequenos varejistas. |
| Parceiros-chave | Constituem a rede de fornecedores e parceiros potenciais que suprirão o funcionamento do modelo de negócio da organização. | Diversas empresas e anunciantes. |
| Estrutura de custos | Descreve todos os custos envolvidos na operacionalização de um modelo de negócio, sejam eles fixos ou variáveis. | Custo de manutenção da plataforma. Antifraude. Equipe. |

**Fonte**: Elaborado pelos autores a partir de Osterwalder e Pigneur (2010).[8]

é organizado e a capacidade de inovação da proposta de valor no mercado. A escolha do Arsenal se deve ao fato de que esse clube sofreu grandes transformações durante os 11 anos em que foi pesquisado (entre 1999 e 2009), aumentando seu faturamento em mais de cinco vezes durante esse período.

Foi observado que a mudança em seus recursos, como a obtenção de um estádio maior e mais moderno, levou a mudanças na sua estrutura organizacional, com o estabelecimento de parcerias com novos patrocinadores, o que refletiu em sua proposta de valor, uma vez que obteve novas oportunidades com vendas de camisas e publicidade em um canal de televisão próprio.[12] A Figura 5.2 destaca os componentes do modelo de negócio RCOV.

**Figura 5.2**
Componentes do modelo de negócio RCOV.

**Fonte:** Adaptada de Demil e Lecocq (2010).[12]

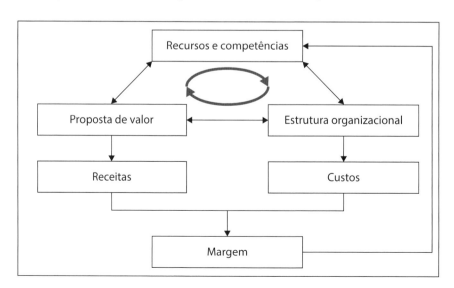

Outro exemplo de modelo de negócios é o de Abell,[13] representado na Figura 5.3, que também propõe um modelo estruturado em três dimensões, contendo: grupos de clientes; necessidades dos clientes a serem atendidas; e tecnologias utilizadas para atender tais necessidades. Este modelo dá ênfase no cliente em detrimento da própria organização e explora o que está por trás do produto final, isto é, a aplicação de recursos necessários para atender às demandas de determinado segmento de clientes.

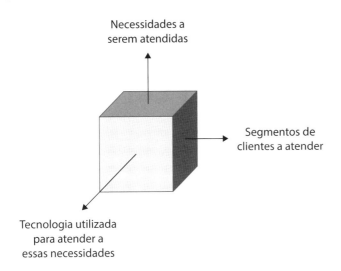

**Figura 5.3**
Modelo de negócio tridimensional.

**Fonte:** Abell (1991).[13]

**Quadro 5.3** O mito do modelo de negócios ideal

A escolha por um modelo viável consiste em um desafio para as empresas, uma vez que um bom modelo de negócio, além de criar valor dentro de determinado ramo de negócio, deve se adaptar às peculiaridades inerentes a cada segmento.[14] Na prática, isso pode ser visto dentro de um ambiente como o da Fórmula 1, esporte automobilístico mais popular do mundo, onde cada equipe apresenta características singulares em seus modelos de negócios.[15]

A empresa brasileira Zoom apresenta um modelo de negócios pautado em plataforma virtual. Sua proposta de valor é oferecer um direcionamento ao cliente, comparando preços e produtos pela Internet. Esse modelo de negócios é denominado *lead generation*, e a empresa ganha por cada clique feito pelo usuário. Já a empresa Villa Têxtil adota um modelo de negócios do tipo *private label*, e produz peças de vestuário para outras empresas, cujas marcas já estão consolidadas no mercado. A empresa entrega o produto de acordo com as especificações e exigências de cada cliente, e atende empresas como Zara, Aramis e Renner.

Alguns autores[16] advertem, no entanto, que o modelo de negócios deve ser constantemente revisado. Por mais tempo que uma empresa tenha êxito com algum modelo adotado é preciso realizar mudanças, já que as rápidas transformações do mercado provocam o surgimento de novas exigências, e a necessidade de se adaptar a elas.

**Fonte**: laborado pelos autores a partir de Reuver *et al.*, (2013),[14] Aversa, Furnari e Haefiger (2015)[15] e Achtenhagen *et al.* (2013).[16]

## 5.3 SEGMENTAÇÃO DE MERCADO B2B E B2C

Posicionar-se estrategicamente é essencial para toda e qualquer empresa. Para tanto, uma boa ferramenta a ser utilizada é a segmentação de mercado, que permite um posicionamento da empresa em relação a seus diferentes tipos de clientes. A proposta de valor oferecida por uma empresa pode ser direcionada tanto a pessoas físicas, quanto a pessoas jurídicas (empresas). Analisando sob a ótica do marketing, essas relações podem ser definidas como *business to consumer* (B2C) e *business to business* (B2B).

A principal diferença entre estes dois conceitos está no público-alvo, uma vez que a abordagem B2C envolve as transações entre a empresa e o consumidor final. Para exemplificar essa questão você pode imaginar a venda a varejo, que ocorre comumente em supermercados, onde os clientes costumam ser pessoas físicas.

A segmentação de mercado B2C é caracterizada por possuir um mercado maior, porém mais heterogêneo. Cada pessoa tem interesses e necessidades distintas, o que dificulta um maior conhecimento por parte das empresas, que devem procurar fazer constantes pesquisas de mercado e um maior investimento em marketing.

Já a abordagem B2B é utilizada para definir as relações entre empresas, quando o negócio é voltado para atender outras organizações. Para exemplificar, você pode imaginar uma empresa produtora de botões, que visa fornecê-los para confecções que os utilizarão como matéria-prima para produção de camisas. Nesse exemplo, quem vende para o consumidor pessoa física é a confecção ou o varejista, e não a fábrica de botões.

Essa segmentação B2B se caracteriza por um mercado menor em termos de número de clientes, porém menos instável às mudanças em curto prazo. Aqui, as relações costumam ser sustentadas por contratos que garantem uma relação mais contínua e duradoura, por ambas as partes. Embora o volume de clientes seja menor, o volume financeiro da transação é maior e, por isso, os processos envolvidos nas transações são mais complexos. Em geral, espera-se que o mercado B2B comporte-se de maneira mais racional do que o mercado B2C, em outras palavras, o mercado organizacional tende a ser menos influenciado por questões emocionais quando comparado ao mercado B2C.

Além da segmentação de clientes entre empresas ou consumidores finais, a segmentação B2C pode ser caracterizada por fatores geográficos, demográficos, psicográficos, comportamentais, entre outros.

Como já foi dito, o cliente, sob a ótica da segmentação B2B, não é um indivíduo, mas sim outra empresa. Diante dessa particularidade, os fatores que influenciam esses segmentos podem ser outros, como demográficos, operacionais, abordagem de compras, fatores situacionais e características pessoais. Em relação aos fatores demográficos, uma empresa pode determinar as características de seus clientes de acordo com o tamanho da empresa compradora e suas perspectivas de crescimento.[17]

No tocante ao fator "abordagem de compras", uma empresa pode dividir seus clientes em determinados grupos, de acordo com a forma como eles realizam suas compras. Pode-se destacar quatro tipos de compradores: programados, de relacionamento, de transação e pechinchadores. Os **compradores programados** se caracterizam por realizarem compras de rotina, não considerando o produto a ser adquirido como muito importante para suas operações. Este é considerado o segmento de compradores mais lucrativo para a empresa. Já os **compradores de relacionamento** entendem, de forma moderada, a importância do produto, têm conhecimento das ofertas concorrentes e realizam a compra quando o preço está razoavelmente competitivo. Este grupo é o segundo mais lucrativo para a empresa.

O terceiro grupo, composto pelos **compradores de transação**, avalia os produtos a serem adquiridos como muito importantes para sua operação, têm conhecimento das ofertas concorrentes e estão dispostos a mudar de fornecedor, caso consigam um melhor preço. O último grupo, dos **compradores pechinchadores**, também avalia o produto como muito importante para suas operações, mas conhecem diversos fornecedores alternativos e, por menor que seja o motivo, estão dispostos a mudar de fornecedor. Este é o grupo menos rentável para a empresa.

Outro fator que diferencia os segmentos B2B e B2C é o operacional. No segmento B2B, os canais de distribuição são menores do que aqueles presentes no B2C, já que há menos *players* na intermediação da distribuição. Ademais, a maior parte dos produtos vendidos ao segmento B2B se refere a matérias-primas ou produtos semiacabados, enquanto para consumidores finais a maior parte dos produtos vendidos diz respeito a produtos acabados. O Quadro 5.4 destaca as principais diferenças entre os dois tipos de segmentação.

**Quadro 5.4**

Principais diferenças genéricas entre segmentação B2B e B2C

**Fonte:** Elaborado pelos autores.

| Fatores influenciadores B2B e B2C | | |
|---|---|---|
| | **B2C** | **B2B** |
| Público-alvo | Pessoas físicas | Pessoas jurídicas |
| Interesse do cliente | Necessidades pessoais | Performance de sua empresa |
| Relacionamento | Curto prazo/esporádico | Médio/longo prazo |
| **Nicho de mercado** | Abrange várias pessoas | Abrange nichos específicos de empresas |
| **Ciclo de vendas** | Curto | Mais longo |
| Escala de venda | Pequena | Grande |
| Tipo de venda | Direta | Intermediada por consultores |

CAPÍTULO 5 | Análise estratégica **85**

## 5.4 MATRIZ BCG E CICLO DE VIDA DO PRODUTO

O Boston Consulting Group (BCG), fundado em 1963 por Bruce Henderson, desenvolveu uma abordagem quantitativa entre a empresa e o mercado em que está inserida, e se tornou uma ferramenta muito utilizada no planejamento estratégico. Essa ferramenta, denominada matriz BCG, pode ser entendida como uma análise gráfica de duas dimensões: a taxa de crescimento do mercado e a participação relativa de mercado. Seu objetivo é auxiliar na tomada de decisão estratégica com base na análise do portfólio de produtos (ou de negócios) e do ciclo de vida de cada produto (ou negócio) (Quadro 5.5).[18]

> O ciclo de vida do produto é composto por quatro fases: introdução, crescimento, maturidade e declínio. A **introdução** é a fase em que o produto é lançado no mercado, onde as empresas buscam o pioneirismo, sendo estimuladas pelas oportunidades do mercado. Essa fase se caracteriza por um baixo volume de produção e de vendas. A fase de **crescimento** é aquela em que o produto começa a ser aceito no mercado e apresenta uma maximização de vendas. Nessa fase, surgem novos entrantes no mercado, empresas concorrentes que se adaptam e produzem rapidamente novos produtos, com a variação de componentes. A fase de **maturidade** se caracteriza por uma estabilização do crescimento do produto no mercado, onde novas empresas entram no mercado com versões mais simples e baratas, aumentando a padronização dos produtos e reduzindo a variedade. Já na fase do **declínio**, a empresa começa a perder espaço de mercado, as vendas e o lucro caem, e a empresa tende a retirar o produto do seu portfólio.

**Quadro 5.5**

Ciclo de vida do produto

**Fonte:** Elaborado pelos autores a partir de Utterback e Abernathy (1975).[19]

A Figura 5.4 representa o ciclo de vida do produto de acordo com a visão do famoso professor Philip Kotler[21] da Kellogg School of Management da Northwestern University, no estado de Illinois, Estados Unidos.

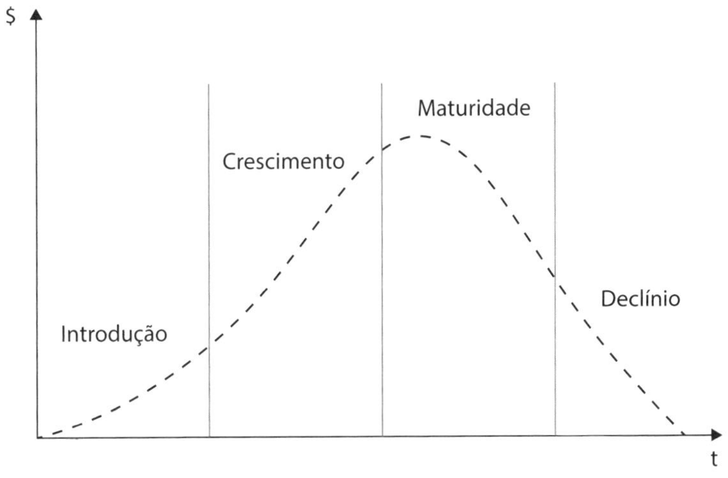

**Figura 5.4**

Ciclo de vida de um produto.

**Fonte:** Adaptada de Kotler (2000).[21]

Na matriz BCG, o eixo vertical (Y) representa a taxa de crescimento do mercado, enquanto o eixo horizontal (X) mostra a participação relativa do produto (ou negócio) no mercado. O foco aqui é a análise do ciclo de vida dos produtos a fim de estabelecer prioridades aos diferentes produtos (ou negócios) que compõem o portfólio de uma empresa. O Quadro 5.6 mostra a representação da matriz BCG.

A matriz BCG é representada por meio de quatro quadrantes: o ponto de interrogação, a estrela, a vaca leiteira e o abacaxi. O **ponto de interrogação** geralmente representa produtos no estágio introdutório do ciclo de vida, com alta taxa de crescimento, porém com uma taxa de participação de mercado ainda baixa, o que eleva o grau de incerteza. A **estrela** representa negócios com alta taxa de crescimento e alta participação no mercado, o que indica se tratar de produtos que irão gerar grande fluxo de caixa por um longo período e necessitam de grandes investimentos para proteger a posição da empresa. A **vaca leiteira** representa os produtos já consolidados no mercado,

**Quadro 5.6**

Matriz BCG

**Fonte:** Elaborado pelos autores a partir do modelo BCG.

| | | Participação relativa de mercado | |
|---|---|---|---|
| | | **Alta** | **Baixa** |
| **Crescimento do mercado** | **Alto** | ESTRELA<br>Alta participação de mercado<br>Alta perspectiva de crescimento<br>Alto fluxo de receita | INTERROGAÇÃO<br>Baixo fluxo de receita (por enquanto)<br>Alta perspectiva de crescimento |
| | **Baixo** | VACA LEITEIRA<br>Mercado já consolidado<br>Baixa perspectiva de crescimento<br>Alto fluxo de receita | ABACAXI<br>Baixo fluxo de receita<br>Baixa perspectiva de crescimento<br>Melhor sair do negócio |

que possuem alta participação no mercado e que ainda geram bons fluxos de caixa, mas que já não apresentam uma grande taxa de crescimento. Por fim, o **abacaxi** representa os produtos com pouca participação no mercado e que já não oferecem perspectiva de crescimento.[18]

A análise BCG também pode ser aplicada sob uma perspectiva macro. Imagine que, no lugar de diversos produtos, um grupo corporativo tenha participação em diferentes negócios. A Coca-Cola, por exemplo, não atua exclusivamente no ramo de refrigerantes. A empresa também participa do mercado de sucos, chás, água mineral e bebidas esportivas. A diversidade é tanta que envolve até uma marca de roupas. Nesse caso, os quadrantes seriam ocupados não por produtos, mas sim por negócios.

**Quadro 5.7**

Aplicação da matriz BCG na prática

**Fonte:** Elaborado pelos autores a partir de Barboza e Rojo (2015).[20]

Se você está pensando que a matriz BCG não pode ser aplicada para qualquer tipo de empresa, você está enganado. Barboza e Rojo[20] utilizaram essa ferramenta para auxiliar na tomada de decisão em uma fábrica de móveis no Brasil. Após análise prévia, identificou-se como unidade estratégica de negócios, do tipo ponto de interrogação, a fabricação de móveis planejados, que possuem uma alta taxa de crescimento, mas ainda com uma pequena participação relativa no mercado. Para uma unidade estratégica de negócios do tipo estrela, considerou-se a produção, montagem e manutenção de portas para novos edifícios, produtos que apresentam elevadas taxas de participação no mercado e de crescimento. Para a unidade estratégica do tipo vaca leiteira, considerou-se as portas personalizadas de alto padrão, que gera alto valor de caixa e, por isso, tidas como o principal produto da empresa. Como unidade estratégica do tipo abacaxi, considerou-se as portas de baixo e médio padrão, apresentando baixa taxa de crescimento e de participação de mercado, e que deveria ser retirada do portfólio de produtos da empresa.

O Quadro 5.8 destaca as opções estratégicas do caso apresentado no Quadro 5.7, no esquema gráfico da matriz BCG.

**Quadro 5.8**

Exemplo de análise de portfólio de unidades estratégicas de negócios (UEN) de uma organização a partir da matriz BCG

**Fonte:** Elaborado pelos autores a partir de Barboza e Rojo (2015).[20]

| | | Participação relativa de mercado | |
|---|---|---|---|
| | | **Alta** | **Baixa** |
| **Crescimento do mercado** | **Alto** | ESTRELA<br>Produção, montagem e manutenção de portas para novos edifícios | INTERROGAÇÃO<br>Fabricação de móveis planejados |
| | **Baixo** | VACA LEITEIRA<br>Portas personalizadas de alto padrão | ABACAXI<br>Portas de baixo e médio padrão |

## 5.5 ANÁLISE SWOT

Se a matriz BCG é utilizada para analisar o portfólio dos produtos da empresa, a ferramenta que analisa o cenário em que a empresa está inserida é a análise SWOT (*strenghths*; *weaknesses*; *opportunities*; *threats*), também conhecida no Brasil como análise FOFA (forças, oportunidades, fraquezas, ameaças). Essa ferramenta começou a ser desenvolvida nos anos 1950, por Albert Humphrey, professor de Política de Negócios na Harvard University, ao questionar seus alunos sobre a relação entre a estratégia adotada pela empresa e a necessidade de sobreviver em um ambiente competitivo. Nos anos 1960, as discussões sobre esses casos foram sustentadas em um método que passou a ser conhecido como análise SWOT.[18]

A análise SWOT consiste na avaliação de fatores internos (pontos fortes e fracos) e externos (ameaças e oportunidades), como concorrência, economia e tecnologia.[21] Essa avaliação possibilita uma conclusão mais embasada sobre as consequências da estratégia adotada, e sua posição perante o ambiente em que se encontra. O Quadro 5.9 mostra uma representação da análise SWOT.

| | Fatores positivos | Fatores negativos |
|---|---|---|
| **Fatores internos** | Forças | Fraquezas |
| **Fatores externos** | Oportunidades | Ameaças |

**Quadro 5.9**

Análise SWOT

**Fonte:** Elaborado pelos autores a partir da análise SWOT.

Em relação aos fatores internos, a empresa deve buscar "olhar para dentro e se conhecer". Os pontos fortes e fracos são fatores controlados pela própria empresa, que a colocam em vantagem ou desvantagem em relação a seus concorrentes. No ambiente interno, a empresa deve buscar identificar quais os fatores são essenciais para o seu sucesso no mercado e quais são os mais deficientes. Imagine um restaurante e pense: qual o principal fator para fazer sucesso? Sim, a culinária. Um bom cardápio, diferenciado de seus concorrentes, depende em grande parte da própria empresa, e é capaz de lhe consolidar no mercado. Isso seria um ponto forte. Por outro lado, um cardápio ruim poderá ser responsável pelo fracasso, o que seria um ponto fraco.

Já o ambiente externo se refere à avaliação das oportunidades e ameaças, fatores que não podem ser controlados pela empresa, mas que a empresa deve saber lidar com a forma como eles influenciam em seu negócio. Empresas sensíveis ao mercado conseguem se preparar melhor para enfrentar as dinâmicas do mercado. O ambiente externo é composto por ambiente imediato e macroambiente. O ambiente imediato pode ser relacionado com os fatores que atuam diretamente no setor de atuação da empresa, como clientes, fornecedores, concorrentes e novos entrantes. O macroambiente, por sua vez, se refere ao que está além desse segmento, como os aspectos políticos, econômicos, socioculturais e tecnológicos (PEST). O Quadro 5.10 apresenta a história de uma empresa brasileira, e mostra de que forma os fatores internos e externos influenciam nas decisões estratégicas da organização.

**Quadro 5.10**    Análise SWOT de um restaurante japonês

Roberto é um empreendedor que decide investir em um empório de variedades de cultura oriental, aproveitando o crescente consumo dos brasileiros por essa cultura, em especial a japonesa. O local comercializa, principalmente, artesanatos orientais, mas também produz alguns pratos típicos, feitos sob encomenda, para os clientes levarem para casa. O local escolhido para abrigar a empresa foi um bairro repleto de comércios automotivos, sem a realização de qualquer pesquisa de mercado prévia. A parte referente à comercialização de artesanatos não estava dando muito retorno financeiro à empresa. Roberto resolve, então, investir mais na parte da culinária japonesa, desenvolvendo novos pratos e servindo-os frescos, no próprio empório. A comida do local é bastante saborosa e diferenciada dos concorrentes, o que chama atenção de várias pessoas que passaram a procurar o local, não à procura de artesanatos orientais, mas sim da famosa culinária. Dentro de seis meses, o local passou a ter um movimento intenso, com filas de espera circundando toda a quadra. Com o sucesso de seus pratos, o empresário elevou consideravelmente seus preços, porém não aumentou o espaço nem o número de empregados para atender o contingente maior de clientes. Outros restaurantes, em zonas gastronômicas nobres da cidade, sabendo do sucesso inesperado desse empório, começaram a ficar incomodados.

**QUESTÃO PARA DISCUSSÃO**

**1.** De acordo com essa história, faça uma análise SWOT do empório de culinária japonesa de Roberto.

## 5.5.1 Análise SWOT cruzada

O que adianta simplesmente preencher os quadrantes da análise SWOT e identificar quais são seus pontos fortes e fracos, e suas ameaças e oportunidades? Uma boa análise estratégica é aquela que consegue relacionar os quatro quadrantes e buscar maximizar os pontos positivos e minimizar os pontos negativos, chamada de análise SWOT cruzada. O Quadro 5.11 apresenta um exemplo de SWOT cruzada.

**Quadro 5.11**

Análise SWOT cruzada

**Fonte:** Elaborado pelos autores a partir da análise SWOT.

| | Fatores positivos | Fatores negativos |
|---|---|---|
| **Fatores Internos** | **Pontos Fortes + Oportunidades:** Estratégica ofensiva de crescimento | **Pontos Fortes + Ameaças:** Plano de investimento em fontes alternativas |
| **Fatores Externos** | **Pontos Fracos + Oportunidades:** Plano de priorização para minimizar os pontos fracos | **Pontos Fracos + Ameaças:** Plano de sobrevivência |

Ao cruzar os pontos fortes e as oportunidades, o gestor poderia adotar uma estratégia mais ofensiva, aproveitando para ampliar suas vantagens competitivas e buscar novos mercados. Imagine um produtor de carne bovina que detém um rebanho de raças nobres, que detém rusticidade e precocidade, características que permitem tais animais se adaptarem a qualquer outra propriedade. Ademais, esse produtor se vê em um mercado de constante expansão, onde cada vez mais aumenta a demanda por seu produto. Nesse cenário, o gestor poderia aproveitar esse momento para ampliar seu plantel.

Analisando um cenário que contém os pontos fortes da empresa em confronto com as ameaças que assolam sua produção, a empresa poderia adotar estratégias que adequem suas ações ao ambiente, por meio de suas forças. Utilizando o mesmo exemplo do produtor rural, imagine que ele esteja enfrentando uma constante falta de chuvas, que afeta a qualidade do pasto. Neste cenário, a empresa poderia adotar alternativas que minimizem a dependência de aspectos naturais, como investir na suplementação alimentar.

Em outro cenário, que contrapõe as fraquezas e as oportunidades, a empresa poderia adotar uma estratégia de reforço, buscando minimizar as fraquezas por meio das oportunidades ofertadas. Ainda no exemplo do produtor de carne bovina, imagine que ele apresenta como fraqueza o alto custo de sua produção, mas que a demanda por seu produto não para de crescer. Uma estratégia a ser adotada seria aproveitar melhor essa oportunidade e expandir a produção, já que aumentando a escala os custos fixos seriam reduzidos.

Por fim, em um cenário que contém as fraquezas e as ameaças, a estratégia a ser adotada seria mais defensiva e a empresa poderia realizar algumas modificações para se proteger, buscando reduzir as fraquezas e minimizar o efeito das ameaças. Pense nos altos custos de produção do criador de carne bovina, juntamente com as ameaças naturais, como a falta de chuva, o gestor poderia rever suas estratégias, diminuir a produção e até sair do mercado.

## 5.6 ANÁLISE DO AMBIENTE

Para Porter (1996), a análise holística do ambiente, isto é, de todas as variáveis que podem afetar a empresa, permitem que a empresa se resguarde de situações que não podem ser previstas. A seguir, serão apresentadas as análises de cenários, de *stakeholders* e Pestel.

### 5.6.1 Análise de cenários

A análise SWOT pode ser aprimorada se combinada com outra ferramenta: a análise de cenários. A geração de cenários estratégicos permite visualizar ambientes futuros e se preparar para condições restritivas e desfavoráveis ou catalizadoras e favoráveis. Tal técnica começou a ser utilizada pelos soldados norte-americanos na Segunda Guerra Mundial, mas foi com a Shell que passou a ser incorporada no segmento comercial, na década de 1970, quando a empresa conseguiu se prevenir das crises de petróleo da época.[22] Existem duas formas principais de esboçar cenários futuros: a projeção estratégica e a prospecção estratégica.

a) **Projeção estratégica:** essa análise consiste em utilizar dados do passado para projetá-los no futuro, de forma determinista e quantitativa. Aqui, a projeção é feita de maneira unidimensional, já que se considera um futuro único (pessimista, realista e otimista), sendo indicada para situações mais previsíveis.

b) **Prospecção estratégica:** essa análise consiste em esboçar o futuro por meio de uma visão holística, analisando aspectos subjetivos como a opinião de profissionais, clientes, fornecedores e empregados. A ideia aqui é cruzar distintas variáveis para se chegar a uma visão multidimensional. Um modelo renomado de análise prospectiva é o método Grumbach, do brasileiro Raul Grumbach, que emprega princípios da teoria dos jogos, *balanced scorecard* (BSC), modelagem matemática, dentre outros.[23]

**Quadro 5.12**

Método Grumbach

**Fonte:** Elaborado pelos autores a partir de Marcial e Grumbach (2008).[23]

O método Grumbach é fruto de estudos realizados na Espanha, entre os anos 1989 e 1990, e baseia-se na ideia de que existem vários futuros possíveis, e que o futuro não necessariamente repetirá os rumos do passado. O primeiro passo do método consiste em identificar o objeto de estudo, com a definição do problema, por parte do pesquisador. Posteriormente, é feito um diagnóstico estratégico, onde serão analisadas as variáveis internas e externas que podem influenciar esse objeto, a fim de entender as causas e origens que o levaram ao estado atual. A próxima fase do processo envolve a construção de cenários de futuros alternativos (cenário mais provável, cenário de tendência, cenário alternativo). Uma boa ferramenta para construção de cenários e elaboração de estratégias é a utilização do método *brainstorming*.

### 5.6.2 Análise de *stakeholders*

Vários públicos, além dos acionistas, afetam e/ou são afetados pelo desenvolvimento das atividades de uma empresa. Todos os grupos que se relacionam de alguma forma com uma empresa são conhecidos como *stakeholders*. Os *stakeholders* podem ser acionistas, empregados, fornecedores, clientes, governo e até a comunidade local, em que a empresa está instalada. A teoria dos *stakeholders*, proposta por Freeman (1984),[24] mensura esses interesses por meio de três atributos: poder, legitimidade e urgência. Para os autores, quanto mais atributos tiver o *stakeholder*, maior será sua saliência.

A saliência do *stakeholder* é representada pelo grau de prioridade dado pelos gestores da empresa às demandas dos *stakeholders*.[25] Os gestores devem mediar e conciliar os diferentes interesses ligados à empresa, de modo a determinar quais *stakeholders* receberão prioridade no processo de tomada de decisão, isto é, quais são salientes.[24]

Nesse contexto, as empresas familiares apresentam características diferentes das demais, já que há influência do aspecto familiar e emocional nas tomadas de decisões. Buscando entender qual o critério da saliência em empresas familiares, uma pesquisa[26] destacou que essa definição é ainda mais difícil nesses casos, já que consideram dois fatores simultaneamente nessa decisão: a empresa e a família. Para os autores dessa pesquisa, a percepção de saliência pode variar entre um funcionário que possui vínculo familiar, e outro, que não possui.

### 5.6.3 Análise Pestel

A análise SWOT analisa uma empresa de acordo com suas forças e fraquezas, levando em conta os fatores internos e externos que a influenciam. Contudo, para reforçar essa avaliação, considerando os fatores macro do ambiente externo, que podem afetar o negócio, pode ser utilizada uma ferramenta complementar, a análise PEST.[21]

A análise PEST é uma ferramenta que auxilia a entender o risco estratégico, pois procura estudar os fatores externos e avaliar como os modelos de negócios terão que evoluir para se adaptar ao ambiente. A análise PEST avalia os ambientes **p**olítico, **e**conômico, **s**ocial e **t**ecnológico. Alguns autores também incluem mais dois ambientes, o **a**mbiental e o **l**egal, e por isso, essa sigla pode variar para Pestel, em inglês, ou Pestal, em português.[27] Portanto, o ambiente externo inclui as seguintes variáveis:

a) **Político:** os fatores políticos avaliam o grau de intervenção do governo na economia e incluem políticas fiscais, regulações trabalhistas, acordos comerciais entre países, mudança do governo, e guerras e conflitos. Para a empresa, quanto maior a estabilidade política, mais favorável para seu desenvolvimento.

b) **Econômico:** os fatores econômicos são aqueles que afetam diretamente a rentabilidade da empresa, como o sistema de tributação, juros, inflação, câmbio e a própria economia local. Imagine como a alteração no câmbio pode influenciar no aumento dos produtos importados, ou como a elevação na taxa de juros pode inviabilizar a contratação de um empréstimo.

c) **Social:** os fatores sociais destacam as diferenças culturais e demográficas do macroambiente da empresa, como a taxa de crescimento populacional, as novas tendências de vida, os padrões de compra por parte dos consumidores e os conflitos culturais. Imagine um anúncio publicitário que é bem-vindo dentro de uma cultura e malvisto por outra.

d) **Tecnológico:** os fatores tecnológicos tratam sobre a importância de se adequar as rápidas evoluções da tecnologia, como o investimento em pesquisa, desenvolvimento e inovação, a exploração por tecnologias emergentes, e a legislação tecnológica, como as regras que envolvem a propriedade intelectual.

e) **Ambiental:** os fatores ambientais ganham cada vez mais importância em razão da crescente preocupação com o meio ambiente. São exemplos de fatores ambientais: a sustentabilidade, as regulações ambientais e a gestão e redução de resíduos e gases poluentes.

f) **Legal:** os fatores legais dizem respeito ao entendimento da empresa em relação às legislações do território em que atuam. Questões como direitos do consumidor, legislação trabalhista, legislação em vigor e futura e normas de saúde e segurança são tratadas nesta perspectiva.

Para entender melhor a análise Pestel, o Quadro 5.13 apresenta uma aplicação prática dessa ferramenta na empresa brasileira de comércio eletrônico Netshoes.

**Quadro 5.13**   Análise Pestel da Netshoes

| Fatores | Variável | Cenário |
|---|---|---|
| Políticos | Políticas governamentais | O apoio do governo brasileiro ao comércio eletrônico possibilita um maior crescimento da Netshoes. As empresas de varejo *on-line* chinesas, por exemplo, com o apoio do governo, conseguem expandir suas operações. |
| | Segurança cibernética | Os governos estão investindo cada vez mais no combate do cibercrime e fraudes eletrônicas. Assim, a Netshoes tem maior segurança para expandir suas atividades. |
| Econômicos | Crescimento econômico | Uma situação de crescimento econômico no Brasil poderia aumentar o ritmo de expansão da empresa. |
| Sociais | Aumento do hábito de compras *on-line* | A Nesthoes pode se beneficiar da popularização das compras *on-line*, por parte do consumidor brasileiro, já que o acesso à Internet é cada vez maior. |
| Tecnológicos | Aumento da eficiência de TI | A maior eficiência da Tecnologia da Informação (TI) permite a Netshoes maximizar sua produtividade e reduzir seus custos operacionais. |
| Ambientais | Investimento em programas ambientais | A Netshoes pode investir em programas ambientais e se destacar no aspecto sustentável junto aos clientes. |
| Legais | Regulação de exportação | Uma maior flexibilização nas normas de exportação permitiria uma maior expansão das operações no âmbito continental, ou até global. |

**Fonte**: Elaborado pelos autores.

Ao entender que a análise PEST pode ser associada a análise SWOT e, assim, obter resultados mais robustos, alguns autores[28] realizaram uma análise PEST-SWOT para traçar um diagnóstico para uma rede A de supermercados, após a entrada da rede B no mercado. Tal diagnóstico pode ser visto no Quadro 5.14.

**Quadro 5.14**   Análise PEST-SWOT para a rede brasileira A (nome fictício) de supermercados

| Análise PEST-SWOT: Rede A | Político-legal | Econômico | Social | Tecnológico |
|---|---|---|---|---|
| **Pontos fortes** | Possuía vários projetos socioambientais em andamento, apoiados por políticos locais | Possuía mais de uma loja nas cidades, atendendo diferentes públicos-alvo | Possuía uma marca forte e tradicional no mercado, e maior conhecimento das necessidades dos clientes | Possuía tecnologia avançada, tanto para gestão da rede quanto para garantir maior comodidade aos clientes durante as compras |
| **Pontos fracos** | – | A rede A não competia em nível de preços, já que não comprava diretamente da indústria | A rede A não oferecia nenhuma forma de lazer durante as compras | – |
| **Ameaças** | – | A rede B, por ser maior, teria maior poder de barganha com os fornecedores, e, consequentemente, menores preços | A rede B trouxe *shopping centers* para as cidades, e sempre se localizava dentro deles, aumentando as opções de lazer antes ou após as compras | – |
| **Oportunidades** | Investir em mais projetos, melhorando a imagem da empresa, em parceria com os políticos que já eram parceiros em outros projetos | Desenvolver campanhas promocionais, que atingissem diversos segmentos, reduzindo o espaço para que a rede B crescesse | Mover a competição para o nível de marca e serviços aos clientes | Investir mais em aspectos tecnológicos que aumentassem o conforto dos clientes durante sua permanência nas lojas da rede |

**Fonte**: Ceribeli, Prado e Merlo (2010).[28]

**ADMINISTRAÇÃO ESTRATÉGICA**

Após essa análise, a rede A percebeu que algumas alterações estratégicas seriam necessárias, e realizou algumas mudanças, tais como: (i) primeiramente, a maior parte das compras era negociada como distribuidores e atacadistas, o que elevava o custo da empresa em relação à rede B. A partir de então, a rede A passou a negociar diretamente com os fabricantes, o que lhe permitiu colocar um preço mais competitivo no mercado; (ii) ao perceber que a rede B atraía grande público em face de sua localização, dentro de *shoppings centers*, a rede A realizou campanhas publicitárias para enfatizar a tradição e a confiança do consumidor na marca; e (iii) a rede A buscou agregar novos serviços a seu portfólio, como um moderno sistema de atendimento ao cliente.

## 5.7 *BENCHMARKING*

Em um ambiente cada vez mais saturado e competitivo, olhar o que está dando certo em outras empresas e buscar melhorar seus próprios produtos e serviços, por meio dessa análise, pode ser bastante útil. Essa ação é denominada *benchmarking*. O processo de *benchmarking* se inicia com a autoavaliação por parte da própria empresa, a partir de uma análise interna, de suas forças e fraquezas[29] (lembre-se da análise SWOT). Após essa avaliação, a empresa deve realizar a mesma análise para seus concorrentes, especialmente para aqueles que são líderes em seu segmento.

O foco do *benchmarking* é identificar e entender o porquê de as empresas analisadas estarem onde estão e de que forma essa análise pode contribuir para melhoria da empresa que está aplicando essa ferramenta. Pode-se comparar[29] o *benchmarking* a um antigo provérbio chinês, proferido pelo general Sun Tzu: "Se você conhecer seu inimigo e a si mesmo, não precisará temer o resultado de cem batalhas".

A utilização do *benchmarking* como ferramenta estratégica existe desde a época de Frederick Taylor, e foi de grande importância para a recuperação da economia japonesa no pós-guerra. Ao analisar as características dos produtos e das produções estadunidenses, os japoneses conseguiram se aproximar, e até superá-los, em termos de qualidade e inovação. Um exemplo foi a aplicação de processos desenvolvidos, antes na Ford, na Toyota. Mais tarde, no fim da década de 1970, a empresa norte-americana Xerox passou a aplicar o *benchmarking* para combater a concorrência, e os bons resultados obtidos difundiram e popularizam o termo.[29,30] O Quadro 5.15 representa o ciclo do *benchmarking*, que envolve cinco fases: planejamento, análise, integração, ação e maturidade.[29]

**Quadro 5.15**

Passos do processo de *benchmarking*

**Fonte:** Elaborado pelos autores a partir de Camp (1998).[29]

| | |
|---|---|
| **Planejamento** | Identificar o que marcar para a referência |
| | Identificar empresas comparativas |
| | Determinar método e efetuar coleta de dados |
| **Análise** | Determinar "lacuna" corrente de desempenho |
| | Projetar futuros níveis de desempenho |
| **Integração** | Comunicar marcos de referência e obter aceitação |
| | Estabelecer metas funcionais |
| **Ação** | Desenvolver planos de ação |
| | Implementar ações específicas e monitorar progressos |
| | Recalibrar marcos de referência |
| **Maturidade** | Posição de liderança atingida |
| | Práticas plenamente integradas ao processo |

Na fase do **planejamento**, deve-se definir o produto ou processo a ser estudado e qual empresa será investigada. Aqui o objetivo é responder a seguinte pergunta: quem ou o que iremos investigar ou comparar? A fase da **análise** é a responsável pela forma com que os dados serão coletados. Nesta etapa, a empresa que está aplicando o *benchmarking* busca identificar as principais diferenças entre ela e a empresa que está sendo analisada.

Na fase de **integração**, são divulgadas as descobertas oriundas do *benchmarking* e traçadas as mudanças pretendidas. A fase da **ação** é onde as mudanças são testadas e passam por um período de acompanhamento e observação. Por fim, a fase de **maturidade** é caracterizada pela efetivação e incorporação das mudanças adotadas. Dessa forma, a empresa consegue atingir a melhoria almejada. O Quadro 5.16 apresenta alguns tipos de *benchmarking*.

**Quadro 5.16**

Tipos de *benchmarking*

**Fonte:** Rossi (2009).[31]

| Tipos de *benchmarking* | |
| --- | --- |
| **Em função de "com quem" se comparar** | **Em função de "o que" se comparar** |
| ***Benchmarking* interno:** comparação com o "melhor" dentro da própria organização. | ***Benchmarking* de desempenho:** comparação de indicadores puros de desempenho. |
| ***Benchmarking* competitivo:** comparação com o "melhor" competidor em determinadas condições. | ***Benchmarking* de processos:** comparação entre as formas com que processos são desempenhados. |
| ***Benchmarking* funcional:** comparação com organizações que não são necessariamente concorrentes, mas que desempenham atividades dentro da mesma área tecnológica. | ***Benchmarking* estratégico:** comparação entre decisões estratégicas e gerenciamento da alta administração. |
| ***Benchmarking* genérico:** comparação com alguma organização totalmente distinta, possivelmente de outra indústria. | |

O Quadro 5.16 apresenta a classificação dos tipos de *benchmarking* em função de "com quem se comparar" e "o que se comparar". A diferença de desempenho das organizações pode ser explicada pela diferença entre as competências de uma organização em relação à outra, considerada modelo de "melhores práticas".

## 5.8 ANÁLISE INTERNA

O Capítulo 3 deste livro já abordou a visão baseada em recursos, destacando que a competitividade de uma empresa depende dos recursos por ela controlados, relacionados com quatro características principais: valor, raridade, dificuldade de imitação e dificuldade de substituição.[32] Contudo, os microfundamentos presentes no aspecto interno também destacam questões importantes do ponto de vista estratégico, como a interação individual na dinâmica da organização e a dicotomia entre o coletivismo e o individualismo. O primeiro aborda os indivíduos de forma homogênea, enquanto a perspectiva individualista defende heterogeneidade entre as pessoas, fundamental para as decisões estratégicas.[33]

As organizações são compostas por indivíduos, no entanto o foco nas pessoas consiste em um grande desafio interno, por parte das organizações. Os indivíduos são essenciais na composição estratégica, já que, antes de entender a organização como um todo, é preciso entender o indivíduo como ator central.[34] Contudo, muitas empresas têm dificuldade em compreender as relações entre seus colaboradores e as metodologias apropriadas para se conectarem aos diferentes níveis estratégicos.

A literatura, de forma geral, atribui a diferença de desempenho entre as organizações em termos coletivos, pois entendem que os indivíduos são altamente heterogêneos, enquanto as organizações só evoluem quando os indivíduos estão adaptados ao ambiente organizacional de maneira homogênea. Contudo, alguns autores[34] entendem que a análise no âmbito coletivo é falha, pois não se pode deixar de relacionar o aspecto individual às rotinas e competências organizacionais, já que as escolhas individuais são influenciadoras do coletivo. Para esses autores,[34] o indivíduo é, sempre, o fator básico estratégico de toda organização.

Para você entender como isso funciona, pense em uma partida de futebol, com dois times compostos por 11 jogadores. Cada jogador possui competências próprias, singulares, diferentes dos demais. A tarefa dos técnicos é justamente trabalhar as características individuais de cada jogador em prol do seu time, de forma homogênea. Quando os jogadores conseguem assimilar o seu papel dentro do time, isto é, quando cada jogador entende como usar suas competências individuais para cumprir um objetivo único, coletivo, o time tende a ir bem. Caso essas diferentes competências não sejam geridas, o time tende a ir mal.

Podemos distinguir dois níveis de análise interna:[35] o primeiro relacionado com a análise de recursos corporativos (estratégia corporativa) e o segundo, com os recursos da unidade de negócio (estratégia competitiva). A análise interna das organizações deve avaliar, no patamar corporativo, o portfólio de negócios, a distribuição de riscos, a tecnologia, o desempenho financeiro e a alta administração da corporação. No patamar da unidade de negócio, a análise interna deve avaliar os recursos das diversas áreas funcionais, como recursos humanos, finanças, marketing, pesquisa e desenvolvimento e sistemas de informação.[35]

A análise interna da organização é realizada por meio da identificação de pontos fortes e fracos. A identificação de forças e fraquezas em termos de recursos humanos (experiência, capacidades, conhecimentos e habilidades), recursos organizacionais (sistemas e processos da empresa, estrutura, cultura e gestão das áreas funcionais) e recursos físicos (instalações e equipamentos, localização geográfica, acesso a matérias-primas, rede de distribuição e tecnologia) definem a posição competitiva da organização.[36]

Várias técnicas podem ser empregadas para a realização do diagnóstico interno das organizações. Entre essas técnicas, estão:

a) *Checklist* **de forças e fraquezas:** após dividir a organização em áreas funcionais, é elaborado um questionário englobando as principais atividades realizadas na organização. Essas atividades serão avaliadas e, por meio de uma pontuação, identificadas as forças e fraquezas da organização, em outras palavras, aquelas atividades que estão sendo desempenhadas de maneira satisfatória e aquelas que necessitam de melhorias.

b) *Benchmarking* **de atividades:** assim como no *checklist* de forças e fraquezas, nesta técnica as atividades principais da organização são identificadas e avaliadas. No entanto, para realizar a identificação dos pontos fortes e fracos, será realizado um *benchmarking* com competidores diretos e, assim, a pontuação de cada atividade desempenhada pela organização será comparada com a pontuação do desempenho dos competidores na realização daquela mesma atividade.

c) **Análise da cadeia de valor:** utilizando o conceito de cadeia de valor (ou de um sistema de valores), uma organização pode realizar o diagnóstico interno por meio da análise dos processos que, muitas vezes, extrapolam os limites de uma única área funcional da organização. Nesta técnica, que foi apresentada no Capítulo 2, o foco está em identificar pontos fortes e fracos em processos e, então, realizar a melhoria desses processos.

d) **Análise de recursos e capacidades:** diversos instrumentos podem ser utilizados para a identificação dos recursos estratégicos da empresa. Um desses instrumentos é o modelo VRIO (*value*; *rarity*; *imitability*; *organization*), já apresentado no Capítulo 3. O foco desta análise consiste em identificar, desenvolver, proteger e desdobrar os recursos e as capacidades estratégicas da organização.

e) **Análise de competências:** outra forma de realizar o diagnóstico interno é por meio da identificação das competências essenciais da organização. A partir desta análise, a empresa deverá investir em ações que favoreçam a utilização de suas competências essenciais.

## 5.9 CONSIDERAÇÕES FINAIS

Este capítulo apresentou alguns aspectos básicos relacionados com a análise estratégica. Foi visto que a escolha da estratégia a ser adotada depende tanto de fatores internos, quanto de fatores externos. Para entender esses fatores, foram apresentadas algumas ferramentas práticas que podem ser utilizadas no processo de escolha. Lembre-se de que, para obter um resultado mais expressivo, você pode combinar e associar duas ou mais ferramentas.

CAPÍTULO 5 | Análise estratégica **95**

Foram identificadas algumas contribuições de diferentes ferramentas de análises estratégicas, para a análise estratégica:

## CONTRIBUIÇÕES DA ANÁLISE ESTRATÉGICA PARA A ADMINISTRAÇÃO ESTRATÉGICA:

a) não existe um modelo de negócios ideal, já que cada organização possui características singulares;

b) mesmo que uma organização tenha êxito com determinado modelo de negócios, ele deve ser revisado ao longo do tempo;

c) a principal diferença entre a segmentação de mercado B2B e B2C está no público-alvo, já que a primeira se caracteriza por transações entre empresas e a segunda, entre a empresa e o consumidor final;

d) a matriz BCG auxilia as empresas a estabelecerem prioridades aos produtos que compõem seu portfólio, por meio de análise do ciclo de vida de cada produto;

e) a análise SWOT cruzada potencializa a análise SWOT simples, já que, ao relacionar os diferentes quadrantes, possibilita que a organização estabeleça uma melhor análise estratégica;

f) a análise de cenários baseada na projeção estratégica é indicada para situações mais previsíveis, baseando-se em dados do passado, enquanto a análise de cenários baseada na prospecção estratégica avalia outras variáveis, como a opinião de analistas, clientes, fornecedores e colaboradores;

g) a análise Pestel avalia os fatores externos do ambiente em que a organização está inserida, e auxilia a entender o risco estratégico;

h) o *benchmarking* busca entender os motivos que levaram empresas concorrentes a terem êxito no mercado.

## MINICASO

### Disruptura do mercado financeiro: análise do Nubank

### 1 – PERFIL DA ORGANIZAÇÃO

O Nubank nasceu na Califórnia. Mais precisamente, na rua Califórnia, número 492, bairro do Brooklin, em um sobrado antigo, alugado, na zona sul de São Paulo. O responsável pela criação foi um colombiano, chamado David Vélez. Ele dizia que inicialmente trabalhava muito, cerca de 100 horas por semana, projetando sistemas operacionais e planos de negócios. Embora não tivesse retorno financeiro algum, a perspectiva de sucesso era enorme.

A proposta do Nubank era algo que ia na contramão do que o sistema bancário brasileiro oferecia: cartões de crédito sem anuidade, sem taxas, por meio da bandeira Mastercard e que poderia ser gerenciado pelo próprio cliente, via *smartphone*. O "Nu" traz a ideia de transparência, de algo diferente do que o mercado oferecia. Vélez também explica o nome por outra perspectiva: "se você inverter as letras do começo fica Unbank, ou não banco". Ele vai além: "somos, na verdade, uma empresa de tecnologia criada para prestar serviços financeiros. O cartão de crédito é só o começo".

O Nubank é caracterizado no mercado como uma *fintech*, empresas com estrutura operacional enxuta, altamente tecnológicas, e que usam a Internet para aumentar o número de clientes. Qualquer pessoa pode pedir o cartão do Nubank, mas a empresa só emite para aqueles cuja análise de crédito tenha sido aprovada.

O crescimento do Nubank foi financiado por grandes fundos de investimento do Vale do Silício, como a Sequoia Capital (financiador do Google, Pay-Pal, Airbnb), Tiger Global (financiador da Netflix, Linkedin e Netshoes) e Kaszek Ventures (financiador do Mercado Livre, Decolar e Guia Bolso).

Para Doug Leone, sócio da Sequoia Capital, o diferencial do Nubank é a alternativa em relação à burocracia dos bancos nacionais, que causa falta de agilidade e insatisfação com os consumidores: "David tinha a visão clara de que o caminho para isso era construir uma companhia de tecnologia para atuar na área de serviços financeiros, e não uma companhia de serviços financeiros com tecnologia. Isso os bancos já fazem".

### 2 – SITUAÇÃO-PROBLEMA

O Nubank multiplicou seu faturamento e o número de clientes de forma bastante rápida. Esse crescimento trouxe oportunidades, mas também desafios, já que as despesas aumentaram consideravelmente, bem como a busca por pessoas certas, que entendam a cultura da empresa e sejam capacitadas. Para o cofundador Edward Wible: "Com um pouco mais de escala, estamos com mais de 100 engenheiros hoje em dia, estamos reinventando, ou adotando, a posição de gerenciar pessoas. Não funciona exatamente com 100 pessoas, como funcionou com cinco ou seis na sala, o contexto é mais difícil".

ADMINISTRAÇÃO ESTRATÉGICA

Ademais, outro desafio do Nubank está no fato de ainda operar com prejuízo, uma vez que as receitas ainda são menores que as despesas. Vélez demonstra cautela em relação à obtenção de lucro no curto prazo, pois entende que o projeto é de médio a longo prazo: "O ganho de escala já permitiu uma diluição dos nossos custos fixos, a ponto de já estarmos gerando caixa, mas buscar o lucro agora poderia nos fazer perder muitas oportunidades".

### 3 – ANÁLISE A PARTIR DO MODELO DE NEGÓCIOS

Para Osterwalder e Pigneur,[8] o modelo de negócios tem por objetivo apresentar uma visão ampla da organização, que inclua os aspectos responsáveis pela geração de valor e criação de vantagem competitiva. Os autores desenvolveram o modelo Canvas, por meio do conceito *design thinking*, que traz soluções criativas para a resolução de problemas. Este modelo é composto por nove componentes: segmento de clientes, proposta de valor, canais, relacionamento com clientes, fontes de renda, recursos-chave, atividades-chave, parceiros-chave e estrutura de custos.

Ao analisar o caso do Nubank, podemos elencar algumas características do seu modelo de negócios, cuja proposta de valor se baseia na oferta de cartão de crédito digital, sem taxas de anuidade. Em relação a seus parceiros-chave, podemos destacar a Mastercard, bandeira do cartão de crédito, e os fundos de investimento que financiam o projeto. Seus clientes são, em sua maioria, jovens e que saibam utilizar tecnologia. Seus recursos-chave se baseiam na tecnologia utilizada no aplicativo. Sua estrutura de custos é formada predominantemente com as despesas dos trabalhadores e os custos para o desenvolvimento do *software*. Sobre suas atividades-chave, podemos destacar a análise para concessão de crédito. Em relação aos canais de entrega de valor ao cliente, cabe citar o aplicativo, que também é utilizado para sustentar o relacionamento com seus clientes. Os fluxos de receita, por sua vez, se resumem principalmente ao percentual de intermediação nas compras realizadas pelos clientes.

#### QUESTÕES PARA DISCUSSÃO

1. Recapitule os pontos mais relevantes da análise estratégica, e faça uma análise SWOT do Nubank, apresentando as principais forças, fraquezas, ameaças e oportunidades dessa empresa, se possível relacionando essas variáveis entre si.

2. Suponha que você esteja abrindo uma *startup* no mercado financeiro, cuja proposta seja parecida com aquela oferecida pelo Nubank. Quais características da Nubank poderiam contribuir para o desenvolvimento de sua empresa?

**Fonte**: Resumido e adaptado pelos autores a partir de Oliveira, Sônego e Bigarelli (2017).[37]

Finalizamos este capítulo propondo as seguintes questões para reflexão e para avaliação do conhecimento.

## QUESTÕES PARA REFLEXÃO

1. Imagine que você é o CEO da empresa Alpargatas (dona da marca Havaianas). Dê exemplos para cada um dos quatro quadrantes que compõem o ciclo de vida do produto de sua empresa (matriz BCG).

2. Escolha um(a) cantor(a) brasileiro(a) de sua preferência que pretenda se estabelecer no mercado internacional. Cite uma força, uma fraqueza, uma oportunidade e uma ameaça que ele(ela) terá nesse desafio.

3. Faça uma análise Pestel para uma empresa brasileira de sua escolha.

4. Dê um exemplo da aplicação de *benchmarking*.

## QUESTÕES PARA AVALIAÇÃO DO CONHECIMENTO

1. Discorra de que forma um modelo de negócios pode contribuir para a conquista de uma posição de vantagem competitiva por parte de uma organização.

2. Caracterize os nove elementos que fazem parte do modelo de negócios Canvas.

3. Quais são os quatro quadrantes da matriz BCG? Explique.

4. Qual a diferença entre análise projetiva e prospectiva?

5. Descreva ao menos três técnicas que podem ser utilizadas para a realização do diagnóstico interno de uma organização.

## REFERÊNCIAS

1. DRUCKER, P. The theory of business. **Harvard Business Review**, 95-104, 1994.
2. CASADESUS-MASANELL, R.; RICART, J. E. From strategy to business models and onto tactics. **Long Range Planning**, 43(2-3), 195-215, 2010.
3. PRAHALAD, C. K.; HAMEL, G. The core competence of the corporation. **Harvard Business Review**, 3-15, 1990.
4. OSTERWALDER, A.; PIGNEUR, Y.; TUCCI, C. L. Clarifying business models: origins, present and future of the concept. **Communications of the Association for Information Systems**, 15, 2-40, 2005.
5. PORTER, M. E. What is strategy? **Harvard Business Review**, 74, 61-78, 1996.
6. AMIT, R.; ZOTT, C. Business model design: an activity system perspective. **Long Range Planning**, 43, 216-226, 2010.
7. TEECE, D. J. Business models, business strategy and innovation. **Long Range Planning**, 43, 172-194, 2010.
8. OSTERWALDER, A.; PIGNEUR, Y. **Business model generation**: a handbook for visionaries, game changers, and challengers. Wiley, 2010.
9. SHAFER, S. M.; SMITH, H. J.; LINDER, J. C. The power of business models. **Business Horizons**, 48(3), 99-207, 2005.
10. CHESBROUGH, H. W. Business model innovation: opportunities and barriers. **Long Range Planning**, 43(2-3), 354-363, 2010.
11. TRIMI, S.; BERBEGAL-MIRABENT, J. Business model innovation in entrepreneurship. **International Entrepreneurship and Management Journal**, 8(4), 449-465, 2012.
12. DEMIL, B.; LECOCQ, X. Business model evolution: in search of dynamic consistency. **Long Range Planning**, 43, 227-246, 2010.
13. ABELL, D. F. **Definição do negócio**: ponto de partida do planejamento estratégico. Atlas, 1991.
14. REUVER, M.; BOUWMAN, H.; HAAKER, T. Business model roadmapping: a practical approach to come from an existing to a desired business model. **International Journal of Innovation Management**, 17(1), 1-18, 2013.
15. AVERSA, P.; FURNARI, S.; HAEFLIGER, S. Business model configurations and performance: a qualitative comparative analysis in Formula One racing, 2005-2013. **Industrial and Corporate Change**, 1, 1-22, 2015.
16. ACHTENHAGEN, L.; MELIN, L.; NALDI, L. Dynamics of business models – strategizing, critical capabilities and activities for sustained value creation. **Long Range Planning**, 46, 427-442, 2013.
17. HUTT, M.; SPEH, T. W. **B2B**: Gestão de marketing em mercados industriais e organizacionais. Porto Alegre: Bookman, 2002.
18. HOSS, O. *et al.* Simulação de cenários: estudo de caso nas fontes de recursos da fundação de apoio à educação, pesquisa e desenvolvimento científico e tecnológico da Universidade Tecnológica Federal do Paraná Campus Pato Branco. **Revista Ibero-Americana de Estratégia**, 172-204, 2012.
19. UTTERBACK, J.; ABERNATHY, W. A dynamic model of process and product innovation. **Omega**, 6(3), 639-656, 1975.
20. BARBOZA, J. V. S.; ROJO, C. A. Diagnóstico estratégico em uma empresa do setor moveleiro por meio das análises SWOT, matriz BCG e 5 forças de Porter. **Revista da Micro e Pequena Empresa**, 9(1), 103-116, 2015.
21. KOTLER, P. **Administração de marketing**: a edição do novo milênio. Prentice Hall, 2000.
22. BLOIS, H. D. *et al.* Silvicultura: cenários prospectivos para geração de energia elétrica. **Revista de Gestão Ambiental e Sustentabilidade**, 6(1), 140-159, 2017.
23. MARCIAL, E. C.; GRUMBACH, R. J. S. **Cenários prospectivos**: como construir um futuro melhor.5. ed. FGV, 2008.
24. FREEMAN, R. E. **Strategic management**: a stakeholder approach. Pitman, 1984.
25. AGLE, B.; MITCHELL, R.; SONNENFELD, J. Who matters to CEOs? An investigation of stakeholder attributes and salience, corporate performance, and CEO values. **Academy of Management Journal**, 42(5), 507-525, 1999.
26. BARAKAT, S.; PARENTE, T.; MACHADO FILHO, C. Stakeholder salience in family business. In: FERC – 11th Annual Family Enterprise Research Conference, Burlington. **Anais** [...], 2015.
27. YUKSEL, I. Developing a multicriteria decision making model for PESTEL analysis. **International Journal of Business and Management**, 7(24), 52-66, 2012.
28. CERIBELI, H. B.; PRADO, L. S.; MERLO, E. M. Uma aplicação conjunta das análises SWOT/PEST para avaliação de estratégias competitivas no varejo. **Revista Ibero-Americana de Estratégia**, 9(1), 77-101, 2010.
29. CAMP, R. C. **Benchmarking**: identificando, analisando e adaptando as melhores práticas que levam à maximização da performance empresarial: o caminho da qualidade total. 3. ed. Pioneira, 1998.
30. ARAÚJO, L. **Gestão de pessoas** – estratégias e integração organizacional. Atlas, 2006.
31. ROSSI, R. M. **Método para análise interna das organizações**: uma abordagem a partir da Resource-Advantage Theory. 2009. 255 p. Tese de (Doutorado em Engenharia de Produção) – Universidade Federal de São Carlos, 2009.
32. BARNEY, J. Firm resources and sustained competitive advantage. **Journal of Management**, 17(1), 99-120, 1991.
33. MOLINA-AZORÍN, J. Microfoundations of strategic management: toward micromacro research in the resource-based theory. **Business Research Quarterly**, 17, 102-114, 2014.
34. FELIN, T.; FOSS, N. Strategic organization: a field in search of microfoundations. **Strategic Organization**, 3(4), 441-455, 2005.
35. SHRIVASTANA, P. **Strategic management**: concepts & practices. South-Western Publishing, 1994.
36. WRIGHT, P.; KROLL, M. J.; PARNELL, J. **Administração estratégica**: conceitos. Tradução Celso A. Rimoli e Lenita R. Esteves. Atlas, 2000.
37. OLIVEIRA, D.; SÔNEGO, D.; BIGARELLI, B. **Até onde vai o Nubank?** Época Negócios. 2017. Disponível em: <https://epocanegocios.globo.com/Empresa/noticia/2017/02/ate-onde-vai-o-nubank.html.> Acesso em: 07 dez. 2018.

# ESCOLHA ESTRATÉGICA

*Roberto Pessoa de Queiroz Falcão*

## RESUMO

No contexto brasileiro, quando as empresas são criadas, muitas vezes não pensam em escolhas estratégicas futuras. Ao se inserirem em mercados competitivos, as organizações buscam expansão constante de sua posição de mercado, que, muitas vezes, é ameaçada por fatores externos, concorrentes ou novos cenários que se apresentam. Os exemplos e teorias apresentados neste capítulo evidenciam possíveis formas das organizações continuarem evoluindo e crescendo, aproveitando sua estrutura atual ou transformando-se de forma estratégica para expandir seus mercados, portfólio de produtos, faturamento e lucratividade. O capítulo tem por objetivo familiarizar os alunos com as estratégias de crescimento disponíveis às organizações brasileiras, com destaque especial à integração vertical, fusões e aquisições, alianças estratégicas, organização em *cluster* ou arranjo produtivo local (APL), e a internacionalização. Ao realizarem fusões e aquisições, as empresas se fortalecem perante o mercado, embora se deparem com muitos desafios estruturais e gerenciais. Alianças estratégicas, *joint ventures* e arranjos produtivos podem ter efeitos diversos a depender das empresas, que se veem diante da possibilidade de associação a seus outrora concorrentes. Já a internacionalização, sendo um processo bem conduzido, pode fortalecer as empresas no mercado local, diluir seu risco e proporcionar o ingresso de moeda forte no Brasil.

### OBJETIVOS DE APRENDIZAGEM

Neste capítulo, o leitor poderá aprofundar seu conhecimento sobre:

- As diferentes escolhas estratégicas as quais tanto grandes quanto pequenas empresas se deparam.
- Alguns casos brasileiros de fusões e aquisições, alianças estratégicas, organização em *cluster*, ou arranjo produtivo local, e de internacionalização.
- As principais teorias e suas críticas, ilustradas com exemplos, relativos a fusões e aquisições, alianças estratégicas, organização em *cluster*, ou arranjo produtivo local, e internacionalização.
- Os desafios envolvidos em cada tipo de escolha estratégica.

## 6.1 INTRODUÇÃO

Nos anos 1960, houve um crescente desenvolvimento da disciplina de estratégia empresarial com a criação da matriz de Ansoff,[1] também chamada de matriz produto/mercado. A matriz é um modelo usado na determinação de oportunidades de crescimento das unidades de negócio de uma organização, tendo quatro quadrantes determinados pelos eixos relativos às ofertas e mercados. Por meio de quatro estratégias distintas – penetração de mercado, desenvolvimento de mercado, desenvolvimento de produto e diversificação –, o autor propõe caminhos estratégicos para as organizações.

**Figura 6.1**
Matriz de Ansoff e estratégias de crescimento.

**Fonte:** Ansoff (1965).[2]

No caso da penetração de mercado, a empresa deve buscar conquistar clientes da concorrência, aumentando sua participação de mercado. Por sua vez, o desenvolvimento de mercado reflete-se na ênfase de conquistar novos mercados com os produtos e serviços existentes. Já o desenvolvimento de produtos consiste na criação de produtos e serviços. Por fim, talvez a mais arriscada das estratégias: a diversificação em sua gama de produtos e serviços.

Com base na matriz Ansoff, e diante das diversas estratégias de crescimento disponíveis a uma organização, o capítulo irá abordar a integração vertical, fusões e aquisições, alianças estratégicas, organização em *cluster*, ou arranjos produtivos locais (APL), e a internacionalização. Neste sentido, tanto a integração vertical, as fusões e aquisições e as alianças estratégicas podem ser formas de penetração no mercado, viabilizando um crescimento agressivo das empresas. Elas podem servir também para viabilizar a diversificação e o desenvolvimento de novos mercados de modo mais acelerado. Por intermédio da internacionalização de negócios podem ser viabilizadas novas ofertas de produtos e serviços em mercados existentes, o chamado desenvolvimento de produtos. Ao longo do capítulo vamos entender melhor esses conceitos por meio de exemplos que serão apresentados.

## 6.2 INTEGRAÇÃO VERTICAL

Em ambientes competitivos, ao se considerar a cadeia produtiva de cada setor, podem ser idealizadas integrações de estágios da mesma, por meio da posse (ou propriedade), ou por meio de relações contratuais. A integração vertical nada mais é do que uma relação de integração entre empresas fornecedoras e compradoras em estágios diferentes da cadeia de valor.[3]

Dito de uma maneira mais prática, a integração vertical pode ser uma forma de grandes corporações lograrem o controle empresarial em determinados estágios da cadeia produtiva. Há dois tipos: a integração vertical a montante (*backward*) e a jusante (*forward*). A integração vertical a montante é quando, por exemplo, uma montadora de automóveis adquire (ou resolve implantar) fábricas de autopeças (pneus, para-brisa, componentes do motor etc.), ou seja, a empresa produtora adquire (ou constitui) um fornecedor de um insumo fundamental de modo a garantir o seu suprimento. Já a integração vertical a jusante se dá quando uma empresa produtora adquire (ou constitui) uma rede de distribuição (ou canal de vendas) para dar vazão a seus produtos.

As empresas verticalmente integradas, em geral, estão unidas por uma hierarquia, partilhando de uma empresa controladora (ou dona) comum. Portanto, cada empresa membro dessa hierarquia produz um produto ou serviço diferente, fazendo com que a combinação dos diversos produtos (e/ou serviços) satisfaçam a necessidade de determinado grupo de clientes.

Portanto, quatro dimensões definem os movimentos de integração vertical:[4]

- **Estágio**: número de estágios da cadeia de valor em que a empresa participa como produtora.
- **Amplitude**: número de processos produtivos desempenhados pela empresa em determinado estágio da cadeia de valor.

- **Grau**: proporção que a empresa utiliza de insumos (ou *inputs*) originários de sua própria produção em outro estágio da cadeia de valor.
- **Forma**: vínculo de propriedade exercido nas integrações verticais, quer seja constituído por relações contratuais, propriedade compartilhada ou exclusiva.

No Brasil, um exemplo desse tipo de estratégia de integração vertical foi a criação das marcas próprias da rede de supermercados Pão de Açúcar: (i) TAEQ, associada ao bem-estar e alimentação saudável; e (ii) Qualitá, associada a diversos produtos de limpeza e alimentícios.

Outro caso típico de integração vertical na área de serviços é a que ocorreu com a criação de hospitais próprios do plano de saúde AMIL. No Brasil, há alguns exemplos de arrendamento de hospitais por parte de empresas de planos de saúde para que elas possam oferecer serviços de internação aos seus clientes. Há também o caso de arrendamento de áreas em hospitais por grandes redes de laboratórios clínicos (Figura 6.2).[5]

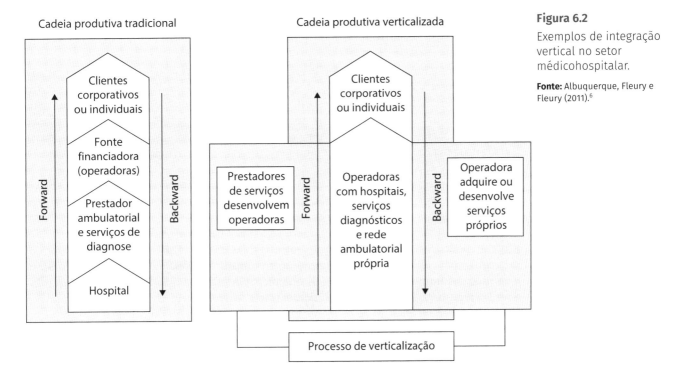

**Figura 6.2**
Exemplos de integração vertical no setor médicohospitalar.

**Fonte:** Albuquerque, Fleury e Fleury (2011).[6]

Pela Figura 6.1, pode-se verificar que as operadoras de planos de saúde podem integrar verticalmente com a aquisição ou arrendamento de hospitais, ou aumentar os serviços oferecidos no ambiente hospitalar se integrando com redes de laboratórios clínicos. Os benefícios obtidos pelas operadoras de saúde em processos de verticalização incluem o aprimoramento no controle dos custos de produção e a garantia (ou melhoria) da qualidade dos serviços prestados, além do incremento da economia de escala.

De uma forma geral, empresas que realizam uma integração vertical estão buscando economias de escala, de escopo e de custos de transação (para entender mais esses conceitos, ver o Capítulo 11), além da apropriação de recursos estratégicos, empreender uma estratégia de combate à concorrência.[7] Já a lógica de integração vertical, separando a decisão para trás na cadeia de valor (montante) da decisão para frente (jusante), pode ser visto no Quadro 6.1.

## 6.3 FUSÕES E AQUISIÇÕES

Já as fusões e aquisições, em geral, são tratadas pela literatura de forma conjunta. Como seu nome diz, trata-se de um movimento de consolidação de determinado setor da economia, fazendo com que algumas empresas comprem outras ou apenas se "fundam", realizando uma troca de ações.

**Quadro 6.1**

Quais as razões para a integração vertical?

| Integração para trás (montante) pode levar a: | Integração para a frente (jusante) pode levar a: |
| --- | --- |
| • Posição de melhor custo<br>• Garantir fornecimento de matéria-prima<br>• Maior independência<br>• Maior eficiência<br>• Melhoria na capacidade de abastecimento<br>• [...] | • Melhor acesso a diferentes segmentos de mercado<br>• Maior controle sobre a cadeia de valor da indústria<br>• Melhor captura de valor<br>• Maior independência da competição<br>• [...] |

No Brasil, por exemplo, no setor de bebidas, presenciamos alguns movimentos nesse sentido, como a cervejaria multinacional japonesa Kirin comprando a cervejaria paulista Schincariol, criando a Brasil Kirin. Outro exemplo de aquisição no ramo de bebidas não alcoólicas foi o da Coca-Cola Company ao adquirir a empresa mexicana Sucos Del Valle e a fabricante brasileira Matte Leão, encorpando seu portfólio de produtos para além dos refrigerantes (bebidas carbonatadas).

Os motivos para ocorrer esse movimento estratégico incluem a obtenção de sinergias operacionais na produção, no marketing, na gestão de portfólio de produtos, na cadeia produtiva ou na distribuição desses produtos e serviços.[8] As fusões e aquisições podem ser mecanismos comumente utilizados por empresas estrangeiras como estratégia de entrada em um novo mercado. Elas também se constituem em um possível modo de consolidação de uma posição privilegiada no mercado, por parte de duas grandes corporações, usufruindo de sinergias e características (ou ativos) complementares.

Muitas empresas também se fundem visando à obtenção de sinergias financeiras, como a redução de riscos a partir da diversificação[9] e do acesso a condições de crédito mais favoráveis.[10] E os montantes desses tipos de operação são crescentes.[11]

Para obter sinergias, uma empresa deve selecionar bem o alvo de fusão. Na realidade, o processo pode levar anos de negociação entre as duas empresas, até se chegar nos termos do negócio. Depois, ainda necessita de aprovação dos órgãos de defesa da concorrência. No Brasil, o Conselho Administrativo de Defesa Econômica (CADE) é o órgão regulador que controla e autoriza as fusões e aquisições, sendo uma autarquia federal, vinculada ao Ministério da Justiça, com sede e foro no Distrito Federal, que exerce, em todo o Território nacional, as atribuições dadas pela lei que regulamenta estes movimentos estratégicos (Lei nº 12.529/2011).[12]

O órgão ainda possui a "missão de zelar pela livre concorrência no mercado, sendo a entidade responsável, no âmbito do Poder Executivo, não só por investigar e decidir, em última instância, sobre a matéria concorrencial, como também fomentar e disseminar a cultura da livre concorrência".[13] Vale ser ressaltado que, no Brasil, a lei antitruste de 2011 regula os atos de concentração econômica configurados quando um ou mais agentes econômicos se incorporam ou quando adquirem (por via direta ou indireta) o controle de outra organização. A fusão ou contrato associativo, consórcios ou *joint ventures* são formas de concentração do poder econômico também fiscalizadas pelo CADE.

Dependendo do tipo de fusão e de seu motivo, a empresa adquirente deve decidir sobre uma estratégia a ser implementada. Essa estratégia determina em que medida os vários sistemas das duas empresas serão combinados e o grau que os funcionários das empresas irão interagir entre si. Portanto, um ponto importante a ser considerado nos processos de fusão ou de aquisição é o entrosamento entre as diferentes equipes, o qual estará sujeito às diferentes culturas empresariais (tema já discutido no Capítulo 4).

Shrivastava[14] identificou três níveis diferentes de integração em processos de fusão e aquisição: (i) processual, (ii) físico e (iii) gerencial e sociocultural. O último tipo de integração é talvez o mais complexo, exigindo a interação entre os funcionários das duas empresas. E o ambiente que, em geral, sofre maior mudança é o da organização adquirida.

Vale também mencionar que há, basicamente, dois tipos de fusão: as relacionadas, quando as empresas são do mesmo ramo de atividades, e as não relacionadas, quando não há relação entre as atividades.

CAPÍTULO 6 | Escolha estratégica **103**

Em fusões relacionadas, é mais provável que o adquirente imponha sua própria cultura e suas práticas administrativas e de negócios à empresa adquirida,[15] iniciando, assim, uma ampla interação entre os funcionários das duas empresas. No Brasil, um exemplo seria a fusão dos bancos Itaú e Unibanco, ou das cervejarias Brahma e Antarctica constituindo a Ambev. Nesses casos, dado que o adquirente se considera bem informado sobre determinada indústria ou produto, ele pode perceber a necessidade de reduzir a duplicação de processos e áreas, almejando o atingimento de uma economia de escala.[16]

A literatura de estratégia aponta para vários casos de choques de cultura empresarial (ver Capítulo 4 deste livro), portanto, esse fenômeno precisa ser bem conduzido para não causar o insucesso da operação. Em geral, não é muito fácil alcançar sinergias operacionais.[17] Problemas diversos podem ocorrer, tais como diferenças de estilos gerenciais entre as empresas,[18] a resistência dos membros de ambas as organizações às mudanças de estrutura e possíveis demissões.

Já as fusões não relacionadas, cujo objetivo é a de obtenção apenas de sinergias financeiras, exigiria pouca ou nenhuma integração das operações das duas empresas[19] e um contato mínimo entre seus funcionários. Portanto, à medida que o grau de relação diminui (por exemplo, no caso de fusões verticais), os gerentes podem estar menos dispostos a intervir no negócio da unidade adquirida.[20] Neste caso, o adquirente pode impor mudanças apenas nos sistemas de controle financeiro da unidade adquirida.[21] Um exemplo de fusões não relacionadas pode vir do conglomerado de luxo LVMH, resultante da fusão entre a Louis Vuitton (marca de roupas, acessórios e demais artigos de luxo) e a Möet & Chandon (vinícola produtora de *champagne* e espumantes de alta qualidade).

## 6.4 GRANDES FUSÕES E AQUISIÇÕES BRASILEIRAS

No Brasil, entre os anos de 2011 a 2014, uma média de 170 operações de fusões e aquisições foram realizadas por ano, segundo a Associação Brasileira das Entidades dos Mercados Financeiro e de Capitais (Anbima),[22] somando montantes na casa das centenas de bilhões de reais. Os três setores líderes nos últimos anos, em fusões e aquisições, foram o setor de petróleo e gás, influenciado pela venda de ativos da Petrobras, o setor de energia e o setor financeiro, embora tenham sido registradas operações consideráveis nos setores de assistência médica, produtos farmacêuticos e agronegócio.

Exemplos recentes e emblemáticos de operações de fusões e aquisições no Brasil envolvendo diversos setores da economia são: em companhias aéreas, a GOL e a Varig; na área de combustíveis, a Shell e a Cosan, dando origem à Raízen; no varejo, o Pão de Açúcar e as Casas Bahia; na área de papel e celulose, a Votorantim Papel e Celulose com a Aracruz Celulose, formando a Fibria; a aquisição da empresa de chocolates Garoto pela suíça Nestlé; além dos já citados na seção anterior. A seguir, são destacados os casos brasileiros de três grandes operações: a dos bancos Itaú e Unibanco, da Sadia e Perdigão e, por fim, das cervejarias Brahma e Antarctica.

### MINICASOS PARA DISCUSSÃO

#### Bancos ITAÚ e UNIBANCO

A fusão entre Itaú e Unibanco aconteceu em 2008, sendo resultado de uma "grande identidade de valores e visões convergentes de futuro", conforme discurso da corporação. Vale ressaltar que, desde 2006, o mercado financeiro mundial estava vivendo a dita "crise das subprimes", que levou à falência do banco norte-americano Lehman Brothers, em setembro de 2008. No Brasil, também circulavam boatos de uma quebradeira generalizada, o que o presidente Lula apelidou de "marolinha", ao comparar o verdadeiro "tsunami" que acometia os mercados financeiros do exterior, com o cenário de maior estabilidade do Brasil.[23]

E foi em meio a esse cenário em ebulição, no qual se configurou a aproximação do Itaú e Unibanco, levando a termo as conversas sobre a fusão dos dois bancos. Ambas as empresas já tinham ensaiado uma parceria vislumbrada pela antiga geração de suas lideranças – o embaixador Walther Moreira Salles (Unibanco) e o engenheiro Olavo Setúbal (Itaú). Quando decidiram pela fusão, ocorreram várias reuniões discretas e informais entre seus presidentes, para não levantar suspeitas. As empresas promoveram também diversas discussões entre os acionistas, para se buscar um alinhamento do que eles queriam como organização.

## 104 ADMINISTRAÇÃO ESTRATÉGICA

Foi necessário um "casamento" de valores para fazer com que o discurso da criação de uma cultura organizacional única fosse efetivamente posta em prática. A nova cultura, com foco na meritocracia e eficiência, gradativamente levou ao surgimento da nova empresa.[24]

Roberto Setúbal (do Itaú) atribui diferenças fundamentais entre uma fusão e uma aquisição, enfatizando que a primeira exige muito mais maturidade das partes envolvidas para ser bem-sucedida: "Numa aquisição você compra e passa a ser dono daquilo. Em uma fusão, você precisa estar muito mais aberto, porque é preciso partilhar [...]. Meu pai teve essa característica, ele sempre esteve muito aberto para dividir o poder com o intuito de construir. Ou seja, era mais importante para ele crescer do que manter o poder em suas mãos. Ele era o homem da construção, motivado pelo crescimento e fortalecimento da companhia. Não pensava só nele. Enquanto nas aquisições quem compra prevalece sobre quem foi comprado, nas fusões os dois lados vão continuar a conviver, é como um casamento, então, tudo precisa ser equilibrado e justo, para que os sócios continuem felizes. Essa não foi só uma característica de nosso procedimento em 2008, mas é parte da cultura do banco, que passou por várias fusões e aquisições".[25]

A expansão e a onda de fusões e aquisições continuaram. Em 2013, o Itaú Unibanco comprou a Credicard, envolvendo ativos de cerca de R$ 8 bilhões.[26]

## QUESTÕES PARA DISCUSSÃO

1. Quais os fatores que motivaram a fusão dos dois bancos? Haveria outros elementos que não estão apresentados no texto que seriam responsáveis por essa decisão?

2. Quais foram as consequências operacionais derivadas da fusão (agências, departamentos, atendimento aos correntistas)?

3. Trace um perfil de características de cada instituição envolvida na fusão e identifique o que prevaleceu em termos de elementos da cultura, estrutura de agências, tecnologia e capital humano.

### Empresas alimentícias SADIA E PERDIGÃO

Em 2011, após mais dois anos de discussão, o Conselho Administrativo de Defesa Econômica (CADE) aprovou a fusão das empresas Sadia e Perdigão, criando a gigante do setor de alimentos Brasil Foods (BRF), uma das maiores no ramo de carnes e alimentos processados do mundo.

Na realidade, as tentativas de associação entre as duas empresas, que surgiram entre as décadas de 1930 e 1940, foram frustradas em duas ocasiões: em 2002, na tentativa de criar uma grande empresa exportadora conjunta, e em 2006, quando se deu a rejeição da oferta realizada pela Sadia por parte da Perdigão.[27]

Uma situação que impulsionou essa fusão foi o prejuízo de R$ 2,484 bilhões em 2008 que a Sadia teve com as operações de derivativos cambiais (que tem por objetivo proteger as exportações das companhias contra desvalorização excessiva do dólar). Na ocasião, a empresa comprou um volume de derivativos bem superior às suas necessidades operacionais, pois o instrumento vinha gerando ganhos financeiros em um cenário de dólar baixo. Ao eclodir a crise de 2008, a moeda norte-americana disparou e a empresa amargou um gigantesco rombo financeiro.

No entanto, algumas restrições foram aplicadas à operação de fusão, sendo condicionada a eliminação da marca Perdigão por três ou cinco anos, dependendo do segmento, exclusivamente no mercado interno, e a proibição de criação de novas marcas por parte da sociedade resultante da fusão. Como previsto pelos analistas, a eliminação da marca *premium* (Perdigão) abriu espaço para o crescimento ou criação de marcas menores no mercado.[28] Nesta fusão, buscou-se preservar a capacidade de exportação sem deixar de lado a proteção do consumidor brasileiro e as garantias de competitividade nos distintos mercados nacionais.

A empresa tornou-se um dos ditos "campeões nacionais" – política do governo Lula para estabelecimento de grandes conglomerados industriais que fossem competitivos em escala global. Assim, já no início de sua operação, a BRF registrou um lucro líquido de 23 bilhões de reais (13,073 bilhões de dólares ao câmbio médio de 2010), sendo uma das maiores exportadoras do mundo no setor de aves, contando com 113.000 empregados no Brasil. A soma das operações de Sadia e Perdigão configurou o domínio de 57% do mercado brasileiro de carnes industrializadas, 69% dos congelados de carne, 78% das pizzas congeladas e 82% das massas prontas.[29]

## QUESTÕES PARA DISCUSSÃO

1. Quais os fatores que motivaram a fusão das duas empresas? Cite as razões declaradas e as não declaradas, incluindo elementos que não estão no texto.

2. Quais foram as consequências operacionais da fusão (em termos de definição de portfólio de produtos e estratégia de exportação)? Quais foram as perdas (ou ganhos) para os consumidores brasileiros? E, no ambiente competitivo, alguma outra empresa emergiu nesse cenário?

# Companhias de Bebidas BRAHMA e ANTARCTICA

A Companhia Cervejaria Brahma (Brahma), em fusão com a Companhia Antarctica Paulista Indústria Brasileira de Bebidas e Conexos (Antarctica), duas das mais antigas cervejarias do País, tendo sido fundadas, respectivamente, em 1888 e 1885, consolidaram-se com a criação da Companhia de Bebidas das Américas (Ambev), em 1º de julho de 1999, sendo um marco da expansão de mercado das maiores cervejarias brasileiras.[30]

Na realidade, a Brahma já estava em processo de expansão agressiva na América Latina na gestão de Jorge Paulo Lehman, expoente do capitalismo nacional. Em 1997, a empresa adquiriu os direitos exclusivos para fabricar, vender e distribuir os refrigerantes da Pepsi no Nordeste, e, posteriormente, em todo País.

De qualquer forma, o cenário anterior à fusão era de um mercado estagnado, com possível entrada de concorrentes com atuação global, levando tanto a Antarctica quanto a Brahma a se associarem a empresas estrangeiras. A Antarctica, por um lado, associou-se à Anheuser-Busch, detentora da marca Budweiser, na época a maior cervejaria do mundo, a qual adquiriu 5% de suas ações. O contrato firmado estabelecia a ampliação desta participação para 10% até julho de 1999 e 30% até 2002. No caso da Brahma, foi firmado apenas um contrato de parceria de distribuição da marca Miller (à época, de propriedade do grupo Philip Morris). Já o cenário interno brasileiro, no caso dos refrigerantes, também travava uma guerra de preços, sobretudo pela agressividade das marcas populares – Tubaína – e com o advento das embalagens PET.[31]

Os dados da Brahma e da Antárctica antes da fusão (1999) refletem também semelhanças em alguns pontos, e diferenças em sua eficiência operacional, assim como em sua cultura empresarial (tradicional, no caso da Antarctica, e agressiva e moderna, no caso da Brahma), conforme aponta o Quadro 6.2:

**Quadro 6.2**   Desempenho das cervejarias antes da fusão (1999)

| Brahma | Antarctica |
|---|---|
| • 48,9% de participação no mercado de cerveja | • 23,4% de participação no mercado de cerveja |
| • 9,5% de participação no mercado de refrigerantes | • 10,6% de participação no mercado de refrigerantes |
| • 8.700 hectolitros/empregado | • 3.700 hectolitros/empregado |
| • 10.700 empregados | • 7.800 empregados |
| • 358 distribuidores | • 400 distribuidores |
| • + de 1 milhão de pontos de venda | • 1 milhão de pontos de venda |
| • 90 milhões hectolitros de capacidade | • 55 milhões hectolitros de capacidade |
| • 20 plantas industriais | • 25 plantas industriais |

**Fonte**: Adaptado pelos autores a partir de Camargos e Barbosa (2001).[32]

Recentemente, a empresa realizou suas maiores operações, conquistando o controle da cervejaria norte-americana Anheuser-Busch (detentora da marca Budweiser) e da belga Stella Artois, configurando uma empresa brasileira de bebidas de escala global.[33]

## QUESTÕES PARA DISCUSSÃO

1. Qual foi o resultado em termos de participação de mercado para a nova empresa formada? Qual o poder de barganha conquistado pela cervejaria perante seus clientes (varejistas, bares, restaurantes) e como isso se refletiu em práticas de mercado?

2. Quais foram as consequências operacionais da fusão (em termos de definição de portfólio de produtos e estratégia de internacionalização, equipes de vendas etc.)? Quais foram as perdas (ou ganhos) para os consumidores brasileiros?

3. Dado o surgimento de um mercado emergente de cervejas especiais e de microcervejarias, como a Ambev se posicionou perante os novos entrantes?

## 6.5   ALIANÇAS ESTRATÉGICAS E *JOINT VENTURES* (JV)

Alianças estratégicas podem surgir por diversas maneiras. A globalização tem sido um dos principais fatores impulsionadores das alianças estratégicas ao exigir a presença das empresas nas diversas regiões e mercados-chave.[34]

A entrada em novos mercados leva à exigência de eficiência e produtividade, redução dos custos, melhoria da qualidade dos produtos, investimentos na qualificação dos funcionários e desenvolvimento de novas tecnologias. No entanto, muitas vezes, a forma menos onerosa e que permite a rápida expansão de mercados, para a maioria das empresas, pode ser a da formação de alianças estratégicas. As alianças estratégicas são acordos nos quais se configura um compromisso de dois ou mais parceiros, em alcançarem determinado objetivo comum, unindo seus recursos e capacidades, por meio da coordenação de atividades.[35] Elas podem envolver participação acionária, como as *joint ventures*, ou não. No segundo caso, são baseadas apenas em contratos entre os parceiros.[36]

No Brasil, diversos exemplos podem ser citados, tais como: as alianças comerciais de distribuição de produtos estrangeiros (tanto por parte da Brahma como no caso da Antarctica), antes da criação da Ambev, o processo de privatização com entrada maciça de investimentos estrangeiros no País e as parcerias público-privadas.[37]

Uma das formas mais comum de alianças estratégicas (ou talvez das mais estruturadas) é a chamada *joint venture* (JV), entidade de negócios criada por duas ou mais partes, geralmente caracterizada pela propriedade compartilhada, assim como retornos e riscos e governança também compartilhados.[38] As empresas tipicamente buscam *joint ventures* por uma das quatro razões: para acessar um novo mercado (particularmente, mercados emergentes ou de difícil acesso em função da língua, cultura ou regulamentação); obter eficiências de escala combinando ativos e operações (sendo que as estruturas redundantes são eliminadas); compartilhar risco para grandes investimentos ou projetos (no caso, por exemplo, de grandes obras de construção civil ou do desenvolvimento de aeronaves ou espaçonaves); ou para acessar habilidades e capacidades específicas de ambas as partes. Em geral, as JV são mais apropriadas: (i) quando se concentram na combinação de recursos complementares (por exemplo, produtos ou acesso a mercados) e compartilhamento de riscos; (ii) em fusão de negócios em que uma transação de fusão não é possível; (iii) quando a entrada solo em determinado mercado é muito arriscada ou lenta; e (iv) quando os acordos contratuais mais simples não são suficientes.

No geral, o processo de JV segue uma sequência de etapas:

- A definição da estratégia de negócios, comparando-se a abordagem da JV com fusão e aquisição, ou apenas uma aliança contratual ou parceria de operação.
- Seleção de parceiros.
- Desenvolvimento do conceito de negócio da JV.
- Negociação de termos e condições detalhadas.
- Planejamento e lançamento da JV para o mercado.
- Evolução ou encerramento da JV.

São exemplos de situações possíveis geradoras de *joint ventures*: (i) quando um investidor estrangeiro compra participação (%) de uma empresa local; (ii) quando uma empresa local adquire participação de uma empresa estrangeira existente; (iii) quando ambas as empresas são estrangeiras ou locais, e formam em conjunto uma nova empresa; e (iv) quando há uma junção de empresas de capital público com privado.

---

**MINICASO**

### Aliança estratégica da Cosan e Shell no mercado de biocombustíveis

A Raízen é uma *joint venture* formada a partir da união de parte dos negócios da Shell (multinacional de petróleo) e da Cosan (grupo brasileiro produtor de etanol e açúcar), em 2011. A marca nasceu com valor de mercado estimado em torno de US$ 12 bilhões e faturamento anual de R$ 50 bilhões. Dessa maneira, todas as unidades da Cosan responsáveis pelas atividades de produção de açúcar e etanol e cogeração de energia foram integradas aos postos e operações da Shell no Brasil, sendo que a nova empresa assumiu as operações de distribuição e comercialização de combustíveis, tornando-se a licenciada da marca Shell no País.

Vale ressaltar que, em 2011, haviam cinco grandes grupos produtores e distribuidores de álcool que dominavam o mercado no Brasil: Cosan, Louis Dreyfus, Tereos Petrobras, ETH e Bunge. Havia, também, no País os grandes grupos distribuidores de petróleo e derivados, como Esso, Shell, BR e Ipiranga, além de outros grupos regionais.

Assim, por meio da aliança entre Cosan e Shell no mercado de combustíveis brasileiros, ocorreram grandes desafios decorrentes do compartilhamento de competências essenciais entre a multinacional holandesa (e sua subsidiária brasileira) com a empresa local.

Uma vez formada essa aliança, esperava-se que as competências fossem compartilhadas e novas capacidades expandissem os limites da firma. No entanto, sabe-se que a Raízen, formada com base em incentivos econômicos, e visando à melhoria dos recursos internos que aumentassem a presença da empresa no setor de energia mundial, teve alguns desafios relacionados com o controle e o monitoramento dos agentes de mudança. Como vimos no caso das diversas fusões ocorridas no mercado brasileiro, a empresa Raízen, por ser composta por duas partes com culturas organizacionais, conhecimentos tácitos e incentivos de longo prazo distintos, também enfrentou os mesmos problemas.

A solução buscada foi a realização de um arranjo híbrido como forma alternativa de organizar as transações entre firmas: nem mercado nem hierarquia, mas sim uma forma mais flexível de arranjo com uma autoridade central. Formou-se, assim, um organismo com dependência bilateral, oferecendo condições favoráveis para desenvolver capacidades dinâmicas. Entretanto, essas condições dependem dos interesses de longo prazo de cada participante da aliança estratégica.

**Fonte**: Almeida e Machado Filho (2013)[39] e G1 (2010).[40]

### QUESTÕES PARA DISCUSSÃO

1. Discuta sobre possíveis desafios enfrentados pelas equipes gerenciais e diretivas de ambas empresas no dia a dia da operação da Raízen.

2. Discuta de que forma podem ser equalizadas essas divergências entre equipes. Cite pelo menos três processos ou medidas a serem implementadas para minimizar os problemas.

## 6.6 ORGANIZAÇÃO EM *CLUSTER*, OU ARRANJOS PRODUTIVOS LOCAIS (APL)

A ideia de *clusters*, ou aglomerações de empresas, está intrinsicamente associada ao conceito de competitividade, principalmente a partir do início dos anos 1990. O conceito de aglomeração de empresas surgiu a partir das cadeias de fornecimento ao redor de empresas "âncora", derivadas das experiências japonesas e italianas.[41]

As redes emergem como elementos-chave para a formação desses arranjos interorganizacionais.[42] A abordagem das redes pressupõe a interdependência das firmas e complementariedade de recursos e capacidades; objetivos compartilhados; a cooperação interfirmas; a coordenação das atividades econômicas dos atores para o alcance de objetivos comuns; as alianças estratégicas; e os contratos formais e informais como sinônimo dessa coordenação.[43]

Ao se inserirem dentro de uma *cluster*, as empresas passam a participar de um círculo virtuoso que inclui fornecedores especializados, qualificação e pesquisa, além da possibilidade de usufruir de infraestrutura e proximidade das instituições públicas. Em geral, o ambiente de *cluster* também propicia às empresas que fazem parte dele, obterem uma produtividade superior comparativamente àquelas que atuam isoladamente. São fatores que levam a essa superioridade, o acesso a insumos por preços mais competitivos, a mão de obra qualificada, as informações e apoio das instituições para a alavancagem da produtividade.[44]

Ao favorecerem o intercâmbio de ideias, de ações e o surgimento de parcerias para realização de negócios, ocorre o fenômeno da especialização produtiva, em razão da complementaridade entre as empresas. Isto também pode vir a estimular a constituição de novas empresas que venham a suprir lacunas da cadeia produtiva, ou de necessidades ainda não atendidas, e por vezes, apoiada por diversas instituições que compõem este "ecossistema".[45]

A disseminação de informações, a difusão dos conhecimentos e a capacitação das pessoas também alavanca a possibilidade de inovação dentro de um *cluster*. Estes elementos podem gerar maior clareza de tendências e necessidades dos compradores, o que também propicia a possibilidade de realização de pesquisas a menores custos. Outro ganho refere-se também a uma maior velocidade de implementação de inovações, se comparada aos competidores que estejam isolados deste ambiente profícuo.[46]

Uma das formas de configuração em rede mais presente na literatura brasileira, e que pode ser encarada como sinônimo de *cluster*, é o arranjo produtivo local (APL). Os arranjos produtivos locais (APL) são aglomerações de empresas, situadas em uma mesma região, com especialização produtiva. Essas empresas mantêm uma articulação entre si que gera interação, cooperação e aprendizado. Esta interação acontece também com diversas outras instituições, como governo, associações empresariais, instituições de crédito, ensino e pesquisa. Em síntese, os APL apresentam como características diversas dimensões, sendo elas:[47]

a) **Concentração geográfica:** indica que as diversas organizações formadoras do APL estão localizadas em certa área onde também ocorre sua interação.

b) **Diversidade de atores e de suas atividades:** o que faz com que um arranjo produtivo não seja composto apenas por empresas e empresários, mas também pelas entidades do governo, sindicatos, instituições de ensino, pesquisa e desenvolvimento, ONGs, instituições financeiras e de apoio.

c) **Conhecimento tácito e aprendizados interativos:** adquirido por meio das interações entre atores do APL.

d) **Inovações:** geradas pela transmissão de tecnologias e conhecimentos.

e) **Governança:** instituída pelas lideranças do APL, geralmente exercida por empresários, sindicatos e associações.

O termo arranjo produtivo local (APL) foi incorporado por diversas agências de políticas públicas e privadas encarregadas de promover o desenvolvimento da produção de bens e serviços, atuando no âmbito nacional e local. Isto contribuiu ainda mais para sua difusão e popularização, assim como para identificar os APL e aglomerações em todo o País.

No Brasil, existem diversos exemplos de APL, tanto no setor agropecuário quanto na indústria. Podemos citar os polos de produção de móveis e calçados (no sul do Brasil), de frutas tropicais (no vale do São Francisco e no Ceará) e de café (no sul de Minas e do Cerrado mineiro). Outra região industrial, embora não classificada estritamente como APL, se situa no interior de São Paulo, nas regiões do ABC Paulista e Campinas, apresentando uma concentração de fornecedores de autopeças que gravitam em torno das grandes montadoras de veículos.

O APL calçadista do Rio Grande do Sul, de onde surgiram empresas como Grendene, Azaleia e Vulcabras, por exemplo, foi outrora uma região altamente articulada para exportação. Recentemente, vem perdendo espaço para os fabricantes chineses. Esta alteração da dinâmica do mercado externo impulsionou o município de Farroupilha (RS), um reconhecido polo produtor de calçados masculinos fabricados em couro, a iniciar um processo de mudança de foco de mercado e de tipo de matéria-prima. Desde 2006, este fabricante está se voltando para produtos direcionados ao mercado feminino, segmento bem mais promissor. Já a matéria-prima natural vem sendo gradativamente substituída pelos sintéticos, os quais geram redução de custos e melhor aproveitamento da matéria-prima.[48]

Outro exemplo bem articulado é o polo moveleiro gaúcho, que conta com fábricas de marcas conhecidas como Florense, Todeschini, Sierra Móveis, dentre outras. Segundo a Movergs,[49] o estado é o líder nacional no segmento, possuindo 2.750 indústrias, que correspondem a 18,4% do total de móveis fabricados no País e 31,1% das exportações. Em 2015, ainda segundo a Movergs,[50] as indústrias do setor contabilizaram 85,3 milhões de peças, faturando R$ 6,73 bilhões, cujas exportações totalizaram US$ 183 milhões, sendo responsáveis pela geração de mais de 35 mil postos de trabalho.

Um importante mapeamento dos APL de todo Brasil foi realizado pelo BNDES,[51] e uma lista completa de APL e *clusters* brasileiros pode ser encontrada no portal do Observatório Brasileiro de APL (<http://portalapl.ibict.br/>).

Economias bem estruturadas com arranjos produtivos locais (APL) e coordenação de fornecedores, indústrias e terminais logísticos podem também constituir grandes zonas exportadoras. São exemplos desta condição, as regiões vinícolas do Chile, o setor automobilístico do norte da Itália, ou a região produtora de plásticos e eletrônicos nas cidades litorâneas chinesas. No Brasil, a influência de políticas nacionais e de incentivos também proporcionou a formação de algumas regiões exportadoras. Além dos APL antes citados, tipicamente exportadores, temos também como exemplo o *cluster* automotivo sul fluminense (que reúne as empresas Nissan, PSA Peugeot Citroën, Jaguar Land Rover, MAN – Volkswagen Caminhões, Hyundai Heavy Industries e toda uma rede de fornecedores). Por isso, vamos falar de internacionalização como uma estratégia de crescimento.

---

**MINICASO**

### APL do café na região do Cerrado mineiro

A cafeicultura da região do Cerrado mineiro ocupa atualmente 170 mil hectares, distribuídos em 55 municípios, envolvendo aproximadamente 4.500 propriedades administradas por 3.500 cafeicultores. A produção total anual na área delimitada como região do Cerrado mineiro é de 5 milhões de sacas de café de 60 kg, sendo que 60% desta é pontuada acima de 75 pontos na metodologia Specialty Coffee Association of America (SCAA), o que garante uma bebida de elevada qualidade.

**Figura 6.3** Localização da região do Cerrado mineiro.
**Fonte:** RCM (2018).[52]

Além de um arranjo produtivo local (APL), a região do Cerrado mineiro é uma Indicação Geográfica (IG) reconhecida como produtora de cafés diferenciados. Historicamente, a região atraiu cafeicultores, migrantes do norte do Paraná, que buscavam na topografia plana, na altitude e no clima seco na época da colheita um local ideal para o cultivo mecanizado de um café de qualidade. Ademais, os produtores da região conseguiram elevados ganhos de produtividade, com o uso da tecnologia de irrigação e a forte adubação dos solos mais pobres. Também procuraram manter os custos sob controle, com administração empresarial e elevada escala produtiva.

Por suas condições edafoclimáticas, o café da região do Cerrado mineiro apresenta atributos sensoriais considerados apropriados para o café expresso. São eles:

- Aroma: intenso, com notas entre caramelo e nozes.
- Acidez: delicada acidez cítrica (laranja).
- Corpo: entre moderado e encorpado.
- Sabor: adocicado com predominância do achocolatado.
- Finalização: longa.

Como consequência, a região situada entre o Triângulo Mineiro, Alta Paranaíba e o noroeste de Minas Gerais foi demarcada, em 2013, com a Denominação de Origem (DOC), emitida pelo Instituto Nacional de Propriedade Industrial (INPI).

Em síntese, a Denominação de Origem está relacionada com os recursos naturais, locais, pessoais, culturais inerentes na região do Cerrado mineiro:

- As condições edafoclimáticas da região do Cerrado mineiro, que imprimem características organolépticas únicas ao café da região.
- A localização geográfica, que permite a produção de um café de alta qualidade e em condições competitivas de custo de produção.
- A capacidade pessoal empreendedora dos produtores, que adotaram o café como oportunidade de negócio.
- A cultura do associativismo e cooperativismo presente entre os cafeicultores da região.

A região do Cerrado mineiro **é governada e gerida pela Federação dos Cafeicultores do** Cerrado Mineiro, uma entidade representativa e colaborativa de nove cooperativas, sete associações e uma fundação.

**Figura 6.4** Governança do APL da região do Cerrado mineiro.
**Fonte:** Conejero e César (2017).[53]

As cooperativas representam o braço de comercialização e de diferenciação do café da região no mercado. Com o papel de orientação comercial aos cafeicultores, as cooperativas trabalham com a revenda de insumos agrícolas e os serviços de armazenagem, beneficiamento e comercialização de café.

As associações são o canal puro de acesso aos produtores rurais e, por isso, representam o braço local da Federação nas distintas microrregiões componentes da região do Cerrado mineiro. O arranjo organizacional segue a lógica de uma estrutura central com filiais regionais, de maneira que a capilaridade ofereça proximidade a todos os produtores associados.

A fundação surgiu para ser o braço da Federação responsável por pesquisa e desenvolvimento (P&D), ou seja, trabalhar para o desenvolvimento da atividade cafeeira no Cerrado mineiro, por meio da difusão e ampliação do conhecimento agronômico, da investigação e introdução de tecnologias agrícolas, com respeito aos princípios da sustentabilidade. Com o tempo, porém, passou a assumir novos papéis, como a captação de recursos financeiros e gestão de parcerias institucionais, bem como os programas de capacitação e formação profissional.

Em síntese, os associados da Federação contam com os seguintes recursos estratégicos:

- A capilaridade das cooperativas ou associações e a capacidade de levar informação, produtos e serviços aos produtores da região onde quer que eles estejam.
- O acesso à matéria-prima básica de todo o sistema, que é o próprio café.
- A rede de armazenagem, beneficiamento e comercialização do café presente nas cooperativas integrantes do sistema.
- A capacidade de comercialização direta sem a intermediação de *tradings companies* ou demais corretoras.
- A capacidade de transferência de tecnologia agrícola e conhecimento agronômico para todos os produtores do sistema região do Cerrado mineiro.

**Fonte:** Conejero e César (2017).[54]

## QUESTÕES PARA DISCUSSÃO

1. Quais características apresentadas no caso garantem que a região do Cerrado mineiro possa ser considerada um APL?

2. Busque na Internet um maior entendimento sobre o que é uma Indicação Geográfica (IG), em especial do tipo Denominação de Origem. Você acredita que a busca da IG é uma boa estratégia para um APL?

## 6.7 INTERNACIONALIZAÇÃO

### 6.7.1 Dificuldades para internacionalização

As firmas nacionais carregam vantagens por operarem em mercados onde têm conhecimento da língua, práticas de negócios e, também, uma rede de relacionamentos. Em geral, elas desenvolvem recursos únicos e vantagens exclusivas em seus países de origem, mas não necessariamente essas vantagens são globais.

Por exemplo, uma firma que detém importante participação no segmento de chocolates finos no Brasil (como a Kopenhagen) não necessariamente terá vantagens em se internacionalizar, pois essas vantagens no contexto nacional poderão não ter o mesmo peso em outros cenários.

As vantagens competitivas podem ser entendidas sob a ótica da *resource based view* (RBV) de Barney,[55] conceito já discutido no Capítulo 3. A teoria postula quatro elementos: (i) o valor – se a firma está apta a explorar oportunidades e neutralizar ameaças por meio de seus recursos e capacidades; (ii) a raridade – se o controle dos recursos e capacidades estão nas mãos de relativamente poucos concorrentes; (iii) a imitabilidade – se os recursos são difíceis de imitar, e se haveria desvantagens de custos significativos para uma empresa que tente obtê-los, desenvolvê-los ou duplicá-los; e (iv) a organização – se a empresa está organizada, pronta e capaz de explorar os recursos e capacidades, capturando valor. Portanto, as vantagens competitivas presentes nos quatro elementos da RBV se manifestam também no contexto da internacionalização.

Ao entendermos os elementos da estratégia, na competição global, uma empresa estrangeira busca se internacionalizar como forma de ampliar seu mercado e aumentar seu faturamento, captando recursos em moeda forte e diluindo seu risco. Para empresas oriundas de países pequenos, como Holanda, Chile ou Israel, a exportação ou qualquer outra forma de internacionalização pode ser a única alternativa de aumento de faturamento e crescimento orgânico. No entanto, uma empresa ao se internacionalizar, pode sofrer quatro tipos de deficiências ou passivos:[56] o passivo de novidade (*newness*), da pequenez (*smallness*), da externalidade (*outsidership*) e da estranheza (*foreigness*).

Imagine uma produtora de cachaças artesanais brasileira, de alta qualidade, que busca se internacionalizar. Por ser uma empresa pequena (passivo da pequenez), enfrentaria barreiras em razão de seu porte, pois determinado cliente internacional demandaria volumes os quais ela provavelmente não conseguiria atender, já de início. Por isso, em geral, quando vemos cachaças brasileiras no exterior são das marcas Ypioca, 51, Velho Barreiro, Sagatiba, Leblon, ou de outras indústrias com estratégia de marketing e porte voltada para a exportação de seus produtos. Ainda, se qualquer uma dessas empresas, mesmo grandes indústrias, resolver entrar em um país estrangeiro, que não tenha vínculos culturais ou comerciais com o Brasil, também sofrerá alguns daqueles passivos. Por exemplo, se a Ypioca decidisse exportar para Mongólia, sofreria o passivo de novidade (por estar apresentando um produto e uma marca desconhecida ao gosto dos consumidores mongóis). Sofreria também o passivo da externalidade (por estar fora das redes comerciais) e o da estranheza (por ser uma empresa estrangeira que talvez não conheça a forma de fazer negócios no país). Assim, podemos entender a importância das missões comerciais e feiras de negócios para o desenvolvimento de relações comerciais e promoção da aproximação com novas culturas e mercados.

---

**MINICASO**

#### Apex-Brasil

A Agência Brasileira de Promoção de Exportações e Investimentos (Apex-Brasil) tem como papel o de promover produtos e serviços brasileiros no exterior, visando atrair investimentos estrangeiros para setores estratégicos da economia brasileira. Dentre os seus diversos programas de atuação, a agência organiza missões comerciais e visitas a feiras de negócios, por intermédio de ações coordenadas em determinados setores e arranjos produtivos locais.

Com o Programa Brasil Mais Produtivo,[57] a Apex-Brasil identifica empresas de pequeno e médio portes, dos setores de alimentos e bebidas, têxtil e confecção, metalomecânico e móveis, bem como suas cadeias produtivas, que fabricam produtos com potencial exportador. Dos setores selecionados, as empresas que efetuarem sua capacitação poderão integrar as ações de promoção comercial realizadas pela Apex-Brasil em diversos mercados estrangeiros.

Outro ponto relevante a ser abordado aqui é o fato de os países geralmente carregarem uma carga cultural associada à suas marcas-país. A Suíça remete à pontualidade, precisão e aos deliciosos chocolates e queijos. A Alemanha está associada à tecnologia e à eficiência mecânica. O Japão está associado à robotização, miniaturização, zero defeito.

Mas qual seria uma possível imagem associada à marca Brasil? E a seus produtos? Será que os escândalos de corrupção e o cenário de violência urbana no País causam efeitos na associação com produtos de origem brasileira, no exterior? Será que, na visão dos estrangeiros, o País vai além da excelência na realização de megaeventos de entretenimento?

Buscando distanciar-se do estereótipo de praia, futebol e samba, a Apex-Brasil idealizou um novo conceito de marca, a Brasil Beyond, baseando-se em pesquisa conduzida em 16 mercados-alvo de nossas exportações.[58]

**Figura 6.5**   Marca Brasil Beyond.
**Fonte:** Tátil (2018).[59]

A pesquisa, além de apontar uma forte associação do Brasil com o futebol e carnaval, revelou um reconhecimento bem pequeno quanto à qualidade de seus produtos e serviços. Portanto, os conceitos que sustentaram a nova marca foram criatividade, determinação, qualidade e sustentabilidade. A marca está sendo utilizada nos mais de 1.200 eventos que a instituição participa ao ano.[60]

Em termos de produtos e serviços, os "embaixadores" do País são as Havaianas, pão de queijo da Forno de Minas, o guaraná Antarctica e as centenas de churrascarias rodízio que se estabeleceram no exterior. No entanto, o povo brasileiro possui muitos talentos no *design*, arquitetura, na música e na moda, os quais, muitas vezes, são desconhecidos pelos estrangeiros. Portanto, a Apex-Brasil entende que os segmentos de negócios da economia criativa são onde o País possui diferenciais competitivos, além de, claro, o agronegócio, a biotecnologia, o setor de cosméticos e a aviação.

### QUESTÕES PARA DISCUSSÃO

1. De que forma o "sabor" ou o "atendimento simpático" ou "jeitinho" brasileiro podem ser percebidos como vantagens nos negócios brasileiros no exterior?
2. Quais as consequências operacionais da internacionalização dessas empresas brasileiras? De que forma isso pode se converter em vantagem competitiva para sua operação no Brasil? Exemplifique.
3. Que outros produtos ou serviços brasileiros teriam potencial de internacionalização?

## 6.7.2 Fatores influenciadores da internacionalização

Vamos continuar nosso debate. Por que algumas nações são mais internacionalizadas do que outras? Quais fatores levam à internacionalização de negócios? Algumas, inclusive, parecem possuir DNA moldado para internacionalização, correto? Não! Errado! Na verdade, algumas condições locais dos países podem forjar essa internacionalização, como abordado a seguir.

### SAIBA MAIS

**Adam Smith** foi um economista escocês do século XVIII, também chamado de pai da economia moderna, sendo considerado o mais importante teórico do liberalismo econômico, demonstrando que a riqueza das nações resultava da atuação de indivíduos movidos pelo seu próprio interesse (*self-interest*), promoviam o crescimento econômico e a inovação tecnológica.

Em um contexto histórico, ainda do surgimento das teorias econômicas, em 1776, Adam Smith[61], em sua obra histórica *A riqueza das nações*, já investigava por que algumas nações são mais ricas do que outras. Mais recentemente, outro economista, Michael Porter,[62] ao estudar dez importantes nações desenvolvidas de diversos continentes, identificou as características e fatores que faziam com que as empresas fossem consideradas competitivas em um cenário internacional. Segundo Porter,[63] empresas oriundas de ambientes competitivos em sua nação de origem já estariam acostumadas a realizarem "batalhas" comerciais ao se estabelecerem, portanto, ao se internacionalizarem, já teriam uma "musculatura" desenvolvida para enfrentarem novas batalhas.

> **SAIBA MAIS**
>
> **Michael Porter** é professor da Harvard Business School, com atuação nas áreas de Estratégia (Administração e Economia), tendo sido consultor de estratégia de diversas empresas norte-americanas e internacionais, com um papel ativo na elaboração de conceitos, como a análise de indústrias em torno das cinco forças competitivas e das três fontes genéricas de vantagem competitiva: diferenciação, baixo custo e enfoque em mercado específico.

Nesse sentido, para Porter,[64] conforme visto no Capítulo 2, quatro fatores determinantes formariam, mediante sua interação, um "diamante", o que inclui: condições de fatores produção (como recursos naturais, conhecimentos técnicos, científicos e mão de obra qualificada), condições de demanda, indústrias correlatas e de suporte, e a estrutura e rivalidade entre as empresas. O "diamante" também sofreria influências de ações governamentais e do acaso. Assim, não haveria um conjunto único de condições nacionais favoráveis a todas as indústrias. A Figura 6.6 apresenta o modelo do "diamante".

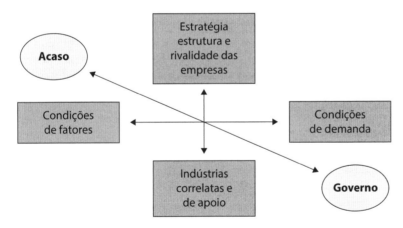

**Figura 6.6** Diamante de Porter.
**Fonte:** Adaptada de Porter (1993).[65]

Ora, vamos entender melhor como se daria cada um desses fatores no contexto da internacionalização.

### Condições de fatores de produção

Vantagens competitivas podem surgir de fatores de produção altamente especializados, ou com qualidade superior, e de extrema significância para as indústrias. A abundância de determinados fatores de produção ou seu baixo preço podem refletir também na sua qualificação ou especialização.

Em um cenário internacional, é fácil perceber as diferenças de países que são abundantes em matérias-primas e mão de obra não especializada (países da América Latina, países africanos e asiáticos), dos que têm outros tipos de fatores como principal diferencial, como os recursos de conhecimento, infraestrutura e de capital (Japão, Alemanha, Singapura ou China).

A indústria da cana-de-açúcar no Brasil e seus derivados (como o açúcar, etanol, bioeletricidade e outros bioprodutos) seria um ótimo exemplo de competitividade em função dos fatores de produção. A disponibilidade de terra, condições de solo e clima adequados, *know-how* do processo produtivo e tecnologia acessível, como variedades de cana, leveduras, enzimas e máquinas para colheita e processamento, dão ao Brasil uma condição de superioridade perante os demais produtores mundiais.

### Condições de demanda

Ao pensarmos na indústria de alimentos sofisticados e *gourmet*, a França se destaca no mundo, em face de seu exigente público interno e da consolidação de *expertise* em gastronomia. Os Estados Unidos e Japão, por exemplo, tem evidência no mercado automobilístico, ou em produtos de tecnologia. Nesses contextos, as empresas progridem e alcançam a diferenciação dos produtos e serviços ao se distanciarem da imitação. Portanto, o mercado interno impulsiona a competitividade das empresas; que ao se depararem com novos cenários competitivos globais, estarão em condições de competirem com vantagens. Isto se deve ao fato de terem sido forjadas por um mercado mais exigente e maduro.

### Indústrias correlatas e de suporte

As indústrias correlatas podem estar agrupadas em determinada região, formando o dito *cluster*, ou arranjo produtivo local. A proximidade entre empresas pode aumentar a eficiência de processos produtivos, diminuindo os custos com estratégias de marketing e de logística, e incrementando a geração de conhecimentos, habilidades e capacidades específicas. Um polo exportador integrado quanto a seu desenvolvimento tecnológico ou logística pode ser criado dentre desse ecossistema. Por fim, vale ressaltar que, na atualidade, as cadeias produtivas são globais, fazendo com que em um avião ou aparelho de celular haja peças produzidas em diversos países do mundo, com *design* e tecnologias desenvolvidas em outros tantos.

### Estrutura e rivalidade entre as empresas

A competição doméstica pode gerar pressão sobre a eficiência e a qualidade dos produtos e serviços, reduzindo custos e permitindo a introdução de novos processos na estrutura produtiva. Tomemos como exemplo a indústria de informática e a indústria automobilística nacionais, que, antes da abertura de mercados impulsionada pelo governo Collor (1989), eram obsoletas e pouco inovadoras. Com a abertura da importação e o fim da reserva de mercado, por mais traumático que tenha sido o processo, as indústrias nacionais foram forçadas a um incremento de produtividade, inovação e modernização do parque industrial e dos processos produtivos brasileiros.

Agora, podemos entender por que algumas nações são mais internacionalizadas do que outras, considerando a importância da posição geográfica, o tamanho do mercado consumidor, a existência de APL formalmente constituídos com foco no comércio internacional e a concorrência doméstica.

## 6.7.3 Processo de internacionalização

Os primeiros estudos sobre internacionalização de negócios datam do final dos anos 1950 e início dos anos 1960.[66] Nesta época, a internacionalização era representada como um processo racional, fundamentado e com enfoque na própria empresa. Estratégias com enfoque no desempenho operacional foram abordadas nos trabalhos de Penrose,[67] por meio de sua teoria do crescimento da firma, e nos de Chandler,[68] com a teoria contingencial e estrutural.

### SAIBA MAIS

**Edith Penrose** foi uma economista teórica norte-americana que realizou importantes contribuições à teoria da firma e seu crescimento. A autora incorporou em sua análise elementos externos aos de mercado em sua busca da compreensão dos fatores determinantes para o crescimento de uma firma.

A implementação de estratégias de internacionalização não depende apenas de características específicas de determinado mercado, ou de vantagens competitivas particulares de determinada firma. As decisões tomadas unilateralmente pelo entrante no mercado estrangeiro não garantem necessariamente a obtenção de sucesso.[69] A escolha dos relacionamentos de negócios é crucial para se produzir maiores vantagens competitivas, ou gerar acesso a recursos valiosos, como clientes, fornecedores, distribuidores e agências governamentais. Como uma estratégia de internacionalização de pequenas empresas, a exportação pode ser a opção mais óbvia, no entanto, ela oferece pouco controle sobre a atividade internacional, pois depende dos importadores e está sujeita à sua ação.[70]

---

### SAIBA MAIS

**Alfred Chandler** foi um professor de Administração e História Econômica da Harvard Business School, realizando pesquisas históricas a respeito das empresas norte-americanas em atividade, no período entre 1850 e 1920, o que deu origem a uma nova forma de ver a gestão – a abordagem contingencial. Depois de se licenciar em Harvard, tornou-se um historiador no MIT. Foi também o primeiro teórico a defender a concepção de um plano estratégico antes da elaboração de uma estrutura organizacional.

---

Muitos setores da economia brasileira, como o calçadista (Alpargatas, Azaleia), siderúrgico (Gerdau) e de moda (Havaianas e Osklen), valeram-se de agentes de exportação para iniciarem seu contato inicial com os mercados externos. A partir do aprendizado adquirido, pouco a pouco essas empresas foram tendo o domínio e estabelecendo parcerias estratégicas nestes mercados. Elas seguiram, posteriormente, uma sequência de desenvolvimento, incluindo a estruturação de um departamento de exportação e, em alguns casos, de plantas fabris no exterior. A indústria de carrocerias de ônibus Marcopolo é um exemplo emblemático de empresa que seguiu essa sequência, tendo primeiramente investido na estratégia de subsidiárias de vendas no exterior. Em uma segunda fase de sua internacionalização, montou plantas na China e Índia, em parceria com fabricantes locais.[71]

Portanto, o processo de internacionalização de uma empresa, em geral, segue uma sequência de três etapas: exportar, abrir um escritório e estruturar sua produção no exterior. Essa seria a lógica de internacionalização por estágios,[72] iniciando pela exportação por meio de representantes (agentes), seguida pelo estabelecimento de uma subsidiária no exterior com exportação realizada diretamente pela empresa e, posteriormente, pela instalação de unidade de produção. No tocante à produção no exterior, ela pode ser própria ou configurada na forma de uma *joint venture* (uma aliança estratégica com uma empresa local), ou até mesmo aquisição da empresa local.

No caso de empresas de serviços, existe a possibilidade de se realizar o licenciamento de marcas, as fusões e aquisições, as *joint ventures* e parcerias com empresas estrangeiras, a exemplo de agências de publicidade, empresas de mídia e Internet. O setor bancário internacional também apresenta estratégia semelhante, com a aquisição de operações em países estrangeiros, fazendo com que o comprador "envelope" a rede de agências com sua nova marca e padrão de atendimento. Nesse sentido, vale a pena visitarmos as principais teorias de internacionalização.

---

### SAIBA MAIS

#### Principais teorias da internacionalização

**Teoria do ciclo do produto de Vernon:**[73] prevê um processo gradual de internacionalização de acordo com a fase do ciclo do produto. No início, a empresa realiza apenas exportação de um produto até então inovador, o que lhe proporciona vantagens competitivas em um cenário internacional. Em uma fase subsequente, quando a empresa passa pela fase de crescimento do produto, as exportações se consolidam, sendo realizados investimentos diretos em países estrangeiros. Já na terceira fase, quando se dá a saturação de sua produção, ocorre o desenvolvimento da padronização de seu processo produtivo, que, por sua vez, poderá ser transferido para localidades que apresentem menores custos de produção. Na última fase, chamada de declínio, se estabelece uma demanda inferior à oferta do país do estágio inicial.

No caso da terceira fase, o Brasil é um exemplo de produção no tocante ao estabelecimento da indústria automobilística multinacional (FIAT, Volkswagen, Ford e GM) nos anos 1960-1970, que implantou plantas industriais para abastecer o mercado local (fechado para importações na época).

**Escola nórdica de Uppsala:**[74] a escola nórdica, por meio do modelo de Uppsala, apresenta um modelo incremental e gradual de internacionalização com crescente comprometimento de recursos. O modelo Uppsala, publicado originalmente por Johanson e Vahlne,[75] foi inspirado na observação empírica da internacionalização de empresas nórdicas. As decisões de internacionalização estariam sujeitas a uma racionalidade limitada, e, por isso, o comprometimento seria gradativo (exportar via agentes, depois montar subsidiária comercial e, por fim, fabricar no exterior), considerando a distância psíquica do mercado-alvo (a diferença de fatores culturais, linguísticos e relativos à forma de fazer negócios entre duas empresas de nacionalidades distintas).

O nível de comprometimento seria representado pelo montante de investimentos e de funcionários no país estrangeiro hospedeiro. Assim, uma subsidiária de vendas representaria menor grau de comprometimento do que uma unidade fabril no exterior. Primeiro, as empresas tenderiam a investir em um mercado de menor distância psíquica, escolhendo também um menor nível de comprometimento quando buscassem se internacionalizar. Haveria uma necessidade do conhecimento e da aprendizagem gradual.

Portanto, quatro elementos seriam considerados dentro do planejamento da estratégia de internacionalização: o conhecimento do mercado a ser explorado; o grau de comprometimento com esse mercado; a decisão de comprometimento; e as atividades correntes. Esses elementos estariam relacionados com a aprendizagem organizacional por meio da aquisição de ativos intangíveis.

No caso de empresas brasileiras, há diversas evidências de que a internacionalização começaria pelos países vizinhos latino-americanos (com cultura e língua próximas das nossas), para posterior expansão para países europeus (iniciando por Portugal, Itália e Espanha, em razão das origens étnicas e menor distância psíquica).

**Teoria do paradigma eclético de Dunning:**[76] é considerada um modelo multiteórico, que inclui elementos das teorias de negócios internacionais, custos de transações e da visão baseada em recursos (RBV) no processo de internacionalização. Foi desenvolvido o paradigma OLI (de *ownership, localization, internalization*), sendo que o amadurecimento das duas primeiras variáveis é condição necessária para o desenvolvimento da internalização:

- *Ownership*: a vantagem de propriedade. Na determinação dessa vantagem, são considerados ativos intangíveis como: marcas; patentes; processos produtivos, tecnologias empregadas; recursos humanos; e sistemas de informação. É realizada uma análise da organização quanto ao seu posicionamento estratégico,[77] evidenciando os elementos superiores da empresa perante sua concorrência no mercado exterior.
- *Localization*: a vantagem da localização. Consideram-se para o seu desenvolvimento aspectos determinados pela localidade onde a empresa está inserida, tais como impostos domésticos, custos de mão de obra, infraestrutura, dentre outros. Exemplos seriam a escolha da localização de fábricas em países como China, países do Leste Europeu e México, para grande parte das multinacionais de bens de consumo.
- *Internalization*: ou internalização de vantagens adquiridas em mercados externos. Neste caso, quando os custos de transação são superiores aos de incorporação do negócio, as empresas muitas vezes decidem produzir localmente.

Uma das falhas dessa teoria seria o seu baixo poder preditivo, já que não leva em consideração o comportamento do exportador. No entanto, a mesma sofreu atualizações mais recentes pelo autor original, Dunning,[78] considerando os contextos atuais de redes de negócios e de multinacionais.

## 6.8 EMPREENDEDORISMO INTERNACIONAL E *BORN GLOBALS*

Ainda dentro do campo da estratégia de internacionalização de negócios, surgiram questões relativas às razões de por que alguns novos empreendimentos optavam por ser internacionais desde seu nascimento, enquanto outros optavam (ou eram forçados) a se concentrarem nos mercados domésticos.[79] Determinados fatores poderiam levar a uma internacionalização precoce como escolha estratégica. Dentre eles, estariam o conhecimento prévio, experiências internacionais dos fundadores e do corpo gerencial, e o nível de integração global da indústria.

Com a globalização dos anos 1990, surgiram as empresas *born globals*. Elas iniciam suas atividades internacionais em um prazo compreendido entre dois e 15 anos de sua fundação, com 5% a 75% do seu faturamento sendo proveniente do estrangeiro, com alcance de dois ou mais mercados internacionais.[80] Exemplos, no cenário internacional, são as *startups* do Vale do Silício,[81] que em geral se internacionalizam precocemente. Muitas delas já atingiram o estágio de unicórnio (empresas com valor de mercado superior a US$ 1 bilhão), tais como Waze ou Uber. Na América Latina, podemos citar o exemplo da Netshoes, no Brasil, e da argentina Decolar.com, que atingiram este estágio.

Estes empreendedores são capazes de gerar valor, principalmente por meio da inovação, superando concorrentes previamente estabelecidos, ou que detêm maior capital e infraestrutura. Além disso, assumem riscos calculados que produzem retorno positivo.[82] Também, ao contrário das multinacionais, tendem a internalizar operações no exterior para reduzir os custos de transação,[83] acessando e combinando recursos relevantes, sem necessariamente possuí-los.[84]

---

**MINICASO**

### CI&T e a internacionalização das empresas de *software* brasileiras

A CI&T, a exemplo de muitas outras, é uma empresa brasileira de desenvolvimento de *softwares*, portais corporativos, aplicativos mobile e sistemas e consultoria de negócios, com sede em Campinas. Realizou sua internacionalização para os Estados Unidos, Inglaterra, Canadá, China e Japão. Aproveitou oportunidades em programas de financiamento do governo brasileiro, como o BNDES (Prosoft e BNDESPar), para: a aquisição de empresas (a BI-One) e readequação de sua estrutura organizacional; abertura de filiais em locais com potenciais de financiamento, desenvolvimento tecnológico, formação de mão de obra e captação de clientes; formação de parcerias estratégicas (Google e Hybris); entrada em novos mercados (Internet, *e-commerce* e *business-to-business*); e oferta de novos produtos como *smart computing*, serviços em nuvem.[85]

A internacionalização ajudou no fortalecimento de sua imagem como empresa inovadora, fornecedora e provedora de tecnologia e serviços em TIC (Tecnologia da Informação e Comunicação). A empresa conquistou credenciamento em *rankings* internacionais (ITMídia, PwC, IOAP etc.) e premiação de institutos de renome na área, tal como o Gartner, por exemplo.

#### QUESTÕES PARA DISCUSSÃO:

**1.** Quais os possíveis problemas estratégicos enfrentados pela CI&T em sua internacionalização? Quais benefícios foram aportados pela estratégia de internacionalização?

**2.** Quais as possíveis vantagens e desvantagens competitivas da CI&T para alcançar seus objetivos de longo prazo, sabendo que era uma empresa de médio porte brasileira?

---

## 6.8.1 Diferentes abordagens de estratégia em função do empreendedorismo

Os planos estratégicos, em geral, seguem uma lógica chamada de causal (ou *causation*), na qual há um processo racional e estruturado para sua formulação, tendo se consolidado como perspectiva emergente de maior impacto e generalidade.[86] A lógica causal deriva de conceitos econômicos neoclássicos,[87] das estratégias deliberadas,[88] da identificação de oportunidades por meio de busca sistemática[89] e do desenvolvimento das oportunidades em função da previsão de retorno sobre investimentos.[90]

No entanto, nos anos 2000, com o crescimento do debate do empreendedorismo, iniciou-se a difusão da teoria *effectuation*,[91] como alternativa à lógica causal predominante e fundamentada na teoria econômica tradicional. A lógica *effectual* deriva de conceitos da economia comportamental,[92] da criação de oportunidades por meio da ação humana,[93] do desenvolvimento das oportunidades em função dos acontecimentos imprevisíveis[94] e da estratégia emergente.[95] A *effectuation*, embora não reduza a probabilidade de fracasso, diminui seu custo, pois permite que o empreendedor se valha apenas de seus recursos disponíveis e suporte perdas calculadas.[96] O Quadro 6.3 apresenta as principais diferenças entre as teorias.

O Quadro 6.3, portanto, nos mostra as principais diferenças entre as teorias *causation* e *effectuation*. Enquanto a primeira é preditiva, envolvendo planejamento e análise, e voltada para grandes organizações, a segunda é mais intuitiva, baseada nos recursos disponíveis e direcionada para pequenos negócios ou para *startups*, sendo fruto do empreendedorismo.

# 118 ADMINISTRAÇÃO ESTRATÉGICA

**Quadro 6.3**    Teoria *effectuation* × teoria *causation*

| Teoria | Causation | Effectuation |
|---|---|---|
| Foco | Foco em um planejamento detalhado baseado em análises criteriosas do ambiente interno e externo da firma. | Foco da análise estaria na interação entre os elementos do ambiente interno do empreendedor (cognição do empreendedor) e elementos do ambiente externo (mercado, instituições, *stakeholders*). |
| Sequência de atividades | (i) definição dos objetivos que se pretende alcançar e identificação de oportunidades de mercado; <br><br>(ii) avaliação das oportunidades, ocorrendo uma seleção com objetivo de maximizar o retorno de seus investimentos; <br><br>(iii) análise e planejamento das atividades necessárias para atingir esses objetivos por meio da exploração do conhecimento e recursos da firma. | (i) identificação de oportunidades a partir de recursos existentes; <br><br>(ii) tomada de decisões de investimento com base no que estão dispostos a perder; <br><br>(iii) aproveitamento das contingências; <br><br>(iv) estabelecimento de relações estratégicas com seus *stakeholders*. |
| Elementos constituintes | Planejamento, sistema de informações ou contratação de consultores ou analistas de mercado, plano formal. | Experimentação, a perda aceitável, a flexibilidade e os pré-acordos. |
| Comportamentos associados | (i) análise de oportunidades baseada em métricas objetivas (retorno financeiro, capacidade de exploração etc.); <br><br>(ii) orientação para análise e planejamento; <br><br>(iii) voltada para grandes organizações; <br><br>(iv) recursos limitados, mas não totalmente restritos. | (i) oportunidades acessíveis; <br><br>(ii) orientação para ação individual ou do time; <br><br>(iii) comunidades empreendedoras; <br><br>(iv) restrição de recursos. |

**Fonte:** Elaborado pelo autor a partir de Sarasvathy e Venkataraman;[97] Chandler, DeTienne, McKelvie e Mumford;[98] e Fisher.[99]

---

## MINICASO

### Como funciona a *effectuation*?

Saras Saravasthy, ao buscar explicar a teoria da *effectuation*, utiliza a cozinha como metáfora. Se fôssemos seguir a lógica causal, para cozinhar, primeiramente seria necessário escolher o prato, para depois comprar os ingredientes e selecionar os instrumentos necessários para elaboração daquele prato. Já pela lógica *effectual*, o cozinheiro abriria a geladeira e sua despensa para avaliar quais ingredientes estariam disponíveis. Em seguida ele decidiria o que fazer.

Ao desenvolver sua teoria, a autora descobriu que alguns empreendedores eram muito bons de improviso, sabiam lidar com surpresas, tinham objetivos que permitiam flexibilidade e estavam sempre usando seus recursos de forma criativa. Basicamente, sabiam fazer as coisas acontecerem. Já outros se adequavam a um planejamento maior, sem ter "jogo de cintura" para lidar com o inesperado.

Os princípios de *effectuation* seguem algumas metáforas também: pássaro na mão (*bird in hand*), perda acessível (*affordable loss*), manta de retalhos (*patchwork quilt*), limonada (*lemonade*) e piloto do avião (*pilot in the plane*), detalhados, a seguir.

O primeiro princípio **pássaro na mão**, basicamente diz para o estrategista começar com o que tem em mãos, usando o que sabe, o que aprendeu e quem conhece. Um exemplo brasileiro é a empresa de cosméticos para afrodescendentes Beleza Natural, idealizada por Zica Assis, ex-babá e faxineira, que amava seu *black power*, mas foi obrigada a alisá-los para conseguir um emprego. Zica não se conformou, resolveu estudar para ser cabeleireira e passou dez anos pesquisando uma fórmula para tratar seus cabelos sem perder a originalidade do fio. A partir dessa pesquisa, a empreendedora tornou-se uma especialista em fios cacheados. A mesma juntou-se com Leila Velez, cuja passagem pelas lojas do McDonald's fez com que desenvolvesse o conceito de uma experiência única para as clientes e o compromisso com preços acessíveis e resultados verdadeiros.

CAPÍTULO 6 | Escolha estratégica **119**

Já o princípio da **perda acessível** diz que se deve gastar somente o que puder. Assim, o empreendedor deve investir pouquíssimo no início de seu negócio. No caso da Beleza Natural, elas só precisavam do capital para abrir um salão. E, assim, a elas se juntaram a Jair Conde, marido de Zica, taxista que aportou capital suficiente para abrir o negócio.

O princípio da **manta de retalhos** é o da formação de parcerias, sendo a ideia trabalhar com todo mundo que quiser vir a se agregar ao negócio, como ocorreu com a criação da sociedade no caso da Beleza Natural.

A **limonada** é o princípio que impele a lidar com contingências, seguindo o ditado de que "quando a vida te dá limões, faça uma limonada". Assim, o estrategista tem que se valer de muita criatividade e perseverança, tanto para arrecadar fundos quanto para se tornarem conhecidos.

A metáfora do **piloto do avião** tem como princípio "controle, não preveja", fazendo com que o estrategista enfoque em atividades que ele detenha controle, usando a ótica da cocriação do futuro. Dessa maneira, o salão Beleza Natural foi crescendo organicamente e conquistando sua clientela, desde sua fundação, em 1995, passando pela abertura das primeiras filiais até a abertura de fábrica própria de cosméticos, em 2004.

## QUESTÕES PARA DISCUSSÃO

**1.** Seguindo o exemplo do caso da Beleza Natural, que outras *startups* de destaque tiveram seu início conforme os princípios de *effectuation*? Cite pelo menos dois exemplos e relate suas histórias.

**2.** Empresas grandes também usam *effectuation*? Qual é sua opinião? Discuta em grupo possíveis situações que demonstram que esses princípios também ocorrem em empresas maiores.

**Fonte:** Beleza Natural.[100]

---

### SAIBA MAIS

**Saras Sarasvathy**, nascida e criada na Índia, cursou seu PhD nos Estados Unidos. Sua tese serviu para criar o conceito de *effectuation*, uma lógica de ação empreendedora. O conceito pode ser traduzido, ao pé da letra, como "efetuação", o ato de realizar as coisas. Atualmente, ela é professora da Darden School of Business, da University of Virginia, e com base em sua teoria já foram publicados mais de 400 artigos científicos.

---

## 6.9 CONSIDERAÇÕES FINAIS

Este capítulo apresentou alguns aspectos relativos a fusões e aquisições, alianças estratégicas, organização em *cluster*, ou arranjo produtivo local, e internacionalização. Para aprofundar as discussões a respeito dos diversos tipos de escolhas estratégicas envolvidas no ambiente complexo e globalizado do Brasil, optamos por utilizar alguns exemplos de empresas brasileiras líderes em seus segmentos de negócio. No entanto, incluímos também a abordagem do empreendedorismo para ilustrar, ao final do capítulo, a questão da internacionalização de negócios e *born globals*.

Foram indicadas algumas contribuições das teorias relativas às escolhas estratégicas para a Administração Estratégica:

a) A integração vertical decorre da incorporação de partes da cadeia produtiva dentro de negócios estabelecidos.

b) Fusões e aquisições são, muitas vezes, determinadas pelas economias de escala e ganhos competitivos potenciais decorrentes de sua criação.

c) Alianças estratégicas e *joint ventures* são estratégias adequadas ou a situações que não permitam fusões e aquisições, ou ambientes onde haja necessidade de um parceiro local para operar e entender o ambiente de negócios.

d) Organização em *cluster*, ou arranjos produtivos locais (APL), é um tipo de configuração associativista, onde negócios concorrentes ou complementares se unem para obterem vantagens em determinada localização geográfica, sendo agrupados em determinado setor produtivo.

e) Na internacionalização de negócios, há diversas estratégias que decorrem do grau de conhecimento de mercado ou estágio de desenvolvimento (e exposição internacional) de determinada empresa.

f) As diferentes escolhas estratégicas podem ser aplicadas tanto para grandes quanto para pequenos negócios.

A seguir, apresentam-se algumas questões para reflexão e para avaliação do conhecimento.

## QUESTÕES PARA REFLEXÃO

1. Você acredita que a integração vertical deva ser aplicada a qualquer tipo de empresa? Justifique.

2. Imagine que a economia brasileira está vivendo um bom momento e que diversas empresas estrangeiras estão pensando em ingressar no mercado nacional. Os setores de energia, cosméticos, cervejaria e alimentos congelados parecem ser os mais promissores. Reflita sobre quais seriam as melhores (ou mais viáveis) escolhas estratégicas para cada segmento.

3. Qual seria a vantagem para empresas de médio porte partirem para uma estratégia de fusões e aquisições? Quais seriam seus desafios? E no caso de empresas líderes em seus segmentos, será que os desafios seriam iguais? Justifique.

4. Pense que sua empresa do setor de informática (aplicativos de mobilidade) deseja se internacionalizar, sendo que você não possui nenhum contato no exterior, apenas primos distantes em Portugal. Qual modo de entrada e quais países você escolheria? Detalhe a estratégia.

5. Pesquise na Internet pelo menos mais três exemplos de *joint ventures* bem-sucedidas no Brasil e América Latina.

## QUESTÕES PARA AVALIAÇÃO DO CONHECIMENTO

1. A integração vertical possui dois tipos básicos. Explique e dê exemplos.

2. Quais seriam as semelhanças e diferenças entre alianças estratégicas e arranjos produtivos locais?

3. Descreva, de forma resumida, uma das possíveis formas de entrada em países estrangeiros com culturas muito semelhantes à brasileira.

4. Descreva, sucintamente, os possíveis modos de entrada ou estratégias de uma multinacional brasileira que deseje entrar na China.

5. Descreva as principais características de um arranjo produtivo local e apresente novos exemplos no contexto brasileiro ou latino-americano.

6. Considerando fusões e aquisições no segmento bancário e no segmento de alimentos e bebidas nacional, apresentados no capítulo, resuma os principais desafios enfrentados pelas empresas.

7. Você acredita que um cenário de crise é mais ou menos propício para fusões e aquisições de empresas? Justifique.

### CASO FINAL – BRASKEM

A Odebrecht, grupo multinacional, de origem brasileira, especializada em construção civil, e a Braskem, ramo petroquímico do grupo, tiveram uma trajetória que denota diversos movimentos estratégicos abordados neste capítulo. A seguir, apresenta-se uma linha do tempo com os principais marcos de sua história.

Em 1979, a Odebrecht, uma multinacional brasileira do setor de construção civil, voltada para grandes obras de infraestrutura, inicia sua trajetória no setor petroquímico, com a compra de 33% da Companhia Petroquímica de Camaçari na Bahia.

Em 1987, nasce a Odebrecht Química, criada para administrar os investimentos da empresa no setor. Nesta época, a empresa já detinha participação em empresas produtoras de cloro-soda, polietilenos e polipropilenos.

Em 1992, com o início da privatização do setor petroquímico, a Odebrecht assume o controle da Copesul (do polo petroquímico do Rio Grande do Sul).

Em 1995, a Odebrecht constitui a OPP Química, assumindo o controle da Sal Gema e promovendo a primeira integração vertical no setor.

Em 2001, a empresa assume o controle da Copene do Polo de Camaçari, em parceria com o grupo financeiro Mariani.

Em 2002, a partir da integração da Copene, OPP, Trikem, Proppet, Nitrocarbono e Poliaden, nasce a gigante Braskem, já internacionalizada, com 13 unidades industriais e operações na Argentina e Estados Unidos, além do Brasil.

Em 2003, suas ações atingem valorização recorde na Bolsa de Valores de Nova York.

Em 2004, a empresa inicia uma trajetória de inovação, produzindo plásticos sustentáveis e dando continuidade à estratégia de inovação aberta iniciada em 2002, a qual busca capturar valor em novas parcerias, novos canais, novos clientes e mercados, novas tecnologias e novos modelos de negócio.

Em 2012, a Ideom – sua unidade de inovação – consolida as ideias e propostas de inovação da Braskem para os próximos anos. Neste mesmo ano, a empresa atinge o marco de 36 unidades industriais.

## CAPÍTULO 6 | Escolha estratégica

Em 2015, a Braskem lançou o Programa Braskem Labs, em parceria com a Endeavor, visando a incentivar soluções inovadoras, que promovam incremento na qualidade de vida das pessoas por meio do uso do plástico com impacto social e/ou ambiental, apoiando *startups* e dando mentoria para o desenvolvimento de negócios inovadores. No mesmo período, a empresa conquista também diversos prêmios de sustentabilidade.

**Fonte**: <https://www.braskem.com.br/historia>
<https://www.fundace.org.br/revistaracef/index.php/racef/article/view/251>

Com base no que foi apresentado neste capítulo, fica evidente que a Odebrecht e sua empresa do ramo petroquímico Braskem foram bem-sucedidas em diversas estratégias de expansão. Assim, alguns aspectos devem ser discutidos previamente como forma de antever os próximos passos de expansão e desenvolvimento da empresa no Brasil e no exterior.

## QUESTÕES PARA DISCUSSÃO

1. Quais os riscos envolvidos na atual estratégia adotada pela empresa no tocante à participação e aquisição de novas empresas do setor petroquímico?

2. Quais os aspectos que devem ser considerados para perpetuação da empresa no mercado brasileiro, diante do envolvimento de sua matriz (Odebrecht) em escândalos de corrupção?

3. Considerando o que foi visto no capítulo, seria adequado que a empresa desse mais foco a novas *joint ventures*, aquisições, fusões, ou alguma outra estratégia de expansão? Justifique.

4. Quais as implicações de uma estratégia que conjugue a inovação promovida pelos programas de *startups* e a aquisição (ou *joint venture*) com novas empresas?

5. Como o modelo de negócio poderia ser adaptado para ingresso da empresa em países de outros continentes? Quais as possíveis estratégias adotadas pela empresa para essa expansão?

## REFERÊNCIAS

1. ANSOFF, H. I. **Corporate strategy**: business policy for growth and expansion. McGraw-Hill, 1965.
ANSOFF, H. I. Strategic issue management. **Strategic Management Journal**, 1(2), 131-148, 1980.

2. ANSOFF, H. I. **Corporate strategy**: business policy for growth and expansion. McGraw-Hill, 1965.
ANSOFF, H. I. Strategic issue management. **Strategic Management Journal**, 1(2), 131-148, 1980.

3. HARRIGAN, K. R. **Vertical integration, outsourcing, and corporate strategy**. Beard Books, 2003.

4. HARRIGAN, K. R. **Vertical integration, outsourcing, and corporate strategy**. Beard Books, 2003.

5. ALBUQUERQUE, G. M. D.; FLEURY, M. T. L.; FLEURY, A. L. Integração vertical nas operadoras de assistência médica privada: um estudo exploratório na região de São Paulo. **Produção**, 21(1), 2011.

6. ALBUQUERQUE, G. M. D.; FLEURY, M. T. L.; FLEURY, A. L. Integração vertical nas operadoras de assistência médica privada: um estudo exploratório na região de São Paulo. **Produção**, 21(1), 2011.

7. MAHONEY, J. T. The choice of organizational form: vertical financial ownership versus other methods of vertical integration. **Strategic Management Journal**, 13(8), 559-584, 1992.

8. CHATTERJEE, S. Types of synergy and economic value: The impact of acquisitions on merging and rival firms. **Strategic Management Journal**, 7(2), 119-139, 1986.
LUBATKIN, M. Mergers and the performance of the acquiring firm. **Academy of Management Review**, 8(2), 218-225, 1983.
ANGWIN, D. **Mergers and acquisitions**. Wiley, 2007.

9. STEINER, P. O. **Mergers**: motives, effects, policies. University of Michigan Press, 1975.

10. LUBATKIN, M. Mergers and the performance of the acquiring firm. **Academy of Management Review**, 8(2), 218-225, 1983.

11. HITT, M. A.; IRELAND, R. D.; HARRISON, J. S. Mergers and acquisitions. **The Blackwell Handbook of Strategic Management**, 377-402, 2001.
ANGWIN, D. **Mergers and acquisitions**. Wiley, 2007.

12. BRASIL. **Lei nº 12.529**, de 30 de novembro de 2011. Estrutura o Sistema Brasileiro de Defesa da Concorrência; dispõe sobre a prevenção e repressão às infrações contra a ordem econômica; [...]; e dá outras providências.

13. CADE. **O Cade**. 2017. Disponível em: <http://www.cade.gov.br/acesso-a-informacao/institucional>. Acesso em: 10 jan. 2018.

14. SHRIVASTAVA, P. Postmerger integration. **Journal of Business Strategy**, 7(1), 65-76, 1986.

15. WALTER, G. A. Culture collisions in mergers and acquisitions. In: FROST, P. J. et al. (Eds.). **Organizational Culture**, 301-314, 1985.

16. SHRIVASTAVA, P. Postmerger integration. **Journal of Business Strategy**, 7(1), 65-76, 1986.
HITT, M. A.; IRELAND, R. D.; HARRISON, J. S. Mergers and acquisitions. **The Blackwell Handbook of Strategic Management**, 377-402, 2001.
ANGWIN, D. **Mergers and acquisitions**. Wiley, 2007.

17. GALBRAITH, C. S.; STILES, C. H. Merger strategies as a response to bilateral market power. **Academy of Management Journal**, 27(3), 511-524, 1984.

18. LUBATKIN, M. Mergers and the performance of the acquiring firm. **Academy of Management Review**, 8(2), 218-225, 1983.
SCHERER, F. M. **Industrial market structure and economic performance**. Rand McNally, 1980.

19. SHRIVASTAVA, P. Postmerger integration. **Journal of Business Strategy**, 7(1), 65-76, 1986.

20. WALTER, G. A. Culture collisions in mergers and acquisitions. In: FROST P. J. et al. (Eds.). **Organizational Culture**, 301-314, 1985.

21. SHRIVASTAVA, P. Postmerger integration. **Journal of Business Strategy**, 7(1), 65-76, 1986.

22. ANBIMA. 16 mar. 2017. **Volume financeiro de fusões e aquisições cresce 63,7% em 2016**. Disponível em: <http://www.anbima.com.br/pt_br/imprensa/volume-financeiro-de-fusoes-e-aquisicoes-cresce-63-7-em-2016.htm>. Acesso em: 10 jan. 2018.

23. ITAÚ UNIBANCO. 2014. A Fusão. **Itaú Unibanco 90 Anos**, p. 257-273.

24. ITAÚ UNIBANCO. 2014. A Fusão. **Itaú Unibanco 90 Anos**, p. 257-273.

25. ITAÚ UNIBANCO. 2014. A Fusão. **Itaú Unibanco 90 Anos**, p. 257-273.

26. REDAÇÃO G1. 03 nov. 2008. Unibanco e Itaú anunciam fusão e criam gigante financeiro. Disponível em: <http://g1.globo.com/Noticias/Economia_Negocios/0,,MUL846978-9356,00-UNIBANCO+E+ITAÚ+ANUNCIAM+FUSAO+E+CRIAM+GIGANTE+FINANCEIRO.html>. Acesso em: 10 jan. 2018.

27. AMATO, F. 13 jul. 2011. **Veja os principais pontos do acordo para a fusão Sadia-Perdigão**. Disponível em: <http://g1.globo.com/economia/negocios/noticia/2011/07/veja-os-principais-pontos-do-acordo-para-fusao-sadia-perdigao.html>. Acesso em: 10 jan. 2018.
EXAME ABRIL. 13 jul. 2011. **Fusão de Sadia e Perdigão cria gigante do setor de alimentos**. Disponível em: <https://exame.abril.com.br/negocios/fusao-de-sadia-e-perdigao-cria-gigante-do-setor-de-alimentos-2/>. Acesso em: 10 jan. 2018.

28. AMATO, F. 13 jul. 2011. **Veja os principais pontos do acordo para a fusão Sadia-Perdigão**. Disponível em: <http://g1.globo.com/economia/negocios/noticia/2011/07/veja-os-principais-pontos-do-acordo-para-fusao-sadia-perdigao.html>. Acesso em: 10 jan. 2018.
EXAME ABRIL. 13 jul. 2011. **Fusão de Sadia e Perdigão cria gigante do setor de alimentos**. Disponível em: <https://exame.abril.com.br/negocios/fusao-de-sadia-e-perdigao-cria-gigante-do-setor-de-alimentos-2/>. Acesso em: 10 jan. 2018.

29. AMATO, F. 13 jul. 2011. **Veja os principais pontos do acordo para a fusão Sadia-Perdigão.** Disponível em: <http://g1.globo.com/economia/negocios/noticia/2011/07/veja-os-principais-pontos-do-acordo-para-fusao-sadia-perdigao.html>. Acesso em: 10 jan. 2018.
EXAME ABRIL. 13 jul. 2011. **Fusão de Sadia e Perdigão cria gigante do setor de alimentos.** Disponível em: <https://exame.abril.com.br/negocios/fusao-de-sadia-e-perdigao-cria-gigante-do-setor-de-alimentos-2/>. Acesso em: 10 jan. 2018.

30. AMBEV. 2017. **A construção de um sonho grande.** Disponível em: https://www.ambev.com.br/sobre/. Acesso em: 10 jan. 2018.

31. CAMARGOS, M. A. D.; BARBOSA, F. V. Ambev: fusão Antarctica/Brahma, uma necessidade estratégica e seus impactos. In: XXV EnANPAD, 2001, Campinas. **Anais** [...], Anpad, 2001.

32. CAMARGOS, M. A. D.; BARBOSA, F. V. Ambev: fusão Antarctica/Brahma, uma necessidade estratégica e seus impactos. In: XXV EnANPAD, 2001, Campinas. **Anais** [...], Anpad, 2001.

33. AMBEV. 2017. **A construção de um sonho grande.** Disponível em: <https://www.ambev.com.br/sobre/>. Acesso em: 10 jan. 2018.

34. KLOTZLE, M. C. Alianças estratégicas: conceito e teoria. **Revista de Administração Contemporânea**, 6(1), 85-104, 2002.

35. TEECE, D. J. Competition, cooperation, and innovation: Organizational arrangements for regimes of rapid technological progress. **Journal of Economic Behavior & Organization**, 18(1), 1-25, 1992.

36. HAGEDOORN, J.; NARULA, R. Choosing organizational modes of strategic technology partnering: international and sectoral differences. **Journal of International Business Studies**, 27(2), 265-284, 1996.

37. KLOTZLE, M. C. Alianças estratégicas: conceito e teoria. **Revista de Administração Contemporânea**, 6(1), 85-104, 2002.

38. NEVES, M. F. *et al.* A framework to built joint-ventures. In: XXIX EnANPAD, 2005, Brasília. **Anais** [...], Anpad, 2005.

39. ALMEIDA, L. F. D.; MACHADO FILHO, C. A. P. Sharing competences in strategic alliances: a case study of the Cosan and Shell biofuel venture. **Revista de Administração (São Paulo)**, 48(2), 359-374, 2013.

40. G1. 2010. **Cosan e Shell anunciam aliança de US$ 12 bilhões.** Disponível em: <http://g1.globo.com/Noticias/Mundo/0,,MUL1471479-5602,00-COSAN+E+SHELL+ANUNCIAM+ALIANCA+DE+US+BILHOES.html>. Acesso em: 22. out. 2018.

41. SCHMITZ, H.; NADVI, K. Industrial clusters in developing countries clustering and industrialization: Introduction. **World Development**, 27(9), 1503-1514, 1999.

42. CONEJERO, M. A.; CÉSAR, A. D. S. The governance of Local Productive Arrangements (LPA) for the Strategic Management of Geographical Indications (GIS). **Ambiente & Sociedade**, 20(1), 293-314, 2017.

43. JARILLO, J. C. On strategic networks. **Strategic Management Journal**, 9(1), 31-41, 1988.
BROWN, B.; BUTLER, J. E. Competitors as allies: a study of entrepreneurial networks in the US wine industry. **Journal of Small Business Management**, 33(3), 57, 1995.
DYER, J. H.; SINGH, H. The relational view: cooperative strategy and sources of interorganizational competitive advantage. **Academy of Management Review**, 23(4), 660-679, 1998.

44. PORTER, M. E. Clusters and the new economics of competition. **Harvard Business Review**, vol. 76, n. 6, p. 77-90, 1998.
PORTER, M. E. The economic performance of regions. **Regional Studies**, 37(6-7), 549-578, 2003.

45. PORTER, M. E. Clusters and the new economics of competition. **Harvard Business Review**, vol. 76, n. 6, p. 77-90, 1998.
PORTER, M. E. The economic performance of regions. **Regional Studies**, 37(6-7), 549-578, 2003.

46. PORTER, M. E. **Clusters and the new economics of competition. Harvard Business Review**, vol. 76, n. 6, p. 77-90, 1998.
PORTER, M. E. The economic performance of regions. **Regional Studies**, 37(6-7), 549-578, 2003.

47. SEBRAE. 08 nov. 2017. **Arranjo produtivo local** – Série Empreendimentos Coletivos. Disponível em: <http://www.sebrae.com.br/sites/PortalSebrae/bis/arranjo-produtivo-local-serie-empreendimentos-coletivos,5980ce6326c0a-410VgnVCM1000003b74010aRCRD>. Acesso em: 10 jan. 2018.

48. COUROMODA. 06 set. 2014. **Serra Gaúcha conta com 144 fábricas de calçados e muda perfil da produção.** Disponível em: https://couromoda.com/noticias/ler/serra-gaucha-conta-com-144-fabricas-de-calcados-e-muda-perfil-da-producao/. Acesso em: 10 jan. 2018.

49. MOVERGS. 2017. **Dados do setor moveleiro.** Disponível em: <http://www.movergs.com.br/dados-setor-moveleiro>. Acesso em: 10 jan. 2018.

50. MOVERGS. 2017. **Dados do setor moveleiro.** Disponível em: <http://www.movergs.com.br/dados-setor-moveleiro>. Acesso em: 10 jan. 2018.

51. BNDES. 2010. **Análise do mapeamento e das políticas para APLs no Brasil.** Disponível em: <https://www.bndes.gov.br/wps/portal/site/home/conhecimento/pesquisaedados/estudos/bndes-fep/pesquisa_cientifica/analise-do-mapeamento-e-das-politicas-para-apls-n>. Acesso em: 22 out. 2018.

52. REGIÃO DO CERRADO MINEIRO (RCM). 2018. Disponível em: <http://www.cafedocerrado.org/>. Acesso em: 27 out. 2018.

53. CONEJERO, M. A.; CÉSAR, A. D. S. The governance of Local Productive Arrangements (LPA) for the Strategic Management of Geographical Indications (GIS). **Ambiente & Sociedade**, 20(1), 293-314, 2017.

54. CONEJERO, M. A.; CÉSAR, A. D. S. The governance of Local Productive Arrangements (LPA) for the Strategic Management of Geographical Indications (GIS). **Ambiente & Sociedade**, 20(1), 293-314, 2017.

55. BARNEY, J. B. **Gaining and sustaining competitive advantage**. Pearson Higher, 2014.
BARNEY, J. B. Firm resources and sustained competitive advantage. **Journal of Management**, 15, 175-190, 1991.

56. JOHANSON, J.; VAHLNE, J. E. The Uppsala internationalization process model revisited: from liability of foreignness to liability of outsidership. **Journal of International Business Studies**, 40(9), 1411-1431, 2009.

57. APEX BRASIL. 06 abr. 2016. **Apex-Brasil integra o Programa Brasil Mais Produtivo.** Disponível em: <http://www.apexbrasil.com.br/Noticia/APEX-BRASIL-INTEGRA-O-PROGRAMA-BRASIL-MAIS-PRODUTIVO>. Acesso em: 10 jan. 2018.

58. MEIO & MENSAGEM. 2014. **Conheça o Brasil que vai além.** Disponível em: <http://www.meioemensagem.com.br/home/marketing/2014/06/04/conheca-o-brasil-que-vai-alem.html>. Acesso em: 10 jan. 2018.

59. BRASIL BEYOND. 2018. Disponível em: <http://tatil.com.br/pb/projetos/brasil-beyond/>. Acesso em: 22. out. 2018.

60. MEIO & MENSAGEM. 2014. **Conheça o Brasil que vai além.** Disponível em: <http://www.meioemensagem.com.br/home/marketing/2014/06/04/conheca-o-brasil-que-vai-alem.html>. Acesso em: 10 jan. 2018.

61. SMITH, A. **A riqueza das nações.** Nova Fronteira, 2017.

62. PORTER, M. E. **A vantagem competitiva das nações.** Campus, 1993.

63. PORTER, M. E. **A vantagem competitiva das nações.** Campus, 1993.

64. PORTER, M. E. **A vantagem competitiva das nações.** Campus, 1993.

65. PORTER, M. E. **A vantagem competitiva das nações.** Campus, 1993.

66. AÑEZ, M. E. M.; MOL, A. L. R.; DAMASCENO, T. D. S. A. Escolas teóricas do processo de internacionalização: uma visão epistemológica. **Cadernos EBAPE.BR**, 15(4), 960-973, 2017.

67. PENROSE, E. T. **The theory of the growth of the firm.** Oxford University Press, 1995 [1959].

68. CHANDLER JR., A. D. **Strategy and structure**: chapters in the history of the american industrial enterprise. MIT Press, 1962.

69. CHANDLER JR., A. D. **Strategy and structure**: chapters in the history of the american industrial enterprise. MIT Press, 1962.

70. CRICK, D.; JONES, M. V. Small high-technology firms and international high-technology markets. **Journal of International Marketing**, 8(2), 63-85, 2000.

71. ROCHA, A. da; ARKADER, R.; de GÓES, B. B. International expansion of Marcopolo (B): manufacturing in "the other side of the world". **Journal of Business Research**, 68(2), 241-254, 2015.

72. ANDERSEN, O. On the internationalization process of firms: a critical analysis. **Journal of International Business Studies**, 24(2), 209-231, 1993.

73. VERNON, R. International investment and international trade in the product cycle. **The Quarterly Journal of Economics**, 190-207, 1966.

74. JOHANSON, J.; VAHLNE, J. E. The internationalization process of the firm-a model of knowledge development and increasing foreign market commitments. **Journal of International Business Studies**, 23-32, 1977.
JOHANSON, J.; VAHLNE, J. E. The Uppsala internationalization process model revisited: from liability of foreignness to liability of outsidership. **Journal of International Business Studies**, 40(9), 1411-1431, 2009.

75. JOHANSON, J.; VAHLNE, J. E. The internationalization process of the firm-a model of knowledge development and increasing foreign market commitments. **Journal of International Business Studies**, 23-32, 1977.

76. DUNNING, J. H. Trade, location of economic activity and the multinational enterprise: Some empirical tests. **Journal of International Business Studies**, 11(1): 9-31, 1980.

77. PORTER, M. E. **Competição** – estratégias competitivas essenciais. Campus, 1999.

78. DUNNING, J. H. Reappraising the eclectic paradigm in an age of alliance capitalism. **Journal of International Business Studies**, 26: 461-491, 1995.
DUNNING, J. H. The eclectic paradigm as an envelope for economic and business theories of MNE activity. **International Business Review**, 9: 163-190, 2000.
DUNNING, J. H. Relational assets, networks and international business activity. In: CONTRACTOR, F.; LORANGE, P. (Eds.). **Cooperative strategies and alliances.** Elsevier Science, 569-593, 2002.

79. OVIATT, B. M.; MCDOUGALL, P. P. Toward a theory of international new ventures. **Journal of International Business Studies**, 25(1): 45-64, 1994.

80. DIB, L. A. Caracterizando o processo de internacionalização born global: discussão sobre a conceituação empírica do fenômeno e hipóteses de pesquisa. XXXII EnANPAD, Rio de Janeiro, 2008. **Anais** [...], Anpad, 2008.

81. ENGEL, J. S. Global clusters of innovation: lessons from Silicon Valley. **California Management Review**, 57(2), 36-65, 2015.

82. ZAHRA, S. A. A theory of international new ventures: a decade of research. **Journal of International Business Studies**, 36(1), 20-28, 2005.

83. BUCKLEY, P. J.; CASSON, M. C. Analyzing foreign market entry strategies: Extending the internalization approach. **Journal of International Business Studies**, 29(3), 539-561, 1998.

84. OVIATT, B. M.; MCDOUGALL, P. P. Toward a theory of international new ventures. **Journal of International Business Studies**, 25(1): 45-64, 1994.

85. RIBEIRO, F. F.; PIMENTEL, J. E. Empresas born globals brasileiras: a influência do perfil do empreendedor e da localização geográfica. **Revista da Faculdade de Administração da FEA**, 5(1), 2009. Caderno de Administração.

86. FISHER, G. Effectuation, causation, and bricolage: A behavioral comparison of emerging theories in entrepreneurship research. **Entrepreneurship Theory and Practice**, 36(5), 1019-1051, 2012.
87. KIRZNER, Israel M. **Perception, opportunity and profit**. University of Chicago Press, 1979.
88. ANSOFF, H. I. **Corporate strategy**: business policy for growth and expansion. McGraw-Hill, 1965.
MINTZBERG, H. Patterns in strategy formation. **Management Science**, 24(9), 934-948, 1978.
89. FIET, J. O.; PATEL, P. C. Evaluating the wealth-creating potential of business plans. **The Journal of Private Equity**, 10(1), 18-32, 2006.
90. DRUCKER, P. F. **Administrando para o futuro**. Cengage, 1998.
91. SARASVATHY, S. D. Causation and effectuation: toward a theoretical shift from economic inevitability to entrepreneurial contingency. **Academy of Management Review**, 26(2), 243-263, 2001.
92. SIMON, H. A. Theories of decision-making in economics and behavioral science. **The American Economic Review**, 49(3), 253-283, 1959.
93. WEICK, K. E. Cognitive processes in organizations. **Research in Organizational Behavior**, 1(1), 41-74, 1979.
94. MARCH, J. G. Bounded rationality, ambiguity, and the engineering of choice. **The Bell Journal of Economics**, 587-608, 1978.
95. MINTZBERG, H. Patterns in strategy formation. **Management Science**, 24(9), 934-948, 1978.
96. Read, S. *et al.* **Effectual entrepreneurship**. Routledge, 2011.
SARASVATHY, S. D. Causation and effectuation: Toward a theoretical shift from economic inevitability to entrepreneurial contingency. **Academy of Management Review**, *26*(2), 243-263, 2001.
97. SARASVATHY, S. D.; VENKATARAMAN, S. Entrepreneurship as method: open questions for an entrepreneurial future. **Entrepreneurship Theory and Practice**, *35*(1), 113-135, 2011.
98. CHANDLER, G. N. *et al.* Causation and effectuation processes: a validation study. **Journal of Business Venturing**, 26(3), 375-390, 2011.
99. FISHER, G. Effectuation, causation, and bricolage: a behavioral comparison of emerging theories in entrepreneurship research. **Entrepreneurship Theory and Practice**, 36(5), 1019-1051, 2012.
100. BELEZA NATURAL. 2018. **Quem somos**. Disponível em: <http://www.beleza-natural.com.br/quem-somos>. Acesso em: 10 mar. 2018.

# EXECUÇÃO ESTRATÉGICA – DESCRIÇÃO DA ESTRATÉGIA

*Carlos Afonso Caldeira*
*David Kallás*

## RESUMO

As organizações têm grande dificuldade de tirar suas estratégias do papel. Denominamos este fenômeno problema da execução. Este capítulo, em conjunto com o próximo, destrincha o conhecimento e as técnicas de como fazer a estratégia acontecer. Vamos conhecer os autores clássicos sobre a execução estratégica e entender a metodologia de execução que envolve o *balanced scorecard*, proposto por Kaplan e Norton. Neste capítulo, iremos tratar detalhadamente da tradução da estratégia em termos operacionais – o que é um mapa estratégico, como construí-lo, como escolher indicadores e iniciativas estratégicas –, e usar exemplos do contexto brasileiro e latino-americano para ilustrar tais conceitos.

### OBJETIVOS DE APRENDIZAGEM

Neste capítulo, o leitor poderá aprofundar seu conhecimento sobre:
- O problema da execução.
- Os componentes do *balanced scorecard*.
- A elaboração de um mapa estratégico.
- Quais são as considerações importantes ao escolher indicadores estratégicos.
- A relação entre iniciativas e indicadores.

## 7.1 O PROBLEMA DA EXECUÇÃO

Os capítulos anteriores lidaram com os aspectos relacionados com as decisões estratégicas. Em geral, estas etapas são chamadas de fases de formulação da estratégia.[1,2] No entanto, desde a década de 1970, já se enfatizava a importância da implementação e do controle da estratégia (controle da implementação e controle dos resultados da estratégia) como componentes fundamentais para o sucesso da estratégia.[1,3]

Durante os anos 2000, ocorreu uma "mudança de foco" e as pesquisas se voltaram para as dificuldades de implementação das decisões estratégicas. Estas pesquisas mostravam, de maneira cada vez mais clara, o que convencionou-se chamar de **problema da execução** da estratégia, ou seja, a grande maioria das organizações tem grande dificuldade de implementar suas decisões estratégicas. O Quadro 7.1 apresenta algumas destas pesquisas selecionadas, demonstrando o quanto o **problema da execução** afeta as organizações:

Esta mudança de foco (de formulação) para as dificuldades da implementação da estratégia se deve ao lançamento de duas obras seminais: *Organização orientada para a estratégia*,[4] de Kaplan e Norton, e *Execução*, de Bossidy e Charan,[8] que formarão muito da base deste e do próximo capítulo. Outras obras que se seguiram tentaram adicionar componentes às questões da execução estratégica, mas estas obras seminais apresentam a maioria dos conceitos importantes para a boa execução estratégica.

> A implementação da estratégia também é chamada de execução da estratégia.[4]

**Quadro 7.1**

Problema da execução: percentual de empresas que falham na execução

**Fonte:** Elaborado pelos autores a partir de Ewenstein, Smith e Sologar (2015);[5] Sull, Homkes e Sull (2015);[6] Mankins e Steele (2005);[7] Bossidy e Charan (2003);[8] e Schwarz (2000).[9]

| Pesquisas | Percentual de empresas que falham na execução da estratégia |
|---|---|
| Mudando o *change management*[5] | 70% |
| O que a execução da estratégia revela – e o que fazer sobre isso[6] | 66% a 75% |
| Tornando grande estratégia em grande desempenho[7] | 37% |
| Execução[8] | 90% |
| Alinhando indicadores de desempenho à estratégia empresarial[9] | 68% a 95% |

## SAIBA MAIS

**Mariotto,**[10] em seu apanhado bibliográfico sobre execução estratégica, ainda cita as obras de Hrebiniak[11] e Morgan *et al.*[12] como dignas de nota no campo da execução estratégica. Dentre os livros nacionais voltados para execução estratégica, podem ser citados o livro de melhores práticas de empresas brasileiras de Kallás e Coutinho,[13] além das obras de Herrero[14] e Costa.[15]

**David Kaplan** é professor de contabilidade e professor emérito de Liderança na Harvard Business School. **David Norton** é consultor, tendo fundado a firma de consultoria Nolan, Norton & Co., em 1975. Esta firma original foi adquirida pela KPMG, em 1987, onde Norton se tornou sócio até sua saída, em 1992.

Kaplan e Norton criaram o *balanced scorecard* ao estudarem as medidas de desempenho das empresas e tentarem ligá-las aos ativos intangíveis e medidas de longo prazo. Publicaram, em 1992, o artigo clássico[16] que apresenta o conceito do *balanced scorecard* (BSC). O BSC é amplamente utilizado por empresas no Brasil e no mundo, além de ser a metodologia mais citada em termos de execução estratégica (mais de 20 mil citações, em todas as obras [jul. 2018]). Também é uma metodologia de grande satisfação entre os usuários, segundo pesquisa anual da consultoria Bain & Co.[17]

**Lawrence Bossidy** foi CEO da General Eletric e da AlliedSignal, na qual se aposentou. **Ram Charam** é consultor e autor de livros de gestão em área como liderança e estratégia. Foi consultor de grandes empresas, notadamente na General Eletric, onde estabeleceu relação com seu coautor, Bossidy. *Execução* é uma obra conceituada em implementação da estratégia, tratando também do "problema da execução", bem como de soluções para este problema baseadas na experiência dos autores.

## 7.2 POR QUE A EXECUÇÃO ESTRATÉGICA "FALHA"?

Os diferentes autores até aqui citados organizam as causas da dificuldade de execução estratégica de maneira diferente, e muitas vezes, não reconciliável. Mankins e Steele resumiram as possíveis causas para a não execução da estratégia, em pesquisa publicada na *Harvard Business Review*, em 2005.

Tanto Kaplan e Norton[4] como Bossidy e Charan[8] tentam endereçar estas "causas" para que a execução estratégica aconteça de maneira bem-sucedida. Kaplan e Norton ainda aprimoraram sua metodologia de execução estratégica em obras subsequentes,[18,19,20,21] baseando-se na experiência de implementação da metodologia em clientes reais. Entre as organizações brasileiras que usam ou utilizaram a metodologia, podemos citar o Unibanco (hoje, Itaú Unibanco), Grupo Ultra, Copel, Gerdau, Petrobras, Polibrasil (hoje, Braskem), Confederação Nacional da Indústria (CNI), Conselho Nacional de Justiça (CNJ) e BrasilPrev.[13]

**Quadro 7.2**
Porque a estratégia não se transforma em desempenho?

**Fonte:** Adaptado pelos autores a partir de Mankins e Steele (2005).[7]

| |
|---|
| Recursos não disponíveis ou inadequados |
| Estratégia não comunicada |
| Ações não claramente definidas |
| Responsabilidades não claras |
| Barreiras entre áreas |
| Monitoramento do desempenho inadequado |
| Sistemas de incentivos inadequados |
| Liderança despreparada |
| Liderança descomprometida |
| Estratégia ruim |

## 7.3 COMO EVITAR AS "FALHAS" DE EXECUÇÃO DA ESTRATÉGIA?

Em função da maior representatividade da obra de Kaplan e Norton (medida pelo número de citações), bem como pela grande utilização e satisfação dos usuários com a metodologia (ver Figura 7.1), iremos utilizar a base conceitual dos primeiros autores para explicar os fatores da execução estratégica de sucesso.

A Figura 7.1 apresenta os resultados de pesquisa realizada pela consultoria Bain Company, onde são solicitados, via *survey* com executivos de empresas de todo o planeta, informações de

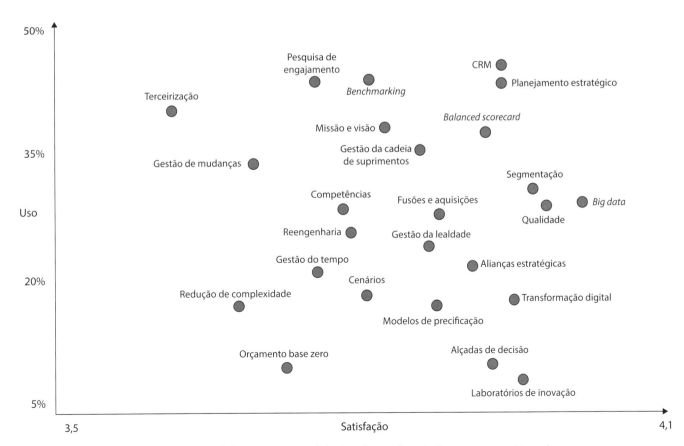

**Figura 7.1** Gráfico de utilização × satisfação das metodologias de gestão – *bain management trends*.
**Fonte:** Adaptada de Rigby e Bilodeau (2015).[17]

**Figura 7.2**
Princípios das empresas orientadas à estratégia.

**Fonte:** Adaptada de Kaplan e Norton (2001).[4]

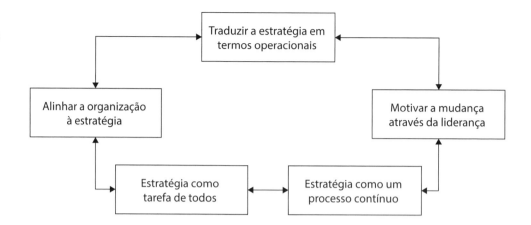

uso e satisfação com diversas ferramentas de gestão. O uso, representado no eixo y, apresenta o percentual dos respondentes que afirmam utilizar a ferramenta em suas organizações. A satisfação, representada pelo eixo x, apresenta a média da nota atribuída pelos executivos, que vai de zero a cinco.

Ao estudar as diversas empresas que tiveram sucesso com a metodologia, Kaplan e Norton[4] resumiram os pontos comuns seguidos pelas empresas orientadas à estratégia. Os autores organizaram estes pontos em cinco princípios, descritos na Figura 7.2.

Com o intuito de resumir cada um dos princípios das organizações orientadas à estratégia e trazer uma aplicação à realidade nacional, foi elaborado o Quadro 7.3, onde se encontram explicação e exemplos desses princípios.

Em função da organização do livro e de restrições de espaço, vamos tratar de cada um dos princípios em capítulos distintos: o princípio 1 será detalhado neste capítulo, enquanto os princípios 2, 3, 4 e 5 serão tratados no próximo capítulo.

## 7.4 PRIMEIRO PRINCÍPIO DA ORGANIZAÇÃO ORIENTADA PARA A ESTRATÉGIA: TRADUZIR A ESTRATÉGIA EM TERMOS OPERACIONAIS

O primeiro princípio das empresas orientadas à estratégia referenciado por Kaplan e Norton refere-se a traduzir a estratégia em termos operacionais, isto é, "digerir" uma estratégia complexa em termos mais simples, que possam ser utilizados, operacionalizados e comunicados para toda a organização. Parafraseando os autores, a introdução do *balanced scorecard* (BSC) e seus elementos serviram como mola condutora para introduzir foco estratégico e alinhamento organizacional.[4]

### SAIBA MAIS

O *balanced scorecard*, cuja tradução mais próxima é indicadores balanceados de desempenho, trata-se de uma metodologia de medição e gestão de desempenho e de execução estratégica. A inspiração de Kaplan e Norton para a criação do modelo veio do reconhecimento que as metodologias de controle, em voga até então, tinham limitações. Entre estas limitações, estavam a concentração excessivamente operacional, foco no presente, dificuldade em considerar ativos intangíveis que se tornavam cada vez mais importantes para a estratégia e o sucesso desta. Em função desta ideia de incorporar outras perspectivas de forma mais balanceada, a metodologia foi chamada de *balanced scorecard*.[4,18]

Kaplan e Norton[18] indicam os diversos elementos necessários para a tradução da estratégia em termos operacionais, ilustrados na Figura 7.3.

Uma empresa *low cost low fare* (LCLF), estratégia usada por empresas como Gol (antes da compra da Varig) e Azul (antes da compra da Trip), foca na maximização de ativos. Em outras palavras, deve minimizar o tempo em solo e voar o maior tempo possível, e suas ações devem seguir esta lógica.[22]

**CAPÍTULO 7** | Execução estratégica – descrição da estratégia

| Mapa estratégico | | Balanced Scorecard | | Plano de ação | |
|---|---|---|---|---|---|
| **Processo: Gestão operacional / Tema: reabastecimento no solo** | **Objetivos** | **Indicadores** | **Meta** | **Iniciativas** | **Investimentos** |
| **Perspectiva financeira** | • Rentabilidade <br> • Aumento da receita <br> • Menos aviões | • Valor de mercado <br> • Receita por assento <br> • Custo do *leasing* do avião | • 30% ↑ ano <br> • 20% ↑ ano <br> • 5% ↓ ano | | |
| **Perspectiva do cliente** | • Atrair e reter mais clientes <br> • Pontualidade dos voos <br> • Preços mais baixos | • Número de clientes habituais <br> • Número de clientes <br> • Posição no *ranking* de pontualidade da Agência Federal de Aviação – EUA <br> • Avaliação dos clientes | • 70% <br> • Aumentar 12% ao ano <br> • # 1 <br> • # 1 | • Implementar sistema de CRM <br> • Gestão da qualidade <br> • Programa de fidelização dos clientes | • $XXX <br> • $XXX |
| **Perspectiva interna** | • Reabastecimento rápido no solo | • Tempo de permanência no solo <br> • Partidas pontuais | • 30 minutos <br> • 90% | • Otimização do ciclo em solo | • $XXX |
| **Perspectiva de aprendizado e crescimento** | • Desenvolver as habilidades necessárias <br> • Desenvolver sistemas de apoio <br> • Tripulação de solo alinhada com a estratégia | • Prontidão dos cargos estratégicos <br> • Disponibilidade dos sistemas de informação <br> • Conscientização estratégica <br> • % de tripulantes que são acionistas | • 100% <br> • 100% | • Treinamento da tripulação de solo <br> • Lançamento do sistema de programação da tripulação <br> • Programa de comunicação <br> • Plano de aquisição de ações pelos empregados | • $XXX <br> • $XXX <br> • $XXX <br> • $XXX |
| | | | | Investimento total | $XXX |

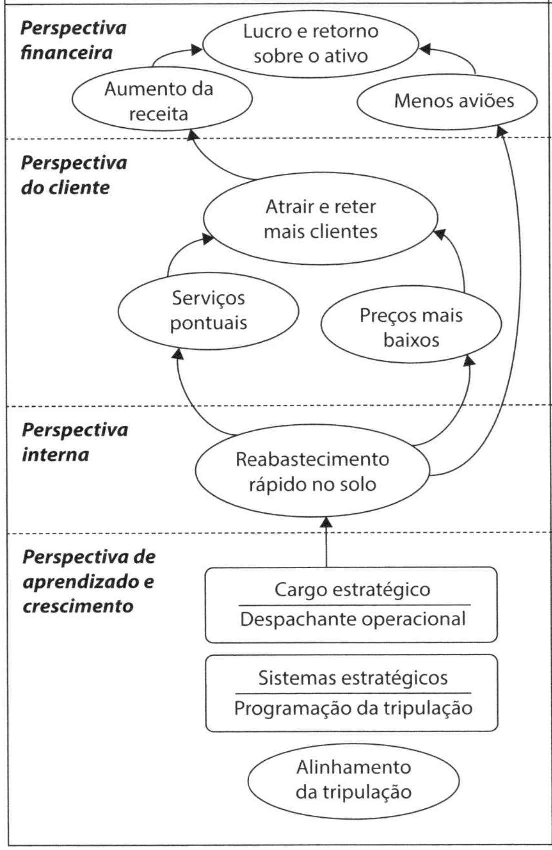

**Figura 7.3** Os elementos do *balanced scorecard* – uma empresa de aviação *low cost low fare*.

**Fonte:** Adaptada de Kaplan e Norton (2004).[18]

**Quadro 7.3**    Cinco princípios de organizações orientadas à estratégia

| Princípio | Explicação | Exemplo |
|---|---|---|
| 1) Traduzir a estratégia em termos operacionais | Transformar a estratégia em algo que possa ser entendido de maneira operacional, por meio de mapas, indicadores, metas e iniciativas | Mapa estratégico da Justiça Federal <br> <http://www.cjf.jus.br/cjf/planejamento/planejamento-estrategico/planejamento-estrategico-da-justica-federal/Mapa%20Estrategico%20da%20JF.JPG/image_preview> |
| 2) Alinhar a organização à estratégia | ... de modo que as atividades que não ajudem, ou ainda, que atrapalhem a estratégia, sejam gerenciadas e evitadas | Matriz de contribuição do Ministério da Agricultura <br> <http://www.agricultura.gov.br/acesso-a-informacao/institucional/planejamento-estrategico/paineis-da-contribuicao> |
| 3) Estratégia como tarefa de todos | Ou seja, fazer com que a estratégia seja da consideração de todos os colaboradores, de maneira constante | Exemplo da comunicação da estratégia na Brasil Telecom (hoje, Oi), com vistas a fixar a estratégia e a participação de cada um, usando técnicas de comunicação corporativa[13] |
| 4) Estratégia como um processo contínuo | Para que a execução funcione, deve existir um processo de gestão da estratégia, contínuo e com responsabilidades definidas | Uma empresa do ramo de automação de pagamento de pedágios, estabeleceu um processo de revisão estratégica, periódico, incluindo vários níveis hierárquicos, para acompanhar a execução |
| 5) Mobilizar a mudança através da liderança | Para que a execução funcione, as organizações precisam de líderes com um novo modelo mental, voltado também para a execução da estratégia, em oposição a um papel puramente operacional. | Uma *fintech* brasileira, redesenhou e reabilitou seu corpo gerencial para que pudesse entender os desafios estratégicos, participar dos encontros de acompanhamento da estratégia e tivessem as ferramentas para gerenciar tanto o dia a dia, bem como as demandas do planejamento estratégico |

Para este exemplo, os elementos do BSC são: (i) mapa estratégico, (ii) composto por objetivos estratégicos, (iii) objetivos estes que devem ter indicadores para que possa ser medida sua evolução e (iv) metas estratégicas, o patamar de desempenho que se espera chegar e, finalmente, (v) iniciativas estratégicas, as alavancas pelas quais o plano pretende melhorar o desempenho destes indicadores. A seguir, faremos uma rápida descrição destes elementos e de suas relações, bem como considerações sobre a operacionalização destes elementos.

## 7.5   MAPA ESTRATÉGICO

O intuito do mapa estratégico é o de contar a história da estratégia da empresa.[1] Segundo Kaplan e Norton, o BSC traduz a estratégia e a visão utilizando um mapa coerente, como objetivos estratégicos e indicadores de desempenho, e devem ser organizados em quatro diferentes perspectivas: financeira; cliente; processos internos; e aprendizado e crescimento.[4] É importante notar que as quatro perspectivas apresentadas têm como lógica interna a maneira pela qual, segundo estes autores, as empresas criam valor (Figura 7.4).

## RELEMBRANDO

Seria interessante que o aluno relembrasse os conceitos de cadeia de valor (discutidos no Capítulo 2) e o modelo Canvas do *business model generation*, especialmente a proposta de valor (discutida no Capítulo 5), que também tratam da criação de valor.

Em termos bastante "leigos", a lógica das perspectivas pode ser assim definida: para ter bons resultados financeiros, os clientes devem estar satisfeitos; para que os clientes estejam satisfeitos, nossos processos devem ser muito bons; para que os processos funcionem, precisamos aprender ou inovar, isto é, ter as competências, a cultura e os sistemas de informações que

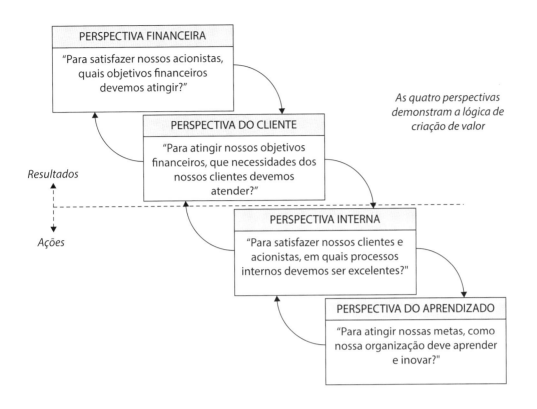

**Figura 7.4**

Lógica de relacionamento das perspectivas do mapa estratégico.

**Fonte:** Adaptada de Kaplan e Norton (2001).[4]

alicerçam a estratégia. Note-se que a lógica também funciona de forma reversa: para ter processos de classe mundial precisamos das competências, cultura organizacional e sistemas de informação que suportem estes processos necessários para o sucesso da estratégia.

Além destas componentes, Kaplan e Norton[4,18] recomendam que:

- A proposta de valor seja colocada de forma explícita na perspectiva de clientes.
- Existem quatro blocos básicos de processos internos: processos de gestão operacional (como entregamos valor), processos de gestão de clientes (como a organização atrai, conquista, retém e gere clientes), processos de gestão da inovação (como a organização inova perante o mercado) e processos regulatórios e sociais (como a organização se relaciona com sociedade e governos).
- A perspectiva aprendizado e crescimento é composta de três blocos, que devem ter investimento constante: capital humano (isto é, competências necessárias); capital organizacional (cultura); e capital da informação (desempenho e sistemas de tecnologia da informação).

Estas recomendações de Kaplan e Norton estão refletidas na Figura 7.5 a seguir.

Apesar das sugestões, Kaplan e Norton sempre enfatizam que a metodologia permite que se façam ajustes para que o mapa reflita as especificidades das estratégias de cada empresa. No exemplo de uma grande empresa de equipamentos médicos (ver Figura 7.6), a relação com o governo era tão importante que, em vez de aparecer em um bloco separado dos processos regulatórios e sociais, a diretoria executiva votou que, de tão importante e central, o relacionamento com os órgãos reguladores deveria ser encarado como parte do processo operacional.

Voltemos ao mapa da companhia aérea da Figura 7.3. Relembrando, companhias aéreas LCLF trabalham com uma lógica estratégica simples: uma das maneiras mais eficientes de competir no setor é tentar maximizar o uso dos principais ativos, as aeronaves. Assim, para que este tipo de posicionamento funcione, os elementos devem estar alinhados e mutuamente se reforçar.[22] A principal alavanca de maximização de valor é aumentar o tempo voado (utilização

**Figura 7.5**

Componentes básicos de um mapa estratégico.

**Fonte:** Elaborada pelos autores a partir de Kaplan e Norton (2001, 2004).[4,18]

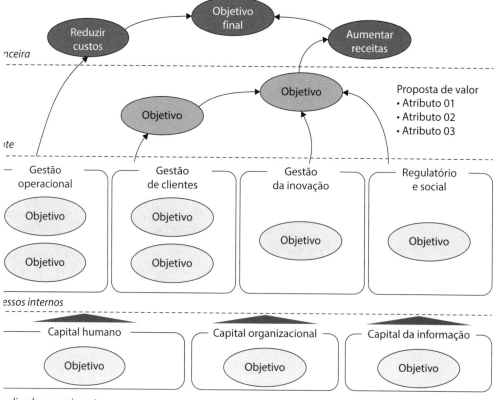

do ativo). Ou seu corolário, menor tempo possível em solo. Desta maneira, a lógica assim se explica por meio do mapa.

Como construir então um mapa? Acompanhe os passos com base na figura do mapa da Figura 7.1. Os passos que recomendamos, a partir de nossa experiência acadêmica e de consultoria, são:

a) Entenda a proposta de valor e a lógica da estratégia. Neste caso, passagens mais baratas e maximização de ativos. Se possível, coloque a proposta de valor na perspectiva de clientes (não representado na figura). Para organizações sem fins lucrativos, Kaplan e Norton recomendam que a "perspectiva fim" seja o cumprimento da missão da organização, sendo a perspectiva financeira, necessária, mas não suficiente.

b) Comece os objetivos pela perspectiva financeira. Em geral, os objetivos serão ligados a um objetivo de lucratividade e, em geral, representam questões de custos e receitas (componentes do lucro). Note-se que a estratégia de menor uso de ativos tem resultados diretos aqui.

c) Na perspectiva do cliente, os objetivos representam como será visto o valor, por parte dos clientes. No nosso exemplo, queremos que o cliente nos veja como uma empresa de custo acessível. Também vale notar que a pontualidade será resultado de uma estratégia LCLF. A maioria dos mapas também insere um objetivo de obtenção de clientes nesta perspectiva

d) Na perspectiva de processos internos, qual deve ser o processo em que a empresa é "a melhor do mundo"? O processo de reabastecimento em solo, que permite a rápida preparação da aeronave e maximização do uso de ativos. Como este mapa está simplificado, não estão incluídos outros processos importantes para maximizar ativos, e por exemplo, *check-in* e embarque de passageiros.

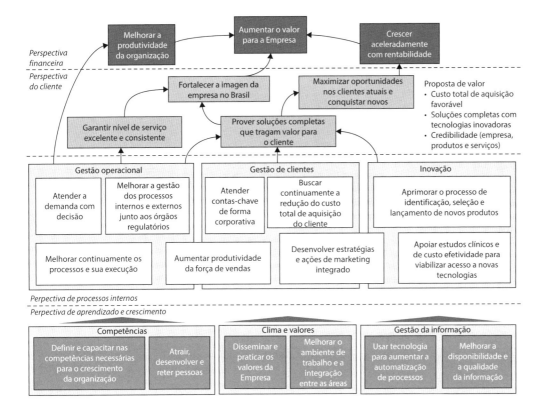

**Figura 7.6**

Exemplo de mapa estratégico da vida real – empresa de equipamentos médicos.

**Fonte:** Adaptada de exemplo real vivenciado pelos autores.

e) Na perspectiva de aprendizado e crescimento, devemos colocar as questões de capital intelectual, capital organizacional e capital da informação. Novamente, de maneira simplificada, quais as competências mais importantes? As competências de reabastecimento em solo, especialmente na figura dos despachantes operacionais. Em termos de cultura (capital organizacional), o que se deve ter? Que toda a tripulação esteja alinhada com a necessidade de minimizar o tempo em solo. E, por fim, qual o sistema de informação que deve ser à prova de falhas para esta estratégia funcionar? Neste exemplo, o sistema de programação da população deve ter funcionamento exemplar, pois falhas na programação seriam fatais para o menor tempo em solo.

f) Finalmente, deve-se ligar os objetivos por meio das setas, para entender se a lógica da estratégia permanece. As setas indicam hipóteses de causa e efeito, ou seja, são hipóteses de como estes objetivos se relacionam para alcançar o objetivo de maior lucratividade ou retorno ao acionista.

---

**MINICASO**

### Mapa estratégico de uma empresa de equipamentos médicos

O exemplo da companhia aérea é simplificado para facilitar o entendimento dos passos. Sugerimos que os alunos avaliem também este exemplo real de uma companhia de equipamentos médicos brasileira. Os desafios estratégicos eram os seguintes:

- Queria ser a empresa de melhor custo benefício, mas não a mais barata.
- Entendia-se que, para equipamentos médicos, a confiabilidade da empresa é fator muito importante.
- Parte grande do faturamento era advinda de vendas para o governo (SUS). Isso ampliava ainda mais o conceito de confiabilidade.

# ADMINISTRAÇÃO ESTRATÉGICA

- Os clientes cada vez mais buscavam uma empresa que pudesse auxiliá-los em seus problemas operacionais. Também buscavam soluções inovadoras.
- Parte importante da rentabilidade vinha de serviços, tais como revisão de equipamentos e entrega de reagentes, e não apenas de vendas de equipamentos.

Sugerimos que os alunos avaliem o mapa de forma crítica, apontando seus pontos fortes e pontos de melhoria.

## 7.6 INDICADORES ESTRATÉGICOS

Parece natural, que definido um objetivo, se mensure para saber se o objetivo foi cumprido ou não, e para que ele possa ser gerenciado. Como diria uma máxima conhecida no mercado, "o que não é medido não é gerenciado". A lógica é bem simples. É preciso ter uma medida para saber se há melhoria.

> Um bom resumo desta relação é:
> **Meça um indicador <um parâmetro> para acompanhar se houve melhoria <um objetivo>.**[23]

É importante que os objetivos estratégicos tenham indicadores definidos, se possível com uma descrição precisa de como e quando serão mensurados. Recomenda-se[24] as seguintes características para os bons indicadores relacionados com os objetivos de um mapa estratégico:

- Passível de ser mensurado.
- Flexível, se necessário.
- Motivador aos comportamentos esperados.
- Simples.
- Estrategicamente adequado.

E quantos indicadores o BSC deve ter? Kaplan e Norton,[4,18] embora sugiram alguns números, alertam que é uma decisão que cabe a cada organização. O *trade-off* deve considerar: o desejo de ter mais gestão sobre a estratégia *versus* o custo e a praticidade de gerenciar um número muito grande de indicadores. Os autores sugerem de 15 a 20 objetivos por mapa e, no máximo, 30 indicadores por mapa. Em nossa experiência como professores e consultores, o que acontece nas organizações é que, por motivos diversos, os indicadores vão se multiplicando de maneira exponencial. Um de nossos clientes, por exemplo, tinha um *dashboard* de mais de 100 indicadores "estratégicos". Mais do que a (im)praticidade da gestão de tal número de indicadores e correspondente custo, muitas vezes o que ocorre é o fenômeno "vários relógios para a mesma coisa". As organizações terminam com vários indicadores diferentes que se referem ao mesmo conceito, mas que têm operacionalizações diferentes. Na experiência brasileira e sul-americana dos autores, o indicador vendas parece ser o candidato favorito para a "multiplicação" nas organizações. Imagine o leitor quais seriam as consequências se um avião tivesse três indicadores diferentes para altitude.

No nosso exemplo da companhia aérea, para o objetivo atrair e reter mais clientes, convencionou-se utilizar o indicador de clientes habituais e o de número de clientes. É uma escolha, pois em vez de clientes habituais, poderia ter sido escolhido um percentual (%) de perda de clientes, por exemplo. É sempre importante que se definam, de antemão, os detalhes do indicador. O que será um cliente habitual? Um cliente que voa uma vez a cada dois anos será habitual? Essa discussão deve acontecer de antemão, para haver consistência entre os indicadores e os objetivos.

---

**M I N I C A S O**

### Gestão de indicadores: os problemas quando se usa vários indicadores

Um exemplo prático sobre indicadores ocorreu durante a chamada crise hídrica que atingiu São Paulo (2014-2016). Por uma série de questões de disputas políticas, de gestão da imagem do governador, controle da agência reguladora e de informação e depois de vários litígios jurídicos, chegou-se a três critérios diferentes para medir a mesma informação, que seria o volume do Sistema Cantareira:

- O índice 01 apresenta (volume armazenado)/(volume útil).
- O índice 02 apresenta (volume armazenado)/(volume total).
- O índice 03 apresenta (volume armazenado - volume reserva técnica)/(volume útil).

Obs. Volume útil = volume total – volume reserva técnica.

Note-se que a confusão está feita. Veja na figura 7.7 que, dependendo do critério utilizado, uma pessoa poderia afirmar que o sistema estava com 70,57%, 54,59% ou 41,29% de sua capacidade no dia 19 de julho de 2018. No auge da crise, o índice 03 chegou a apontar 25% negativos de volume no sistema, e os demais positivos. Da mesma forma, se o sistema voltar a ficar cheio algum dia, o índice 01 poderá apontar índices superiores a 100%.

Afinal de contas, qual é o melhor indicador? Depende do objetivo: para a disputa política, aquele que interessa. Se queremos que a população economize água, o índice 03. Se quisermos ignorar a questão do "volume morto" (ou reserva técnica), o índice 02.

Estado do sistema Cantareira em 2018-07-19

Estado: Bom
Nível sistema: 70,57%
Pluviometria do dia: 0,1 mm
Pluviometria acumulada: 1 mm
Média Pluviometria do mês: 48,7 mm
Capacidade sistema: 982 Milhões de m$^3$
Porcentagem de São Paulo: 53.79%

Atualmente, estão armazenados 692,9974 milhões de m$^3$ no sistema Cantareira. Considerando os três índices para o sistema Cantareira, temos os seguintes valores:

**Índice 1** : 70,57%
**Índice 2** : 54,59%
**Índice 3** : 41,29%

**Figura 7.7** *Print* mostrando os três indicadores usados no Sistema Cantareira.
**Fonte:** <https://www.nivelaguasaopaulo.com/cantareira>. Acesso em: 19 jul. 2018.

Para saber mais sobre os problemas de vários indicadores no caso do Sistema Cantareira, veja as notícias:

<https://brasil.elpais.com/brasil/2015/01/14/politica/1421252195_864485.html>.

<https://veja.abril.com.br/brasil/sabesp-divulga-indice-negativo-e-real-do-cantareira-93/>.

<https://www.valor.com.br/brasil/3967934/justica-suspende-liminar-que-limita-retirada-de- agua-do-cantareira>.

Também é imprescindível que os gestores entendam as relações entre os indicadores, de forma a facilitar o planejamento e a gestão dos mesmos. Da mesma maneira que as hipóteses de causa e efeito ligam os objetivos estratégicos, também conectam os indicadores escolhidos para estes objetivos. Por exemplo, como o índice de rejeição da produção se relaciona com a lucratividade? É possível fazer um exercício de hipóteses. Um aumento de rejeição deve levar a um aumento de reclamações, que, por sua vez, deve levar a uma queda no índice de satisfação do cliente, que deve estar relacionado com o índice de recompra. Deve ser mais barato vender para o cliente existente, e, portanto, a queda da recompra aumenta o custo de vendas. E um aumento do custo de vendas deve diminuir a lucratividade.

**Figura 7.8**

Exemplo de relações de causa e efeito entre indicadores de desempenho.

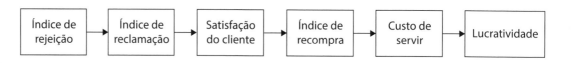

Note-se, assim, como a correta interpretação dos indicadores de desempenho (Figura 7.8) é fundamental para o entendimento da empresa como um sistema. É também interessante notar que, utilizando-se o histórico de dados, pode-se estabelecer, com determinado grau de confiança, a relação entre indicadores. Dependendo da complexidade desejada, pode-se utilizar metodologias de modelagem de sistemas, tais como *business dynamics*, para avançar no entendimento da organização como um sistema complexo.[25]

---

**SAIBA MAIS**

**Dinâmica de sistemas** (*business dynamics*) é uma metodologia e técnica de simulação computacional para esquematizar, entender e discutir problemas e assuntos complexos. Originalmente desenvolvida nos anos 1950 para auxiliar gestores corporativos a melhorar seu entendimento de processos industriais, a abordagem dinâmica de sistemas atualmente vem sendo utilizada nos setores públicos e privados para análise de políticas e projetos complexos.[28] Ela lida com ciclos de retroalimentação interna e atrasos que afetam o comportamento do sistema como um todo. O que faz o uso da dinâmica de sistemas diferente de outras abordagens para o estudo de sistemas complexos é a utilização do ciclo de retroalimentação (*feedback*) e estoque e fluxos (*stocks and flows*). Esses elementos ajudam a descrever como os mesmos sistemas aparentemente simples mostram uma confusa não linearidade (*nonlinearity*).[29]

---

## 7.7 METAS E INICIATIVAS

Os dois componentes finais do BSC, como mostrados na Figura 7.2, são as metas e iniciativas estratégicas. Vamos argumentar aqui que metas e iniciativas são logicamente indissociáveis, apesar de bem diferentes.

Inicialmente, é interessante desfazer uma confusão, que, em nossa experiência, se mostra comum – a incorreta definição do que são objetivos, indicadores e metas. A proposta aqui utilizada, e fortemente balizada na obra de Kaplan e Norton, está mais bem discriminada no quadro a seguir.[4,8]

É necessário chamar a atenção que, ao longo do planejamento estratégico, provavelmente surgirão mais iniciativas do que se pode realizar. Este número provavelmente será maior do que a capacidade de gestão destas iniciativas. Também serão sugeridas iniciativas que não combatem as causas de subdesempenho. E existirão iniciativas que não estarão alinhadas ao planejamento estratégico, mas que "estão na moda". É importante que ocorra a priorização das iniciativas, forçando a organização a escolher as iniciativas "realmente" estratégicas, isto é, aquelas que precisam ser implementadas.[19] Entre as técnicas de priorização de iniciativas comumente utilizadas, estão a matriz GUT[26] e a matriz impacto esforço.[27]

---

**SAIBA MAIS**

A **matriz GUT** é uma ferramenta que consiste, basicamente, em separar e priorizar os problemas para fins de análise e posterior resolução. Sua base é fundamentada no tripé:

- G – gravidade – avaliar as consequências negativas para os clientes.
- U – urgência – avaliar o tempo necessário ou disponível para corrigir os problemas levantados.
- T – tendência – avaliar o comportamento evolutivo (irá melhorar ou piorar) da situação.

Para cada um desses fatores deve ser atribuída uma nota, de acordo com a relevância de cada problema levantado. Em seguida, multiplicam-se os três fatores por eles próprios (G × U × T = OP), em que OP é o resultado que estabelece a ordem de prioridade para a resolução dos problemas apresentados.

Quadro 7.4   Reforço dos termos

| Termos | Definição | Exemplo |
|---|---|---|
| Objetivos estratégicos | Um objetivo definido que a organização precisa atingir para que a estratégia seja bem-sucedida. | Aumentar vendas |
| Indicadores | Uma medida de desempenho relacionada com uma atividade realizada pela organização, ou relacionada com esta atividade. No caso do BSC, atrelada a um objetivo estratégico (como saber se a organização atingiu seu objetivo?). | Vendas líquidas |
| Meta | No caso do BSC, a meta é definida como um valor atribuído a um indicador. | 10 milhões |
| Iniciativas estratégicas | São as "ações de intervenção" necessárias para fazer com que as metas sejam alcançadas. | Estruturar-se para vender para o setor X (que, hoje, *não é atendido pela empresa*). |

### SAIBA MAIS

Uma ferramenta útil para a priorização de projetos ou iniciativas estratégias é a **matriz impacto × esforço**. Trata-se de uma ferramenta simples, na qual cada proposta de projeto ou iniciativa estratégica é avaliada segundo dois critérios: impacto e esforço.

- O critério de impacto diz respeito ao tamanho do resultado do projeto para a empresa, seja ele quantitativo (retorno financeiro – medido por indicadores conhecidos) ou qualitativo (impacto na imagem da empresa, satisfação dos funcionários ou outro).
- O critério esforço diz respeito à dificuldade de se realizar o projeto, seja em termos financeiros (investimento), alocação de recursos ou complexidade para execução do projeto.

A técnica sugere que cada um dos executivos faça uma avaliação individual de cada projeto em termos dos critérios. Uma vez feita essa análise, são debatidas em plenária os itens com alta dispersão entre os resultados e realizada nova votação. Esse processo de votação se repete até que se chegue a um resultado em que os participantes entendam que existe uma dispersão aceitável. Nesse ponto, os resultados são plotados em um gráfico, como o da Figura 7.9:

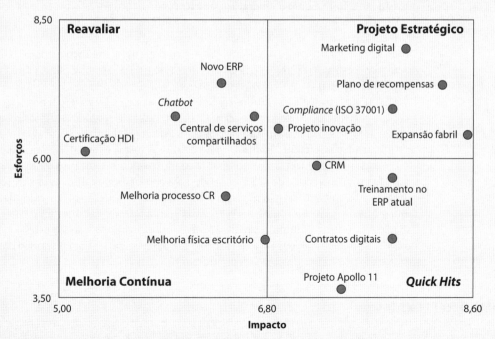

**Figura 7.9**   Matriz impacto × esforço.
**Fonte:** elaborado pelos autores a partir de múltiplas fontes.

> Projetos que possuem, relativamente, baixo impacto e baixo esforço, não devem ser considerados como projetos estratégicos, mas como melhoria contínua. Projetos com alto esforço e baixo impacto devem ser reavaliados e somente priorizados em caso de exigência legal. Itens com alto impacto e baixo esforço são classificados como *quick hits* (fáceis e rápidos) e devem ser executados imediatamente. Projetos com alto esforço e alto impacto são, de fato, os projetos estratégicos da empresa e devem ser realizados sequencialmente, de acordo com a capacidade de execução da organização.

Grosso modo, as iniciativas devem ser suficientes para que as metas sejam cumpridas. Voltando ao exemplo da companhia aérea, a meta para clientes habituais é de 70% (de clientes habituais). A iniciativa ligada a esta meta é a implementação do CRM. A pergunta a ser feita é: implementar o CRM está compatível com esta meta? Ou parece que apenas implementar o CRM será insuficiente. Provavelmente, o segundo caso. Desta maneira, se garante o alinhamento de metas e iniciativas.

---

**SAIBA MAIS**

**CRM** são as iniciais de **c**ustomer **r**elationship **m**anagement (gestão de relacionamento com o cliente). O termo se refere a um conjunto de práticas, estratégias de negócio e tecnologias focadas no cliente, que desde pequenas empresas e *startups* até médias e grandes organizações podem utilizá-las para gerenciar e analisar as interações com seus clientes, antecipar suas necessidades e desejos, otimizar a rentabilidade, e aumentar as vendas e a assertividade de suas campanhas de captação de novos clientes. Em sua essência ou em conceito, CRM é uma estratégia de negócio com o foco no cliente. Ou seja, as ações da empresa ficam voltadas para as necessidades dos clientes, e não para os próprios produtos.

---

## 7.8 CONSIDERAÇÕES FINAIS

Falamos neste capítulo sobre o conceito de "problema da execução", que parece ser não apenas um problema nacional, mas também um problema mundial. Discutimos as principais obras que fundamentam a base da literatura de execução.

Vimos que, em geral, o problema de execução está ligado a questões de conhecimento, alinhamento, processo, alocação e responsabilidades. As metodologias de implementação tentam exatamente responder a essas causas. Para isso, sugerimos os cinco princípios de organizações orientadas à estratégia. Neste capítulo, focamos no primeiro princípio: traduzir a estratégia em termos operacionais.

Traduzir a estratégia em termos operacionais estratégia (Figura 7.2) nos traz a necessidade e a relação entre todos os elementos do BSC: mapa, indicadores, metas e iniciativas. É interessante notar como a escolha, parte fundamental da estratégia, também está presente nas decisões ao se elaborar mapas, escolher indicadores, e definir as metas e iniciativas que suportam as metas.

Em nossa experiência como professores e profissionais da prática da estratégia no Brasil, a utilização e a construção dos elementos do BSC proveem uma discussão rica sobre as decisões estratégicas, aumentando não só o entendimento sobre as alavancas de valor da estratégia, mas também o engajamento nos níveis gerenciais com a estratégia. Entretanto, somente a construção não é suficiente. É importante desenvolver uma envoltória que suporte a operacionalização do BSC, bem como as mudanças de modelo mental necessárias para o sucesso da implementação estratégica. Isto é assunto para o próximo capítulo.

---

## QUESTÕES PARA REFLEXÃO

1. Baseado na leitura e na sua reflexão, quais das causas de dificuldade de implementação estratégica você já observou em organizações que conhece?

2. Qual a relação entre indicadores e metas? Explique.

## QUESTÕES PARA AVALIAÇÃO DO CONHECIMENTO

1. É correto afirmar que:
   a) A estratégia nunca é implementável.
   b) A minoria das empresas tem problemas com a implementação da estratégia.
   c) Entre 10% a 20% das organizações têm problemas de implementação.
   d) A maioria das organizações tem problemas de implementação estratégica.
   e) A implementação não importa.

2. Quais são as perspectivas do mapa estratégico, segundo Kaplan e Norton.
   a) Norte, sul, leste, oeste.
   b) Estratégico, tático e operacional.
   c) Financeira, cliente, processos internos e pessoas.
   d) Caixa, externa, processos e treinamento.
   e) Financeiro, cliente, processos internos, e aprendizado e crescimento.

3. Marque a alternativa incorreta:
   a) Os componentes do *balanced scorecard* são: mapa, indicadores e iniciativas.
   b) O *balanced scorecard* contribui para o processo de gestão da estratégia das organizações.
   c) O pilar de capital organizacional se refere às competências necessárias à estratégia.
   d) Deve-se iniciar o mapa pela proposta de valor.
   e) A setas do mapa são hipóteses sobre a lógica da estratégia de um mapa.

4. Os componentes do BSC são:
   a) Mapa, objetivos, indicadores, metas e iniciativas.
   b) Estratégico, tático e operacional.
   c) Proposta de valor, cadeia de valor e Canvas.
   d) Financeiro, cliente, processos internos, e aprendizado e crescimento.
   e) Nas organizações da era da informação, o importante é mensurar apenas indicadores financeiros, pois são os que medem nossas ações passadas

5. Das alternativas que se seguem, qual é a incorreta?
   a) A estratégia deve ser executada em todos os níveis da organização.
   b) Mapa estratégico e SWOT são sinônimos.
   c) A proposta de valor é componente importante do mapa estratégico.
   d) A implementação da estratégica também pode ser conhecida como execução.
   e) A metodologia se chama *balanced scorecard*, pois tenta balancear indicadores financeiros e não financeiros, de curto e longo prazo, indicadores de ativos tangíveis e intangíveis.

## CASO FINAL BRASILEIRO PARA ANÁLISE

### Elaborando mapas estratégicos simplificados: hospital Premier[30]

Uma dúvida frequente de gestores, em especial de empresas e organizações de menor porte, diz respeito à viabilidade de se desenvolver um *balanced scorecard* simplificado, ou simplesmente, mais "enxuto". Afinal de contas, se os próprios autores recomendam mapas com 15 a 20 objetivos e uma média de 1,5 indicador por objetivo,[19] é possível ter um painel com menos de 25 indicadores? Isso não só é possível, como recomendado. No mais recente livro, Kaplan e Norton afirmam que, se pudessem voltar atrás, teriam elaborado *scorecards* mais simplificados.

O mapa estratégico executado para um hospital de cuidados paliativos é um exemplo de como se fazer tal simplificação. O hospital Premier é integrante do Grupo MAIS (Modelo de Atenção Integral à Saúde). Trata-se de um hospital especializado no atendimento a pacientes crônicos de alta dependência, especialmente idosos, portadores de patologias como neoplasias em estágio avançado, demências, sequelas neurológicas e outras doenças crônicas. O foco é o acompanhamento multiprofissional de três perfis clínicos de pacientes, os quais podem se sobrepor, com suas respectivas características de atendimento: (i) reabilitação (neurológica, motora, respiratória etc.); (ii) cuidados prolongados; e (iii) cuidados paliativos.

O mapa estratégico foi estruturado na forma de um diagrama esquemático (Figura 7.10) que lembra uma casa, sendo composto por oito objetivos estratégicos. Não há relações de causa e efeito, nem ao menos as perspectivas do BSC são indicadas formalmente. Entretanto, uma leitura atenta poderá identificar a relação direta com o conceito de Kaplan e Norton. Os dois objetivos da parte de baixo ("consolidação da equipe de alto nível" e "adequação da infraestrutura e equipamentos") guardam relação com a perspectiva de aprendizado e crescimento. Os objetivos intermediários, que se assemelham aos pilares do diagrama, representam os processos e clientes.

**Quadro 7.5** Fundamentos estratégicos do grupo MAIS (hospital Premier)

| | |
|---|---|
| Missão | O grupo MAIS (Modelo de Atenção Integral à Saúde) é um conjunto de empresas que têm como missão:<br>• Oferecer melhoria na qualidade de vida das pessoas e suas famílias, otimizando as ações de promoção da saúde, de prevenção de doenças, de terapêutica e dos cuidados paliativos.<br>• Gerar e difundir conhecimento, formar profissionais e contribuir para a construção de um modelo de organização de serviços de saúde.<br>• Valorizar a atuação em equipe de profissionais qualificados, comprometidos com a sociedade e o meio ambiente. |
| Visão | • Ser um modelo de atenção à saúde no qual o público assistido se perceba cuidado por uma equipe que respeite suas necessidades nas ações de promoção da saúde, na atenção adequada no adoecimento e nos cuidados ao final da vida.<br>• Ser um centro de referência em pesquisa e desenvolvimento de profissionais.<br>• Ser sustentável, ter um ambiente ético, motivador e inovador: a melhor empresa do setor para se trabalhar. |
| Valores | O grupo MAIS pauta suas atividades e relacionamentos de acordo com os seguintes valores:<br>• Respeito às necessidades das pessoas e de seus familiares.<br>• Verdade e clareza do grupo com os diferentes públicos.<br>• Valorização dos profissionais e do trabalho em equipe.<br>• Inovação: soluções de vanguarda com respaldo científico, pautadas na eficiência, eficácia e efetividade.<br>• Ousadia: ser contraponto ao modelo hegemônico de atenção à saúde.<br>• Compartilhar conhecimento: dentro do grupo, na comunidade científica e na sociedade.<br>• Corresponsabilidade: contribuição na elaboração de programas socioculturais e de políticas de interesse público. |

Os mapas simplificados representam uma redução de esforços, custos e complexidade no desenvolvimento da execução estratégica e, por isso, são muito bem-vindos, especialmente para empresas com poucos recursos gerenciais e administrativos. É uma inovação interessante, especialmente para empresas brasileiras e latino-americanas, que encontravam dificuldades em utilizar a ferramenta da mesma maneira que foi concebida para aplicação nas grandes corporações norte-americanas.

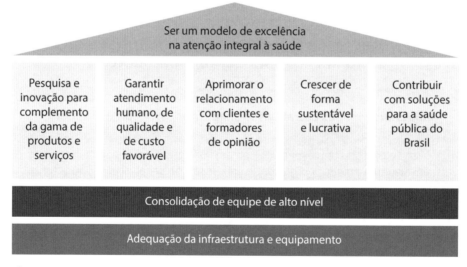

**Figura 7.10** Mapa estratégico de um hospital de cuidado paliativo no América Latina.

## QUESTÕES PARA DISCUSSÃO

1. Quais as vantagens e desvantagens de se usar um mapa simplificado, como o do hospital Premier, no lugar de um mapa completo, de acordo com a metodologia original de Kaplan e Norton?

2. Como seria o mapa estratégico do hospital Premier em uma versão completa?

3. Quais seriam os indicadores de desempenho para medir cada um dos objetivos identificados pelo hospital Premier?

# REFERÊNCIAS

1. COHEN, K. J.; CYERT, R. M. Strategy: formulation, implementation, and monitoring. **The Journal of Business**, 46(3), 349-367, 1973.

2. PETTIGREW, A. M. Strategy formulation as a political process. **International Studies of Management & Organization**, 7(2), 78-87, 1977.

3. PEARCE, J. A.; ROBINSON, R. B. **Formulation, implementation and control of competitive strategy**. McGraw-Hill, 1985.

4. KAPLAN, R. S.; NORTON, D. P. **Organização orientada para a estratégia**. Elsevier, 2001.

5. EWENSTEIN, B.; SMITH, W.; SOLOGAR, A. Changing change management. **McKinsey Digital**, 1-4, 2015.

6. SULL, D.; HOMKES, R.; SULL, C. Why strategy execution unravels – and what to do about it. **Harvard Business Review**, 93(3), 57-66, 2015.

7. MANKINS, M. C.; STEELE, R. Turning great strategy into great performance. **Harvard Business Review**, 64-72, jul./aug. 2005.

8. BOSSIDY, L.; CHARAN, R. **Desafio**: fazer acontecer: a disciplina de execução nos negócios. Elsevier, 2003.

9. SCHWARZ, F. Management scorecard: alinhando indicadores de desempenho à estratégia empresarial. In: III Simpósio de Administração da Produção, Logística e Operações Internacionais, *São Paulo*, 2000. **Anais** [...], FGV, 2000.

10. MARIOTTO, F. L. Execução da estratégia empresarial. **Revista de Administração de Empresas**, 53(2), 218-218, 2013.

11. HREBINIAK, L. G. **Making strategy work**: leading effective execution and change. FT Press, 2005.

12. MORGAN, M; LEVITT, R. E.; MALEK, W. Executing your strategy: how to break it down and get it done. **Harvard Business Press**, 2008.

13. KALLÁS, D.; COUTINHO, A. R. **Gestão da estratégia**: experiências e lições de empresas brasileiras. Campus, 2005.

14. HERRERO, E. **Balanced scorecard e a gestão estratégica**. Campus, 2005.

15. COSTA, A. P. P. **Balanced scorecard**: conceitos e guia de implementação. Atlas, 2006.

16. KAPLAN, R. S.; NORTON, D. P. The Balanced scorecard: measures that drive performance. **Harvard Business Review**, jan./feb., 1992.

17. RIGBY, D.; BILODEAU, B. **Management Tools & Trends**. 2015. Disponível em: <https://www.bain.com/contentassets/caa40128a49c4f34800a76eae15828e3/bain_ zbrief-management_tools_and_trends.pdf>. Acesso em: jan. 2019.

18. KAPLAN, R. S.; NORTON, D. P. **Mapas estratégicos**: convertendo ativos intangíveis em resultados tangíveis. Elsevier, 2004.

19. KAPLAN, R. S.; NORTON, D. P. The office of strategy management. **Strategic Finance**, 87(4), 8, 2005.

20. KAPLAN, R. S.; NORTON, D. P. **Alinhamento**: utilizando o balanced scorecard para criar sinergias corporativas. Elsevier, 2006.

21. KAPLAN, R. S.; NORTON, D. P. **Execução premium**. Elsevier, 2009.

22. PORTER, M. E. What is strategy? **Harvard Business Review**, 61-78, nov./dec. 1996.

23. AUSTIN, R. D. **Measuring and managing performance in organizations**. Addison-Wesley, 2013.

24. STEINER, G. A. **Strategic planning**. Free Press, 1979.

25. AKKERMANS, H. A.; VAN OORSCHOT, K. E. Relevance assumed: a case study of balanced scorecard development using system dynamics. **Journal of the Operational Research Society**, 56(8), 931-941, 2005.

26. KEPNER, C. H.; TREGOE, B. B. **The rational manager**: a systematic approach to problem solving and decision making. McGraw-Hill, 1976.

27. GEORGE, M. L.; GEORGE, M. **Lean six sigma for service**. McGraw-Hill, p. 273, 2003.

28. RADZICKI, Michael J.; TAYLOR, Robert A. **Origin of system dynamics**: Jay W. Forrester and the history of system dynamics. U.S. Department of Energy's Introduction to System Dynamics, 2008.

29. MIT SYSTEM DYNAMICS IN EDUCATION PROJECT (SDEP). Disponível em: <http://web.mit.edu/sysdyn/index.html>. Acessado em: 08 out. 2018.

30. KALLÁS, D. A construção dos fundamentos estratégicos do Grupo MAIS: uma visão retrospectiva cinco anos depois. In: GOMES, A. L. Z. **Prata da Casa 6**: escritas e depoimentos sobre a gênese, trajetória e perspectivas do Grupo MAIS. Oboré, 2013.

# EXECUÇÃO ESTRATÉGICA – MENSURAÇÃO E GESTÃO DA ESTRATÉGIA

*David Kallás*
*Carlos Afonso Caldeira*

## RESUMO

Uma vez formulada a estratégia e traduzida em um painel de desempenho, como o *balanced scorecard* (Capítulo 7), parte-se para o desafio maior, que é a execução da estratégia. Este capítulo detalha um modelo de gestão estratégica baseada em cinco princípios, chamados de "os princípios da organização orientada à estratégia". Os principais elementos contemplados nesse modelo são o desdobramento da estratégia para as áreas ou unidades; o alinhamento entre as áreas; comunicação da estratégia para garantir que todos saibam os rumos da organização e o papel de cada um; vínculo da estratégia com sistemas de incentivos e remuneração variável; estabelecimento de um processo de reuniões para mensuração e revisão da estratégia para fazer da estratégia um processo contínuo e não somente um exercício anual; automação do processo com o apoio de tecnologia da informação; e o papel da liderança executiva para mobilizar a mudança. Para cada um desses tópicos são apresentadas recomendações de práticas e ferramentas, bem como algumas referências de casos brasileiros e latino-americanos. Não há uma sequência única para a implementação dessas práticas, sendo que há casos de empresas que usaram ordens bastante diferentes, chegando a resultados semelhantes. Mas o que se sabe é que a aplicação dessas práticas traz resultados concretos para o desempenho das organizações, conforme pesquisas apresentadas ao final do capítulo.

### OBJETIVOS DE APRENDIZAGEM

Neste capítulo, o leitor poderá aprofundar seu conhecimento sobre:
- Um modelo de gestão da estratégia, composto por princípios.
- Formas distintas de desdobramento e alinhamento da organização.
- A importância da comunicação da estratégica.
- Recomendações sobre a montagem de um sistema de incentivos alinhado à cultura e objetivos da organização.
- A diferença entre os tipos de reuniões de avaliação de desempenho e atualização da estratégia.
- Os principais papéis da liderança no processo da gestão da estratégia.

## 8.1 INTRODUÇÃO: CINCO PRINCÍPIOS DE ORGANIZAÇÕES ORIENTADAS À ESTRATÉGIA

No capítulo anterior, discutimos as causas de falhas de execução estratégica[1] e sugerimos a utilização do modelo dos cinco princípios das organizações orientadas à estratégia como um guia para sobrepujar a dificuldade da implementação estratégica. A Figura 8.1 retoma o modelo:

**Figura 8.1**

Princípios das empresas orientadas à estratégia.

**Fonte:** Adaptada de Kaplan e Norton (2001).[2]

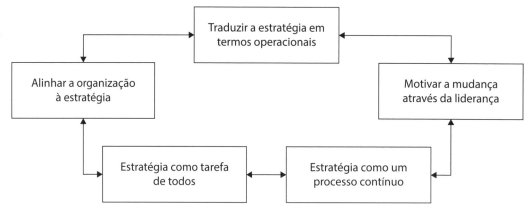

Relembrando, no capítulo anterior vimos o que significava traduzir a estratégia em termos operacionais. O princípio estava ligado a transformar a estratégia em algo que possa ser entendido de maneira operacional, por intermédio de mapas, indicadores, metas e iniciativas. Aqui, iremos discutir os demais princípios.

Não há uma ordem indicada para a implementação desses princípios. Há exemplos de empresas que iniciaram por diversas sequências. Para fins didáticos, vamos apresentar os princípios, segundo a sequência anti-horária da Figura 8.1.

## 8.2 ALINHAR A ORGANIZAÇÃO À ESTRATÉGIA

Um dos grandes problemas da execução estratégica é a questão do alinhamento. Usando uma metáfora comum, imagine uma competição olímpica de remo, na modalidade "oito com timoneiro". Para que o barco vença, diversas coisas devem acontecer. Primeiro, o timoneiro deve ter um "plano" e executar esse plano sempre atento às mudanças ocorrendo com os competidores e no contexto. Para quem já viu esse tipo de competição, o mais surpreendente é a coordenação: os remadores não apenas remam na mesma direção, mas o fazem em ritmo cadenciado e concatenado. Só assim atingirão o melhor desempenho. Qualquer gestor com alguma experiência vai reconhecer as incontáveis vezes que a coordenação e o alinhamento falham em uma organização moderna. Isto pode ocorrer por vários motivos.

Em organizações tradicionais, o modelo organizacional é projetado com a finalidade de especialização funcional (finanças, fabricação, marketing, vendas, engenharia e compras). Cada uma destas funções tem seu próprio corpo de conhecimentos e, principalmente, objetivos e metas de desempenho. O resultado é o surgimento dos chamados silos funcionais, que se apresentam como obstáculos à implementação da estratégia.[2]

A falta de alinhamento também ocorre em empresas do tipo M, ou seja, empresas com unidades de negócio. A lógica das unidades de negócio é a especialização, mas não funcional, e sim por proximidade aos mercados (tipo de cliente, produto e regional).

Novamente, as diferenças entre objetivos e metas podem levar ao desalinhamento estratégico. O desalinhamento pode, inclusive, ocorrer entre as unidades de negócio, a estratégia corporativa e as unidades de apoio. Como colocam Collis e Montgomerry:[3]

> A estratégia corporativa notável não é um conjunto aleatório de diferentes componentes, mas um sistema de partes interdependentes, cuidadosamente concatenadas [...] Em uma estratégia corporativa ótima, todos os elementos (recursos, negócios e organizações) estão alinhados uns com os outros. Esse alinhamento é impulsionado pela natureza dos recursos da empresa – seus ativos especiais, suas habilidades e suas capacidades.

Portanto, a principal tarefa do alinhamento consiste em evitar que as diferentes áreas ou unidades de uma organização trabalhem de forma desconectada. Isto é feito a partir da definição de objetivos, indicadores, metas e ações, não só para a empresa em geral, mas também para cada área, unidade, célula ou grupo de pessoas. Chamamos esse processo de "desdobramento da estratégia". Existem diversas formas possíveis de se fazer isso:

---

**Empresas do tipo M** são empresas com unidades de negócio. A lógica das unidades de negócio é a especialização, mas não funcional, e sim por proximidade aos mercados (tipo de cliente, produto e regional).

- **Desenhar mapas estratégicos para áreas funcionais, áreas gerenciais e pessoas:**[4] assim como no nível superior da organização, essa abordagem sugere a criação de um BSC completo para cada área ou unidade da empresa, com mapa, indicadores, metas e iniciativas. Empresas como Gerdau, Siemens e Petrobras adotaram esse modelo nos anos 2000. A Figura 8.2 apresenta um modelo de mapa estratégico genérico para a área de RH proposto por Kaplan e Norton.

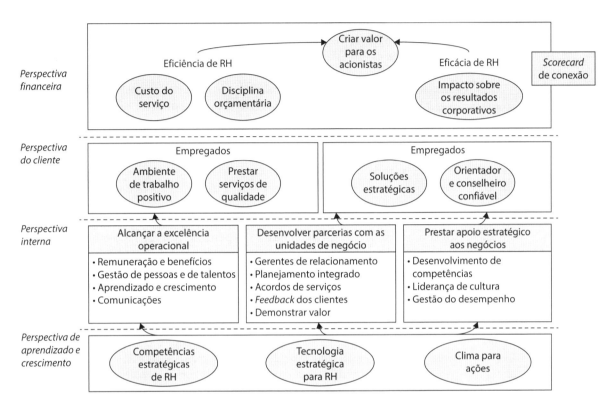

**Figura 8.2**
Exemplo de mapa estratégico da área de RH.

**Fonte:** Adaptado de Kaplan e Norton (2001).[5]

- **Manter o mapa corporativo e desdobrar apenas os indicadores de desempenho, metas e projetos por meio de painéis de contribuição:**[3] uma forma mais simplificada, e também adotada por diversas organizações, consiste em manter somente um mapa estratégico. Todos os desdobramentos são feitos por meio de objetivos de contribuição, onde cada unidade ou área identifica quais os poucos objetivos estratégicos do mapa ela consegue contribuir diretamente. Uma vez identificados esses objetivos, a área define seus objetivos de contribuição, indicadores e ações específicas. Exemplos são o hospital 9 de Julho e o Ministério da Agricultura, Pecuária e Abastecimento.
- **Desdobrar as metas numéricas em árvores de indicadores totalmente concatenados:**[5] diferentemente do modelo dos painéis de contribuição, esse modelo de desdobramento segue a lógica matemática a partir de algum indicador financeiro superior, como ROE ou ROA. Esse modelo foi inicialmente desenvolvido pela empresa DuPont e, por conta disso, costuma ser chamado de "árvore de DuPont".[6,7]

### SAIBA MAIS

O **painel de contribuição** é uma ferramenta de gestão composta de objetivos, indicadores, metas e iniciativas, que as unidades precisam desenvolver para o alcance dos objetivos estratégicos. É a forma de se visualizar como cada unidade contribui para o alcance da estratégia, em termos tático e operacional. Confira os painéis de contribuição do mapa em: <http://www.agricultura.gov.br/acesso-a-informacao/institucional/planejamento-estrategico/paineis-da-contribuicao>.

**Fonte**: Ministério da Agricultura, Pecuária e Abastecimento.

**ROE** é a sigla para *return on equity* (retorno sobre patrimônio líquido) e ROA, a sigla para *return on assets* (retorno sobre ativos).

A árvore **de DuPont** é um gráfico oriundo da técnica conhecida como análise DuPont, uma expressão que divide o ROE em três partes. O nome vem da DuPont Corporation, que começou a usar essa fórmula na década de 1920. O vendedor de explosivos da DuPont, Donaldson Brown, inventou essa fórmula em um relatório de eficiência interna, em 1912.

Independentemente do formato, a grande preocupação do gestor é garantir que os objetivos desdobrados de uma área ou unidade contemplem não somente a contribuição "para cima", mas também para "os lados". Essa é a chave para ir além do desdobramento simples e buscar o alinhamento pleno. Em outras palavras, os objetivos de uma área ou unidade devem mostrar também como essa unidade contribui com os pares, ou seja, as outras áreas. O uso de objetivos, indicadores e metas compartilhadas entre áreas é uma boa forma de estimular esse alinhamento. Por exemplo, indicadores como "entrega no prazo", "satisfação dos clientes" e "clima organizacional" são costumeiramente usados para esse fim, dado que são resultantes da atuação de diversas áreas em conjunto, e não somente responsabilidade de uma ou poucas pessoas na organização.

Além do formato, outra decisão importante é até que nível será desdobrada a estratégia. Novamente, o gestor deve ter os custos em conta. Desdobrar a estratégia para absolutamente todos os 10 mil funcionários de uma organização, pode ser extremamente custoso. Por outro lado, como contado por uma anedota, o maior risco é o pessoal da ponta não saber a estratégia, pois são eles que irão executá-la.[2] Cabe ao gestor tomar a decisão, que pode passar também pelo meio termo, isto é, desdobrar a estratégia somente até o nível de áreas ou coordenação. Essa decisão deve ser tomada considerando também a cultura que se deseja estimular na organização. Desdobramentos mais detalhados e que chegam ao nível individual são mais adequadas para organizações que querem estimular cultura de meritocracia. Por outro lado, baixo nível de individualização e alto nível de compartilhamento são técnicas mais usadas por empresas que desejam reforçar a cultura de colaboração.

## 8.3 FAZER DA ESTRATÉGIA TAREFA DE TODOS

Como mencionado, um dos principais riscos da execução estratégica é o de que a estratégia seja desconhecida justamente por quem tem a responsabilidade de colocá-la em prática: o pessoal da linha de frente. Para isso, a estratégia deve deixar de ser apenas uma discussão de diretoria e conselho e passar para uma atividade de todos na empresa. Como esperado, temos evidências de que, quanto mais consciente é a força de trabalho sobre a estratégia, melhor o desempenho organizacional:

Enfatiza-se, principalmente, a necessidade de uma comunicação eficiente das estratégias (além de uma vinculação da estratégia com recompensas). Esse conceito é chamado de consciência estratégica.[2] Normalmente, costumamos convidar nossos interlocutores e alunos a refletir sobre a seguinte questão: "Entre (a) escolher que todos saibam da estratégia, mas que ela possa vazar, e (b) escolher que poucos saibam da estratégia, mesmo que os colaboradores na "ponta" possam não saber o que tem de fazer, mas que a estratégia fique protegida dos concorrentes, qual você prefere"?

Pela nossa experiência, trata-se sempre de uma discussão rica, que, na maioria das vezes, começa com um bom número de pessoas votando na segunda opção, para ser convencido pela maioria que, para que a execução funcione, a primeira é a melhor opção. Entre o risco de algum concorrente conhecer a sua estratégia e fazer algo para te prejudicar e a certeza de que, se os colaboradores não conhecerem a estratégia, a empresa irá fracassar, é preferível ficar com o risco.

### 8.3.1 Comunicação da estratégia

É clara a necessidade de um grande esforço coordenado de comunicação para que os colaboradores percebam as mudanças por vir, as mudanças necessárias e os novos comportamentos requeridos, do que se deve abrir mão. Infelizmente, em nossa experiência, a realidade é bem distante deste desejo. O conhecimento dos colaboradores sobre a estratégia da empresa costuma ser uma pergunta do tipo "calcanhar de Aquiles" das pesquisas de engajamento. Pesquisa realizada no Brasil encontrou uma taxa de 5% dos respondentes que afirmaram conhecer a estratégia de suas organizações.[7]

A necessidade de uma boa comunicação estratégica fez com que vários autores[8] tenham proposto diversos pontos em comum sobre o que fazer (e o que não fazer) para uma eficiente comunicação estratégica. As mais recomendadas são:[9]

CAPÍTULO 8 | Execução estratégica – mensuração e gestão da estratégia

**Quadro 8.1**
Recomendações para uma comunicação eficiente

| Recomendações | Descrição da ação |
|---|---|
| Mantenha a simplicidade | Todo o jargão e linguagem técnica devem ser eliminados |
| Use metáforas, analogias e exemplos | Uma imagem verbal vale mais que mil palavras |
| Use muitos fóruns diferentes | Grandes e pequenas reuniões, memorandos e informativos, interação formal e informal – tudo isso é suficiente para divulgar a teoria |
| Repetição, repetição, repetição | As ideias são absorvidas somente depois que tiverem sido ouvidas muitas vezes |
| Lidere por meio de exemplos | O comportamento das pessoas importantes inconsistente com a visão esmaga outras formas de comunicação |
| Resolva de forma explícita as inconsistências aparentes | Inconsistências não explicadas minam a credibilidade de toda a comunicação |
| Ouça e seja ouvido | A comunicação de mão dupla é sempre mais poderosa do que a comunicação de mão única |

Um bom exemplo de amplo programa de comunicação estratégica é detalhado em pormenores no caso a seguir:[10]

---

### MINICASO

#### Comunicação estratégica na Brasil Telecom

A campanha da nova estratégia foi lançada com o conceito de: você no mapa de sucesso da Brasil Telecom. Fica clara a tentativa de trazer o colaborador ao processo, bem como a inserção do mapa estratégico no centro de todo o processo. Paralelamente, o processo de execução da nova estratégia foi chamado de Estação 14, uma referência ao código de interurbano da Brasil. O programa de implementação estratégica tinha, inclusive, logo próprio.

A estratégia de canais e público (chamada de plano de comunicação) enfatizou, em primeiro lugar, diferentes tipos de canais para alcançar diferentes tipos de público. Por exemplo, foram usados encontros presenciais com a liderança executiva, um *road show* para apresentar a mensagens para as diversas filiais. Também foram produzidos diversos materiais de apoio, tais como vídeos institucionais, impressão de um mapa estratégico por funcionário, bem como a utilização de calendários de mesa com alusão ao atletismo, esporte patrocinado pela empresa, referindo-se a metas e esforço.

O plano de comunicação também tinha duas fases distintas: uma de lançamento, como descrita antes, e outra de "sustentação", ou seja, acabada a "novidade", como não se dissipar e como continuar focado na execução estratégica. Assim, em 2004, o conceito utilizado foi "Você constrói o sucesso todo dia" (em uma possível alusão ao terceiro princípio, estratégia como tarefa de todos). Em 2005, o mote foi "A Brasil Telecom é o que nós fazemos". Além dos diversos canais de comunicação utilizados na primeira fase, também foram criados canais para reportar a implementação e as histórias de implementação do programa Estação 14: uma revista impressa (Conexão 14), além de um *site* interno com relatos e informações diversas sobre o programa.

#### QUESTÕES PARA DISCUSSÃO:

1. Qual a mensagem principal que um programa de comunicação da estratégia deve passar?

2. Quais as vantagens e desvantagens da utilização das metáforas, tais como a analogia com o atletismo em programas de comunicação da estratégia?

3. Na organização em que você trabalha ou estuda, quais seriam os canais mais recomendados para se usar em um programa de comunicação da estratégia?

---

Enfatizamos, usando o exemplo do caso, a necessidade do reforço da comunicação estratégica. Por um lado, pela constante tensão entre as atividades estratégicas, entre o urgente e importante,[11] sem reforço da comunicação as atividades operacionais tendem a dominar as agendas. O segundo motivo é a retenção. O ser humano retém pouco das informações apresentadas,[12] gerando a necessidade de reforço na comunicação.

# 148  ADMINISTRAÇÃO ESTRATÉGICA

Também é interessante notar a evolução das comunicações e ferramentas colaborativas nos últimos anos.[13] Na comunicação estratégica, não se deve esquecer de tópicos como:

- O uso de plataformas do tipo mídias sociais para compartilhamento de melhores práticas.
- A necessidade de comunicação por meios *mobile*.
- A facilidade de produção de vídeos mudou os padrões de produção e consumo de conteúdo.
- Estas novas plataformas são também, em geral, vinculadas ao conteúdo criado pelos próprios usuários. Que melhor exemplo de que um funcionário do operacional detalhando como a nova estratégia melhorou uma série de antigos problemas operacionais?

## 8.3.2 Incentivos ligados à execução estratégica

Uma vez que a estratégia esteja desdobrada, alinhada e comunicada, é de se supor que os incentivos financeiros e não financeiros sejam alinhados com a estratégia. Existe ampla literatura sobre a lógica dos incentivos financeiros e seu impacto.[14] No fragmento a seguir, Kaplan e Norton[2] citam como a adoção de incentivos financeiros se deu no modelo do BSC:

> Algumas das empresas infundiram nos níveis mais baixos da organização os *scorecards* do nível corporativo e das unidades de negócio. Em muitos casos, adotaram-se *scorecards* individuais para a definição de objetivos pessoais. As pessoas e os departamentos nos níveis mais baixos deveriam desenvolver seus próprios objetivos à luz das prioridades mais amplas. O processo redundou em muitas surpresas agradáveis, à medida que as pessoas identificavam áreas fora de sua responsabilidade funcional, com as quais também eram capazes de contribuir. Além disso, cada uma das organizações bem-sucedidas vinculou a remuneração por incentivos ao BSC. A maioria dos executivos optou por um sistema de recompensa pelo desempenho voltado para as equipes e não para os indivíduos. Os *scorecards* das unidades de negócios e das divisões eram utilizados como base para a distribuição de recompensas, abordagem que enfatizava a importância do trabalho em equipe na execução da estratégia. A remuneração fundamentava-se em até 25 indicadores estratégicos. Em vez de promover situações de confusão, como muitos receavam, os sistemas de remuneração baseados no *scorecard* aumentaram o interesse dos empregados por todos os componentes da estratégia e reforçaram a demanda por conhecimentos e informações sobre os indicadores do *scorecard*. Na realidade, a estratégia transformou-se em tarefa cotidiana de todos, pois todos a compreendiam e estavam motivados para a sua execução.

Portanto, *scorecards* individuais, assim como das unidades de negócios e das divisões, podem trazer benefícios para a execução da estratégia, pois geram engajamento e as pessoas podem identificar áreas fora de sua responsabilidade funcional, com as quais também são capazes de contribuir. Seguem algumas recomendações sobre o vínculo de incentivos e a estratégia.

**Quadro 8.2**   Recomendações sobre o vínculo de incentivos e estratégia

| Recomendações | Descrição |
| --- | --- |
| Processo participativo e não *top down* | Estabeleça regras claras para que não haja sentimento de injustiça.[3] |
| Incentivos financeiros e não financeiros | Incentivos financeiros são apenas "higiênicos" (não capazes de estimular a motivação das pessoas). Entre os fatores "motivadores", encontram-se questões como realização pessoal e reconhecimento.[15] Portanto, os incentivos financeiros precisam ser complementados com incentivos não financeiros, como reconhecimentos, prêmios em forma de brindes, viagens e outros que não envolvam fornecimento de dinheiro. |
| Cuidado para não separar o resultado financeiro do propósito da companhia | Pesquisas mostram que os fatores que levam a engajamento e satisfação pessoal no trabalho são autonomia, desejo de melhoria e propósito. Quando o incentivo financeiro se descola desses itens, "coisas ruins" podem acontecer, como comportamentos perversos, serviços ruins e desalinhamento.[16] |
| Incentivo coletivo × individual | A estratégia requer colaboração ou competição por parte dos colaboradores? Como é a cultura atual da empresa? As decisões sobre o componente coletivo ou individual se refletem nos comportamentos esperados dos colaboradores?[19] |

CAPÍTULO 8 | Execução estratégica – mensuração e gestão da estratégia

## 8.4 TRANSFORMAR A ESTRATÉGIA EM PROCESSO CONTÍNUO

*De nada adianta ter um excelente painel de instrumentos, se o piloto não o consulta regularmente.*[3]

Esta provocação traz o cerne da necessidade de se estabelecer um processo estratégico contínuo e que dê suporte à execução da estratégia. Por que existe a necessidade de um processo estratégico? Simplesmente porque os colaboradores têm que dividir a atenção para muitas prioridades diferentes.[17] Além de mapear e comunicar constantemente a estratégia, a existência de um processo ajuda a criar o hábito de checar a estratégia e os pontos de controle mais importantes com frequência.[18] Esse princípio é desdobrado nos itens a seguir.

### 8.4.1 Estabelecendo uma área de suporte à execução estratégica

Empresas bem-sucedidas na implementação do BSC e na execução estratégica em geral estabelecem uma área de suporte à execução. Kaplan e Norton a denominam OSM, ou *office of strategy management* (em português, unidade de gestão da estratégia – UGE). O Quadro 8.3 apresenta as responsabilidades dessa unidade.[19]

| |
|---|
| • **Gestão da execução:** grosso modo, garantir o desenho, implementação e gestão dos cinco princípios de empresas focadas na estratégia. Também deve garantir que mudanças estratégicas sejam refletidas no BSC e no processo. |
| • **Planejamento estratégico:** a função do OSM é agir como um filtro permanente de novas ideias que vêm da organização e garantir que se fale de estratégia de forma permanente. |
| • **Alinhamento da organização:** definir o método de como desdobrar a estratégia, garantindo a gestão do alinhamento. |
| • **Comunicação da estratégia:** gerenciar o processo de comunicação conforme anteriormente definido, com auxílio de especialistas em comunicação, se necessário. |
| • **Gestão de iniciativas:** ser o escritório de projetos estratégicos. |
| • **Planejamento e orçamento:** garantir alinhamento da estratégia com o orçamento. |
| • **Alinhamento da força de trabalho:** acompanhar, em conjunto com as áreas de gestão de pessoas, o processo de avaliação de desempenho e vínculo com o sistema de incentivos com a estratégia. |
| • **Compartilhamento de melhores práticas:** se não existe prática de gestão do conhecimento, o OSM deve garantir que as melhores práticas e *benchmarks* estejam atualizados e conhecidos na organização. |
| • **Gestão das reuniões de revisão da estratégia:** a função central do grupo consiste em gerenciar e coordenar o processo das reuniões estratégicas. |

**Quadro 8.3**

Responsabilidades da unidade de gestão da estratégia

De uma forma geral, a OSM deve zelar pela aplicação dos cinco princípios na prática do dia a dia nas organizações. Parte das atribuições deve ser de total responsabilidade da área, parte deve ser realizada em conjunto com outras áreas, como financeira (alinhamento com o orçamento, por exemplo) e gestão de pessoas (alinhamento da força de trabalho, por exemplo). Em termos práticos, talvez as recomendações de Kaplan e Norton para o OSM sejam mais voltadas para grandes empresas, pois, de certa maneira, exigem alocação de recursos para a implantação de uma área. Em termos práticos, entretanto, existem saídas para a implementação, especialmente em empresas menores. Um deles é que, se não for possível a criação de uma área, e sim de apenas uma pessoa, é importante que a mesma esteja consciente do papel e das entregas sob a responsabilidade do OSM.

ADMINISTRAÇÃO ESTRATÉGICA

Essa área também é classificada por muitos como a evolução da antiga área de "planejamento estratégico" nas organizações, porém de forma mais "encorpada" e se fundindo com o escritório de projetos. Esse modelo já funciona há muitos anos em diversas organizações operando no Brasil, como a CPFL Energia e Mitsui Gás.

### 8.4.2 Planejando e garantindo a execução do calendário de reuniões de acompanhamento operacionais, de acompanhamento estratégico e de teste da estratégia

A materialização do acompanhamento e monitoramento estratégico são as reuniões de avaliação do desempenho. Baseado na experiência das primeiras empresas que adotaram o conceito, para Kaplan e Norton existem três diferentes tipos de reunião, as quais demandam fóruns, frequências e participantes diferentes, a saber:

**Quadro 8.4**     Tipos de reunião de monitoramento da estratégia[20]

| Tipo de reunião | Característica | Lógica interna | O que pode dar errado nesta reunião? | Periodicidade "típica" |
|---|---|---|---|---|
| Revisões operacionais | Monitorar e gerenciar o desempenho operacional de cada área no dia a dia (a operação está sob controle?) | É preciso esvaziar a reunião estratégica de assuntos operacionais<br><br>Parte das soluções apresentadas na revisão estratégica necessitam destas reuniões<br><br>Reuniões devem ser rápidas, objetivas e dentro de cada área | Indicadores não vinculados com a estratégia<br><br>Estas reuniões não alimentam as reuniões de revisão estratégica | Diária, semanal ou quinzenal, dependendo da área |
| Revisão e acompanhamento da estratégia (RAE) | Monitorar e gerenciar o BSC e as iniciativas estratégicas (estamos executando bem a nossa estratégia?) | É necessário criar um hábito de acompanhamento<br><br>Participa o comitê executivo e convidados, tendo como foco a avaliação do desempenho dos indicadores e iniciativas do BSC | Temas operacionais invadirem a reunião estratégica<br><br>Focar no passado e nos "causos"<br><br>Falta de preparo dos materiais da reunião (não enviar antes) das pessoas (não ler antes)<br><br>Incerteza sobre os dados<br><br>Falta de acompanhamento das iniciativas | Mensal ou bimestral, dependendo da dinâmica do setor da organização |
| Teste da estratégia | Avaliar se as premissas e análises estratégicas ainda fazem sentido (a estratégia está funcionando?) | Eventualmente é necessário fazer um "voo de ave" para ver se a estratégia está funcionando. Em caso negativo, propor e aprovar estratégias emergentes | Não separar execução da qualidade da estratégia<br><br>Ter noção errada do prazo das iniciativas estratégicas para surtir efeito<br><br>Não trazer dados externos (tendências e movimentos da concorrência) | Entre trimestral e semestral |

**Fonte:** Elaborado pelos autores a partir de Kaplan e Norton (2008) e suas experiências.

Alguns pontos a serem considerados nas reuniões de revisão e acompanhamento da estratégia (RAE):

- Muitas vezes, a RAE é longa e improdutiva pelo tempo gasto com questões operacionais. Recomenda-se reuniões operacionais para, de um lado, esvaziar os assuntos operacionais da RAE, e de outro, entender o comportamento dos indicadores e trazer o diagnóstico

CAPÍTULO 8 | Execução estratégica – mensuração e gestão da estratégia **151**

correto para a RAE.[21] Adicionalmente, o OSM deve zelar pela definição da pauta da reunião e controle do tempo para evitar essa armadilha.

- A principal causa de desempenho inadequado é o atraso das iniciativas e projetos que deveriam estar sendo implementados para melhorar o indicador. Sempre cheque o *status* da iniciativa em primeiro lugar. Neste sentido, a RAE deixa de ser uma reunião para entender o passado (o que aconteceu?) e passa a ser uma reunião para o futuro (melhoria e aprovação dos planos de ação apresentados).
- A RAE só funciona se forem observadas as seguintes etapas: levantamento dos indicadores e iniciativas; levantamento das causas dos desvios de desempenho dos indicadores; e elaboração de planos de ação para combater as causas dos desvios. Recomendamos a metodologia de análise e resolução de problemas (MASP) ou outra semelhante, tal como A3 Toyota ou FCA (ver Quadro 8.5).[8]

**Quadro 8.5** Metodologia simplificada de análise e resolução de problemas[22]

| Passo | Comentários | Exemplo |
|---|---|---|
| Qual é o problema? | Problemas mal definidos levam a soluções erradas. Evite confundir sintoma com problema e evite definir o problema em função de uma solução. | Os usuários estão reclamando que o elevador demora demais. |
| Qual é a meta? | No caso de indicadores, em geral a meta é levar o indicador de volta à meta esperada. | Aumentar o nível de satisfação dos usuários. |
| Divida o problema em problemas menores. | Divida um problema complexo em problemas menores. Use a técnica do desdobramento. | <ul><li>tempo médio de espera: 2 min (*versus* 1,7 min nos prédios da região);</li><li>área de espera (*lobby*) sem conforto;</li><li>elevadores antigos, com velocidade inferior em 30% à dos prédios da região.</li></ul> |
| Priorize o número de problemas menores, que, se resolvidos, nos levam a alcançar a meta. | Resolva apenas os problemas menores que batem a meta. | <ul><li>Foco no conforto da área de espera, por ser o menos oneroso e trabalhoso.</li></ul> |
| Levante hipóteses de causas dos problemas menores. | Use árvore de hipóteses ou diagrama de Ishikawa. | Hipótese: se as pessoas tiverem conforto e algo para fazer, a tolerância aumentará. |
| Se, possível, cheque as hipóteses com evidências. | Cruze as hipóteses com evidências, se possível. Teste as hipóteses. | Foi feito um experimento com a instalação de espelhos provisórios próximos às portas dos elevadores e observou-se o comportamento das pessoas nas situações com e sem o espelho. Na situação com espelho, muitas pessoas passavam o tempo se observando e fazendo ajustes na vestimenta e, por meio da expressão corporal, observou-se menos preocupação com o tempo de chegada do elevador. |
| Elabore um plano de ação que combata as causas. | Cheque se o plano parece resolver as causas. | Plano de ação:<ul><li>inserir espelhos permantes;</li><li>inserir sofá/cadeiras para espera;</li><li>afixar a senha da *wifi* na parece para as pessoas se conectarem.</li></ul> |

**Fonte:** Elaborado pelos autores a partir de Campos (2004) e Pfeffer e Sutton (2006).

## SAIBA MAIS

**Métodos de análise da causa raiz utilizados em processos de resolução de problemas**. A árvore de hipóteses consiste em identificar uma sequência de hipóteses para um problema identificado. Já o **diagrama de Ishikawa**, ou espinha de peixe, consiste em um diagrama para identificar e propor causas de um problema baseadas em diversas dimensões.

### 8.4.3 Uso da tecnologia da informação

Recomenda-se fortemente a utilização de *softwares* de apoio para que o acompanhamento da estratégia seja realizado de forma mais rápida e assertiva. O uso de *software* deve permitir:

- A minimização de erros e contradições sobre qual o indicador correto, dada a padronização dos critérios de cálculo do indicador.
- O fim dos erros de cálculo do indicador por alimentação manual equivocada.
- A redução do tempo entre a disponibilidade dos dados, as análises e a RAE.
- A visualização, de maneira fácil, dos indicadores e do *status* das iniciativas e projetos ligados aos mesmos indicadores.
- Análises de resolução de problemas sejam efetuadas no próprio *software*, desde que ele tenha ferramentas de visualização amigáveis.
- Alertas aos responsáveis pelos indicadores, análises, iniciativas e planos de ação de que seus *inputs* são necessários.

---

**SAIBA MAIS**

Quanto aos **softwares para acompanhamento da estratégia**, existem vários *softwares* e suítes com estas capacidades. Entre os mais usados no Brasil, destacam-se o Hyperion, Cognos, SAS, SAP SEM e Interact. Escolha o melhor para sua empresa em termos de custo, complexidade e maturidade com o processo.

---

### 8.5 MOBILIZAR A MUDANÇA POR MEIO DA LIDERANÇA

Enquanto os demais princípios estão focados em ferramentas, referencial e processos de suporte, este dá ênfase ao senso de propriedade e ao envolvimento ativo da equipe executiva no projeto de execução estratégica.[23] Se as pessoas do topo não atuarem como líderes, se não derem o exemplo, ditarem o comportamento que a execução necessita, o esforço terá sido em vão.

A execução se inicia com a consciência que o *balanced scorecard* não é uma ferramenta de medição, e sim um grande processo de mudança estratégica, que, "por acaso", utiliza esta metodologia. E como comentamos anteriormente, a sinalização deve vir do topo.

As mudanças organizacionais profundas começam no topo, com três pilares distintos:[14]

- Infusão do senso de urgência.
- Formação de uma coalizão orientadora.
- Desenvolvimento de uma visão e uma estratégia.

É importante, portanto, que o time de gestores entenda os novos comportamentos que são necessários para liderar a mudança na organização. Veja a comparação entre os comportamentos "gerenciais" e o de liderança transformadora, relacionando-os aos cinco princípios:

**Quadro 8.6** Papel do gestor × papel do líder[33]

| Princípio | Gestor | Líder |
|---|---|---|
| **Tradução** | Monitora a coerência entre metas, garante realismo | Cria visão, reforça valores, estimula novas formas de pensar |
| **Alinhamento** | Gerencia o desdobramento da estratégia | Desenvolve estratégias locais e dá autonomia |
| **Tarefa de todos** | Cria mecanismos de alinhamento e incentivo | Cria motivação intrínseca nos outros |
| **Processo contínuo** | Implementa sistemas de apoio, estrutura reuniões | Inspira a organização com metas audaciosas, estimulando o aprendizado estratégico |
| **Mobilização da liderança** | Gerencia o processo de mudança | Atua como agente de mudança |

CAPÍTULO 8 | Execução estratégica – mensuração e gestão da estratégia

A gestão corresponde a 30% do sucesso e 70% vêm do papel da liderança. Ou seja, apenas implementar os processos de apoio a execução (gestor) não basta; faz-se necessária uma mudança comportamental no time de liderança.

## 8.6 CONSOLIDAÇÃO DOS PRINCÍPIOS DA ORGANIZAÇÃO ORIENTADA À ESTRATÉGIA

As práticas de gestão da estratégia, propostas por Kaplan e Norton, dentro do modelo denominado "Os cinco princípios da organização orientada para a estratégia", se consolidaram ao longo dos anos. E a origem desses princípios veio da observação, pelos próprios autores, da aplicação do *balanced scorecard* por diversas empresas.

Alguns anos após a proposta do modelo, foi realizada uma pesquisa analisando práticas de gestão e resultados de 143 empresas. Algumas empresas apresentavam bons resultados financeiros e alta satisfação com a ferramenta. Elas foram chamadas de "vencedoras". Outras, entretanto, apresentavam uma situação oposta, e foram chamadas de "perdedoras". Ao se comparar os dois grupos, verificou-se significativa diferença entre a utilização das práticas, conforme mostra a Figura 8.3.

A análise da Figura 8.3 sugere que a aplicação das práticas de gestão da estratégia pode gerar resultados positivos nas organizações. As empresas com melhores resultados, não coincidentemente, são as que melhor traduzem suas estratégias em ações, alinham suas equipes, comunicam suas estratégias, acompanham o desempenho e atualizam suas estratégias de acordo com o aprendizado obtido nesse processo.

*Você tem um processo formal de gerenciamento?*

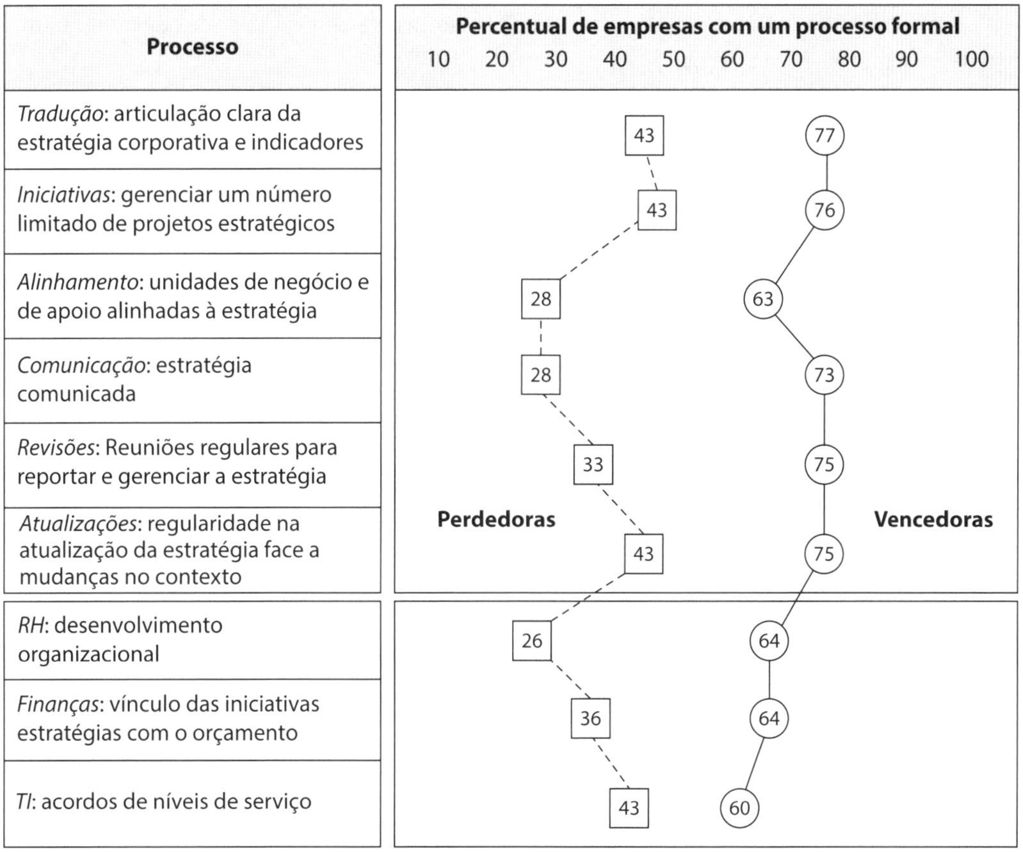

**Figura 8.3**

Aplicação e resultados das práticas de gestão da estratégia.[24]

**Fonte:** Traduzida pelos autores a partir de Kaplan e Norton (2008).

## 8.7 CONSIDERAÇÕES FINAIS

O capítulo abordou diversas práticas de gestão da estratégia, propostas por Kaplan e Norton, dentro do modelo denominado "Os cinco princípios da organização orientada para a estratégia".

## ADMINISTRAÇÃO ESTRATÉGICA

Apresentou, também, formas distintas de **alinhar a organização à estratégia** para evitar que as diferentes áreas ou unidades de uma organização trabalhem de forma desconectada. Na sequência, descreveu a importância da **estratégia como tarefa de todos**, enfatizando a necessidade de uma comunicação eficiente das estratégias, além de uma vinculação com recompensas.

Avançamos para a ação de **transformar a estratégia em processo contínuo**, introduzindo o hábito de checar a estratégia constantemente por meio de uma área de suporte à execução estratégica e do planejamento e garantia da execução do calendário de reuniões de acompanhamento. Destacamos também que deve existir a **mobilização para a mudança** por meio da liderança no senso de propriedade e no envolvimento ativo da equipe executiva no projeto de execução estratégica. Por fim, evidenciamos a consolidação desses princípios apresentando um estudo de empresas que apresentaram bons resultados financeiros e alta satisfação com o uso de tais princípios.

## QUESTÕES PARA REFLEXÃO

**1.** Baseado na leitura e na sua reflexão, qual dos princípios é o que mais requer melhorias na organização em que você trabalha?

**2.** Qual dos métodos de desdobramento você escolheria para uma empresa com muitas unidades de negócio? E para o caso de uma empresa pequena?

## QUESTÕES PARA AVALIAÇÃO DO CONHECIMENTO

**1.** É correto afirmar que:

a) A estratégia é algo confidencial, que não pode ser divulgada aos funcionários, pois o concorrente pode copiá-la.

b) O *balanced scorecard* beneficia apenas empresas de grande porte, pois as pequenas organizações não têm cultura de gestão profissional.

c) Quanto mais objetivos e mais indicadores temos em nosso mapa estratégico, mas facilidade temos em gerenciar a estratégia.

d) As pequenas e grandes empresas se beneficiam quando todos compreendem a estratégia.

e) O processo de construção do *balanced scorecard* é equivalente ao processo de planejamento estratégico.

**2.** Uma das alternativas a seguir não é razão para o desdobramento da estratégia. Identifique qual é.

a) Alinhamento dentro da organização.

b) Criação de sinergias.

c) Criação de valor para a organização.

d) Integração entre corporação, áreas de negócio e unidades de apoio.

e) Integração entre o plano estratégico e o plano orçamentário.

**3.** Marque a alternativa incorreta:

a) O *balanced scorecard* contribui para o processo de gestão da estratégia das organizações.

b) O alinhamento da organização pressupõe não somente o desdobramento, mas também a busca de coordenação entre pares.

c) A comunicação da estratégia é um importante elemento para a execução.

d) A estratégia deve ser sigilosa.

e) O uso de *softwares* de gestão pode contribuir para a tomada de decisão.

**4.** Assinale a alternativa correta:

a) A implementação da estratégia exige que todas unidades de negócio, de apoio e também colaboradores estejam alinhados e conectados com a estratégia.

b) A implementação da estratégia exige que o corpo diretor e conselho estejam em consenso com o plano estratégico.

c) A visão e a estratégia não devem ser comunicadas aos funcionários, pois são informações confidenciais da organização.

d) Os fatores críticos de sucesso são um dos componentes do mapa estratégico.

e) Nas organizações da era da informação, o importante é mensurar apenas indicadores financeiros, pois são os que medem nossas ações passadas.

**5.** Das alternativas que se seguem, qual é a incorreta?

a) A estratégia deve ser executada em todos os níveis da organização

b) O processo de construção do mapa estratégico é equivalente ao processo de planejamento estratégico.

c) A estratégia deve ser inserida no centro do processo gerencial.

d) A estratégia que é descrita não é compreendida.

e) Na economia do conhecimento, cria-se valor sustentável a partir dos ativos intangíveis.

## CASO FINAL PARA ANÁLISE

**Por que as verdinhas estão indo para a Yellow: o negócio por trás das *bikes* amarelas**[25]

A Yellow, empresa de compartilhamento de *bikes* e patinetes motorizadas lançada pelos fundadores da 99, acaba de fechar uma captação de US$ 63 milhões – ou pouco mais de R$ 260 milhões.

O cheque – o maior para um investimento 'Series A' na América Latina, de acordo com o TechCrunch, que noticiou o aporte em primeira mão, deve ajudar a consolidar sua vantagem de *first mover* em um mercado em que a concorrência promete ser ainda maior e mais veloz que a dos aplicativos de carona. A nova captação foi liderada pela GGV, um fundo de *venture capital* que administra cerca de US$ 6 bilhões e já investe em aplicativos de mobilidade urbana, como o Grab, no sudeste da Ásia, a holandesa Hellobike e a chinesa Didi Chuxing (para quem a 99 foi vendida no começo do ano de 2018 por mais de US$ 1 bilhão). A Monashees também está entre os investidores.

Em abril, a Yellow já havia levantado US$ 12,3 milhões em uma rodada de *seed capital*. A rodada anunciada hoje – menos de dois meses depois de as magrelas amarelas da Yellow começarem a pipocar no centro expandido de São Paulo – denota o apetite dos *venture capital* pelo segmento, a evolução natural do mercado de mobilidade desbravado por apps como o Uber e, no Brasil, a própria 99.

A Yellow funciona em um esquema conhecido como '*dockless*': o usuário baixa o aplicativo e consegue ver as *bikes* que estão mais próximas dele. A trava é liberada por meio de um QR Code. O valor é de R$ 1,00 a cada 15 minutos. Por enquanto, a rede atende apenas a capital paulista. A meta é ter até 20 mil *bikes* (apenas em São Paulo) até o fim do ano de 2018 e 100 mil (em diversas cidades) em 2019.

Fontes de mercado dizem que há cerca de cinco empresas de olho no mercado brasileiro de *bikes* e *scooters* (patinetes). A Mobike, líder na China – onde as *bikes* compartilhadas já fazem parte da paisagem das grandes cidades –, já tem licença para operar em São Paulo.

Uma vantagem do setor: não ter que recrutar uma rede de prestadores de serviços, como os aplicativos de carona ou *delivery*.

"Parece contraintuitivo, mas a verdade é que se gasta menos dinheiro para colocar uma *bike* na rua do que para fidelizar um motorista ou entregador", diz um investidor que conhece de perto a indústria. "Isso para não falar que bicicleta não comete assédio sexual, não move processo trabalhista [...]."

O desafio é sair na frente da concorrência e ter controle sobre a cadeia de produção para garantir uma oferta constante de *bikes* nas ruas – e em boas condições.

Ao TechCrunch, o CEO da Yellow, Eduardo Musa, disse que os recursos serão usados para entrar em novos mercados, como México, Chile e Argentina, mas, principalmente, para desenvolver uma fábrica própria de *scooters*. Apesar de as patinetes elétricas já terem virado uma febre em San Francisco e outras cidades norte-americanas, a oferta hoje é restrita à Segway – a mais tradicional no setor – e a poucas fabricantes chinesas.

"Não há capacidade disponível ou fábricas preparadas para atender a essa demanda que veio com outras empresas de *scooter sharing*", disse Musa ao TechCrunch. "Isso se tornou rapidamente o principal gargalo para o setor".

De bicicleta, Musa entende. Ele comandou a Caloi por 12 anos, até o final de 2016. No começo do ano passado, juntou-se a Ariel Lambrecht e Renato Freitas – que tinham acabado de vender a 99 – para fundar a Yellow.

A verticalização da oferta dá outra vantagem competitiva à Yellow. Ao controlar o processo produtivo, a empresa não só tem melhor controle dos custos, como garante a qualidade e a reposição das magrelas e das *scooters* – além de ter a prerrogativa de produzir peças que se aplicam somente a seus modelos, reduzindo o risco de roubo.

Desde que as amarelinhas começaram a aparecer em São Paulo, houve diversos relatos de roubo e bicicletas vandalizadas – frequentemente expostas como um exemplo do 'risco Brasil' do negócio.

A verdade é que o risco é inerente ao modelo, em qualquer país. "Em todos os países, o vandalismo e o roubo foram comuns no princípio", diz um investidor. "Mas à medida que as *bikes* e as *scooters* vão se tornando populares, acaba o valor de escassez e o roubo não vale mais tanto a pena".

Nos Estados Unidos, só neste ano, dois unicórnios já brotaram no segmento. Em maio, a Lime, que opera na cidade de San Mateo, na Califórnia, levantou US$ 250 milhões de um grupo de investidores liderado pela Alphabet, controladora do Google, com um *valuation* de US$ 1 bilhão.

A Bird, baseada em Santa Mônica, conseguiu outros US$ 150 milhões em uma rodada capitaneada pela Sequoia, com um *valuation* semelhante.

No Vale do Silício, a febre das patinetes elétricas é tão grande que já virou problema em San Francisco. O vaivém dos *millennials* entre um compromisso e outro nas calçadas e as centenas de *scooters* largadas nas ruas já são consideradas 'poluição visual' e uma ameaça à segurança dos pedestres pela prefeitura.

Em maio, a cidade determinou que quem quiser operar no segmento precisa de uma licença – e por enquanto, autorizou apenas cinco companhias a terem 500 *scooters* cada. As patinetes não podem mais circular na calçada e os 'motoristas' são obrigados a usar capacete. Uber e Lyft já estão na fila para conseguir sua licença no segmento.

## QUESTÕES PARA DISCUSSÃO

**1.** Quais problemas a Yellow poderá ter na execução de sua estratégia? O que deve fazer para superá-los?

**2.** Quais as prováveis reações dos concorrentes? Isso deverá afetar a estratégia da Yellow no futuro?

**3.** Construa um calendário de reuniões de acompanhamento e revisão da estratégia para a Yellow, baseado nos conceitos do capítulo.

## REFERÊNCIAS

1 MANKINS, M. C.; STEELE, R. Turning great strategy into great performance. **Harvard Business Review**, 64-72, jul./aug. 2005.

2 KALLÁS D. Mensuração de desempenho e balanced scorecard. In: CARVALHO, A. P. (Ed.). **MBA Executivo**: Uma abordagem multidisciplinar. Saraiva, 2008, p. 265-286.

3 COLLIS, D. J.; MONTGOMERY, C. A. Creating Corporate Advantage. **Harvard Business Review**, 72, may-jun. 1998.

4 KAPLAN, R. S.; NORTON, D. P. **Alinhamento**: utilizando o balanced scorecard para criar sinergias corporativas. Elsevier, 2006.

5 CAMPOS, V. F. **Gerenciamento da rotina do trabalho do dia-a-dia**. INDG Tecnologia e Serviços, 2004.

6 GITMAN, L. J. **Princípios de administração financeira**. 3. ed. Harbra, 1987.

7 SCHWARZ, F. Management Scorecard: alinhando indicadores de desempenho à estratégia empresarial. In: III Simpósio de Administração da Produção, Logística e Operações Internacionais, *São Paulo*, 2000. **Anais** [...], FGV, 2000.

8 MALINA, M. A.; SELTO, F. H. Communicating and controlling strategy: an empirical study of the effectiveness of the balanced scorecard. **Journal of Management Accounting Research**, 13(1), 47-90, 2001.

9 KOTTER, J. P. Leading change. **Harvard Business Press**, 1996.

10 KALLÁS D.; COUTINHO, A. R. Gestão da estratégia: experiências e lições de empresas brasileiras. Campus, 2005. Recomendamos a leitura dessa obra para outros casos brasileiros, como Gerdau Açominas.

11 ALLEN, D. **Getting things done**: The art of stress-free productivity. Penguin, 2015.

12 SAVOY, A.; PROCTOR, R. W.; SALVENDY, G. Information retention from Power-Point™ and traditional lectures. **Computers & Education**, 52(4), 858-867, 2009.

13. BEER, M.; EISENSTAT, R. A. The silent killers of strategy implementation and learning. **Sloan Management Review**, 41(4), 29, 2000.

13. KAPLAN, R. S.; NORTON, D. P. **Organização orientada para a estratégia**. Elsevier, p. 19, 2001.

13 BERNHARDT, J. M.; MAYS, D.; KREUTER, M. W. Dissemination 2.0: closing the gap between knowledge and practice with new media and marketing. **Journal of Health Communication**, 16 (sup. 1), 32-44, 2011.

14 BESANKO, D. et al. **Economics of strategy**. Wiley, 2009.

15 HERZBERG, F.; MAUSNER, B.; SNYDERMAN, B. B. T**he motivation to work. Wiley, 2011 [1959].**

16 PINK, D. H. Drive: the surprising truth what motivates us. Riverhead, **2009.**

17 MORTENSEN, M.; GARDNER, H. R. The Overcommitted Organization. **Harvard Business Review**, 95(5), 58-65, 2017.

18 COLLINS, J.; HANSEN, M. T. **Vencedoras por opção**. HSM, 2011.

19 KAPLAN, R. S.; NORTON, D. P. The office of strategy management. **Strategic Finance**, 87(4), 8, 2005.

20 KAPLAN, R. S.; NORTON, D. P. **A execução Premium**: a obtenção de vantagem competitiva através do vínculo da estratégia com as operações de negócio. Elsevier, 2008a.

21 KAPLAN, R. S.; NORTON, D. P. Mastering the management system. **Harvard Business Review**, 86(1), 62, 2008b.

22 PFEFFER, J.; SUTTON, R. I. Evidence-based management. **Harvard Business Review**, 84(1), 62, 2006.

32. CAMPOS, V. F. **Gerenciamento da rotina do trabalho do dia-a-dia**. INDG Tecnologia e Serviços, 2004.

23 KAPLAN, R. S. **Apresentação no 2003 Balanced Scorecard Latin American Summit**. Rio de Janeiro, 2003.

24 KAPLAN, R. S.; NORTON, D. P. **A execução Premium**: a obtenção de vantagem competitiva através do vínculo da estratégia com as operações de negócio. Elsevier, 2008a.

25 VIRI, N. Por que as verdinhas estão indo para a Yellow. Brazil Journal. Disponível em: <https://braziljournal.com/por-que-as-verdinhas-estao-indo-para-a-yellow>. Acessado em: 09 out. 2018.

# PARTE III

# PERSPECTIVAS E FRONTEIRAS DA ESTRATÉGIA

# ESTRATÉGIA COMO PRÁTICA

*Rosalia A. Lavarda*
*Viviane Carneiro*
*Natália Rese*

## RESUMO

A partir da evolução do entendimento sobre estratégia, que vai de deliberada à emergente, resultando em um processo integrador, chegamos à perspectiva da estratégia como prática e do *strategizing*, que se caracteriza pela busca de um equilíbrio entre esses dois tipos de estratégia. O *strategizing* é resultante da intersecção entre os elementos: prática (atividades consolidadas da estratégia), práxis (como se realiza tal atividade estratégica, como se age) e praticantes (quem desenvolve a atividade, com seu *know-how*, comportamento, cognição, intenção e sentido), considerando as influências dos diferentes tipos de ambiente e os resultados alcançados, os quais podem modificar as escolhas estratégicas. Apresentamos, ainda, diferentes temas que sustentam a perspectiva da estratégia como prática, tais quais: a sociomaterialidade, em que os elementos materiais envolvidos no fazer estratégia estão articulados pela tecnologia, artefatos, elementos visuais e ferramentas com suas possibilidades de ação; o *middle manager*, que tem se apresentado como o articulador e um importante praticante da estratégia, que possibilita a interpretação da estratégia e das necessidades operacionais na interlocução entre o que é e o que precisa ser desenvolvido, culminando com o sentido que consegue gerar e atribuir ações e demandas do dia a dia organizacional; e a *open strategizing*, ou estratégia aberta, enfoque mais recente em termos de desenvolvimento teórico e prático no campo da estratégia que permite compreender o fazer estratégico como um produto da ação de diferentes *stakeholders*. A maior transparência nas informações e a inclusão dos diferentes atores no processo estratégico formam o pilar para sustentar a atuação dos praticantes no envolvimento crescente entre o social (comportamental e emocional) e o material (refletido na aplicação da tecnologia em uso) no alcance de melhores resultados para a vida diária das organizações. Assim, a estratégia adquire uma dimensão relativa ao que as pessoas fazem com todo o arcabouço teórico e ferramental da estratégia, e não somente o resultado de um processo de escolha racional.

### OBJETIVOS DE APRENDIZAGEM

Neste capítulo, o leitor poderá aprofundar seu conhecimento sobre:
- A perspectiva da estratégia como prática e o *strategizing*, identificando a intersecção entre prática, práxis e praticantes, considerando o ambiente e os resultados.
- Os elementos comuns no estudo do enfoque da estratégia como prática: sociomaterialidade – *middle manager* – *sensemaking/sensegiving/sensebreaking*.
- A transparência e inclusão no processo estratégico por meio da estratégia aberta (*open strategizing*).

## 9.1 INTRODUÇÃO

Neste capítulo, o debate sobre os estudos em estratégia chega a mais um importante marco, o qual se iniciou com "a virada prática", como será explicado adiante. Para que você compreenda melhor esse momento na trajetória do pensamento estratégico, serão discorridos conceitos, apresentadas estruturas, bem como evidenciados alguns exemplos.

O enfoque que trata das estratégias organizacionais comumente apresenta elementos da visão clássica da estratégia,[1] da estratégia como domínio da elite pensante e detentora da decisão e do conhecimento, a alta direção.[2] A tomada de decisão no nível estratégico caracteriza um processo deliberado e prescritivo, cuja previsibilidade é possível a partir da análise de dados do ambiente interno e externo, providos por técnicas e modelos que favorecem o estabelecimento de cenários.[3]

Porém, além da visão prescritiva da estratégia organizacional, existe a visão da estratégia baseada na prática das ações cotidianas, rotineiras e essenciais para o desenvolvimento organizacional. Neste sentido, o estabelecimento e formação da estratégia deixa de ser prescritivo e passa a ser descritivo, levando em consideração as interações entre os diferentes níveis da organização, bem como os processos cognitivos, de aprendizagem, as diferentes lideranças internas, os jogos políticos e formas de poder, as demandas e mudanças que surgem durante todo o processo que caracteriza a vida dentro da organização. A partir desses elementos da rotina diária, emergem estratégias, ou ações estratégicas, que não haviam sido previstas ou prescritas, caracterizando o *strategizing* como um processo integrador de formação da estratégia (deliberada e emergente, prescritiva e descritiva, simultaneamente, executada por praticantes que pensam, elaboram, negociam e colocam a estratégia em ação).[4]

A estratégia como prática é uma abordagem que tem se destacado nas últimas décadas por contribuir para a inclusão de uma visão micro da organização e relevância do fator humano no 'fazer estratégia', diferenciando-se daquelas que deixavam explícita a ausência dos atores humanos e de suas ações, mesmo as teorias que se propunham a examinar a dinâmica interna das empresas.[5] A estratégia é implementada por todos os atores organizacionais. Destarte, nesta perspectiva, estratégia não é algo que a organização possui, mas algo que é criado e desenvolvido por seus membros,[6] independentemente do nível em que se encontram.[7]

Para estudar a perspectiva da estratégia como prática, selecionamos alguns elementos que se inter-relacionam e são pertinentes ao nível micro da organização e, consequentemente, ao seu contexto macro, os quais têm se destacado nos estudos da estratégia como prática: a sociomaterialidade, o *middle manager* como praticante, *sensemaking*, *sensegiving* e *sensebreaking* como elementos intersubjetivos e *open strategy*, ou *open strategizing*, como será adotada neste capítulo.

Mais especificamente, a sociomaterialidade tem recebido atenção, na abordagem da estratégia como prática, por unir aspectos em que o social e o material, elementos humanos e não humanos, estão imbricados e são, muitas vezes, inseparáveis, como a tecnologia e o uso que se faz dela.

Ao estudar a atuação do *middle manager*, representado por um líder que articula tanto as decisões de cima para baixo (*top-down*) quanto de baixo para cima (*bottom-up*), caracterizando um movimento do meio para cima e para baixo (*middle-up-down*), encontramos três elementos relacionados com o desempenho de seus papéis: o *sensemaking*, o *sensegiving* e o *sensebreaking*. Esses conceitos partem da ideia de que a organização é uma realização sustentada nas relações sociais e nos significados construídos pelas pessoas, em uma dimensão que chamamos de intersubjetiva. Esses significados compartilhados são capazes de dar um sentido de ordem e segurança para aqueles que pertencem à organização. As ações empreendidas para se elaborar a percepção do ambiente e a realidade organizacional são parte do *sensemaking* (neste capítulo, vamos utilizar o termo original, em inglês) e foi introduzido nos estudos organizacionais por Karl Weick (1979). No entanto, pensar em *sensemaking* faria pouco sentido se não pensar em *sensegiving*, ou "direcionar sentido". Este, por sua vez, é um processo interpretativo,[8] utilizado tanto pelos líderes organizacionais quanto pelos *stakeholders,* incluindo o *middle manager*, nos quais os atores influenciam uns aos outros por meio da persuasão e da linguagem. Se admitimos que os sentidos compartilhados são parte relevante da manutenção da rotina organizacional, devemos também pensar nos processos em que a organização se depara com situações inesperadas, com mudanças, com necessidades estratégicas emergentes. Essas mudanças requerem da organização novas posturas. É nesse contexto que usamos o *sensebreaking*, ou a ruptura de sentidos.

*Open strategizing* caracteriza uma forma recente de apresentar a estratégia como prática em desenvolvimento, considerando as noções de transparência e inclusão inerentes ao processo estratégico aberto, promovendo maior participação de atores organizacionais na tomada de decisão e formação de estratégias na prática.

Para facilitar seu aprendizado, apresentamos a estrutura deste capítulo com as seções que se conectam para composição do tema em contexto: partimos da caracterização da perspectiva da estratégia como prática e do ***strategizing***, começando com a evolução da estratégia, passando pelo entendimento de estratégia deliberada e emergente, que flui para elementos que se inter-relacionam como: a **sociomaterialidade** da estratégia, ***middle manager*** (como praticante), passando pelo entendimento de ***sensemaking***, ***sensegiving*** e ***sensebreaking*** no ambiente organizacional, os quais compõem a caracterização da ***open strategizing***, ou estratégia aberta.

A Figura 9.1 ilustra o esquema conceitual proposto.

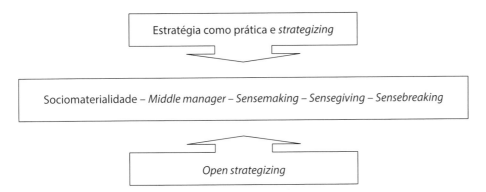

**Figura 9.1**

Esquema conceitual do Capítulo 9.

## 9.2 ESTRATÉGIA COMO PRÁTICA SOCIAL E *STRATEGIZING*

O surgimento dos conceitos de estratégia acompanha a dinâmica das organizações. Os primeiros estudos em estratégia organizacional foram desenvolvidos por Chandler (1962) e Ansoff (1965), os quais defendem a estratégia como uma realização racional e calculada, com vistas ao alcance de objetivos definidos para longo prazo. Mais tarde, surgem os estudos de Michael Porter e Henry Mintzberg, que realizam valorosas contribuições para o campo da estratégia. No entanto, mesmo nas teorias que se propunham a examinar a dinâmica interna das organizações, as pessoas e suas ações permaneceram ausentes por muito tempo. O consenso, na verdade, era de que cabia apenas à elite administrativa o pensar e o agir de forma estratégica, separando as atividades daqueles que "pensavam a estratégia", dos que "implementavam a estratégia".[9]

Quanto ao processo de formação de estratégia,[10] se diz que existe a estratégia pretendida e a estratégia realizada.[11] Ainda, quando a estratégia pretendida é realizada plenamente, chama-se de deliberada; e, quando a estratégia realizada não é resultado da intenção com a qual foi planejada, é chamada de emergente. Quando o processo de formação da estratégia é, em parte, deliberado e, em parte, emergente, ainda que em proporções não especificadas, é definido como *umbrella* (guarda-chuva), ou integradora. Em outras palavras, não existe estratégia puramente deliberada ou somente emergente; as organizações são formadas por indivíduos (praticantes) que estão atuando no dia a dia da organização, impregnada por uma cultura própria, trazida e (con)formada por esses mesmos indivíduos.

As atividades diárias da organização configuram a estratégia realizada ao longo do tempo. É possível entender, assim, que a estratégia não é algo que a organização possui, mas, na verdade, a estratégia é criada e desenvolvida pelos seus próprios membros, considerados os praticantes da estratégia.[12]

Até os dias atuais, a estratégia é comumente associada a uma perspectiva de enfrentar o inimigo em um campo de batalha, associação essa que vem desde Sun Tzu, século IV a.C. Não se pode, porém, formular uma estratégia sem vinculá-la à ação coletiva e às dimensões da dinâmica organizacional,[13] e isso dá passagem ao surgimento da perspectiva da estratégia como prática social, no final dos anos 1990 e início do século XXI.[14]

O crescimento rápido da abordagem da estratégia como prática social (a partir da década de 1990) é atribuído a um descontentamento geral com o modo como os estudos em estratégia foram desenvolvidos nas últimas décadas. Diversos autores já haviam apontado que a pesquisa em estratégia parecia ter perdido de vista o ser humano. Este restabelecimento do papel do agente na realização da estratégica está localizado dentro da "virada prática" e da "virada linguística" nas ciências sociais, que surgiu em resposta a uma insatisfação geral com os modelos prescritivos e normativos de pesquisa em estratégia. Outro ponto que faz parte dessa perspectiva é o chamamento para que se leve a estratégia a sério: se a partir da inspiração e das origens militares do conceito entendia-se que os **fins justificavam os meios** para a realização estratégica, a perspectiva da estratégia como prática social reconhece que a estratégia é uma atividade muito importante e que pode ensejar consequências graves caso não seja levada efetivamente a sério. Nesse sentido, a perspectiva da estratégia como prática social traz também um movimento de reflexão sobre o próprio papel dos estrategistas e sobre a atividade cotidiana das organizações no seu processo de *strategizing*.[15]

Por meio dos estudos organizacionais, da teoria social e de suas contribuições,[16] emergiu a perspectiva da estratégia como prática social,[17] que propõe uma análise mais detalhada e profunda dos processos[18] e das práticas que constituem a rotina diária da organização, focando nas atividades dos indivíduos, grupos e redes de pessoas fundamentais nos processos desenvolvidos para atingir os resultados almejados. Baseia-se, prioritariamente, em teorias sociológicas, podendo ser pensada para outros tipos de organização que não empresas.[19] Assim, a estratégia deixa de ser vista somente por um viés econômico, que caracteriza a busca de resultados relacionados com o lucro e a competitividade, e passa a vislumbrar todo e qualquer resultado que seja buscado pelos praticantes da atividade organizacional e da estratégia, estabelecendo uma reorientação do campo da administração estratégica.

A perspectiva da estratégia como prática social debruça-se sobre o contexto micro da organização, ou seja, nas ações e interações que ocorrem dentro da organização, assim como nos aspectos humanos e materiais articulados para a realização da estratégia. Apesar da valorização das microatividades, elas são sempre consideradas em sua relação com o contexto macro. Isso significa dizer que a estratégia é compreendida sempre de maneira situada no contexto institucional onde é realizada. Assim, quando uma organização realiza um planejamento estratégico – uma prática legitimamente reconhecida como parte do *strategizing* no campo da estratégia –, esse planejamento é realizado no contexto micro da organização, mas carrega consigo os modelos, as regras, as boas práticas realizadas por diferentes empresas, as teorias que embasam o planejamento e, também, os pressupostos sobre o resultado esperado. As práxis do planejamento realizadas na organização "X" trazem uma identidade com todas as práticas do fazer estratégia, articulando os elementos próprios daquela organização específica, e, também, tudo aquilo que faz a comunidade de negócios reconhecer a atividade como **planejamento estratégico**. É nesse sentido que a perspectiva da estratégia como prática social pretende uma articulação multinível do fenômeno da estratégia.[20]

## SAIBA MAIS

**Exemplo aplicado:** você já participou de um processo de planejamento estratégico em que todos os membros da organização se reúnem em um restaurante, hotel, clube para pensar a estratégia da empresa? Esse exemplo comum no contexto das organizações pode nos dar uma elucidação da diferença entre práticas, práxis e praticantes. A reunião da empresa "X" é um exemplo de **práxis**, vinculada ao fazer estratégia. O planejamento estratégico, como algo reconhecido como importante para a estratégia, é uma prática.

**Análise:** este episódio pode ser analisado a partir das lentes da perspectiva da estratégia como prática social. A atividade situada da reunião, a apresentação de resultados, a elaboração de cenários, a definição de objetivos e cursos de ação podem ser visualizados como exemplos da *práxis*: os praticantes (diretores, gerentes, consultores, que participam da reunião) utilizam-se de seus conhecimentos técnicos e também de sua experiência para refletir sobre a situação da empresa em que trabalham. No entanto, essas atividades, reflexivamente articuladas, ocorrem para que a **prática** do planejamento estratégico, como algo reconhecido para o fazer estratégico, possa acontecer. Assim, percebe-se que a estratégia não só é o resultado que vemos materializado em um documento chamado "planejamento estratégico", mas toda essa realização, que envolve diferentes pessoas, que se envolvem, interpretam e dão vida às teorias, modelos, informações e experiências existentes. Dessa maneira, fica mais fácil explicar por que uma organização, mesmo diante dos mesmos dados, submetidos às mesmas ferramentas de análise, tomam decisões estratégicas tão diferentes!

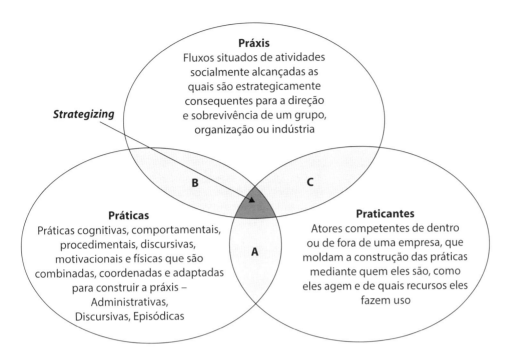

**Figura 9.2**

Uma estrutura conceitual para a estratégia como prática.

**Fonte:** Jarzabkowski, Balogun e Seidl (2007, p. 11).[28]

Uma das estruturas utilizada para explicitar o conceito de *strategizing* é a que traz a intersecção entre os elementos práticas, *práxis* e praticantes,[21] tidos como elementos discretos, porém interconectados, durante o processo estratégico (Figura 9.2). O termo *strategizing* não tem tradução literal na língua portuguesa, sendo frequentemente traduzido com o significado de "fazer estratégia", ou seja, é a construção do fluxo de atividades por meio de ações e interações de múltiplos atores e das práticas em que se apoiam; é um conceito tridimensional.

Para fins didáticos, é preciso conceituar esses elementos. As **práticas** são as rotinas de comportamento compartilhadas que incluem tradições, normas e procedimentos utilizados para pensar, agir e fazer uso de "coisas" ou artefatos. As práticas fornecem os recursos comportamentais, cognitivos, processuais, discursivos e físicos para a realização da atividade coletiva e, por isso, estão intrinsecamente ligadas ao "fazer".

O termo grego ***práxis*** se refere à ação em si, ao "como" as pessoas fazem no presente, ou seja, considera a atividade atualmente desenvolvida. Ela enseja a ideia do uso reflexivo das práticas aqui conceituadas, quando aquilo que é institucionalmente aceito passa a fazer parte da experiência vivida dos atores da organização. *Práxis* compreende a interligação entre as ações de diferentes indivíduos e grupos dispersos e as instituições sócio, político e economicamente incorporadas dentro da qual os indivíduos agem e para quem contribuem.

Os **praticantes** são os atores da estratégia, considerados também estrategistas, que tanto executam as atividades quanto realizam as práticas de determinada maneira. São eles os motores principais da estratégia, à medida que criam, moldam e executam a estratégia. Os praticantes constituem unidade de análise a ser estudada por razão de sua participação ativa na construção das atividades estratégicas; uma vez que moldam a estratégia por meio de quem eles são, como eles agem e quais práticas se baseiam para determinada ação, não devem ser considerados de forma isolada, mas sim, de forma integrada, socialmente compartilhada. Esses praticantes podem ser tanto os "estrategistas de fato", quanto os gerentes que implementam, até os consultores que muitas vezes participam da vida organizacional.

Mais uma vez é importante enfatizar que, nesta perspectiva de análise, não se pode pensar a estratégia separando seus elementos, mas é preciso levar em conta quem executa as práticas e como as executa, evitando-se atribuir diferentes resultados dessas práticas, quando consideradas de forma isolada, o que pode conduzir a falsas conclusões quanto à performance da organização.[22] Se pensarmos a prática e a *práxis* como as duas faces de uma mesma moeda, fica mais claro o entendimento de sua inseparabilidade. Fazer estratégia (*strategy-making*) é um termo que engloba uma miríade de atividades que levam à criação das estratégias organizacionais, incluindo: formulação de estratégias deliberadas/emergentes; o trabalho organizacional envolvido na implementação da estratégia; e todas as demais atividades que levam ao surgimento de estratégias novas não previstas inicialmente (estratégias emergentes), de forma consciente ou não.[23]

Dessa forma, para que se possa compreender a ação humana na construção da estratégia, é preciso focalizar em estudos sobre as ações e interações do praticante da estratégia, ou seja, na atividade humana.

### SAIBA MAIS

Diferentemente das teorias clássicas construídas em torno de premissas (geralmente divergentes) sobre a fonte da vantagem competitiva, a perspectiva da **estratégia como prática** não se apresenta como uma "nova teoria", mas sim, como uma mudança de foco, uma perspectiva que busca colocar luz sobre a relevância, na prática, de todas estas teorias e sobre as pessoas que as empregam, bem como as ferramentas que utilizam.

Uma nova estrutura ou dimensão de análise foi desenvolvida, levando-se em consideração o contexto, fazendo ligação da prática, das *práxis* e dos praticantes com os resultados da organização. Segundo esta estrutura conceitual, os resultados vão depender desses três elementos dinamicamente articulados – das práticas, das *práxis* e dos praticantes em conjunto –, e sempre que houver mudanças em um desses elementos, haverá também mudanças nos resultados que englobam o desempenho, as escolhas estratégicas, os resultados de projetos e dos atores influenciados pelo seu contexto (Figura 9.3).

### SAIBA MAIS

#### Processo contínuo de formulação e implementação da estratégia: *strategizing*

Fazer estratégia (ou *strategizing*) decorre da interação entre os três elementos centrais dos estudos da estratégia como prática: as práticas, a práxis e os praticantes. As práticas consistem naquele conjunto de conhecimentos disseminados em dado contexto, socialmente legitimados, que repercutem no que se entende pelo *know-how* adquirido pela organização e que são proeminentes em suas respectivas rotinas organizacionais. A práxis, que significa "ação reflexiva", consiste na forma como as coisas são feitas, tanto intra, como extra e mesmo interorganizacionalmente, envolvendo aspectos culturais e éticos aceitos em determinado contexto social. De fato, considera-se aqui que a práxis envolve a noção de um conjunto de atividades desenvolvidas ao longo da trajetória percorrida pela organização e aqueles aspectos de natureza psíquica que foram articulados na cultura organizacional, com vistas a sua sobrevivência, que acabaram por se tornar rotinizados. E, por fim, os praticantes são os atores diretamente envolvidos no processo de fazer estratégia e, no limite, o elo entre a prática e a práxis.

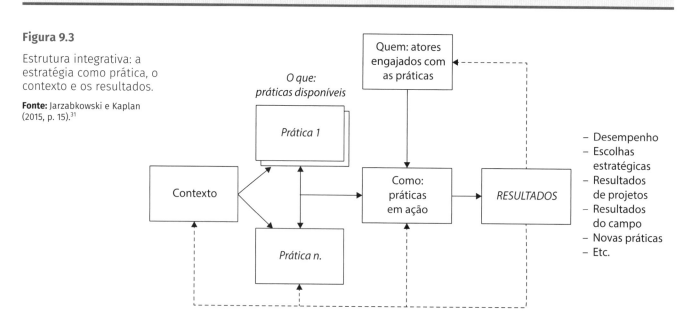

**Figura 9.3**

Estrutura integrativa: a estratégia como prática, o contexto e os resultados.

**Fonte:** Jarzabkowski e Kaplan (2015, p. 15).[31]

## SAIBA MAIS

**Exemplo aplicado:** Seguridad é uma empresa do ramo de seguros. As empresas que vendem seguros também possuem seu seguro, chamado de resseguro, ou seja, para garantir com precisão um risco aceito, as seguradoras repassam parte dele para uma resseguradora, que concorda em indenizá-las por eventuais prejuízos que venham a sofrer em função da apólice de seguro que venderam. Nesse tipo de organização, as interações dos indivíduos são fundamentais para o sucesso ou o fracasso das negociações, e, consequentemente, da empresa. As negociações realizadas entre um agente de seguros e um ressegurador duram cerca de 15 minutos, na escrivaninha do ressegurador, tendo materiais como uma cadeira de escritório, um telefone, uma gaveta, uma calculadora e um computador. O agente de seguros, por sua vez, porta artefatos, como uma pasta com documentos, *pen-drives*, celulares e também calculadoras. Os resseguradores têm dois objetivos durante as negociações: selecionar as melhores ofertas nas quais investir sua quantidade limitada de capitais para obter o maior retorno para sua empresa; e a manutenção de boas relações de negócios durante os episódios estratégicos para garantir oportunidades de negócios atraentes. Este arranjo é rico em episódios estratégicos, pois esses atores utilizam recursos corporais, materiais e discursivos. Assim, três tipos de espaço de trabalho podem ser notados: (i) trabalho colaborativo por meio de um espaço mútuo em que os indivíduos interagem com um objeto; (ii) trabalho de negociação em que os indivíduos discutem, utilizam-se da linguagem e de gestos; e (iii) trabalho privado em que um dos indivíduos interage com um objeto desconectado do outro negociador em um espaço restritivo (quando vai checar um valor em sua planilha ou fazer um cálculo, atender o telefone etc.). Toda essa articulação sociomaterial potencializa o fazer estratégico.

Para se compreender a ação humana na construção e aprovação da estratégia, é preciso canalizar os estudos para as ações e interações dos praticantes da estratégia, ou seja, para a atividade humana, no seu dia a dia.

## 9.2.1 Sociomaterialidade da estratégia

Como dito anteriormente, as práticas fornecem os recursos comportamentais, cognitivos, processuais, discursivos e físicos para a realização da atividade coletiva e, por isso, estão intrinsecamente ligadas ao "fazer". A utilização de ferramentas estratégicas envolve não apenas seu *design* e suas propriedades, mas, também, o contexto e as interpretações dos atores envolvidos.[24] Essa é uma oportunidade para a articulação de diferentes estudos que envolvem tecnologias, comunicação, linguagem, artefatos, a partir de diferentes disciplinas para a compreensão da realização estratégica, aspectos que vêm ganhando cada vez mais espaço e relevância no contexto organizacional contemporâneo.[25]

A tecnologia, por exemplo, integra o conjunto de aspectos materiais articulados nas práticas estratégicas. Por meio de uma lente prática, é possível fundir dois aspectos da tecnologia: a tecnologia como artefato (o conjunto de materiais e símbolos embalados em alguma forma socialmente reconhecível, por exemplo, *hardware*, *software*, técnicas); e o uso da tecnologia, ou o que as pessoas realmente fazem com o artefato tecnológico nas suas atividades contínuas e situadas.[26]

Apesar da estreita relação entre material e estratégia,[27] e sua crescente proeminência em estudos de estratégia e organização, o conceito de materialidade é muitas vezes deixado indefinido ou apenas vagamente explicado,[28] e, embora não haja unanimidade no conceito de materialidade, dois aspectos podem ser considerados: fisicalidade e significância.

A fisicalidade refere-se às propriedades físicas dos objetos, enquanto a significância se refere ao significado atribuído ao objeto.[29] Com base nesses dois aspectos, por um lado, há compreensão de que a materialidade é importante porque as propriedades materiais dos artefatos são precisamente os recursos tangíveis que proporcionam às pessoas a capacidade de transformar eventos antigos em novas situações ou maneiras distintas de fazer o que não poderiam antes. Por outro lado, todos os materiais são necessariamente sociais, quando em uso, em interação entre sujeitos e não podem ser entendidos na ausência de um contexto. O social e o material estão enredados e são inseparáveis.

As interações dos indivíduos são essenciais e definitivas para a construção de uma organização.[30] Nesse sentido, recursos materiais, corporais e discursivos são orquestrados para que o trabalho estratégico seja realizado (Quadro 9.1). Uma das categorizações possíveis distingue cinco tipos diferentes de materiais utilizados no *strategizing*. Esses materiais não são mutuamente excludentes, mas coexistem.[31]

**Quadro 9.1**   Elementos materiais envolvidos no trabalho estratégico

| Material | Definição | Exemplo | Na prática |
|---|---|---|---|
| Ferramentas estratégicas | Modo formalizado de abordar a formação da análise e decisão estratégica. | Análise SWOT, matriz BCG, planejamento de cenários. | Como o planejamento de cenários influencia o foco e o tamanho do horizonte no plano estratégico. |
| Artefatos e objetos estratégicos | Objetos físicos usados como meios de propagação ou desenvolvimento da estratégia. | Cubos de papelão usados para espalhar iniciativas estratégicas; lego usado em *workshops* para criar identificação e sentido organizacional; objetos para vídeo, *web* ou fone conferência; simulações e prototipagem. | Influência que estes objetos exercem entre si na emergência e evolução da estratégia. |
| Tecnologias estratégicas | *Softwares* e *hardwares* integrados nas práticas de trabalho. Aspectos físicos da tecnologia, como linguagem e etiquetagem (nome dos ícones e menus etc.). | *PowerPoint* e seu uso como *software* de apresentação usando ideias de forma visual e escrita, sua portabilidade e possibilidade de alteração. | Dois especialistas em tecnologia da empresa Xerox não conseguiram imprimir nos dois lados da folha porque a forma como a fotocopiadora foi projetada inibia o que se desejava fazer. |
| Espaços construídos: arquitetura e decoração | A forma como um espaço físico foi desenhado, decorado, disposto em seu interior é conhecido por impactar e despertar reações humanas. | Espaços físicos, como salas de reunião, seus atributos, como cores e luminosidade. | Uma cadeira é utilizada para sentar, mas, dependendo de onde estiver disposta, pode ser um apoio ou servir de mesa. |
| Corpos humanos | Análise do comportamento do corpo humano. | Gesticular com as mãos ao explicar um conceito. | A atividade estratégica se vale de gestos, expressões etc. |

**Fonte:** Jarzabkowski e Kaplan (2015).[31]

Importante compreender que essa interação que ocorre entre o praticante e a materialidade é constante. O praticante vislumbra as possibilidades de ação articuladas com objetos, artefatos, tecnologias (elementos materiais em geral, que potencializam o fazer estratégico) disponíveis. Para tornar isso mais claro, quando um gestor precisa fazer uma apresentação importante em uma reunião, ele deve escolher que materiais utilizará para que a reunião seja eficaz: *slides* no PowerPoint ou inovar com o Prezi? Ou *emaze*? É preciso estabelecer uma dinâmica para que os participantes encontrem soluções em comum? Será preciso *brainstorming*? Se sim, como será feito? Papel e canetas? Em um grande grupo ou pequenos grupos? Ou, ainda, a interação que ocorrerá será face a face, ou alguns participantes participarão a partir de um vídeo, *web* ou audioconferência? Que elementos serão usados para demonstrar e evidenciar resultados, prospectos, tendências, problemas etc.?

E todas essas possibilidades de uso devem ainda considerar outro fator componente da materialidade que é a linguagem. Toda prática social é, em si, também uma prática de produção de linguagem e de sentido, pois é por meio dela que a comunicação se torna possível.[32]

Passamos a tratar do papel de quem promove a atividade estratégica como um dos mais importantes atores no processo de formação da estratégia: o *middle manager*.

## FERRAMENTAS ESTRATÉGICAS EM USO

Uma pergunta que pode ter surgido após a leitura até aqui é, mas como, de fato, ocorre a estratégia com base na abordagem da estratégia como prática social? O exemplo a seguir é fruto de uma pesquisa feita em uma organização de soluções em Tecnologia da Informação (TI).[25] Utilizando-se da estrutura que foi elaborada para compreender o uso de ferramentas estratégicas nas organizações,[26] analisou-se a relação entre a seleção, a aplicação e os resultados das ferramentas estratégicas.

O termo **ferramenta** aqui se refere a estruturas, conceitos, modelos ou métodos. A usabilidade das ferramentas diz respeito à flexibilidade de sua interpretação, que tanto permite quanto restringe ação e resultados. Ao conceituar as ferramentas em uso, se ressalta o papel dos atores que as utilizam.

CAPÍTULO 9 | Estratégia como prática **167**

As ferramentas utilizadas pela empresa e consideradas no estudo foram: *balanced scored card* (BSC); as Cinco Forças de Porter; análise SWOT; guia PMBOK; MS *project*; guia CBOK; ISO 9001; ISO 20000 e CMMI nível 3. Ao aplicar a estrutura desenvolvida para análise de ferramentas estratégicas em uso, algumas considerações puderam ser feitas, dentre as quais, destacamos que: muitas das ferramentas são selecionadas simplesmente pelo fato de que são as conhecidas pelos praticantes, como o BSC e a análise SWOT, que são apresentadas nas escolas de administração; quando uma ferramenta é eficaz no atingimento de um resultado, os praticantes tendem a selecioná-la novamente de modo a obter outros resultados; e, às vezes, a ferramenta está disponível como uma possível solução para problemas ainda não identificados. O uso dessas ferramentas permite a articulação de diferentes sentidos e significados que são fundamentais para mobilizar os praticantes para a ação, componente fundamental para a perspectiva da estratégia como prática social.

Portanto, a relação entre as pessoas que fazem parte da organização e as ferramentas que selecionam e utilizam em seu trabalho é fundamental para a estratégia como prática. Isso se explica pelo fato de que todo o processo de formação da estratégia está permeado de ferramentas as quais são utilizadas também para orientá-lo e monitorá-lo, podendo influenciar o curso das atividades, bem como o surgimento de estratégias emergentes.

## 9.2.2 O papel do *middle manager*

O termo *middle manager* tem sido adotado por ser mais amplo que a tradução literal para gerente de nível médio, já que, na sua forma original, pretende abarcar todo e qualquer responsável que não atue como alta direção nem como técnico no nível operacional, sendo aquele que exerce atividades em diferentes cargos de liderança ou de condução das atividades relacionadas com a articulação para o processo de tomada de decisão.

Considerando que é na rotina que o posicionamento estratégico da empresa é difundido, os *middle managers* desenvolvem um papel de extrema relevância para a estratégia organizacional. Esses praticantes podem ser identificados como condutores da estratégia, são eles os mediadores entre a alta gerência (*top management team*) e a comunidade organizacional.[33] Essa mediação e articulação estruturam-se por meio de diferentes papéis[34] que são exercidos durante o processo, os quais são desempenhados levando-se em consideração as expectativas dos outros envolvidos.

O *middle manager*, em geral, está envolvido em atividades estratégicas, considerando sua atuação a partir de duas dicotomias, a saber: atividades (e decisões tomadas) de baixo para cima *versus* atividades (e decisões tomadas) de cima para baixo; e ainda, atividades que são divergentes *versus* atividades integradoras, decorrentes de ideias que são divergentes ou integradoras, servindo de "pino" de ligação ao empreender ações que influenciam a formação da estratégia ou no *strategizing*.[35]

É possível encontrar quatro tipos diferentes de atividades ou papéis exercidos pelo *middle manager*, que se relacionam com a estratégia, as quais podem ser classificadas como: (i) implementar a estratégia deliberada (atividade de cima para baixo e integradora); (ii) facilitar a adaptabilidade (atividade de cima para baixo e divergente); (iii) sintetizar informações (atividade de baixo para cima e integradora); e (iv) defender alternativas (atividade de baixo para cima, divergente). Ainda, essas atividades ou esses papéis são carregados de elementos comportamentais e cognitivos gerados a partir da interação entre os diversos praticantes na implementação das ações estratégicas, bem como levam em consideração a linguagem adotada entre os praticantes para alcançar efetividade na prática:[36]

(a) **Implementador:** quando atua dentro do contexto organizacional para interpretar e produzir as intervenções necessárias às adaptações deliberadas pela alta direção, alinhando a ação para o alcance dos resultados; a estratégia é um processo e está em constante mudança, e essa mudança precisa ser comunicada e adaptada, este é o papel mais clássico e facilmente encontrado nas organizações.

**Exemplo:** definições de novas escolhas estratégicas, decisões de mudança de rumo, de produto, serviço ou processo.

(b) **Facilitador:** quando se propõe a promover arranjos organizacionais flexíveis, a partir de mudanças, condições externas de adaptação e novas abordagens; este papel é decorrente de uma abordagem mais flexível, em estruturas matriciais, por projetos, em que é preciso encorajar os praticantes flexibilizando as condições para o alcance dos resultados almejados pela alta direção.

**Exemplo:** modificações na legislação, inclusão de novos procedimentos e normas.

(c) **Sintetizador:** quando busca interpretar, reorganizar, recomendar e avaliar a informação dentro de determinado contexto para poder transmiti-la à alta direção; nem todas as informações do ambiente interno podem ser consideradas estratégicas pela alta direção, daí o papel fundamental do *middle manager* na "transformação" do que pode ser considerado corriqueiro em oportuno e estratégico, influenciando e convencendo a alta direção.

**Exemplo:** em caso de sugestão de novos produtos, serviços ou modificação no processo.

(d) **Defensor:** quando exerce comunicação persistente e persuasiva das opções estratégicas para a alta direção. O *middle manager* "compra" a ideia, o projeto, as demandas do nível operacional e "vende" essa ideia para a alta direção, transformando ameaça ou situação-problema em oportunidade e solução, atribuindo sentido e transformando em um evento estratégico.

**Exemplo:** na seleção de certos projetos, promovendo soluções para o grupo em caso de conflitos, encaminhando soluções para alta direção (Figura 9.4).

**Figura 9.4**
Papéis do *middle manager* na consecução da estratégia.

**Fonte:** Floyd e Wooldridge (1992);[45] Floyd e Lane (2000).[53]

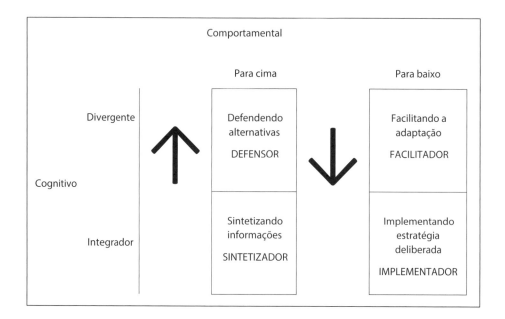

Os papéis exercidos pelo *middle manager* são uma parte cotidiana do discurso e da prática estratégica. As pesquisas tradicionais em estratégia têm por objetivo encontrar uma combinação perfeita entre papéis em uma organização, que esteja adequada ao ambiente. Quando as ações do *middle manager* são motivadas pelos interesses organizacionais, trata-se do que chamamos de agência estratégica, sendo importante compreender que o que permite a agência dos *middle managers* sob as expectativas de papéis específicos depende das práticas, das intenções, dos aspectos cognitivos, comportamentais, interpretativos e subjetividades de todos os praticantes envolvidos no *strategizing*.[37]

Para que o *middle manager* possa interagir com o nível de diretoria e realizar a interação entre o nível operacional e a alta direção, é necessário que se entenda qual é o objetivo da organização, sua posição e escolha estratégica, além do contexto político envolvido.[38] Nesse sentido, o estudo de linguagem e *strategizing* complementa o alinhamento estratégico entre os níveis organizacionais ao entender a diferença na equação linguística "fala + linguagem = comunicação".

CAPÍTULO 9 | Estratégia como prática    **169**

Por meio da comunicação é que a organização funciona, as decisões são tomadas e implementadas. Entender a diferença entre problema de comunicação quanto à falta de informação, problema de comunicação quanto à falta de conversação/compreensão e quando o uso desses termos é mal utilizado, é importante para o campo da estratégica como prática.[39] Importante destacar que, sob a perspectiva da estratégia como prática social, a comunicação não é compreendida de modo funcional, mas a partir de um processo de negociação de significados. Os processos comunicacionais são constitutivos da natureza organizacional, conforme iremos discutir na Seção 9.2.3.

---

### SAIBA MAIS

#### Atuação do *middle manager* no processo de *strategizing*

Para compreender a atuação do *middle manager* no processo contínuo de *strategizing*, independentemente de se tratar de estratégias deliberadas pela alta direção ou que emergiram durante as ações estratégicas da base da organização, os *middle managers* têm papel determinante no processo, servindo como 'pino' de ligação, interpretando o que pode ser lido no contexto interno e atribuindo sentido para ambos os lados: para cima e para baixo.

A *middle management* consiste no nível organizacional que mais se relaciona com os demais níveis organizacionais, é o nível que recebe os impactos de cima e de baixo e que necessita moldar as distintas situações. O *middle manager* caracteriza-se como ponte e como filtro, confirmando que seu desempenho nos papéis de facilitador da adaptabilidade e implementador da estratégia (atuação na direção de cima para baixo), bem como de sintetizador da informação e defensor de alternativas (nas situações de baixo para cima), é essencial para consecução dos objetivos de toda a comunidade organizacional. As características comportamentais, de subjetividade, emocionais e cognitivas são destacadas como essenciais para sua atuação e alcance de êxito no desempenho desses papéis considerando as atividades do *strategizing*.

---

O *middle manager* age em situações de micro práticas estratégicas diárias sob influência do seu modelo mental, sua cultura e suas crenças pessoais, bem como suas experiências compartilhadas com os outros. As atitudes diferentes dos *middle manager* sobre uma mesma situação evidenciam claramente a influência de fatores internos e externos sobre suas atitudes.[40] A maior ou menor capacidade de influenciar as mudanças organizacionais se relaciona com o sentido que cria e atribui no desempenho de suas funções caracterizando o *sensemaking* e o *sensegiving* nos processos e contexto sociocultural, em ambientes de permanente mudança organizacional.[41] Pode-se dizer que os *middle managers* procuram moldar o ambiente organizacional pelo *sensegiving*, mas como a realidade, sob a perspectiva da estratégia como prática social, é socialmente construída, eles engajam-se sempre em um processo de *sensemaking*, em que os significados são negociados e intersubjetivamente construídos.

## 9.2.3 *Sensemaking, sensegiving e sensebreaking*

A atividade estratégica geralmente envolve decisões que lidam com aspectos de novidade, passando longe das decisões programadas que permeiam o nível operacional da organização.[42] Entende-se que diante do novo, os seres humanos precisam compreender significativamente as situações a fim de que possam agir; diante da falta de significados, a ação humana fica desestruturada.[43] Muitas vezes, a atuação do *middle manager* está relacionada com o processo de criação de sentidos, uma vez que atua em uma posição de articulação entre os níveis organizacionais.[44] O processo de construção de sentidos não é definido de forma clara e consciente, mas é o resultado de um conjunto de negociações que estão intrinsecamente entrelaçadas nas múltiplas rotinas e conversas que produzem e reproduzem o cotidiano da organização, em um processo que chamamos de *organizing*.[45]

Utilizamos o conceito de Karl Weick sobre *sensemaking* como um processo de construção de significados e estruturação da realidade organizacional durante as interações entre indivíduos. É importante compreender que a base do entendimento do *sensemaking*[46] é a pressuposição de que a realidade é socialmente construída, portanto, nossas ações como seres sociais são sempre lastreadas nos significados que atribuímos a elas e ao nexo causal relacionado com as ações. Esses significados são construídos ao longo de nossa vida, nos vários processos de socialização pelos quais passamos. É um processo contínuo, complexo, interativo e retrospectivo.[47] Na maior parte das situações que vivemos, recorremos aos significados compartilhados para interpretar e delinear os cursos de ações a serem tomados. Existem situações, porém, em que os significados que fazem parte do nosso repertório não nos ajudam, e é exatamente a partir daí que nos envolvemos em um processo de *sensemaking*, quando passamos a, em um processo social, construir sentido de situações que exigem a atribuição de novos significados. Assim, o *sensemaking* é especialmente crítico em ambientes turbulentos, pois envolve situações surpreendentes e confusas, exigindo dos praticantes da estratégia um rápido entendimento da situação que ocorre a sua volta.[48] Esse processo torna o *sensemaking* parte da construção social da realidade, na qual se constrói significados para interpretar e explicar a realidade.[49] Deste modo, o *sensemaking* abarca a compreensão, a interpretação, mas, principal e necessariamente, a criação de sentido para si com base nas informações em torno de determinada mudança estratégica e nos sentidos negociados entre os diferentes praticantes em torno de tal situação.[50]

O *sensemaking* tende a seguir três vertentes: (i) o direcionamento de quais sentidos os grupos atribuem às situações; outra (ii) mais holística, marcada por circunstâncias extremas ou crises organizacionais; e uma última (iii) marcada pela desagregação intencional de sentido, a fim de se engajar em um processo de criação de novos significados.

Nesta primeira vertente,[51] por exemplo, um dos importantes papéis do líder durante a mudança estratégica é o de *sensegiver*, que significa a capacidade do líder em influenciar a construção de sentidos dos demais praticantes, por via de uma reconstrução da realidade organizacional.[52] Também nesta linha, se destaca a importância do *sensegiving* como uma atividade fundamental da liderança dentro do *sensemaking* organizacional.[53] Estudos apontam como os *middle managers* moldam o ambiente organizacional pelo *sensemaking*,[54] ou como os *middle managers* conseguem moldar a estratégia por meio de conversações estratégicas com os líderes organizacionais, elaborando um processo de *sensegiving*.[55]

Já na segunda vertente, que aborda o *sensemaking* como um processo mais social, mais ligado ao contexto de situações extremas e crises organizacionais, pode-se destacar, primeiramente, as ações estratégicas sobre determinada crise, sugerindo uma relação dialética entre estrutura social e *sensemaking*.[56] Neste caso, o *sensemaking* facilita a reformulação da estrutura social por conta da crise, enquanto as relações sociais proveem a base para o *sensemaking*,[57] em uma relação de mão dupla. Crises organizacionais costumam ser solo fértil para o contexto de estudos de *sensemaking*.[58]

O terceiro aspecto, relacionado com a ruptura intencional de sentido,[59] é chamado de *sensebreaking*. Nesse caso, busca-se trabalhar a mudança a partir de um processo de quebra de significados. O *sensebreaking* levará a um reexame nos pressupostos básicos que fundamentam determinado curso de ação e poderá ser um precursor do *sensegiving* e do *sensemaking*.[60] Entendemos que, apesar do pequeno número de pesquisas em relação a esse aspecto, ele pode ser um importante indutor de mudanças estratégicas, por esse motivo, é importante discuti-lo aqui.

O *sensegiving* é decorrência da influência de uma linha de significação, no intuito de ganhar o apoio dos demais membros partindo de sua ação. Também nesta linha, sua importância é apresentada como atividade fundamental da liderança dentro do *sensemaking* organizacional.[61] *Sensegiving* preocupa-se em influenciar o resultado da mudança estratégica, em comunicar os seus pensamentos sobre a mudança para os outros, em ganhar apoio para a mudança por meio de narrativas ou discursos, por exemplo.[62]

Mesmo que esses processos pareçam conceitualmente diferentes (criar sentido, atribuir sentido e romper sentidos), os limites de cada um são permeados pelo outro. Como discurso e ação, *sensemaking* e *sensegiving* – e, por vezes, o *sensebreaking* – são domínios menos distintos que dois lados de uma mesma moeda, um implica o outro e existem simultaneamente, tendo em vista que o processo de construção de sentidos envolve um processo de negociação de significados e, em um contexto como o organizacional, as posições de autoridade tendem a assumir um papel de influenciador dos significados a serem construídos. O que não quer dizer, no entanto, que isso ocorra de forma linear, neutra e desinteressada. O processo de *sensemaking* pode ser interpretado de forma gerencial: no caso do *middle manager*, pode ocorrer como a discussão das linhas de ação sobre as mudanças deliberadas no nível estratégico da organização e o *sensegiving*, por sua vez, pode representar o processo de externalização, quando ele busca apoio nos níveis operacionais para conduzi-la com êxito.[63] Na prática, *middle managers* interpretam e 'vendem', por meio de suas atividades diárias, as mudanças estratégicas na interface organizacional.[64]

---

**SAIBA MAIS**

### O processo de *sensegiving* nas narrativas produzidas pela Samarco após o rompimento da Barragem de Fundão

Os desastres corporativos, os escândalos, os eventos inesperados, geralmente produzem efeitos desastrosos no contexto organizacional, causando contextos de *sensebreaking*. Recentemente (2016), vimos com espanto e tristeza as consequências de um grande desastre corporativo: o rompimento da Barragem de Fundão, de propriedade da empresa Samarco. Esse desastre levou à inoperação da empresa, que, até 2018, ainda não havia retomado suas atividades operacionais. Tudo isso gerou, tanto internamente entre os funcionários quanto em relação aos diferentes *stakeholders* e sociedade em geral, uma ruptura em relação aos significados atribuídos (*sensebreaking*) às ações operacionais da empresa e à sua reputação – a empresa possuía uma **licença social** para operar, que lhe garantia legitimidade perante a sociedade em geral. Diante disso, desde o rompimento até o momento, a empresa tem se engajado em um intenso processo de *sensegiving* a respeito do desastre: ela tenta influenciar o sentido da tragédia afirmando que foi um acidente, que suas contribuições para o desenvolvimento econômico da região são uma forma de reparar as consequências do "acidente", e que, por fim, ela precisa voltar a operar. No entanto, esse processo de negociação de significados funciona como a metáfora da escrita de uma história: o autor (no caso a Samarco) pode escrever e contar a história do seu jeito, mas os leitores (no caso, todos os *stakeholders* e a sociedade, em geral) também leem a história e a interpretam ativamente, por meio do *sensemaking*. Por isso, há aqui um processo de escrita e leitura, que compõe esse movimento de negociação de significados a respeito do rompimento.[65]

---

Se entendemos que *strategizing* é um processo resultante da atividade realizada por diferentes praticantes, engajados na construção e na negociação de sentidos compartilhados,[66] podemos compreender em profundidade o contexto organizacional. Além disso, esse engajamento de diferentes praticantes no fazer da estratégia traz a possibilidade de maior inclusão e transparência, como veremos a seguir.

## 9.3 *OPEN STRATEGIZING* OU ESTRATÉGIA ABERTA

A estratégia aberta (*open strategizing*) pode ser compreendida como um processo pelo qual a estratégia de uma organização, seja de inovação, marketing, compra, ou outras atividades, expande-se para além da alta direção, por meio de um envolvimento colaborativo das partes interessadas, internas e externas, de modo que o diálogo estabelecido deriva de uma discussão a partir de múltiplas perspectivas representadas entre essas diversas partes interessadas.[67]

O termo *open strategizing* se insere no contexto que vem sendo estudado de 'fazer estratégia' de forma mais participativa, envolvendo todos os praticantes, com a ênfase no entendimento da estratégia como uma realização de múltiplos praticantes, como já tratamos no início deste capítulo.[68]

Os benefícios atribuídos a um processo de *open strategizing* incluem um maior número de sugestões de avanço, oriundas de fontes de informações mais diversas, melhor compreensão das decisões estratégicas e maior comprometimento com essas decisões, o que pode resultar em melhor qualidade geral da decisão.[69]

A *open strategizing* representa maior inclusão dos indivíduos, aliada a maior transparência de ações e informações por parte da organização.[70] Essa abertura tende a facilitar a interação de atores organizacionais, a compreensão dos objetivos da empresa e o senso coletivo, resultando em aumento do compromisso e em práticas alinhadas com a estratégia organizacional como um todo. A inclusão, na forma de comentários ativos e avaliação de ideias, por exemplo, contribui para a criação de um senso de comunidade entre todos praticantes envolvidos.[71]

Para tratar da inclusão dos sujeitos praticantes da estratégia é preciso destacar elementos comportamentais, cognitivos, emocionais, culturais, de desenvolvimento de criatividade e entusiasmo na execução das atividades, considerando que as práticas diárias da base da organização são primordiais para o alcance dos resultados e que devem estar alinhadas com os planos e estratégias gerais. Embora isso tudo já tenha sido dito e estudado de alguma forma no campo da administração, principalmente nos estudos organizacionais, cabe salientar que cada vez mais esses aspectos humanos, comportamentais, são merecedores de atenção, carecendo de um olhar atento visto que o mundo está cada vez mais interligado e as informações cada vez mais compartilhadas em redes que se multiplicam e conectam em velocidade exponencial, sendo que as pessoas são deixadas de lado e ao mesmo tempo são as responsáveis por esta corrida vertiginosa pelo desenvolvimento tecnológico no qual todas as organizações estão inseridas.[72]

A *open strategizing* tem como tópicos duas dimensões essenciais, a transparência e a inclusão. Isso resulta na participação da comunidade organizacional no processo estratégico, sendo considerada a configuração moderna que caracteriza a estratégia como prática em desenvolvimento, partindo de um conceito teórico que reflete a mudança de paradigma no processo de formação de estratégias.[73]

A transparência da informação e a inclusão da comunidade organizacional são questões de discussão nos principais fóruns e conferências no campo dos estudos organizacionais, com destaque para o avanço e compreensão da abertura da estratégia, das perspectivas e problemas decorrentes disso.[74]

---

**MINICASO**

### Cacau Show: no caminho para a transparência e inclusão

A Cacau Show tem apresentado uma história de gestão bastante interessante, que demonstra princípios relacionados com transparência e inclusão. O movimento da *open strategizing* é inspirado nas experiências com inovação aberta e nos resultados de sucesso que esse tipo de processo tem apresentado. Não por acaso, a atual configuração de todo o ambiente de negócio da Cacau Show, apresentado por Alexandre Costa, fundador da empresa, foi inspirada na experiência dele no Vale do Silício diante de empresas altamente inovadoras. Partindo dessa experiência, o fundador explica que redesenhou todo o ambiente do negócio, de forma que o escritório é todo projetado em um conceito aberto, todos os funcionários (independentemente de sua posição na hierarquia da empresa) possuem as mesmas condições de trabalho, existem espaços concebidos para a interação, obras de arte estão espalhadas por todo o ambiente, tudo isso para fomentar um ambiente de trabalho que estimule a inovação e a satisfação. Essa articulação de elementos materiais é o primeiro passo para um processo estratégico transparente e inclusivo. O fundador também conta suas experiências de colaboração com diferentes parceiros – desde os que desenvolveram juntamente com ele tecnologias produtivas para viabilizar a produção de ideias inovadoras, como o ovo de chocolate com a casca recheada, até seus fornecedores com os quais desenvolve ações colaborativas, direcionadas à melhoria de toda a cadeia produtiva. Esse profundo envolvimento entre os diferentes atores organizacionais – internos e externos – bem como a articulação material dos espaços e ferramentas do processo de organizar, são exemplos importantes de como se pode ver as condições para o desenvolvimento de um processo de *open strategizing*.

---

## 9.4 CONSIDERAÇÕES FINAIS

Este capítulo apresentou alguns aspectos básicos da perspectiva da estratégia como prática e do **strategizing**, passando pelo entendimento de estratégia deliberada e emergente, que fluiu para elementos que se inter-relacionam como: a **sociomaterialidade** da estratégia, *middle manager* (como praticante), **sensemaking**, **sensegiving** e **sensebreaking** no ambiente organizacional, os quais compõem a caracterização da **open strategizing** ou estratégia aberta.

A partir do que foi visto, podemos encerrar este capítulo relembrando que seguimos acompanhando os desenvolvimentos no campo da estratégia e do campo organizacional, tendo em vista que um é decorrência do outro; estratégia e organizações são partes inseparáveis de um mesmo processo de construção. Entender a estratégia como uma prática social nos faz poder compreender profundamente os caminhos percorridos pelas organizações em direção aos resultados que alcançam.

**CAPÍTULO 9** | Estratégia como prática

Importante destacar, por fim, que diferentes atores, os nossos praticantes, têm papel fundamental no processo de *strategizing*, e que cada um, a partir do papel que desempenha, colabora para a realização estratégica que, diante dos contextos cada vez mais dinâmicos, caminha para uma *open strategizing*. Nesse sentido, observamos a articulação de elementos humanos e não humanos integrados na construção de sentidos para o desenvolvimento sustentável das atividades da organização, promovendo o envolvimento crescente entre o social (comportamental e emocional) e o material (refletido na aplicação da tecnologia em uso) no alcance de melhores resultados para a vida diária nas organizações.

## PRINCIPAIS CONCEITOS DO CAPÍTULO

**Desenvolvimento da estratégia:** a estratégia desenvolveu-se acompanhando a dinâmica das organizações, passando de prescritiva, deliberada à descritiva, emergente, resultando, em alguns casos, em estratégia integradora, em equilíbrio com parte deliberada e parte emergente. Não existe estratégia totalmente deliberada (sem aprendizado) nem estratégia exclusivamente emergente (sem controles ou *feedback*).

**Estratégia como prática, ou *strategizing*:** é o resultado da intersecção entre os elementos: prática (quais atividades), práxis (como se realiza tal atividade, como se age) e praticantes (quem desenvolve a atividade, com seu *know-how*, comportamento, cognição, intenção e sentido), considerando as influências dos diferentes tipos de ambiente e os resultados alcançados, os quais podem modificar as escolhas estratégicas.

**Sociomaterialidade, *middle manager*, *sensemaking/sensegiving/sensebreaking*:** são elementos pertinentes ao estudo do enfoque da estratégia como prática; a materialidade da estratégia como prática está refletida na tecnologia e suas possibilidades de ação; o *middle manager* tem se apresentado como o articulador, o agente que possibilita a interpretação da estratégia e as demandas operacionais na interlocução entre o que é e o que precisa ser desenvolvido, culminando com o sentido que consegue gerar e atribuir ações e demandas do dia a dia organizacional.

***Open strategizing*, ou estratégia aberta:** transparência e inclusão no processo estratégico. A estratégia aberta é o que tem se apresentado como o estudo mais recente em termos de desenvolvimento teórico e prático no campo da estratégia. Diversos estudiosos estão no caminho de pesquisas que evidenciam a maior transparência nas informações e a inclusão dos diferentes atores no processo estratégico como o pilar para sustentar a atuação dos praticantes no envolvimento crescente entre o social (comportamental e emocional) e o material (refletido na aplicação da tecnologia em uso) no alcance de melhores resultados para a vida diária das organizações.

Algumas questões têm sido apontadas como de interesse de estudos a serem desenvolvidos, que ficam para reflexão e discussão, a seguir.

## QUESTÕES PARA REFLEXÃO

1. Como a estratégia aberta se manifesta e opera em diferentes contextos (setores, instituições nacionais, estruturas organizacionais ou diferentes formas de propriedade)?

2. Como os fenômenos relacionados e sobrepostos (inovação aberta, código aberto, ciência aberta, governo aberto etc.) contribuem para nossa compreensão da estratégia aberta?

3. Como as tendências gerais para a transparência e a abertura nas organizações e na sociedade moldam as práticas estratégicas?

4. Quais são as oportunidades e desafios metodológicos para o estudo da estratégia aberta e como eles podem ser abordados de forma mais eficaz?

## QUESTÕES PARA AVALIAÇÃO DO CONHECIMENTO

1. Como ocorreu a evolução dos conceitos/entendimento sobre a estratégia?

2. Como caracterizar a estratégia deliberada, emergente e integradora?

3. Como caracterizar *strategizing*? Quais são seus elementos?

4. Como a tecnologia contribui para o *strategizing*?

## CASO FINAL BRASILEIRO – MORMAII E O PROCESSO DE *STRATEGIZING* A PARTIR DA CONSTRUÇÃO DE SENTIDOS[54]

A Mormaii, uma empresa catarinense no ramo de acessórios esportivos, foi fundada em 1976 pelo médico surfista conhecido por todos na região como "Morongo" e está localizada em Garopaba, há pouco mais de 90 km da capital de Santa Catarina, Florianópolis. A Mormaii é uma empresa brasileira com atuação internacional, tendo seus produtos presentes em mais de 15 países, entre eles Estados Unidos e Rússia. Possui um portfólio em torno de 3500 produtos, dentre eles relógios, óculos, bicicletas, equipamento para mergulho e o primeiro produto que foi produzido pela empresa: a roupa impermeável de neoprene (*wetsuits*), destacando-a na indústria do surfe mundial. Atualmente, é reconhecida como a maior e mais querida marca de esportes livres do Brasil.

Inicialmente, a Mormaii configurava-se como uma **empresa de produção fabril** na indústria do surfe, mas passou por uma grande mudança estratégica, a partir da qual reposicionou-se como uma **administradora de sua marca**, atuando fortemente na atividade de *branding*. Essa mudança estratégica exigiu o engajamento dos *middle managers* da organização em um processo de *sensemaking* e *sensegiving* para elaborar a mudança em curso. Nesse caso, vamos discutir esse processo de mudança estratégica à luz da perspectiva da estratégia como prática social e seus temas de interesse.

A partir de entrevistas, análise dos documentos disponibilizados pela organização e observação das instalações e das operações internas, identificaram-se quatro momentos importantes do processo de mudança estratégica: (i) reconhecimento da mudança estratégica; (ii) socialização da mudança estratégica; (iii) construção de sentidos compartilhados com os funcionários; e (iv) justificativa da mudança.

No primeiro momento, observou-se um processo em que os *middle managers* foram formalmente orientados a respeito do reposicionamento estratégico em curso. Apesar de já estarem acompanhando os indicativos da mudança organizacional que culminou com o reposicionamento estratégico, os *middle managers* reuniram-se com o *Chief Human Evolution* (CHE), que comunicou formalmente a estratégia deliberada pelos estrategistas da Mormaii. A partir disso, um diálogo foi promovido com vistas à negociação dos sentidos a respeito da mudança estratégica e de como o processo seria apresentado para os níveis operacionais da organização. Esse primeiro momento é entendido aqui como (i) **reconhecimento da mudança estratégica**.

Tendo em vista os princípios de transparência e inclusão que fazem parte do processo estratégico da *Mormaii*, o segundo momento constituiu-se pela (ii) **socialização da mudança estratégica**. Os funcionários foram todos convocados por seus gerentes e reunidos, e, então, o CHE lhes comunicou a mudança.

Em face das reações, opiniões, dúvidas e ideias manifestadas (formal e informalmente) a partir da socialização da mudança estratégica, um terceiro momento pode ser observado: (iii) **a construção de sentidos compartilhados com os funcionários**, que consiste em um processo de *sensegiving*, pautado em elementos simbólicos, corporais e discursivos, para influenciar de forma sutil os funcionários a significarem a mudança estratégica. Neste caso, isso acontecia quando alguns colaboradores se mostravam desconfortáveis quanto à mudança por duas razões: (a) pela ruptura de sentido causada pelo fato de que o carro-chefe da organização – a roupa impermeável de neoprene (*wetsuits*) – não seria mais o centro das operações da organização nem seria mais propriedade da *Mormaii*; e (b) medo de ser desligado do quadro de funcionários, por estarem diretamente ligados à produção da roupa de Neoprene. Isso exigiu dos *middle managers* uma ação efetiva: conversar com todos os funcionários do setor e sanar suas dúvidas sobre a mudança estratégica. O sentido direcionado na conversa (*sensegiving*) refere-se à ideia de que a mudança levaria a um melhor desempenho da empresa e, consequentemente, à sua sustentação no mercado. Para os funcionários que se mostraram desconfortáveis com a mudança estratégica, o *sensegiving* foi direcionado para tranquilizá-los, garantindo que a roupa continuaria a ser fabricada com a mesma qualidade e pelos mesmos colaboradores que sempre as fabricaram. Além desse processo de esclarecimento direto, também foram empregados recursos discursivos, que buscavam transformar o desconforto dos funcionários em algo positivo, garantindo que ninguém seria desligado do quadro da fábrica se não quisessem ser desligados.

Entendendo que o processo de *sensemaking* possui como uma de suas propriedades a plausibilidade, o quarto momento vinculado à construção de sentido sobre a mudança foi o processo de (iv) **justificar a mudança**. No caso da *Mormaii*, a justificativa da mudança ocorreu de duas maneiras: a primeira, garantindo a todos que aquela mudança estratégica foi feita pelo bem da empresa e que os colaboradores não sairiam prejudicados de forma alguma; e, a segunda, foi mantendo a palavra do que foi prometido aos interlocutores, um momento de 'construção de sentidos compartilhados com os funcionários'. Para garantir que aquilo que fora acordado fosse mantido, a negociação com um novo *stakeholder* foi empreendida: acordou-se com os novos proprietários que mantivessem o quadro de colaboradores que já estavam trabalhando na fábrica.

### QUE LIÇÕES PODEMOS OBTER DESSE CASO?

Primeiramente, podemos observar que a mudança provocada pelo reposicionamento estratégico exige não somente decisões técnicas, mas também todo um trabalho no cotidiano da organização para que a estabilidade necessária para

CAPÍTULO 9 | Estratégia como prática **175**

a realização do trabalho da organização seja mantida. Assim, pudemos observar que o processo de *sensemaking-sensegiving* foi fundamental para que os sentidos dessa mudança pudessem ser negociados entre todos os praticantes da estratégia – executivos estrategistas, gerentes de nível médio, funcionários em geral e os novos proprietários da organização. Observamos ainda que o *strategizing* evidencia que a estratégia é uma atividade constante: ela é um processo que não acaba com uma decisão a respeito de que estratégia tomar (no exemplo, o reposicionamento), mas constitui-se em todos os demais desdobramentos para que ela efetivamente se realize – e, nisso, elementos pretendidos e emergentes estão presentes, conforme evidenciado nos momentos apresentados no caso, os quais foram sendo construídos à medida que a estratégia foi sendo realizada.

## QUESTÕES PARA DISCUSSÃO

**1.** Qual o papel dos *middle managers* no processo de mudança estratégica da Mormaii?

**2.** Como os processos de *sensebreaking, sensegiving* e *sensemaking* aconteceram em relação à mudança estratégica da Mormaii? Identifique os atores envolvidos em cada um desses processos.

**3.** É possível apontar alguma identificação com a *open strategizing* no caso descrito? Explique.

**4.** A partir do caso da Mormaii, qual a contribuição que a abordagem da estratégia como prática social traz para entender a estratégia descrita? No que isso difere das outras abordagens de estratégia que você já estudou?

## REFERÊNCIAS

1. ANSOFF, L. **Estratégia empresarial**. McGraw-Hill, São Paulo, 1965.
2. HAMBRICK, D. The top management team: key to strategic success. **California Management Review**, 30(1), 1987.
3. MINTZBERG, H.; WATERS, J. Of strategies, deliberate and emergent. **Strategic Management Journal**, 6(3), 257-2721985.
4. ANDERSEN, T. J. Integrating the strategy formation process: an international perspective. **European Management Journal**, 22(3), 263-272, 2004.
5. ANDERSEN, T. J. **Strategic management**. Cambridge University Press, 2013.
6. LAVARDA, R. B.; GINER, M. T. C.; BONET, F. J. P. How middle managers contribute to strategy formation process: connection of strategy processes and strategy practices. **Revista de Administração de Empresas**, 50(4), 358-370, 2010.
7. LAVARDA, R. B.; GINER, M. T. C.; BONET, F. J. P. Understanding how the strategy formation process interacts with the management of complex work. **European Business Review**, 23(1), 71-86, 2011.
8. JOHNSON, G.; MELIN, L.; WHITTINGTON, R. Micro strategy and strategizing: towards an activity-based view. **Journal of Management Studies**, 40(1), 3-22, 2003.
9. WHITTINGTON, R. Completing the practice turn in strategy research. **Organization Studies**, 27(5), 613-634, 2006.
10. MINTZBERG, H; AHLSTRAND, B.; LAMPEL, J. **Safári de estratégia**: um roteiro pela selva do planejamento estratégico. 2. ed. Bookman, 2010.
11. GIOIA, D. A.; THOMAS, J. B. Identity, image and issue interpretation: sensemaking during strategic change in academia. **Administrative Science Quarterly**, 41(3), 370-403, 1996.
12. GIOIA, D. A.; CHITTIPEDDI, K. Sensemaking and sensegiving in strategic change initiation. **Strategic Management Journal**, 12(1), 1991.
13. BARTUNEK, J. M. *et al*. Sensemaking, sensegiving, and leadership in strategic organizational development. In: WAGNER, J. (Ed.). **Advances in Qualitative Organizational Research**, 2(1), 37-71, 1999.
14. JOHNSON, G.; MELIN, L.; WHITTINGTON, R. Micro strategy and strategizing: towards an activity-based view. **Journal of Management Studies**, 40(1), 3-22, 2003.
15. WHITTINGTON, R. *et al*. Taking strategy seriously: responsibility and reform for an important social practice. **Journal of Management Inquiry**, 12(4), 395-409, 2003.
16. WHITTINGTON, R. The practice turn in organization research: Towards a disciplined transdisciplinarity. **Accounting Organizations and Society**, 36(3), 183-86, 2011.
17. JOHNSON, G.; MELIN, L.; WHITTINGTON, R. Micro strategy and strategizing: towards an activity-based view. **Journal of Management Studies**, 40(1), 3-22, 2003.
18. MINTZBERG, H.; WATERS, J. Of strategies, deliberate and emergent. **Strategic Management Journal**, 6(3), 257-272, 1985.
19. JARZABKOWSKI, P.; SPEE, A. P. Strategy-as-practice: a review and future directions for the field. **International Journal of Management Reviews**, 11(1), 69-95, 2009.
20. WHITTINGTON, R. Completing the practice turn in strategy research. **Organization Studies**, 27(5), 613-634, 2006.
21. MARTINET, A. C. **Management strategique**: organisation et politique. McGraw-Hill, 1984.
22. WHITTINGTON, R. Completing the practice turn in strategy research. **Organization Studies**, 27(5), 613-634, 2006.

23. WHITTINGTON, R. Strategy as practice. **Long Range Planning**, 29(5), 731-735, 1996.
24. GOLSORKHI, D. *et al*. (Ed.). **Cambrigde handbook of strategy as practice**. 2. ed. Cambrigde University Press, 2015.
25. MINTZBERG, H.; WATERS, J. Of strategies, deliberate and emergent. **Strategic Management Journal**, 6(3), 257-272, 1985.
26. WHITTINGTON, R. Completing the practice turn in strategy research. **Organization Studies**, 27(5), 613-634, 2006.
27. JOHNSON, G.; MELIN, L.; WHITTINGTON, R. Micro strategy and strategizing: towards an activity-based view. **Journal of Management Studies**, 40(1), 3-22, 2003.
28. JARZABKOWSKI, P.; BALOGUN, J.; SEIDL, D. Strategizing: the challenges of a practice perspective. **Human Relations**, 60(1), 5-27, 2007.
29. VAARA, E.; WHITTINGTON, R. Strategy as practice: taking social practices seriously. **Academy of Management Annual**, 6(1), 285-336, 2012.
30. JARZABKOWSKI, P. *et al*. On the risk of studying practices in isolation: linking what, who, and how in strategy research. **Strategic Organization**, 14(3), 248-259, 2016.
31. JARZABKOWSKI, P.; KAPLAN, S. Strategy tools-in-use: A framework for understanding technologies of rationality in practice. **Strategic Management Journal**, 36(4), 537-558, 2015.
32. WHITTINGTON, R. Information Systems strategy and strategy-as-practice: a joint agenda. **Journal of Strategic Information System**, 23(1), 87-91, 2014.
33. ORLIKOWSKI, W. Using technology and constituting structures: A practice lens for studying technology in organizations. **Organization Science**, 11(4), 404-428, 2000.
34. CARNEIRO, V.; LAVARDA, R. B. Ferramentas estratégicas em uso: estudo de caso em uma empresa de TI. In: 14th CONTECSI – International Conference on Information Systems and Technology Management, 2017, São Paulo. **Anais** [...] São Paulo: TECSI/EAC/FEA/USP, 2017.
35. IASBECH, P.; LAVARDA, R. A. B. Strategy and Practices: A qualitative study of a brazilian public healthcare system of telemedicine. **International Journal of Public Sector Management**, 31(3), 347-71, 2018
36. JARZABKOWSKI, P.; KAPLAN, S. Strategy tools-in-use: a framework for understanding technologies of rationality in practice. **Strategic Management Journal**, 36(4), 537-558, 2015.
37. JARZABKOWSKI, P.; BURKE, G.; SPEE, P. Constructing spaces for strategic work: A Multimodal Perspective. **British Journal of Management**, 26, S26-S47, 2015.
38. DAMERON, S.; LÊ, J. K.; LEBARON, C. Materializing strategy and strategizing material: why matter matters. **British Journal of Management**, 26, S1-S12, 2015.
39. DAMERON, S.; LÊ, J. K.; LEBARON, C. Materializing strategy and strategizing material: why matter matters. **British Journal of Management**, 26, S1-S12, 2015.
40. CSILLAG, P. **A semiótica aplicada às organizações**: uma análise do discurso ambiental das empresas. 1999. Dissertação (Mestrado em Administração de Empresas) – Escola de Administração de Empresas de São Paulo, São Paulo, 1999.
41. MANTERE, S. Role expectations and middle manager strategic agency. **Journal of Management Studies**, 45(2), 294-316, 2008.
42. GEPHART JR., R. P. The textual approach: risk and blame in disaster sensemaking. **The Academy of Management Journal**, 36(6), 1465-1514, 1993.
43. GIOIA, D. A.; THOMAS, J. B. Identity, image and issue interpretation: sensemaking during strategic change in academia. **Administrative Science Quarterly**, 41(1), 370-403, 1996.

44. MONTE, R. C.; LAVARDA, R. B. Middle manager, sensemaking e sensegiving na mudança estratégica – estudo de caso na Mormaii. In: XX Simpósio de Administração da Produção, Logística e Operações Internacionais, 2017, São Paulo. **Anais** […], São Paulo: FGV, 2017.

45. FLOYD, S. W.; WOOLDRIDGE, B. Middle management involvement in strategy and its association with strategic type: a research note. **Strategic Management Journal**, 13, 153-67, 1992.

46. BROWN, A. Making sense of inquiry sensemaking. **Journal of Management Studies**, 37(1), 45-75, 2000.

47. MANTERE, S. Role expectations and middle manager strategic agency. **Journal of Management Studies**, 45(2), 294-316, 2008.

48. CARDOSO, F. E.; LAVARDA, R. A. B. Perspectiva da estratégia-como-prática e o processo de formação da estratégia articulada pela média gerência. **Revista Eletrônica de Administração**, 21(3), 719-749, 2015.

49. ROZSA NETO, R.; LAVARDA, R. B. The language studies in strategy as practice and the middle manager roles: an essay. **Revista Brasileira de Estratégia (REBRAE)**, 10(3), 366-380, 2017.

50. RESE, N. *et al.* O vir a ser da estratégia como uma prática social. **Revista de Administração Contemporânea**, 21(2): 227-248, 2017.

51. MANTERE, S. Role expectations and middle manager strategic agency. **Journal of Management Studies**, 45(2), 294-316, 2008.

52. SALVADOR, D. W.; RESE, N. O sensegiving no processo de elaboração de sentido da estratégia em pequenas empresas caracterizadas como organizações híbridas. **Revista de Empreendedorismo e Gestão de Pequenas Empresas**, 6(1), 128-159, 2017.

53. FLOYD, S. W.; LANE, P. M. Strategizing throughout the organization: managing role conflict in strategic renewal. **Academy of Management Review**, 25, 154-177, 2000.

54. ROZSA NETO, R.; LAVARDA, R. B. The language studies in strategy as practice and the middle manager roles: an essay. **Revista Brasileira de Estratégia (REBRAE)**, 10(3), 366-380, 2017.

55. ROULEAU, L. Micro-practices of strategic sensemaking and sensegiving: How middle managers interpret and sell change every day. **Journal of Management Studies**, 42(7), 1413-1441, 2005.

56. MAITLIS, S.; LAWRENCE, T. Triggers and enablers of sensegiving in organizations. **Academy of Management Journal**, 50(1), 57-84, 2007.

57. ROULEAU, L. Micro-practices of strategic sensemaking and sensegiving: how middle managers interpret and sell change every day. **Journal of Management Studies**, 42(7), 1413-1441, 2005.

58. WEICK, K. E. **The social psychology of organizing**. Wesley, 1979.

59. PRATT, M.G. The good, the bad, and the ambivalent: managing identification among amway distributors. **Administrative Science Quarterly**, 45(3): 456-493, 2000.

60. MAITLIS, S.; CHRISTIANSON, M. Sensemaking in organizations: taking stock ad moving forward. **The Academy of Management Annals**, 8(1), 57-125, 2014.

61. GIOIA, D. A.; THOMAS, J. B. Identity, image and issue interpretation: sensemaking during strategic change in academia. **Administrative Science Quarterly**, 41, 370-403,1996.

62. MAITLIS, S. The social processes of organizational sensemaking. **The Academy of Management Journal**, 48(1), 21-49, 2005.

63. GIOIA, D. A.; CHITTIPEDDI, K. Sensemaking and sensegiving in strategic change initiation. **Strategic Management Journal**, 12(1), 433-448, 1991.

64. GIOIA, D. A.; THOMAS, J. B. Identity, image and issue interpretation: sensemaking during strategic change in academia. **Administrative Science Quarterly**, 41(1), 370-403, 1996.

65. CENI, J. C.; RESE, N. "All that is solid melts into air" all that is liquid flows down through the doce river: when strategizing loses its operational track and becomes a discursive exercise of sensegiving. In: XLII EnANPAD, 2018, Curitiba. **Anais** […], Curitiba: Anpad, 2018.

66. BARTUNEK, J. M. *et al.* Sensemaking, sensegiving, and leadership in strategic organizational development. In: WAGNER, J. (Ed.). **Advances in Qualitative Organizational Research**, 2(1), 37-71, 1999.

67. DUTTON, J. E.; ASHFORD, S. J. Selling issues to top management. **Academy of Management Review**, 18(1), 397-428, 1993.

68. WHITTINGTON, R. The practice turn in organization research: Towards a disciplined transdisciplinarity. **Accounting Organizations and Society**, 36(3), 183-86, 2011.

69. DUTTON, J. E. Strategic agenda building in organizations. In: SHAPIRA, Z. (Ed.). **Organizational decision making**. Cambridge University Press, 81-107, 1997.

70. WESTLEY, F.R. Middle managers and strategy micro-dynamics of inclusion. **Strategic Management Journal**, 11(1), 337-351, 1990.

71. WEICK, K. E. The collapse of sensemaking in organizations: the mann gulch disaster. **Administrative Science Quarterly**, 38, 628-652, 1993.

72. HAUTZ, J.; SEIDL, D.; WHITTINGTON, R. Open strategy: dimensions, dilemmas, dynamics. **Long Range Planning**, 30(1), 1-12, 2017.

73. MAITLIS, S. The social processes of organizational sensemaking. **Academy of Management Journal**, 48, 21-49, 2005.

74. BIRKINSHAW, J. Reflections on open strategy. **Long Range Planning**, 3(50), 423-426, 2017.

# RESPONSABILIDADE SOCIAL CORPORATIVA E ESTRATÉGIA

## 10

*Denise Pereira Curi*

## RESUMO

Este capítulo procura introduzir a temática da sustentabilidade corporativa nas discussões estratégicas da empresa. Desde a publicação do relatório *Nosso Futuro Comum*, e mais fortemente após a Eco-92, as discussões sobre os impactos ambientais provocados pela ação do homem (e das empresas) vêm ganhando corpo dentro das instituições. O agravamento das crises sociais e as questões relativas à ética tornaram-se, também, ingrediente essencial nas questões relacionadas à governança corporativa. Desta forma, temas como sustentabilidade, responsabilidade social corporativa, gestão ambiental, marketing social, entre outros, não podem passar ao largo das discussões estratégicas da empresa, seja por uma pressão da sociedade civil, seja por uma pressão governamental manifestada pela cobrança de multas e impostos ambientais, ou até mesmo por uma questão mercadológica. Após a publicação da ISO 14.000:2015 e da quarta versão do Global Reporting Initiative (GRI), tem-se percebido uma tendência para que os objetivos da sustentabilidade estejam alinhados à missão e às estratégias da empresa. É uma mudança sutil, mas que mostra a importância que vem sendo dada às questões sociais e ambientais, ou como já dizia John Elkington quando introduziu o conceito do *triple bottom line*: é preciso que as organizações, além de acompanharem o resultado econômico de suas atividades, meçam, também, os resultados sociais e ambientais que suas atividades geram para a sociedade. Assim, por meio de casos reais, este capítulo pretende mostrar como as práticas sustentáveis podem gerar valor para a empresa, e, ao mesmo tempo, demonstrar que a ausência dessas práticas pode trazer prejuízos para a imagem da organização e, muitas vezes, colocar a sua continuidade em risco.

### OBJETIVOS DE APRENDIZAGEM

Neste capítulo, o leitor poderá aprofundar seu conhecimento sobre:
- A evolução histórica do desenvolvimento sustentável.
- O que é uma empresa sustentável.
- Posições antagônicas, tais como a visão dos *stakeholders* × *shareholders*.
- Como a economia está se organizando para um futuro mais sustentável.

## 10.1 INTRODUÇÃO

É possível perceber, nos últimos anos, uma preocupação muito grande em se alinhar as políticas de sustentabilidade da empresa à sua missão e aos seus objetivos estratégicos. Isto demonstra a importância crescente das discussões ambientais e sociais nas esferas empresariais, seja pelo endurecimento das políticas ambientais, pela preocupação com a continuidade da empresa, pela substituição de matérias-primas de fontes não renováveis por renováveis, pela pressão da sociedade, ou, simplesmente, por uma maior conscientização da empresa para as questões sociais e ambientais. Organizações como a International Organization for Standardization (ISO),

International Integrated Reporting Council (IIRC) e o Global Reporting Initiative (GRI), por exemplo, têm enfatizado em suas publicações a importância desta aproximação.

Os governos são os principais responsáveis pelas questões relacionadas com a redução da pobreza e o alcance da sustentabilidade ecológica, sobremaneira nos países que se propõem a garantir o estado de bem-estar social. Os esforços dos governos, no entanto, não têm sido suficientes para enfrentar os desafios da atualidade e, portanto, é cada vez mais notório que o progresso e o bem-estar da sociedade não são apenas de responsabilidade do governo, mas de muitos outros *stakeholders*, os quais devem se envolver na consecução dos objetivos de desenvolvimento sustentável.[1,2]

Votorantim, Suzano Papel e Celulose, Fibria, Natura, Itaú, Unimed, Caixa Econômica Federal, entre outras empresas nacionais, aderiram ao Pacto Global, desde 2003, mostrando sua intenção de desenvolver ações que promovam o desenvolvimento sustentável do País. Estas empresas têm se destacado no mercado nacional e internacional em função das medidas adotadas para proteger o meio ambiente e a sociedade.

A sustentabilidade corporativa deve, então, ser tratada sob uma abordagem estratégica avaliando seu impacto no futuro da organização. Ela está inserida na cadeia de valores da empresa, na sua capacidade competitiva e na concepção de estratégias que sejam sustentáveis. As pressões sociais têm permitido o desenvolvimento de novas formas de atuação, tal como o compartilhamento de valor ao longo da cadeia, o que permite o desenvolvimento de atividades empreendedoras (de negócios e sociais), bem como o empoderamento de pequenas empresas.

Perceba, então, que a sustentabilidade corporativa não é um modismo, e sim uma forma de permitir a continuidade dos negócios em um mundo em que o capitalismo tradicional tem sido questionado. Mas como essa intenção se torna realidade? Como as empresas atuam em prol deste desenvolvimento? Isto é o que pretendemos abordar neste capítulo. Façam uma boa leitura!

## 10.2 DO DESENVOLVIMENTO SUSTENTÁVEL À SUSTENTABILIDADE CORPORATIVA

Em primeiro lugar, vamos entender o que é ser sustentável. A origem da palavra sustentável é sustentar + vel, sendo que sustentar é definido como: (i) suportar;[a] (evitar a queda); (iii) dar ou obter os recursos necessários para a manutenção; manter(-se), conservar(-se), e -vel, do latim, pode ser entendido como passível de.

Agora veremos que, em desenvolvimento sustentável, o significado da palavra sustentável também traz uma conotação de manutenção, continuidade. Vejam só: a definição clássica foi cunhada pelo Relatório Brundtland, em 1987, e diz que é "retirar do meio ambiente os recursos necessários para a nossa sobrevivência, pensando nas necessidades das futuras gerações". Fala-se, então, que é aquele desenvolvimento "passível de manter" a continuidade da espécie por um longo tempo.

---

### SAIBA MAIS

O Relatório Brundtland, ou relatório *Nosso Futuro Comum*, foi organizado por Gro Brundtland, então primeira ministra da Noruega, em 1987, a partir de uma demanda da ONU. O objetivo era compreender quais os reais impactos da ação humana sobre o meio ambiente e o que poderia ser feito para reduzir esse impacto.

---

As preocupações com o desenvolvimento sustentável são bem antigas e tiveram sua origem nas questões ambientais. A devastação forjada pelos humanos em seu ambiente natural tem uma longa história iniciada com a ocupação urbana, social e industrial.[3] A Revolução Industrial, aparece, portanto, como um divisor de águas, e as empresas, muitas vezes, aparecem como as vilãs dos problemas ambientais da atualidade. Não quer dizer que antes da Revolução Industrial não houvesse poluição. Havia sim, mas, com a industrialização, a poluição passou a ficar concentrada em alguns pontos e se tornou muito mais agressiva para o meio ambiente.

---

[a] No dicionário Houaiss, você pode encontrar mais de 20 definições do verbo *suportar*.

CAPÍTULO 10 | Responsabilidade social corporativa e estratégia

Tratam-se de eventos que foram acontecendo ao redor do planeta. Logo, deduz-se que o desenvolvimento sustentável é um termo relacionado com um espaço físico, uma região. Pode-se dizer que a empresa (ou a pessoa) irá promover o desenvolvimento sustentável na região da Floresta Amazônica, por exemplo.

Em meados da década de 1990, Kofi Annan, então secretário geral da ONU, fez um apelo para que as empresas assinassem o documento *Global Compact* (Pacto Global), em que as empresas se comprometeriam a promover o desenvolvimento sustentável por meio de suas atividades. O Pacto Global é composto por dez princípios divididos em quatro seções, conforme Quadro 10.1.

> ■ É muito importante observar que o termo **desenvolvimento sustentável** está relacionado com uma região específica.

| Seções | Princípios |
| --- | --- |
| Direitos humanos | **Princípio 1** As empresas devem apoiar e respeitar a proteção dos direitos humanos, reconhecidos internacionalmente. |
| | **Princípio 2** Garantir a sua não participação em violações dos direitos humanos. |
| Práticas laborais | **Princípio 3** As empresas devem apoiar a liberdade de associação e o reconhecimento efetivo à negociação coletiva. |
| | **Princípio 4** A abolição de todas as formas de trabalho forçado e obrigatório. |
| | **Princípio 5** Abolição efetiva do trabalho infantil. |
| | **Princípio 6** Eliminação da discriminação no emprego. |
| Proteção ambiental | **Princípio 7** As empresas devem apoiar uma abordagem preventiva aos desafios ambientais. |
| | **Princípio 8** Realizar iniciativas para promover a responsabilidade ambiental. |
| | **Princípio 9** Encorajar o desenvolvimento e a difusão de tecnologias amigas do ambiente. |
| Anticorrupção | **Princípio 10** As empresas devem combater a corrupção em todas as suas formas, incluindo extorsão e suborno. |

**Quadro 10.1**

Princípios do Pacto Global

**Fonte:** *Global Compact* (2018).[4]

Depois disso, no ano 2000, vieram os Objetivos do Milênio, que eram oito metas a serem atingidas até 2015. Em 2015, foram propostas 17 metas referentes aos Objetivos do Desenvolvimento Sustentável (ODS), que devem ser atingidas até 2030.

Veja que as empresas são convidadas a se engajarem nesses programas. Diz-se, então, que as empresas que se engajam nesses propósitos são empresas sustentáveis. A Amanco, por exemplo, em busca de matérias-primas menos poluentes, substituiu o solvente tolueno, que pode causar dependência nos trabalhadores que inalam seu vapor, por outro de menor impacto para a saúde e para o meio ambiente.[5]

## SAIBA MAIS

Preocupada com o futuro das próximas gerações, a Organização das Nações Unidas (ONU) propôs que os seus 193 países-membros assinassem a Agenda 2030, um plano global, composto por 17 Objetivos do Desenvolvimento Sustentável (ODS). Cada objetivo, e suas respectivas metas, aborda aspectos diferentes, porém convergentes, para a viabilidade de uma sociedade sustentável. Todos os países-membros da ONU assinaram a agenda 2030 e agora têm que arcar com o compromisso de alcançar as metas dos 17 objetivos. Os objetivos são:

1. acabar com a pobreza em todas as suas formas, em todos os lugares;
2. acabar com a fome, alcançar a segurança alimentar e melhoraria da nutrição e promover a agricultura sustentável;
3. assegurar uma vida saudável e promover o bem-estar para todos, em todas as idades;
4. assegurar a educação inclusiva e equitativa de qualidade, e promover oportunidades de aprendizagem ao longo da vida para todos;

5. alcançar a igualdade de gênero e empoderar todas as mulheres e meninas;

6. assegurar a disponibilidade e gestão sustentável da água e saneamento para todos;

7. assegurar o acesso confiável, sustentável, moderno e a preço acessível à energia, para todos;

8. promover o crescimento econômico sustentado, inclusivo e sustentável, emprego pleno e produtivo, e trabalho decente para todos;

9. construir infraestruturas resilientes, promover a industrialização inclusiva e sustentável e fomentar a inovação;

10. reduzir a desigualdade dentro dos países e entre eles;

11. tornar as cidades e os assentamentos humanos inclusivos, seguros, resilientes e sustentáveis;

12. assegurar padrões de produção e de consumo sustentáveis;

13. tomar medidas urgentes para combater a mudança do clima e seus impactos;

14. conservar e usar sustentavelmente os oceanos, os mares e os recursos marinhos para o desenvolvimento sustentável;

15. proteger, recuperar e promover o uso sustentável dos ecossistemas terrestres, gerir de forma sustentável as florestas, combater a desertificação, deter e reverter a degradação da terra, e deter a perda de biodiversidade;

16. promover sociedades pacíficas e inclusivas para o desenvolvimento sustentável, proporcionar o acesso à justiça para todos e construir instituições eficazes, responsáveis e inclusivas em todos os níveis;

17. fortalecer os meios de implementação e revitalizar a parceria global para o desenvolvimento sustentável.

**Fonte:** Organizações Unidas no Brasil (2017).[6]

Mas por que é importante para as empresas se engajarem em projetos como esses propostos pela ONU?

Conforme aprendemos no Capítulo 4, as empresas devem realizar análises do ambiente externo a fim de traçarem seus objetivos estratégicos e obterem vantagem competitiva. Para recapitular, dentre os fatores ambientais que influenciam a organização, estão: meio ambiente, demográficos, tecnológicos, políticos legais, socioculturais, econômicos e globais. Se observarmos os objetivos do desenvolvimento sustentável, vamos verificar que muitos destes fatores estão presentes nos ODS. Veja, por exemplo: o objetivo quatro fala sobre a educação, este objetivo pode ser considerado como um fator demográfico; a igualdade de gênero está relacionada com os fatores socioculturais; a pobreza relaciona-se com os fatores econômicos etc.

A imagem de vilã pode trazer impactos negativos para a reputação da empresa, e consequentemente, para sua competitividade. Por isso, é importante que a empresa acompanhe e conheça o real impacto de suas atividades no meio ambiente e saiba ouvir seus *stakeholders*. Veja, por exemplo, o caso da indústria do papel. A produção de papel sempre foi um grande vilão ambiental, em razão do desmatamento e do descarte de produtos orgânicos e inorgânicos no meio ambiente. Há alguns anos, as empresas desse setor vêm revendo seus processos produtivos, reduzindo o impacto de suas atividades. A madeira utilizada é proveniente de área de replantio, o efluente é tratado antes de ser jogado no rio e o lodo proveniente deste tratamento recebe um destino adequado.

Imagine que você trabalha em uma empresa de tecnologia, como você irá contratar funcionários (ou vender seus produtos) em um país com baixa escolaridade? Quais estratégias você irá adotar? Será que uma delas não poderia ser investir em educação para que as pessoas possam utilizar/manusear seus produtos? Outro exemplo pode estar relacionado com o meio ambiente. Imagine que você trabalha em uma cervejaria, cuja matéria-prima principal é a água. Como você irá lidar com a escassez de água potável? Será que sua empresa deve esperar acabar a água do planeta ou ser proativa e elaborar projetos para garantir a água limpa e saudável? São questões que merecem ser refletidas.

Outro motivo para a adesão aos ODS diz respeito à reputação da empresa. A **reputação corporativa** pode ser definida como "a reação afetiva ou emocional líquida (boa ou má, fraca ou forte) de clientes, investidores, fornecedores, empregados e do público em geral diante do nome da empesa".[7] Dá para perceber que a reputação está bastante ligada à forma como a empresa se relaciona com seus *stakeholders*, como ela atende a suas expectativas e como ela introduz essas expectativas na estratégia da organização. A maneira como a empresa se comunica com seus *stakeholders* irá refletir, também, na sua reputação, e poderá ficar muito tempo armazenada na memória deles. Por isso, cada vez mais as empresas têm dado importância

CAPÍTULO 10 | Responsabilidade social corporativa e estratégia

à reputação da empresa em si, por meio da gestão da identidade da empresa e do monitoramento de sua reputação. Em 2015, o presidente da AES Eletropaulo, Britaldo Soares, iniciou um encontro na sede da empresa ressaltando a importância da gestão da marca e imagem no planejamento da empresa.

No Capítulo 2, aprendemos sobre as estratégias genéricas de Porter.[8] De acordo com o autor, uma empresa poderia ter vantagem competitiva em custos ou diferenciação (*trade-off*), mas sempre deveria ter foco. A marca aparece na obra do autor como uma forma de diferenciação. Marcas que possuem boa reputação oferecem uma vantagem competitiva. Mas, para isso, as empresas precisam entender a dinâmica do mercado onde atuam e as necessidades exclusivas dos clientes dentro dele. Empresas que atendem seus clientes, em seu mercado, de forma excepcional tendem a criar uma forte lealdade à marca entre seus clientes. Veja, por exemplo, o caso da Coca-Cola, Banco Itaú, Natura, Porto Seguro, ou da Mãe Terra. Essas empresas se esforçam para estabelecer um laço forte com seus clientes em relação à qualidade de seus produtos, a conexão da empresa com o meio ambiente e a preocupação com o desenvolvimento sustentável.

Imagine agora um exemplo contrário, empresas que foram denunciadas pelo uso de mão de obra infantil, ou que estão associadas a eventos de destruição do meio ambiente, como foi o caso da Nike, Samarco e Zara. Essas empresas tiveram sua marca relacionada com um evento ruim, prejudicando a reputação da empresa. A Nike e a Zara tiveram que gastar muito dinheiro para recuperar a imagem da empresa.

A necessidade da preservação dos recursos naturais e a reputação e imagem da marca são apenas alguns dos fatores que levam uma empresa a aderir as causas do desenvolvimento sustentável. Diversos autores já abordaram esses motivos e os relacionam com: cumprimento da legislação, redução de custos, atendimento a pressões da sociedade, preocupação com a finitude de recursos não renováveis, redução de passivos trabalhistas,[9] e ainda mimetismo ou folgas organizacionais financeiras.[10]

> **Mimetismo** refere-se ao ato de uma empresa copiar o movimento da outra. Normalmente, os concorrentes copiam as ações de outros concorrentes.

## MINICASO

### Alcoa

A Alcoa atua no Brasil desde 1965, em toda a cadeia do alumínio, da produção da bauxita até a produção de pó de alumínio e químicos. A receita líquida, no ano de 2016, foi de R$ 1,7 bilhão, e o lucro líquido de R$ 192 milhões. A empresa possui três unidades produtivas: Juruti (PA), Poços de Caldas (MG) e São Luís (MA).

A unidade de Poços de Caldas, a primeira instalada no País, produz alumina calcinada, alumina hidratada e pó de alumínio. Esta unidade é a única, no mundo, a produzir pó de alumínio. As aluminas estão presentes nos mais variados produtos, que são utilizados no tratamento de água, produção de creme dental, na fabricação do vidro, fibras de vidro, refratários, concreto refratários, cerâmicas técnicas, isoladores elétricos aluminosos, abrasivos, massa de polimento, entre outros.

Desde 2007, a Alcoa explora uma mina de bauxita no município de Juriti, no coração da Floresta Amazônica, com técnicas que minimizam os impactos ambientais e sociais (RIBEIRO, 2009). O objetivo da empresa é o de transformar Juriti em referência de atuação socioambiental no setor de mineração. Deste modo, a empresa formou um conselho especial para discutir com as comunidades locais e o poder público o desenvolvimento do município, além de um fundo de financiamento de ações sociais na região (BARBOSA, 2016). Graças aos *royalties* e aos impostos pagos pela empresa, o município tem experimentado expressivo desenvolvimento, como pode ser verificado pelo Índice de Desenvolvimento Humano (IDH), que passou de 0,389 para 0,592, segundo a última pesquisa realizada pelo Programa das Nações Unidas para o Desenvolvimento (PNUD, 2010). O índice de analfabetismo reduziu-se e, segundo o Instituto Nacional de Estudos e Pesquisas Educacionais Anísio Teixeira (INEP), o volume de matrículas no ensino médio passou de 474 para 2.542, o que significa um aumento de 436%. O Senai já formou mais de 8.000 jovens e o instituto Alcoa já beneficiou mais de 43 mil estudantes da região. A Alcoa já destinou R$ 474 mil na construção de 16 salas de aula em oito escolas da rede municipal. O próximo passo é o repasse de R$ 1 milhão para aquisição de equipamentos para os laboratórios dos cursos de Engenharia de Minas e Agronomia do campus Juruti da Universidade Federal do Oeste do Pará (Ufopa) (REVISTA MINÉRIOS, 2017).

Em 2016, foram definidos cinco pilares que refletem os desafios e oportunidades ambientais globais: redução do consumo de energia e do consumo de água, redução de resíduos, redução de emissões de dióxido de carbono ($CO_2$) e, adicionalmente, no Brasil, destaca-se a importância da conservação da biodiversidade.

Você acredita que estes investimentos realizados pela empresa são voluntários ou estão relacionados com as medidas compensatórias dos impactos causados pelas atividades da empresa?

Uma vez que a matéria-prima utilizada é proveniente de fontes de matéria-prima não renováveis, é possível dizer que os investimentos realizados pela empresa a tornam uma empresa sustentável?

A resposta a essas questões é não! A bauxita é um recurso não renovável, a exploração deste recurso poderá colocar em risco a continuidade da atividade da empresa. Isso faz com que o negócio não possa ser considerado renovável.

Outro ponto a ser considerado é a importância da imagem dos produtos da empresa nos clientes de seus clientes. Ou seja, a Alcoa é fornecedora do alumínio da maioria das embalagens da indústria de refrigerantes e cervejas. Uma imagem ruim das embalagens de Coca Cola, por exemplo, pode prejudicar a comercialização desse produto e, por isso, a Alcoa se preocupa tanto com a imagem de empresa sustentável.

**Fonte**: Elaborado pela autora a partir de dados da empresa.[11,12]

## 10.3 SUSTENTABILIDADE CORPORATIVA

Aprendemos, no Capítulo 3, que uma vantagem competitiva é sustentável quando ela provém de recursos que são **v**aliosos, **r**aros, **d**ifíceis de **i**mitar e quando a empresa está **o**rganizada para explorá-los. Ou seja, é uma vantagem passível de ser mantida e de garantir a continuidade da empresa.

### SAIBA MAIS

**John Elkington** é um consultor norte-americano que ficou conhecido mundialmente quando introduziu o conceito de *triple bottom line*, por isso é respeitado mundialmente quando o assunto é responsabilidade corporativa e desenvolvimento sustentável. Atualmente, é sócio-fundador e presidente executivo da Volans, uma empresa voltada para o futuro, que trabalha na interseção dos movimentos de sustentabilidade, empreendedorismo e inovação.

Então, podemos concluir que uma empresa sustentável é aquela "passível de se manter". E veja que este é um conceito *inter*geracional, tanto para a empresa como para as pessoas. Quando uma empresa é criada, seus donos ou acionistas imaginam que ela irá durar para sempre, por várias gerações.

Vimos, no Capítulo 3, que a empresa deve gerenciar os seus recursos tangíveis e intangíveis a fim de garantir a sua sustentabilidade, não é mesmo? Então, da mesma forma que a empresa deve ter cuidado com seus recursos financeiros, humanos, tecnológicos, ela deve preocupar-se, também, com os recursos naturais. Por isso, ao manusear os recursos naturais, as empresas devem pensar na continuidade (ou nas próximas gerações) do seu negócio.

> O termo **sustentabilidade corporativa** é decorrência do termo desenvolvimento sustentável.

Sempre que estudamos sustentabilidade corporativa, um dos primeiros nomes que surgem é o de John Elkington. Em 1994, Elkington introduziu o conceito de *triple bottom line* (TBL), chamando a atenção para o fato de que as empresas não deveriam se fixar apenas no acompanhamento do *bottom line* (última linha da demonstração de resultados, ou seja, lucro líquido). Elkington acreditava que as empresas, para continuarem crescendo e competindo, deveriam observar além do resultado econômico de suas atividades, os resultados sociais e ambientais que elas promoviam, e se empenhou em medir o desempenho sustentável das empresas.[13] Para ele, só adotando uma postura sustentável, as empresas dariam continuidade aos seus negócios por várias gerações (conceito transgeracional transferido para as empresas). Ele chamava a atenção para o fato de que o mercado consumidor faria a opção por empresas que se preocupam com o meio ambiente e com a sociedade, além do fato de que certos recursos estão se exaurindo, o que comprometeria a continuidade da empresa que dependesse de tais recursos.

> As três **dimensões do TBL** também são conhecidas como 3P: *planet, people* e *profit* (planeta, pessoas e lucro, respectivamente).

Passar do modelo de capitalismo atual para um modelo de capitalismo sustentável envolve sete revoluções. Estas revoluções referem-se à transição de velhos paradigmas para novos, conforme Quadro 10.2.

Uma análise mais acurada deste quadro coloca a sustentabilidade no centro da dinâmica competitiva:

a) **Mercados:** graças a um consumidor cada vez mais consciente, e cada vez mais exigente em relação aos seus hábitos de consumo, a vantagem competitiva entre as empresas se dará para aquelas que conseguirem fornecer ao consumidor valores compatíveis com suas expectativas.

| Enfoque | Velho paradigma | Novo paradigma |
|---|---|---|
| Mercados | Consentimento | Competição |
| Valores | Rígidos | Maleáveis |
| Transparência | Fechado | Aberto |
| Tecnologia do ciclo de vida | Produto | Função |
| Parcerias | Subversão | Simbiose |
| Tempo | Amplitude | Extensão |
| Governança corporativa | Exclusivo | Inclusivo |

**Quadro 10.2**

Velhos e novos paradigmas

**Fonte:** Elkington (2001).[13]

b) **Valores:** por isso, em vez de focar apenas nos valores econômicos, a empresa deverá focar também nos valores sociais e ambientais.

c) **Transparência:** a responsabilidade da empresa não termina na porta da fábrica. Ela deve se responsabilizar pelos impactos ambientais e sociais que provocam na comunidade.

d) **Parcerias:** as parcerias devem focar em geração de valor para a sociedade. Ao fazer isso, a empresa economizará não apenas recursos financeiros, mas também recursos sociais, podendo promover mais ganhos à sociedade.

e) **Tempo:** o tempo deve considerar as gerações futuras da organização.

f) **Governança corporativa**: a governança da empresa é responsável por internalizar as demandas dos *stakeholders*, e na medida do possível, tentar atender suas necessidades.

O conceito do TBL diz que uma empresa deve buscar os resultados ambientais, sociais e econômicos. Os objetivos do milênio, assim como os objetivos do desenvolvimento sustentável, pedem o engajamento das empresas para acabar com a pobreza, promover a prosperidade e o bem-estar para todos, proteger o meio ambiente e enfrentar as mudanças climáticas.

Baseado nisso, podemos dizer que uma empresa sustentável é aquela que vai durar por várias gerações, uma vez que se preocupa com as questões sociais, ambientais e econômicas do planeta.

## SAIBA MAIS

**Tima Bansal** (Pratima Bansal) é professora de estratégia na Ivey Business School, diretora do Ivey's Center on Building Sustainable Value e diretora executiva (e fundadora) da Network for Business Sustainability, uma rede de mais de 5 mil pesquisadores e gerentes de todo o mundo comprometidos com o avanço dos negócios sustentáveis.

Mas alguém precisava pôr ordem na casa e consolidar os muitos conceitos que permeiam a sustentabilidade corporativa. Em 2005, Pratima Bansal escreveu um artigo que objetivava fazer isso. De acordo com a autora, uma empresa sustentável é aquela que possui: responsabilidade social corporativa, gestão ambiental e que gera valor para a empresa (lucro). Desta forma, ela relaciona o tripé do desenvolvimento sustentável com a sustentabilidade corporativa.[14] Assim:

- Equilíbrio ambiental = Gestão ambiental
- Equidade social = Responsabilidade social corporativa (RSC) ou empresarial (RSE)
- Crescimento econômico = Geração de valor

A esse modelo de Bansal[15] podemos inserir um quarto elemento: governança para a sustentabilidade. Então, esse modelo ficaria assim (Figura 10.2):

**Figura 10.1**

Do desenvolvimento sustentável para sustentabilidade corporativa.

**Fonte:** Adaptada pela autora a partir de Bansal (2005).[15]

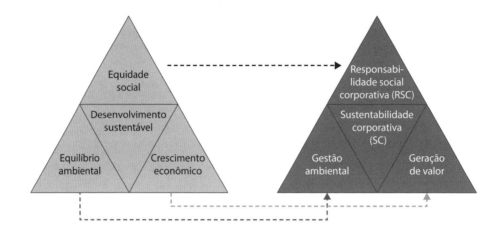

**Figura 10.2**

Do desenvolvimento sustentável para governança para a sustentabilidade.

**Fonte:** Adaptada pela autora a partir de Bansal (2005).[15]

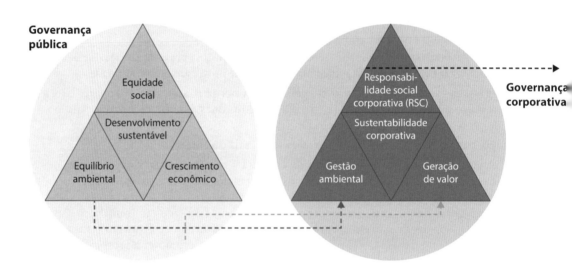

Note-se que a governança aparece permeando o tripé do desenvolvimento sustentável e da sustentabilidade, uma vez que ela abordará a empresa como um todo. A governança para a sustentabilidade requer uma mudança profunda para o pensamento ecológico focado em economias ecológicas e comunidades sustentáveis. A governança corporativa pode ser entendida como "um conjunto de práticas que tem por finalidade otimizar o desempenho de uma companhia ao proteger todas as partes interessadas, tais como investidores, empregados e credores, facilitando o acesso ao capital".[16]

Se entendermos que a empresa tem responsabilidade sobre as questões ambientais e sociais, tem tudo a ver colocarmos a governança permeando as ações de sustentabilidade da empresa. É bom lembrar que a sociedade e o meio ambiente também podem ser considerados *stakeholders*.

Agora, vamos mergulhar em cada um desses triângulos, que compõem o grande triângulo da sustentabilidade corporativa.

## 10.4 GESTÃO AMBIENTAL

O conceito de gestão ambiental não é fácil de definir. A gestão ambiental pode se referir a um objetivo ou visão; a tentativas de orientar um processo; à aplicação de um conjunto de ferramentas; a um exercício filosófico buscando estabelecer novas perspectivas para o meio ambiente; e às sociedades humanas.[17] Ela deve ser um processo adaptativo contínuo, em que as organizações definem e redefinem seus objetivos e metas relacionados com a proteção do ambiente, a saúde de seus empregados, dos clientes e da comunidade, além da escolha de estratégias e meios para atingir esses objetivos em um tempo determinado pela avaliação constante da interação da empresa com o meio ambiente externo.[18]

Não confunda **gerenciamento ambiental** com **gestão ambiental**. A gestão ambiental contempla política ambiental, planejamento ambiental e gerenciamento ambiental. Já o gerenciamento ambiental faz parte da gestão ambiental.

A gestão ambiental acontece em três níveis:[19]

1. Controle da poluição (ou *compliance*): refere-se a soluções *end of pipe*, nas quais a empresa deposita seus recursos de forma sustentável.[20] Ou seja, a empresa vai cuidar apenas do que está "ao final da linha de produção", por exemplo, instalar filtros nas chaminés, ou tratar os efluentes antes de descartá-los no rio. Este é o primeiro nível da gestão ambiental. Aqui, a empresa só se preocupa em corrigir os impactos de suas atividades no meio ambiente, para isso utiliza filtros, ou limpa rios, ou contrata empresas para fazer a remoção dos resíduos, por exemplo. Não é inteligente, pois os custos são altos e os resultados, pequenos.

2. Prevenção: aqui, a empresa cuida dos processos, investe em novas tecnologias e passa a utilizar produção mais limpa, ou seja, em vez de poluir e limpar, ela tenta não poluir. Estas atitudes parecem ser melhores do que a anterior. Por meio da melhoria contínua, a empresa identifica ineficiências e melhora os processos. Desta forma, a prevenção da poluição estimula as empresas a desenvolver recursos e capacidades superiores do que os processos de controle da poluição. Tem como consequência a melhoria da qualidade dos produtos e a redução de custos.

3. Análise do ciclo de vida do produto (ACV): a empresa desloca o foco dos processos para seus produtos, em um esforço para reduzir seu impacto "berço ao túmulo" (ou *cradle to cradle*).[21] Usa-se essa expressão para identificar que a empresa se preocupa com o produto desde a sua concepção até o seu descarte. Essa é a tendência do momento. Os produtos são projetados para usar menos materiais, tóxicos ou não, e serem desmontados para serem reciclados ou reutilizados no final da vida (economia circular no lugar de economia linear). Está relacionado com a logística reversa e presente na Lei 12.305/10 – Política Nacional de Resíduos Sólidos.[22] Mas, lembre-se de que, para o terceiro nível, é preciso a responsabilidade compartilhada, o que só é possível com a conscientização da população, participação do governo por meio da coleta seletiva e a presença da logística reversa por parte das empresas.

---

**MINICASO**

### Klabin

A indústria do papel sempre foi vista como uma das grandes vilãs do mercado, e essa fama não é à toa. Além de ser altamente dependente de recursos naturais, como fibras vegetais, energia e água, esta indústria é uma grande geradora de resíduos, sendo considerada uma importante fonte de poluentes do ar, água e solo.

Para acabar com essa imagem de malfeitora, e em face das pressões da sociedade e dos governos, essa indústria tem investido bastante na área ambiental. Vamos ver o exemplo da Klabin:

A empresa foi fundada, em 1899, com o nome de Klabin Irmãos e Cia. (KIC), por Maurício Klabin, seus irmãos Salomão Klabin e Hessel Klabin, e seu primo Miguel Lafer. Nessa época, a empresa apenas importava produtos de papelaria e produzia artigos para escritórios, comércios, repartições públicas e bancos. Em 1902, na cidade de Itu, em São Paulo, a empresa iniciou o negócio de produção de papel. No ano de 1924, a empresa já era considerada a maior produtora brasileira de papel. Em 1997, realizou uma *joint venture* com a Kimberly-Clark, criando a Klabin Tissue S.A., que produzia papéis sanitários. Em 1999, a empresa passou a se chamar Klabin Kimberly. Hoje, é reconhecida como a maior produtora e exportadora de papel do País e líder nos segmentos de embalagens, papelão ondulado e sacos industriais. A receita líquida, no ano de 2017, foi de R$ 8.373 milhões, registrando um aumento de 18% em relação ao ano anterior.

A Klabin integra, desde 2014, o Índice de Sustentabilidade Empresarial (ISE) da BM&FBovespa, é signatária do Pacto Global da ONU e do Pacto Nacional para Erradicação do Trabalho Escravo. No ano de 2016, foi eleita a empresa sustentável do ano, pelo Guia Exame de Sustentabilidade. Em 2017, foi nominada, pela mesma publicação, a empresa mais sustentável do setor de papel e celulose. No mesmo ano, recebeu a premiação de empresa sustentável, concedida pela empresa Ernst Young pela Unidade Puma, sediada em Ortigueira, no Paraná, que é autossuficiente em energia e alia alta produtividade florestal, logística eficaz e tecnologia ambiental de ponta. Em 2018, pela terceira vez consecutiva, a Klabin figura no Índice Ambiental de Empresas de Papel e Celulose – Environmental Paper Company Index 2017 (EPCI) –, realizado a cada dois anos pelo WWF. O EPCI se baseia na divulgação voluntária das empresas de mais de 50 indicadores que medem o desempenho ambiental e suas mudanças ao longo do tempo nas organizações em relação ao fornecimento responsável de fibra, produção limpa e relatórios sobre o sistema de gerenciamento ambiental. A Klabin registrou 100% de desempenho no fornecimento responsável de fibras, além do aumento de 6% no índice de fabricação limpa, quando comparado ao último registro, e manutenção acima de 50% em relatórios de gestão ambiental.

A empresa possui diversas certificações tais como American Institute of Banking, ISO 14000, ISO 26000, ISO 9000, OHSAS 18001. A Klabin foi a primeira no setor de celulose e papel no Hemisfério Sul a obter, em 1998, a certificação FSC® – Forest Stewardship Council® (FSC-C022516). No setor de papel, este selo é muito importante, pois atesta que a empresa possui uma gestão que conserva os recursos naturais, proporciona condições justas de trabalho e estimula boas relações com a comunidade.

O grupo possui 17 unidades industriais no Brasil e uma na Argentina, e está organizado em quatro unidades de negócios: florestal, celulose (fibra curta, fibra longa e *fluff*), papéis (papel-cartão, papel *kraft* e reciclados) e embalagens (papelão ondulado e sacos industriais). De acordo com o *site* da empresa, toda sua gestão está orientada para o desenvolvimento sustentável, buscando crescimento integrado e responsável, que une rentabilidade, desenvolvimento social e compromisso ambiental.

Para ser um fornecedor ou parceiro de negócio é preciso seguir os mesmos valores de ética, transparência e respeito aos princípios de sustentabilidade. Veja alguns dos pontos que a empresa controla de perto:

- Consumo de energia: a energia consumida na Unidade Puma é inteiramente proveniente de duas caldeiras: a caldeira de recuperação, que utiliza o licor negro (resíduo do cozimento da madeira), e a caldeira de biomassa, que produz vapor a partir da biomassa gerada e processada na fábrica. A gestão ambiental da empresa trocou o combustível fóssil pela biomassa há alguns anos. Atualmente, 86% da matriz energética da empresa é composta por fontes renováveis (biomassa, licor negro, energia elétrica de geração própria). A Unidade Puma foi planejada para tornar a Klabin uma organização autossuficiente na geração de energia elétrica, com capacidade para produzir 270 megawatts. Destes, 120 MW são destinados à operação industrial da unidade e os 150 MW restantes estão disponíveis para comercialização no sistema elétrico brasileiro.

- Consumo de água: em 2016, 36% da água utilizada foi reciclada ou reutilizada. A empresa conta com sistemas de medição de vazão nas fábricas, o que ajuda a monitorar o uso de água. A Klabin participa dos Comitês Regionais de Bacia Hidrográfica, programas internacionais de relato do desempenho no consumo e gestão de água (como CDP Water e WWF Forests) e diversos fóruns de discussão sobre água de âmbitos regionais e nacionais (como Comitê de Água IBÁ). Em 2016, 99% da água consumida pela empresa foi proveniente de fontes de água superficiais.

- Gestão de efluentes: todas as unidades atendem aos limites legais para descarte de efluentes. Os efluentes são descartados na rede de coleta do esgoto municipal ou em rios, somente após passar pelas estações de tratamento (ETE) da Klabin. Em 2016, a companhia descartou 74.195.940,18 m³ de efluentes, valor superior ao de 2015, que reflete o início das operações da Unidade Puma.

- Redução de emissões atmosféricas: o aumento da utilização de fontes renováveis de energia permitiu a redução de emissões atmosféricas, as quais são controladas no Inventário de Emissões, elaborado conforme a metodologia do Programa Brasileiro GHG Protocol, padrão reconhecido mundialmente, tendo 2010 como ano-base dos cálculos (G4-DMA). Em 2016, a empresa registrou aumento de 215,89 mil toneladas equivalentes de $CO_2$ ($tCO_2$eq), com o início das operações da Unidade Puma. A ampliação do atendimento ao mercado interno, que trouxe maior uso de transporte rodoviário em relação a 2015, também gerou aumento de outras emissões. A Klabin, contudo, destaca as reduções nas emissões de material particulado e NOx.

- Reaproveitamento de resíduos: a Unidade Puma recicla aproximadamente 100% dos resíduos de suas operações, reduzindo custos operacionais de tratamento de resíduos, número de aterros e impactos ambientais. Os resíduos sólidos processados são reutilizados como fertilizantes e corretivos de solo. O lodo primário recuperado e rejeitos

CAPÍTULO 10 | Responsabilidade social corporativa e estratégia

de fibras podem ser reincorporados ao processo de produção de papel. A empresa possui parcerias com outras empresas para a reutilização de materiais, como: madeira, plástico e o lodo formado nas estações de tratamento de efluentes (que pode ser transformado em adubo orgânico).

- Materiais: mais de 98% dos materiais utilizados pela Klabin em sua produção são de origem renovável, como madeira, aparas e polpas. Os materiais não renováveis representam menos de 2% do total utilizado, somando pouco mais de 190 mil toneladas.
- Investimentos ambientais: a empresa investiu em torno de R$ 147 milhões, em 2016, em projetos ambientais, tais como: gerenciamento de resíduos (compra de lixeiras, caçambas de resíduos, melhorias nas centrais de reciclagem), tratamento de emissões atmosféricas (manutenção de precipitadores eletrostáticos, lavadores de gases, incineradores e melhorias nos equipamentos de controles), custos de prevenção (investimentos ambientais, monitoramento ambiental, formação ambiental e educação ambiental) e despesas de gestão ambiental (despesas com equipe que trabalha na área ambiental, custo com certificação e taxas ambientais). O valor é menor que no ano anterior, quando foram feitos investimentos na implantação da Unidade Puma. O destaque de 2016 foi o projeto de coleta de gases não condensáveis diluídos (GNCD), na planta industrial de Monte Alegre.
- Manejo responsável e conservação da biodiversidade: a empresa adota o manejo florestal no conceito de mosaico, que mescla florestas plantadas e matas nativas preservadas. Os corredores ecológicos que se formam permitem o trânsito de animais em grandes áreas, contribuindo para a preservação da fauna e da flora e para a conservação dos recursos hídricos. Períodos diferentes e escalonados de plantio e colheita das árvores também fazem parte do manejo sustentável das florestas plantadas.
- Gestão das florestas e da paisagem vai ao encontro do Objetivo de Desenvolvimento Sustentável (ODS 15) de "proteger, recuperar e promover o uso sustentável dos ecossistemas terrestres, gerir de forma sustentável as florestas, combater a desertificação, deter e reverter a degradação da terra e deter a perda de biodiversidade".
- *Habitats* protegidos ou restaurados: a Klabin possui áreas de preservação de *habitats* protegidos e restaurados nos estados do Paraná e Santa Catarina. Em áreas de terceiros, são realizadas parcerias e consultas técnicas por meio do Programa Matas Legais. Em 2016, a Klabin possuía 723 espécies da fauna e 88 da flora ameaçadas de extinção nas áreas afetadas por suas operações. Deste total, apenas 2% estão ameaçadas (ou criticamente ameaçadas) de extinção, de acordo com a Lista Vermelha de Espécies Ameaçadas da União Internacional para a Conservação da Natureza (IUCN).

A Unidade Puma, que entrou em operação em 2016, faz parte dos objetivos estratégicos da empresa para aumento de produtividade. Esta unidade foi pensada alinhando as metas de sustentabilidade da empresa aos objetivos estratégicos da empresa. Este caso é muito interessante por elucidar como acontecem as atividades de gestão ambiental, bem como mostra uma empresa que pode praticar gestão ambiental, aliada às estratégias da empresa, e permitindo a obtenção de vantagem competitiva.

Analisando este caso, qual será o estágio em que se encontra a gestão ambiental da empresa? Quais seriam os motivos que levaram a empresa a realizar todos esses investimentos?

Para responder a esses questionamentos, é importante verificar que, hoje, a indústria do papel não atua mais de forma extrativista, como no passado. Para garantir sua continuidade, é importante o replantio das florestas. Além disso, o consumidor está cada vez mais de olho nas ações da empresa, desta forma, uma boa prática de governança envolverá cuidar do meio ambiente e das comunidades onde a empresa atua.

**Fonte**: Elaborado pela autora a partir de dados da empresa.[23,24]

## SAIBA MAIS

A Política Nacional de Resíduos Sólidos (PNRS) é uma lei (Lei nº 12.305/2010) que procura organizar a forma com que o país lida com o lixo e exigir dos setores públicos e privados transparência no gerenciamento de seus resíduos. Ela é tratada como uma política bastante inovadora, pois seu foco principal está na reciclagem, na logística reversa e na responsabilidade compartilhada.

Em algumas situações, no entanto, a empresa não consegue evitar um impacto ambiental de suas atividades e, nestes casos, a empresa tem uma alternativa: **compensação ambiental.** A compensação ambiental é vista como um instrumento utilizado diante da impossibilidade de se adotarem medidas mitigadoras capazes de eliminar ou reduzir, suficientemente, os impactos ambientais negativos, tendo sempre como referencial os impactos identificados e quantificados na Avaliação de Impacto Ambiental (AIA).[b]

A compensação pode ser classificada em genérica ou específica.

- **Genérica** (Lei Federal nº 9.958/2000): o empreendedor é obrigado a pagar, pelo menos, 0,5% (meio por cento) do valor total do empreendimento, em caso de impacto ambiental significativo, conforme os estudos ambientais realizados no processo de Licenciamento Ambiental, isto é, no Estudo de Impacto Ambiental (EIA) e Relatório de Impacto Ambiental (Rima).
- **Específica** (Lei Federal nº 11.428/2006): o empreendedor é obrigado a compensar em caso de supressão de vegetação do Bioma, nos casos de empreendimentos minerários que promovam a supressão de vegetação nativa; na supressão de Área de Preservação Permanente (APP); e em casos de cavidades naturais subterrâneas.

Apesar de todo amparo legislativo que cerca o assunto, ainda há muitas controvérsias e polêmicas em relação à compensação ambiental, considerando a ausência de critérios legais e objetivos para sua aplicação. Uma das discussões gira em torno de como calcular o valor de uma compensação ambiental específica.

---

[b] A implantação de determinadas atividades empresariais exige a obtenção de licenças ambientais. A **licença ambiental** é o ato administrativo que serve para o órgão ambiental (Municipal, Estadual ou Federal) estabelecer condições, restrições e medidas de controle ambiental que o empreendedor terá que obedecer. O **licenciamento ambiental** é um procedimento administrativo exigido pelo órgão ambiental competente, seja federal (IBAMA) ou estadual ou municipal (SEMA), para que esse órgão licencie a localização, instalação, ampliação, modificação e a operação de empreendimentos e atividades que possam causar a degradação ambiental ou impacto ambiental. O licenciamento ambiental é um conjunto de fases composto por várias etapas: Avaliação do Impacto Ambiental (AIA); Estudo do Impacto Ambiental (EIA); e o Relatório de Impacto Ambiental (RIMA).

Dentre as atividades passíveis de obtenção de licenças ambientais, destacam-se: empreendimentos como ferrovias, rodovias, portos, aeroportos, gasodutos e hidrelétricas de grande porte, indústrias químicas, mineradoras, madeireiras, indústria de borracha, grandes condomínios. Projetos que ficaram de fora da lista também podem precisar se submeter ao processo de licenciamento ambiental quando suas atividades colocam em jogo o equilíbrio do meio ambiente.

---

### MINICASO

### Gerdau

Em 2008, as atividades da Gerdau em Minas Gerais, com equipamentos pesados, causaram a destruição total de uma caverna situada ao pé da Serra da Moeda, em Minas Gerais, área de intensa atividade de mineração de ferro. No local, existiam 15 cavidades subterrâneas e a que foi destruída era a terceira maior delas. O laudo de vistoria realizado pelo Ibama apontou a relevância daquele patrimônio. Foram encontradas na gruta 52 espécies de invertebrados, dentre as quais "sete apresentavam características troglomórficas, ou seja, modificações típicas de animais que só são encontrados em ambiente cavernícola, tais como despigmentação da pele, redução dos olhos e aumento de estruturas sensoriais" (JUSBRASIL, 2018). Segundo o MPF-MG, diante da impossibilidade de recuperação específica do dano, tornou-se necessário estabelecer uma medida compensatória que fosse proporcional à perda sofrida pelo meio ambiente.

A saída encontrada foi direcionar os recursos advindos da compensação ambiental para a proteção ao patrimônio espeleológico existente em Minas Gerais. A compensação atribuída para a empresa foi ajudar a proteger o patrimônio espeleológico na província calcária de Arcos-Pains, que abrange os municípios de Arcos, Pains, Doresópolis e Iguatama, todos em MG. Esta região é famosa por estar inserida em uma área rica em sítios arqueológicos e espeleológicos, distribuídos em mais de 800 cavernas. Pains é o município brasileiro com o maior número de cavidades naturais subterrâneas conhecidas. São, em média, duas cavernas por quilômetro quadrado.

Ainda como parte da compensação do acidente de 2008, a empresa patrocinou o projeto Arcos-Pains Espeleologia, que fez o mapeamento de cavidades subterrâneas existentes na província calcária de Arcos-Pains. Este projeto é resultante de um acordo celebrado, em julho de 2010, entre o Ministério Público Federal (MPF) e a Gerdau Açominas, para compensar danos ambientais causados por atividades de mineração da empresa. A Gerdau patrocinou os estudos realizados pela

CAPÍTULO 10 | Responsabilidade social corporativa e estratégia **189**

Fundação Educativa de Rádio e Televisão de Ouro Preto (FEOP), da UFOP, com o acompanhamento do Instituto Brasileiro do Meio Ambiente (Ibama) (LEX MAGISTER, 2018). O Projeto Arcos Pains-Espeleologia seguiu o cronograma inicialmente previsto e mapeou a parte mais importante da província, em uma área delimitada pelo Ibama, a partir do levantamento e cadastramento das cavidades e sítios arqueológicos/paleontológicos, da fauna e flora cavernícola, da hidrogeologia, dos fragmentos de mata, das unidades de conservação, dos cursos d'água, dos empreendimentos minerários, pastagens, depósitos de resíduos sólidos, áreas ambientalmente sensíveis e importantes para o equilíbrio ecológico.

Essas ações compensatórias, adotadas pela empresa depois do impacto ambiental ocasionado por suas atividades, permitiram que, em 2014, a empresa recebesse o selo de Baixo Carbono entregue pelo Ministério do Meio Ambiente às empresas doadoras de crédito (de carbono) para compensação de emissões da Copa do Mundo 2014, no Brasil. A Gerdau aderiu à chamada pública do Ministério do Meio Ambiente por meio do Instituto Aço Brasil, e recebeu o selo que ratifica o comprometimento da empresa em minimizar o impacto dos gases de efeito estufa.

Trata-se de um exemplo de que a compensação específica trouxe, afinal, efeitos positivos para a empresa.

**Fonte**: Elaborado pela autora a partir de dados da empresa.[25,26]

## 10.5 RESPONSABILIDADE SOCIAL CORPORATIVA (RSC) OU RESPONSABILIDADE SOCIAL EMPRESARIAL (RSE)

### SAIBA MAIS

**Mary Parker Follett** pode ser considerada a precursora da teoria moderna dos *stakeholders*. Em seu trabalho (1918), ela menciona vários grupos relacionados com a empresa a quem o gerente deve atentar e com quem ele mantém relações humanas. Além das relações pessoais entre empregadores e empregados, "o gerente tem que obter crédito dos banqueiros, fazer dividendos para os acionistas e lidar com seus concorrentes. Para ser mais exato, o gerente tem relações com (i) banqueiros, (ii) acionistas, (iii) outros gerentes e diretores, (iv) empregados, (v) concorrentes, (vi) as pessoas de quem compra, e (vii) clientes".[c]

[c] **Fonte**: FOLLETT, M. P.; METCALF, H. C.; URWICK L. F. (Eds.) Dynamic administration. **Management Publications Trust**, p. 93, 1941.

As discussões sobre a RSC são oriundas das discussões promovidas no livro *Social Responsibilities of the Businessman*, de Howard R. Bowen, em 1953.[27] O trabalho de Bowen decorreu da crença de que os centros vitais de poder e tomada de decisão, que afetavam a vida dos cidadãos de várias maneiras, provinham das maiores empresas nos Estados Unidos. A questão-chave de Bowen até hoje perguntada é: "quais as responsabilidades para a sociedade que os empresários razoavelmente devem assumir?".[28] Naquela época, por exemplo, as mulheres "não existiam" nos ambientes corporativos, ou eram em número mínimo, e, portanto, não eram reconhecidas nos textos de Administração. As coisas mudaram significativamente desde então. Hoje, existem inúmeras mulheres de negócios e muitas delas estão ativamente envolvidas na RSE, porém seus salários e sua posição dentro das grandes corporações ainda são questionáveis.

### SAIBA MAIS

**Archie B. Carroll** foi professor da Terry College of Business, da Georgia State University. Ele é membro da Academia de Administração (AOM), da Associação Internacional para Negócios e Sociedade (IABS) e da Southern Management Association (SMA). É ex-presidente da Society for Business Ethics (1998-1999) e ex-presidente (1976-1977) da Divisão de Assuntos Sociais em Administração da Academy of Management. Publicou mais de 100 artigos nos principais periódicos de Administração e mais de 20 livros, incluindo várias edições de alguns. Ele recebeu inúmeros prêmios e reconhecimentos ao longo dos anos por seu ensino, pesquisa e serviço.

Quando falamos de responsabilidade social, não podemos deixar de lado a produção de Carroll, cujo trabalho até hoje é um dos mais lidos. Para ele, a empresa possui quatro dimensões de responsabilidade, que ele apresentou na forma de uma pirâmide (Figura 10.3):

- Responsabilidade econômica: a principal condição para a criação da empresa é a geração de lucro. Está é uma responsabilidade da empresa com a sociedade (gerar lucro é bom para a sociedade. Empresa que dá prejuízo não é boa para a sociedade). No início, pode parecer incomum pensar em uma expectativa econômica como responsabilidade social, mas é isso que a sociedade espera. As organizações empresariais devem sustentar-se e a única maneira de fazer isso é sendo rentável e capaz de incentivar proprietários ou acionistas a investirem.[29] As empresas geram lucros quando agregam valor e, ao fazê-lo, beneficiam todos os *stakeholders* do negócio.

- Responsabilidade legal (seguir as leis do país **onde** está inserida): a sociedade não só sancionou empresas como entidades econômicas, mas também estabeleceu as regras básicas mínimas segundo as quais as empresas devem operar e funcionar. Essas regras básicas incluem leis e regulamentos e, de fato, refletem a visão da sociedade de "ética codificada", na medida em que articulam noções fundamentais de práticas comerciais justas estabelecidas pelos legisladores nos níveis federal, estadual e local. Ao cumprir essas responsabilidades legais, importantes expectativas de negócios incluem:[30]
  - ✓ realizar de forma consistente com as expectativas de governo;
  - ✓ cumprir regulamentos federais, estaduais e locais;
  - ✓ adotar uma postura de cidadãos corporativos respeitadores da lei;
  - ✓ cumprir todas as suas obrigações legais para os *stakeholders* da sociedade;
  - ✓ fornecer bens e serviços que atinjam pelo menos requisitos legais mínimos.

- Responsabilidade ética (seguir os códigos morais e éticos da sociedade **onde** está inserida): as responsabilidades éticas incorporam esses padrões, normas ou expectativas que refletem uma preocupação com o que os consumidores, funcionários, acionistas e a comunidade consideram justo ou de acordo com o respeito ou a proteção dos direitos morais dos *stakeholders*.

- Responsabilidade discricionária (que, mais tarde, ele explicou como filantropia): a filantropia engloba as ações corporativas dadas em resposta às expectativas da sociedade. Espera-se que as empresas sejam boas cidadãs corporativas, o que inclui engajar-se ativamente em atos ou programas para promover o bem-estar ou a boa vontade humana. Exemplos de filantropia incluem contribuições de recursos financeiros ou do tempo do executivo, contribuições para as artes, para a educação ou para a comunidade. O que distingue as responsabilidades filantrópicas das responsabilidades éticas é que as primeiras não são esperadas em um sentido ético ou moral. As comunidades desejam que as empresas contribuam com seu dinheiro, instalações e tempo dos funcionários para programas ou propósitos humanitários, mas não consideram as empresas antiéticas se não fornecerem o nível desejado. Portanto, a filantropia é mais voluntária por parte das empresas, embora exista sempre a expectativa da sociedade de que as empresas a realizem.[31]

**Figura 10.3**

Pirâmide de responsabilidade social corporativa de Carroll.

**Fonte:** Elaborada pela autora a partir de Carroll (1991).[31]

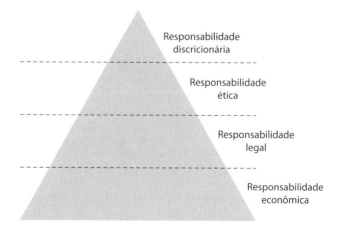

CAPÍTULO 10 | Responsabilidade social corporativa e estratégia **191**

A pirâmide da RSC deve ser vista a partir de uma perspectiva dos *stakeholders*, em que o foco é no todo, não nas diferentes partes. A pirâmide da RSE afirma que as empresas devem se engajar em decisões, ações, políticas e práticas que cumpram, simultaneamente, as quatro partes componentes. A pirâmide não deve ser interpretada como significando que se espera que os negócios cumpram suas responsabilidades sociais de forma sequencial e hierárquica, começando na base. Pelo contrário, espera-se que os negócios cumpram todas as responsabilidades simultaneamente. Deste modo, a forma de pirâmide pode induzir ao erro de se atribuir importância para cada uma dessas dimensões, e por isso mais tarde ele substitui essa forma por um cubo.[32] Ele esclarece que: a ética permeia a pirâmide; as tensões e compromissos são inerentes à organização; as responsabilidades são um todo integrado e unificado; a empresa possui um 'quadro de *stakeholders* sustentáveis'; e seu modelo possui aplicabilidade global e pode ser utilizada em diferentes contextos.

Vamos agora incorporar essas dimensões nos conceitos de responsabilidade social corporativa (RSC) ou empresarial (RSE). A RSC também acontece em três níveis:[33]

1. **Gestão dos *stakeholders*:** como a empresa se relaciona com o governo (corrupção zero e seguindo as leis), com seus funcionários (políticas de recursos humanos), com a sociedade, sindicatos, clientes, fornecedores etc. Por meio da gestão dos *stakeholders*,[d] as empresas respondem a indivíduos que têm uma participação legítima na organização.[34] Freeman[35] chama a atenção para as relações que a empresa estabelece com seus *stakeholders* e como ela se propõe a resolver suas demandas. Um aspecto importante da gestão dos *stakeholders*, portanto, é construir relacionamentos fortes por meio de operações transparentes, representando seus interesses na tomada de decisões e distribuindo o valor criado pelas empresas de forma equitativa entre todos os *stakeholders* relevantes. A ética deve ser uma característica dominante nestes relacionamentos.

2. **Gestão de questões sociais:** processo de abordar questões sociais, como a decisão de não empregar mão de obra infantil, não produzir produtos socialmente indesejáveis e não se engajar em relacionamentos com parceiros não éticos.[36] Atuando em interesses sociais, a empresa está agindo de forma responsável; essa forma de gestão corresponde a ações e programas sociais, priorizando a contratação de pessoas da comunidade, investindo em ações da comunidade etc.

3. **Análise ambiental:** uma ferramenta estratégica e corresponde a analisar todos os aspectos externos que afetam a organização. Tradicionalmente, são sete estes fatores: socioculturais, político legais, econômicos, demográficos, globais, tecnológicos e, mais recentemente, meio ambiente. Quando esta análise é colocada como uma responsabilidade social da empresa, ela trata da capacidade de resposta da empresa a esses fatores. Ela permite que as empresas identifiquem problemas sociais, econômicos e ambientais e respondam a estes problemas de forma satisfatória.[37] Veja que a análise ambiental é diferente da gestão ambiental. A gestão ambiental pode ser entendida como a operacionalização da análise ambiental. É uma área técnica e que geralmente está relacionada com as áreas produtivas da empresa. A análise ambiental é mais estratégica e está relacionada com as ações de longo prazo da empresa.

> Mas será que apenas as empresas são responsáveis pelo desenvolvimento sustentável?

### *Você já ouviu falar em responsabilidade compartilhada?*

A Política Nacional de Resíduos Sólidos (Lei 12.305/2010) ratificou o conceito de responsabilidade compartilhada. De acordo com o Ministério de Meio Ambiente (MMA, 2018),[38] a responsabilidade compartilhada envolve objetivos que abrangem a sociedade na discussão de temas, como a reavaliação dos padrões de consumo, reciclagem de materiais, oportunidade de novos negócios com viés socioambiental, *ecodesign*, diminuição dos impactos ambientais inerentes ao modo de vida atual e inclusão social. São objetivos da responsabilidade compartilhada: (i) redução da geração de resíduos sólidos; (ii) redução do desperdício de materiais; (iii) redução da poluição; (iv) redução dos danos ambientais; e (v) estímulo ao desenvolvimento de mercados, produção e consumo de produtos derivados de materiais reciclados e recicláveis.

> Note-se que a responsabilidade social faz parte da sustentabilidade corporativa.

---

[d] Em muitos dicionários, a tradução de *stakeholders* aparece como "partes interessadas". Esta tradução é incompleta levando o leitor a uma visão simplista do que é *stakeholders*. Uma revisão um pouco mais acurada do tema permite entender *stakeholders* como todos os indivíduos (organizações governamentais ou não, pessoas físicas e até meio ambiente) que possuem influência, ou são influenciados pela organização; que possuem interesse ou pelas quais a organização possui interesse. Os *stakeholders*, portanto, são uma via de duas mãos!

## 10.6 GERAÇÃO DE VALOR PARA A ORGANIZAÇÃO

As empresas geram valor por meio de produtos e serviços produzidos, e aumentam o valor de seus produtos por meio da eficiência operacional.[39] O valor é uma fonte de vantagem competitiva pela empresa e podem ser obtidos por:[40]

a) Redução de custos: obtida pela redução de matéria-prima, revisão dos processos produtivos e substituição de matérias primas, por exemplo.

b) Aumento da produtividade pelo ganho da eficiência operacional.

c) Geração de produtos de valor: produtos de valor contêm o tripé social, ambiental e econômico. O cigarro, por exemplo, não é um produto de valor. Além de não agregar nenhum valor à sociedade, ele a prejudica, pois causa doenças (uma conta a ser paga pela sociedade como um todo).

Porter e Kramer[41] também se envolveram nas discussões sobre geração de valor para a empresa sob a ótica da sustentabilidade, com a criação do conceito **valor compartilhado**. De acordo com os autores, a empresa aumenta a sua competitividade por meio de políticas e práticas operacionais que melhorem as condições socioeconômicas nas comunidades em que a empresa atua. O foco da geração de valor compartilhado é identificar e ampliar o elo entre o progresso social e econômico, o que acontece por uma melhor gestão da cadeia de valor da empresa e a "divisão" dos lucros da empresa com a sociedade.

Desta forma, ao estruturar sua cadeia de valor (atividades que agregam valor à empresa, e que estão relacionadas com a criação, venda, entrega e suporte de produtos ou serviços), a empresa deve descobrir quais questões sociais e ambientais sofrem o maior impacto de suas atividades e atuar sobre elas. Empresas como Johnson & Johnson, L'Oréal, Nestlé e IBM têm trabalhado fortemente o conceito de valor compartilhado em suas cadeias de valores.

**Valor compartilhado** não é responsabilidade social, filantropia ou mesmo sustentabilidade, mas uma nova forma de obter sucesso econômico. Não é algo na periferia daquilo que a empresa faz, mas no centro. E, a nosso ver, pode desencadear a próxima grande transformação no pensamento administrativo.[42]

Da mesma forma que o desenvolvimento sustentável é um conceito transgeracional, porque trata das necessidades das gerações atuais pensando nas futuras gerações, a sustentabilidade corporativa também deve ser vista sob a ótica da transgeracionalidade organizacional. Ou seja, a compreensão da continuidade do negócio ao longo das diversas gerações que governam a empresa, sejam elas familiares ou não. Assim, o "atendimento das necessidades atuais e futuras da empresa" passa por uma avaliação da disponibilidade de matéria-prima (de origem renovável), das fontes de energia, do uso de tecnologia limpa, entre outros temas. Neste contexto, é interessante avaliar a postura de empresas, por exemplo, a Braskem, que vem investindo em pesquisas para a busca de um produto substituto do petróleo para a produção de plástico, ou das indústrias automobilísticas que perceberam no carro elétrico uma alternativa para a substituição da gasolina.

## 10.7 GOVERNANÇA PARA A SUSTENTABILIDADE

O termo governança corporativa refere-se à forma como as companhias são dirigidas. A preocupação com a gestão das empresas ganhou corpo, principalmente, após o caso Enron, em 2001. Nesta ocasião, descobriu-se que a empresa manipulava seus dados contábeis, e o pior: a empresa de auditoria Artur Andersen não havia percebido. A descoberta deste caso desencadeou uma

CAPÍTULO 10 | Responsabilidade social corporativa e estratégia

série de escândalos similares. Os acionistas e as empresas de autoria perceberam, então, que havia uma "brecha" na forma como as empresas eram gerenciadas. Havia um conflito de interesses entre os objetivos dos acionistas e dos gestores da empresa (conflito de agência).

Iniciou-se, então, um movimento para a separação entre propriedade e controle em grandes companhias, o que levou à necessidade de uma gestão profissional, que passou a ser conhecida como governança corporativa.

A governança corporativa é vista como um conjunto de mecanismos complementares que busca a proteção dos direitos de investidores e a redução do oportunismo administrativo. As práticas de governança corporativas variam em função de peculiaridades de diferentes ambientes institucionais, refletindo diferenças de cultura, e são condicionadas por opções em relação às finanças tradicionais e pela configuração de arcabouços legais localizados.[43]

Em 1995, a Comissão sobre Governança Global (GGC), um grupo independente de 28 líderes mundiais, propôs sete valores fundamentais para a governança sustentável: o respeito pela vida, a liberdade, a justiça, a equidade, o respeito mútuo, o cuidado e a integridade.[44] A GGC propôs uma ética cívica global descrita como uma nova filosofia ética e consensual de gestão global e cidadania baseada em instituições e instrumentos que têm sua origem em valores e prioridades ocidentais.

Nas sociedades democráticas, as instituições de governança de Estado são aprofundadas à medida que a cidadania é mais enraizada. Nestes casos, as sociedades estabelecem mecanismos para monitorar seus governantes por meio de um conjunto de regras resultantes das diferentes interações sociais. Os processos democráticos, embora necessários em todos os níveis, não serão, por si só, suficientes para alcançar a sustentabilidade,[45] é preciso um maior envolvimento da sociedade civil e das organizações nas questões econômicas, sociais e ambientais.

A aplicação do conceito de governança corporativa trata dos mecanismos internos e externos para alinhamento de interesse entre gestores e acionistas, que desejam maior transparência entre si e entre os gestores e equidade entre os *stakeholders*. Ou seja, de que forma a empresa organizará seu sistema de governança a fim de atender as demandas dos diferentes *stakeholders*.

A boa prática de governança corporativa também não produz sustentabilidade corporativa,[46] é preciso promover um maior envolvimento da empresa com seus *stakeholders*, uma vez que há um conflito de interesse entre os proprietários da empresa e seus gestores, entre seus gestores e os *stakeholders*, entre os proprietários e os *stakeholders*. Mais uma vez, temos diferentes agências competindo por interesses diferentes.

> **Relacionamento de agência** é o relacionamento entre acionistas e administradores. Acontece que muitas vezes os administradores têm interesses diferentes dos interesses dos acionistas. **Conflito de agência** é a possibilidade de divergência de interesses entre acionistas e gestores, onde um tenta tirar vantagens do outro de uma mesma situação. Envolve problemas de assimetria de informações entre o agente e o proprietário.
>
> **Fonte:** JENSEN, M. C.; MECKLING, W. H. Theory of the firm: managerial behavior, agency costs and ownership structure. **Journal of Financial Economics**, 3, 4, 1976.

> É necessário um **senso de cidadania ecológica e social** para orientar todas as formas e níveis de tomada de decisão no setor público e privado.

## SAIBA MAIS

A **Lava Jato** é uma operação da Polícia Federal em parceria com o Ministério Público, iniciada em 2014. Recebeu o nome Lava Jato em referência a uma rede de lavanderias e um posto de combustíveis de Brasília que era utilizado por uma das organizações criminosas investigadas inicialmente por movimentar dinheiro ilícito. O desenrolar da operação, no entanto, revelou uma complexa rede de corrupção envolvendo grandes empresas brasileiras, vários órgãos públicos, políticos e representantes do Poder Judiciário.

Quando os líderes atuam com integridade pessoal e moral pública, são confiáveis, no entanto, quando se percebe decisões antiéticas, pouco transparentes e que vão de encontro às expectativas dos *stakeholders*, esses líderes tornam-se não confiáveis. Veja, por exemplo, o que aconteceu com a reputação dos líderes governamentais e empresariais envolvidos com a operação Lava Jato no Brasil. Alguns deles têm sido hostilizados publicamente em aviões, restaurantes, e até mesmo em viagens internacionais, quando são reconhecidos pela sociedade.

Outra característica que pode ser observada em muitos estudos de caso é a alta taxa de sucesso de abordagens proativas e não reativas. Trabalhar para um projeto sustentável, em vez de contra um projeto insustentável, é "mais saudável", mais gratificante e verdadeiramente capacitador. Se as abordagens proativas descritas nos estudos de caso representam uma tendência geral, então podemos ter uma pista importante de que a governança para a sustentabilidade deve ser proativa e inclusiva, em vez de reativa e divisiva.

Percebe-se que as perspectivas de governança para a sustentabilidade são determinadas pelo grau de conscientização ética da sociedade. As empresas, e seus gestores, que se convencerem que a sustentabilidade é a coisa "certa" prevalecerão e terão vantagem competitiva.

Será que as empresas estão preparadas para organizarem-se e atenderem as demandas das diferentes agências de forma conciliadora?

---

**MINICASO**

### Brasil Kirin

Em 2013, a Brasil Kirin ratificou a construção de uma cultura de responsabilidade social e ambiental com a criação da vice-presidência de Assuntos Corporativos e Sustentabilidade. Com o alcance dessa iniciativa, a companhia procura consolidar sua governança em sustentabilidade e demonstrar seu compromisso na busca pela inovação e crescimento sustentável, contribuindo para a criação do valor compartilhado.

#### ESTRUTURA DE GOVERNANÇA DA SUSTENTABILIDADE

Ligada diretamente à presidência, a área desempenha um papel estratégico para o crescimento da Brasil Kirin, com a definição de atribuições que contemplam a integração e o alinhamento das áreas social, financeira e ambiental na conquista de resultados. Sob a responsabilidade da vice-presidência, foram alinhadas outras áreas que estão vinculadas à sustentabilidade no planejamento estratégico.

No processo de preparação da área, os primeiros passos incluíram o mapeamento e diagnóstico das práticas já existentes e o entendimento do impacto das atividades para os *stakeholders*. A companhia buscou aprimorar a gestão e a governança de sustentabilidade para que o assunto estivesse inserido de forma consistente no planejamento.

O tema faz parte do mapa estratégico da companhia sistematizado no BSC e compõe critérios da remuneração variável. O *status* de assunto estratégico para o desenvolvimento da empresa contribui para que a sustentabilidade continue sendo incorporada de forma consistente a todos os setores da companhia, alinhando suas decisões aos conceitos de governança sustentável. Um dos compromissos assumidos em 2013 foi a instituição do Comitê de Sustentabilidade Multifuncional, que tem a participação da liderança das áreas de qualidade assegurada, operações e logística, relacionamento com o cliente, marca institucional, desenvolvimento econômico e financeiro, suprimentos, comunicação corporativa, planejamento estratégico, DHO, industrial, jurídico, segurança, saúde e meio ambiente (SSMA), comercial e sustentabilidade.

A criação da nova vice-presidência estabeleceu parcerias com instituições de referência em sustentabilidade – Instituto Akatu; Conselho Empresarial para o Desenvolvimento Sustentável (Cebds); Plataforma Liderança Sustentável – Ideia Sustentável; Pacto na Mão Certa; Pacto Nacional pela Redução de Acidentes no Trânsito – Parada pela Vida; e a participação e patrocínios de eventos relevantes, como a primeira edição do *Sustainable Brands*, além da ampliação do trabalho com a Fundação SOS Mata Atlântica, mantida há seis anos com o Centro de Experimentos Florestais SOS Mata Atlântica – Brasil Kirin, em Itu (SP). A parceira com o (Compromisso Empresarial para Reciclagem (Cempre) e o patrocínio a Expo HSM foram mantidos.

#### QUESTÕES PARA DISCUSSÃO

1. Você percebeu que a empresa está adequando o seu modelo de governança para as práticas da sustentabilidade. Como esse modelo de governança pode contribuir para manter e alavancar as práticas de sustentabilidade na empresa?

2. Como esse modelo de governança facilita a interação da empresa com seus *stakeholders*?

3. Qual o significado de se ter áreas relacionadas com a sustentabilidade ligadas à presidência da empresa?

**Fonte**: Elaborado pela autora a partir de dados da empresa Brasil Kirin (2018).[47]

---

## 10.8 CONSIDERAÇÕES FINAIS

Neste capítulo procurou-se alinhar a temática de sustentabilidade e suas implicações na estratégia empresarial. Para tanto, apresentou-se uma evolução história do conceito de desenvolvimento sustentável até o conceito de sustentabilidade corporativa. O termo sustentabilidade corporativa partiu de uma compreensão, que se desenvolveu ao longo do tempo, sobre os impactos ambientais e sociais da ação do homem sobre o meio ambiente e sobre a sociedade, e traz uma preocupação intrínseca desses impactos com o futuro das organizações.

## CAPÍTULO 10 | Responsabilidade social corporativa e estratégia

O conceito de sustentabilidade corporativa incorpora uma visão sobre os resultados sociais, ambientais e econômicos da organização, conhecido como *triple bottom line* (TBL). Trata-se de uma quebra de paradigma que aborda a relação das empresas com o meio ambiente e com a sociedade, de forma holística e interligada. O uso de matéria-prima não renovável, a geração de efluentes que contaminam rios e mares, bem como a destruição do meio ambiente, poderão trazer resultados negativos para as empresas, ao passo que o uso de materiais renováveis, a conservação do meio ambiente e a preocupação com a sociedade poderão garantir a continuidade do negócio. Não se trata, no entanto, de uma visão romântica dos negócios. Pelo contrário, constitui uma visão de longo prazo, que garantirá a continuidade dos negócios para as futuras gerações.

Defende-se, neste capítulo, que a sustentabilidade corporativa incorpora a gestão ambiental e a responsabilidade social, tratando-os como conceitos diferentes, que, contudo, devem ser consolidados pela governança da empresa. Em outras palavras, a empresa deve estruturar-se para atender as demandas de seus acionistas, da sociedade e do governo de forma transparente e de modo a incorporar as solicitações de seus *stakeholders*.

Discutiu-se a criação dos Objetivos do Milênio e sua evolução para as 17 metas do desenvolvimento sustentável, bem como a importância de as organizações incorporarem as metas em seu planejamento estratégico. Defende-se que as organizações devem cuidar do meio ambiente pensando na continuidade de seu negócio, observando a renovação dos recursos naturais, bem como a conservação do ambiente onde a empresa está inserida. Além disso, mostrou-se que as questões sociais também estão relacionadas com a continuidade dos negócios da organização, seja pela manutenção da ética empresarial, no relacionamento da empresa com seus funcionários, com o governo, ou como resposta às pressões da sociedade. Mais uma vez, tratou-se da responsabilidade da empresa perante seus *stakeholders*.

Estabeleceu-se, ainda, uma relação entre os ODS com os objetivos estratégicos da empresa; com o modelo VRIO; e com a reputação da empresa. A sustentabilidade corporativa deve ser vista não como uma despesa, ou um peso, para a organização, mas sim como uma forma de geração de valor para a organização.

## QUESTÕES PARA REFLEXÃO

1. Quando estudamos sobre as práticas de governança corporativa, discutimos sobre os conflitos de agência. Analise as práticas de sustentabilidade e o conflito de agência. As práticas de sustentabilidade poderão ter algum reflexo nesses conflitos?

2. Algumas pesquisas sobre o uso de veículos na Europa indicam que, nos próximos dez anos, as pessoas acreditam que a propriedade do carro será desnecessária (pois cresce a economia compartilhada) e indesejada, uma vez que o consumo de combustíveis está sendo cada vez mais desestimulado pelos governos. Como a indústria automobilística poderá se organizar para os próximos dez anos?

3. Hoje, discute-se se o *triple bottom line* ainda é suficiente para demonstrar as práticas de sustentabilidade das empresas. O que teria mudado da década de 1990 até os dias atuais que pudesse ter provocado esse questionamento?

4. Como as organizações podem lidar com as pressões de resultados no curto prazo com a orientação de sustentabilidade no longo prazo?

## QUESTÕES PARA AVALIAÇÃO DO CONHECIMENTO

1. Diferencie sustentabilidade corporativa e desenvolvimento sustentável.

2. Cite alguns exemplos de como uma empresa pode contribuir com as 17 metas do desenvolvimento sustentável.

3. Quais são os três níveis da gestão ambiental?

4. Quais são os três níveis da responsabilidade social, de acordo com Bansal?

5. O que é governança para a sustentabilidade?

## CASO FINAL – SUSTENTABILIDADE NA INDÚSTRIA DO PAPEL

Pelo quinto ano consecutivo, em 2017, a Fibria[e] foi eleita a melhor empresa do setor de papel e celulose pelo Anuário as Melhores do Dinheiro, conforme análises da Economática e da Standard&Poor's. A empresa é líder mundial na produção de celulose de eucalipto. Mas como a Fibria chegou até aqui? Como uma empresa atuante em um setor com tantos problemas ambientais e sociais pode merecer tal destaque?

A Fibria é um caso de sucesso quando se estuda sustentabilidade. A empresa Fibria nasceu em setembro de 2009, com a compra pela Votorantim Celulose e Papel (VCP) da Aracruz. Ao longo dos anos, as ações das duas empresas visaram à continuidade e ao crescimento do negócio, o que só foi possível a partir de investimentos em inovações que salvaguardassem o meio ambiente e garantissem práticas sociais. Vamos conhecer a história da empresa.

### Aracruz

A Aracruz Florestal S.A foi criada em 1967, no Espírito Santo, por Erling Sven Lorentzen, se consolidando, desde então como uma empresa líder do setor. Em 1968, o nome da empresa passou a ser Aracruz Celulose. Até 2007, o controle acionário da empresa era exercido pelos grupos: Safra, Lorentzen e Votorantim, com participação acionária de 28% cada, e pelo Banco Nacional de Desenvolvimento Econômico e Social (BNDES), com participação de 12,5%. As ações preferenciais da Aracruz (56% do capital) eram negociadas nas Bolsas de Valores de São Paulo (antiga Bovespa), Madri (Latibex) e Nova York (NYSE). Em 2009, ano da venda para a VCP, a Aracruz Celulose detinha a liderança mundial na produção de celulose de fibra curta de mercado, respondendo por 24% da oferta global do produto. A celulose fibra curta é utilizada na fabricação de papéis de imprimir e escrever, papéis sanitários e papéis especiais de alto valor agregado.

Em 2000, a Aracruz uniu-se à Stora Enso, empresa sueco-finlandesa, e criou a Veracel, no sul da Bahia, com a participação acionária de 50% cada. A nova empresa integrou quase 705 colaboradores próprios e cerca de 2.640 de empresas especializadas. Quando iniciou suas operações, em 2005, a estimativa da Veracel era produzir cerca de 360 mil toneladas de celulose por ano, número que logo chegou aos 900 mil.

Em 2003, adquiriu a fábrica da Riocell, no Rio Grande do Sul. Em 2006, o grupo empregava 2.361 pessoas e 9.298 empregos eram gerados indiretamente.[48] Suas operações florestais alcançavam os estados do Espírito Santo, Bahia, Minas Gerais e Rio Grande do Sul, com aproximadamente 279 mil hectares de plantios renováveis de eucalipto, intercalados com cerca de 154 mil hectares de reservas nativas, que são fundamentais para assegurar o equilíbrio do ecossistema.

No ano 2000, a Aracruz assinou o Pacto Global da ONU. Em 2005, a empresa passou a figurar no Índice Dow Jones de Sustentabilidade (IDJS), sendo considerada a única do setor a compor este índice, no mundo. O IDJS destaca as melhores práticas em sustentabilidade corporativa no mundo, e é composto por 318 empresas de 24 países no total. As que compõem esse índice, segundo os critérios da instituição, são empresas capazes de criar valores para os acionistas no longo prazo, por conseguirem aproveitar as oportunidades e gerenciar os riscos associados a fatores econômicos, ambientais e sociais. Em 2007, pela terceira vez consecutiva, a empresa compunha o Índice de Sustentabilidade Empresarial (ISE), da BM&F Bovespa, atual B3. Esse índice engloba em torno de 30 companhias selecionadas, que apresentam alto grau de comprometimento com sustentabilidade e responsabilidade social.[49]

### Votorantim

A Votorantim, por sua vez, entrou no mercado de papel e celulose apenas em 1988, com a aquisição do projeto Celpav em São Paulo, na cidade de Luiz Antônio, criando a VCP. Em 1992, a VCP compra uma unidade da Papel Simão, uma das principais empresas na produção de celulose e papéis de imprimir e escrever, e papéis especiais, com atuação no mercado nacional e internacional. Em 1995, a Papel Simão adquiriu, por meio de subscrição de debêntures e respectiva conversão em ações de sua própria emissão, o controle integral da Cia. Votorantim de Celulose e Papel (Celpav). Em 17 de janeiro de 1995, foi aprovada e alterada a denominação da Papel Simão para Votorantim Celulose e Papel S.A. Em 1997, a VCP começou a operar com terminal exclusivo no Porto de Santos e, em 2000, as ações da VCP começaram a ser negociadas na bolsa de Nova York. A composição acionária da empresa se dá da seguinte forma: BNDESpar (29,08%); Grupo Votorantim (29,42%) e demais ações negociadas no mercado (41,35%). Em 2001, a VCP adquire 28% do capital acionário da Aracruz Celulose.

Em 10 de novembro de 2004, a VCP e a Cia. Suzano de Papel e Celulose celebraram um acordo para aquisição do controle acionário da Ripasa, que ocorreu em duas etapas: (i) aquisição do controle da Ripasa, em 31 de março de 2005; e (ii) reestruturação societária em 23 de maio de 2006, com migração dos acionistas minoritários da Ripasa para a Suzano e VCP. A participação da Suzano no capital social total da Ripasa passou de 23,03%, na primeira etapa, para 50,0%, na segunda etapa. Em 2008, a VCP e a Companhia Suzano de Papel e Celulose criam o Consórcio Paulista de Papel e Celulose, Conpacel, que sucedeu a antiga Ripasa.

---

[e] Em julho de 2018, a fusão da Fibria com a Cia. Suzano de Papel e Celulose havia sido notificada ao Conselho Administrativo de Defesa Econômica (CADE).

CAPÍTULO 10 | Responsabilidade social corporativa e estratégia

Em 2006, A Votorantim Celulose e Papel (VCP) e a norte-americana International Paper assinaram um acordo para viabilizar a instalação de duas fábricas – uma de celulose e outra de papel – em Três Lagoas, no Mato Grosso do Sul. A troca de ativos entre as empresas previa que a International Paper ficaria com a fábrica de celulose e papel em Luiz Antônio (SP), incluindo a base florestal de 57 mil hectares, até então a maior produtora de papel da VCP. Em contrapartida, a International Paper transferiu à VCP os ativos da fábrica de celulose em Três Lagoas, incluindo a base florestal de 121 mil hectares.[50]

Em 2005, a VCP passa a figurar no Índice de Sustentabilidade Empresarial (ISE), mas, apenas em 2008, a VCP assina o Pacto Global e passa a figurar no IDJS.

## Fibria

Em 2009, a VCP conclui as negociações para a incorporação da Aracruz e nasceu, então, a Fibria. No mesmo ano, iniciou-se a operação da fábrica de Três Lagoas (MS), com capacidade produtiva de 1,3 milhão de toneladas/ano de celulose. Já em 2009, a Fibria passou a integrar o Guia Exame de Sustentabilidade, em 2010, integrando pela primeira vez o ISE. Em 2011, houve a venda da Conpacel para a Suzano, e da unidade de Piracicaba para Oji Paper. Em 2012, a Fibria foi selecionada, pela primeira vez, para o Índice Dow Jones de Sustentabilidade.

## PROBLEMAS SOCIOAMBIENTAIS

O setor de papel e celulose sempre sofreu pressões socioambientais inerentes às suas atividades, principalmente:

- *No setor florestal*: para a fabricação do papel utiliza-se exclusivamente o eucalipto de áreas de replantio, e grupos ambientais, no mundo inteiro, questionam o uso dessa cultura principalmente em relação: a grandes áreas de plantio, necessárias para atender uma indústria desse porte; ao elevado consumo de água; e à homogeneidade das florestas de eucalipto, que impactam a biodiversidade local afetando a flora e a fauna nativas. O processo de produção de celulose elimina dioxinas, que poluem o ar, e a produção do papel polui rios e lençóis freáticos. Por isso, este é um setor muito controlado pelos órgãos ambientais.
- *No setor fabril*: a produção de celulose consome muita água e energia elétrica, além de produtos químicos, que auxiliam no seu branqueamento e contribuem para eliminar materiais particulados, resíduos e efluentes.
- *No social*: exploração de mão de obra pouco qualificada e provocação de êxodo rural, em razão do desmatamento.

A Aracruz foi acusada internacionalmente por ativistas de movimentos sociais e ambientalistas de ocupar terras de povos indígenas e quilombolas. No Espírito Santo, a empresa esteve em longo litígio com os índios Tupiniquins e Guarani Mbyá em virtude da reivindicação de terras por parte dos índios. Além disso, a formação de fazendas de eucaliptos provocou o êxodo rural e o inchaço de favelas.

Em relação ao uso de grandes áreas de plantio, a Aracruz procurou resolver de duas formas: terceirização de parte de suas florestas para pequenos produtores – aumentando a produtividade por árvore –, e melhoramento genético das árvores visando mais polpa celulósica por árvore e menor necessidade de terra.[52]

Além disso, ao se instalar em pequenas cidades, a empresa procurou fornecer: infraestrutura necessária para atrair uma mão de obra mais qualificada; condições de moradia dignas, educação, saúde e lazer. A empresa procurava se envolver também com as prefeituras e com a comunidade na realização de projetos sociais.

## INVESTIMENTO EM TECNOLOGIA

Após a fusão com a VCP, as ações socioambientais da nova empresa se intensificaram, posicionando a Fibria no rol das empresas com conceituadas práticas sustentáveis. Para tanto, a Fibria investe no desenvolvimento de tecnologias e inovações alinhadas à sua estratégia de gerar o máximo de valor a partir de suas florestas plantadas. "Para isso, desenvolve produtos e serviços capazes de maximizar a produtividade e otimizar custos, antecipar tendências e expectativas dos clientes, além de oferecer oportunidades de substituição de derivados fósseis em novos mercados. Nesse cenário, a inovação competitiva é um dos atributos da empresa."[53] A governança da empresa conta com um Comitê de Inovação e um Comitê de Sustentabilidade que estão ligados diretamente ao Conselho de Administração.

A empresa monitora três microbacias hidrográficas (Córrego do Moeda, Córrego do Periquito e Córrego do Gerivá), onde possui florestas plantadas de eucalipto, com o objetivo de avaliar o manejo florestal. Graças a investimentos em inovação e tecnologia para reaproveitamento de água, a Fibria reduziu a captação de água de 37,6 para 28,1 metros cúbicos por tonelada de celulose do Rio Paraná. A reutilização é feita por meio das torres de resfriamento, o que permite a reinserção de cerca de 85% da água captada no processo produtivo.[54]

Em 2017, a Fibria lançou uma plataforma de inovação aberta com o objetivo de estimular a parceria com *startups*, empresas, universidades e centros de pesquisa na busca por novas ideias, soluções, tecnologias e/ou desenvolvimento de novos negócios.

## QUESTÕES PARA REFLEXÃO

1. Pelo histórico das duas empresas, você pode perceber que sempre houve uma proximidade das empresas às entidades ligadas à área da sustentabilidade, seja o IDJS ou o ISE. Além disso, todas as empresas receberam várias premiações relacionadas com a área de sustentabilidade. Qual o impacto dessas premiações e índices para a estratégia da empresa?

2. Pensando na sustentabilidade corporativa da empresa, qual a importância em se ter o Comitê de Inovação e o Comitê de Sustentabilidade ligados ao Conselho de Administração?

3. Qual a importância dos investimentos em inovações sustentáveis para a estratégia da empresa?

4. Pensando na pirâmide de Carroll, destaque os quatro níveis de responsabilidade apontados no texto.

## REFERÊNCIAS

1. SWÄRD, S.; BRUUN, L. **Conference Report**. Focus on children in migration – From a European research and method perspective. Save the Children Sweden, European Network of Masters in Children's Rights and Separated Children in Europe Program, Warsaw, 12, 2007.

2. ARATO, M.; SPEELMAN, S.; VAN HUYLENBROECK, G. Corporate social responsibility applied for rural development: an empirical analysis of firms from the American continent. **Sustainability**, 8(1), 102, 2016.

3. WINSEMIUS, P.; GUNTRAM, U. **A thousand shads of green**. Sustainable strategies for competitive advantage. Earthscan, 2002.

4. GLOBAL COMPACT. Disponível em: <http://globalcompact.pt/about/un-global-compact/os-10-principios>. Acesso em: jan. 2019.

5. BARBOSA, V. **20 empresas modelo em responsabilidade socioambiental**. 2016. Disponível em: <https://exame.abril.com.br/negocios/as-20-empresas-modelo-em-responsabilidade-socioambiental/>

6. ORGANIZAÇÕES UNIDAS NO BRASIL. 2017. **Conheça os novos 17 Objetivos de Desenvolvimento Sustentável da ONU**. Disponível em: <https://nacoesunidas.org/conheca-os-novos-17-objetivos-de-desenvolvimento-sustentavel-da-onu/>. Disponível em: jan. 2019.

7. MACHADO FILHO, C. P. **Responsabilidade social e governança**: o debate e as implicações. Thomson, 2006.

8. PORTER, M. **Estratégia competitiva**. Elsevier, 2004.

9. CURI, D. **Gestão ambiental**. Pearson, 2012.

10. BANSAL, P. Evolving sustainably: a longitudinal study of corporate sustainable development. **Strategic Management Journal**, 26(3), 197-218, 2005.

11. ALCOA. **Sobre a Alcoa no Brasil**. 2018. Disponível em: <http://www.alcoa.com/brasil/pt/default.asp>. Acesso em: jan. 2019.

12. RIBEIRO, A. **Uma promessa para Juruti**. 2009. Disponível em: <http://epoca-negocios.globo.com/Revista/Common/0,,ERT24468-16642,00.html>. Acesso em: jan. 2019.

13. ELKINGTON, J. **Canibais com garfo e faca**. Makron Books, 2001.

14. BANSAL, P. Evolving sustainably: a longitudinal study of corporate sustainable development. **Strategic Management Journal**, 26(3), 197-218, 2005.

15. BANSAL, P. Evolving sustainably: a longitudinal study of corporate sustainable development. **Strategic Management Journal**, 26(3), 197-218, 2005.

16. COMISSÃO DE VALORES MOBILIÁRIOS (CVM). Cartilha da Governança Corporativa. 2002. Disponível em: <http://www.cvm.gov.br/export/sites/cvm/decisoes/anexos/0001/3935.pdf>. Acesso em: jan. 2019.

17. BARROW, C. **Environmental management for sustainable development**. Routledge, 2006.

18. ANDRADE, R. O. B. de; TAKESHY, T.; CARVALHO, A. B. de. **Gestão ambiental**: enfoque estratégico aplicado ao desenvolvimento sustentável. Makron Books, 2000.

19. BANSAL, P. Evolving sustainably: a longitudinal study of corporate sustainable development. **Strategic Management Journal**, 26(3), 197-218, 2005.

20. HART, S. L. A natural-resource-based view of the firm. **Academy of Management Journal**, 37(2): 986-1014, 1995.

21. HART, S. L. A natural-resource-based view of the firm. **Academy of Management Journal**, 37(2): 986-1014, 1995.

22. POLÍTICA NACIONAL DE RESÍDUOS SÓLIDOS. **Lei nº 12.305**, de 02 de agosto de 2010. Institui a Política Nacional de Resíduos Sólidos; altera a Lei nº 9.605, de 12 de fevereiro de 1998; e dá outras providências. Disponível em: <http://www.mma.gov.br/pol%C3%ADtica-de-res%C3%ADduos-s%C3%B3lidos>. Acesso em: jan. 2019.

23. KLABIN. **Relatório de Sustentabilidade**. 2018. Disponível em: <https://www.klabin.com.br/pt/sustentabilidade>. Acesso em: jan. 2019.

24. ESTADÃO. **Klabin integra o índice ambiental do WWF**. 2018. Disponível em: <https://www.klabin.com.br/pt/sustentabilidade>. Acesso em: jan. 2019.

25. JUSBRASIL. **Gerdau terá que compensar danos ambientais**. 2018. Disponível em: <https://espaco-vital.jusbrasil.com.br/noticias/2467477/gerdau-tera-que-compensar-danos-ambientais>. Acesso em: jan. 2019.

26. LEX MAGISTEX. **Atuação do MPF resulta no mapeamento ambiental de importante região de Minas Gerais**. 2018. Disponível em: <http://www.editoramagister.com/noticia_23539832_ATUACAO_DO_MPF_RESULTA_NO_ MAPEAMENTO_AMBIENTAL_DE_IMPORTANTE_REGIAO_DE_MINAS_GERAIS.aspx>. Acesso em: jan. 2019.

27. BOWEN, H. **Social responsibilities of the businessman**. Harper & Row, 1953.

28. BOWEN, H. **Social responsibilities of the businessman**. Harper & Row, 1953.

29. CARROLL, A. B. A three-dimensional conceptual model of corporate performance. **Academy of Management Review**, 4(4), 497-505, 1979.

30. CARROLL, A. B. A three-dimensional conceptual model of corporate performance. **Academy of Management Review**, 4(4), 497-505, 1979.

31. CARROLL, A. B. The pyramid of corporate social responsibility: Toward the moral management of organizational stakeholders. **Business Horizons**, 34(4), 39-48, 1991.

32. CARROLL, A. B. Carroll's pyramid of CSR: taking another look International. **Journal of Corporate Social Responsibility**, 1(3), 2016. Disponível em: <https://doi.org/10.1186/s40991-016-0004-6>. Acesso em: jan. 2019.

33. BANSAL, P. Evolving sustainably: a longitudinal study of corporate sustainable development. **Strategic Management Journal**, 26(3), 197-218, 2005.

34. FREEMAN, R. E. **Strategic management**: a stakeholder approach. Pitman, 1984.

35. FREEMAN, R. E. **Managing for stakeholders**. University of Virginia, 2007. Disponível em: <http://dx.doi.org/10.2139/ssrn.1186402>. Acesso em: jan. 2019.

36. BANSAL, P. Evolving sustainably: a longitudinal study of corporate sustainable development. **Strategic Management Journal**, 26(3), 197-218, 2005.

37. FAHEY, L.; NARAYANAN, V. K. **Macroenvironmental analysis for strategic management**. West, 1984.

38. PORTER, M. E.; KRAMER, M. R. **Criação de valor compartilhado**. 2011. Disponível em: <http://hbrbr.uol.com.br/criacao-de-valor-compartilhado/>. Acesso em: jan. 2019.

39. PORTER, M. E. O que é estratégia. **Harvard Business Review**, 74(6), 61-78, 1996.

40. BANSAL, P. Evolving sustainably: a longitudinal study of corporate sustainable development. **Strategic Management Journal**, 26(3), 197-218, 2005.

41. PORTER, M. E.; KRAMER, M. R. **Criação de valor compartilhado**. 2011. Disponível em: <http://hbrbr.uol.com.br/criacao-de-valor-compartilhado/>. Acesso em: jan. 2019.

42. PORTER, M.E.; KRAMER, M. R. **Criação de valor compartilhado**. 2011. Disponível em: <http://hbrbr.uol.com.br/criacao-de-valor-compartilhado/>. Acesso em: jan. 2019.

43. ZATTONI, A.; CUOMO, F. Why adopt codes of good governance? A comparison of institutional and efficiency perspectives. **Corporate Governance**: An International Review, v. 16, n. 1, p. 1-15, 2008.

44. COMISSÃO DE GOVERNANCE GLOBAL (GGC). **Our global neighborhood**. 1995. Disponível em: <http://www.gdrc.org/u-gov/global-neighbourhood/>. Acesso em: jan. 2019.

45. BOSSELMANN, K.; ENGEL, R.; TAYLOR, P. **Governance for sustainability, issues, challenges, successes**. IUCN, 2011. Disponível em: <http://cmsdata.iucn.org/downloads/eplp_70_governance_for_sustainability.pdf>. Acesso em: jan. 2019.

46. BOSSELMANN, K.; ENGEL, R.; TAYLOR, P. **Governance for sustainability, issues, challenges, successes**. IUCN, 2011. Disponível em: <http://cmsdata.iucn.org/downloads/eplp_70_governance_for_sustainability.pdf>. Acesso em: jan. 2019.

47. BRASIL KIRIN. **Governança da sustentabilidade**. 2018Disponível em: <http://relatoweb.com.br/brasilkirin/first/bk/perfil/governanca-sustentabilidade.html>. Acesso em: jan. 2019.

48. PUPIM, J. **Empresas na sociedade**. 2. ed. Elsevier, 2012.

49. BM&FBOVESPA. **Índice de Sustentabilidade Empresarial**. Disponível em: <http://www.bmfbovespa.com.br/pt_br/produtos/indices/indices-de-sustentabilidade/indice-de-sustentabilidade-empresarial-ise.htm>. Acesso em: jan. 2019.

50. PORTAL DE NOTÍCIAS G1. Disponível em: <http://g1.globo.com/Noticias/Economia_Negocios/0,,AA1278249-9356,00-VCP+FECHA+ACORDO+BILIONARIO+COM+INTERNATIONAL+PAPER.html>. Acesso em: jan. 2019.

51. FIBRIA. Disponível em: <http://www.fibria.com.br/>. Acesso em: jan. 2019.

52. PUPIM, J. **Empresas na sociedade**. 2. ed. Elsevier, 2012.

53. FIBRIA. Disponível em: <http://www.fibria.com.br/>. Acesso em: jan. 2019.

54. TISSUE ONLINE. **Fibria utiliza recursos hídricos de forma sustentável**. 2014. Disponível em: <https://tissueonline.com.br/fibria-utiliza-recursos-hidricos-de-forma-sustentavel/>. Acesso em: jan. 2019.

# **ECONOMIA DA** ESTRATÉGIA

*Conceição Aparecida Pereira Barbosa*

## RESUMO

Este capítulo apresenta uma visão evolutiva da estratégia naquilo que se refere aos aspectos econômicos relacionados com as escolhas e decisões, e busca ampliar o entendimento do contexto organizacional como cenário para a adoção de estratégias. Tal aproximação com a economia se torna relevante na medida em que se pretende conceber uma estratégia que considere a natureza das relações internas, sejam contratuais ou não, e seus reflexos na implementação das ações que pretendem tornar as empresas mais competitivas nos mercados. Aborda as decisões organizacionais no que concerne às escolhas entre contratação no mercado e internalização das atividades. Para tanto, esclarece a existência de custos envolvidos e que se tornam determinantes por envolverem as variáveis que influenciam a eficiência, inclusive levando em conta os impactos das decisões entre comprar, fazer ou aliar-se. Todos estes elementos fazem parte da abordagem do ambiente institucional e dos custos de transação inerentes à dinâmica organizacional, tendo como resultante um debate amplo sobre os mecanismos decisórios e as implicações na estratégia.

### OBJETIVOS DE APRENDIZAGEM

Neste capítulo, o leitor poderá aprofundar seu conhecimento sobre:
- A visão econômica da estratégia.
- O contexto institucional.
- As fontes de custos de transação.
- As relações contratuais.
- As condições para as decisões entre comprar, fazer ou aliar-se.
- Como aplicar os conhecimentos adquiridos.

## 11.1 INTRODUÇÃO

Todos os dias, empresas encerram suas atividades e muito se pode especular sobre os motivos para tal resultado. Em geral, será usada como argumento a perda de competitividade, mas o que teria ocasionado esta situação? Dados[1] apontam que, nos últimos anos, no Brasil, as principais causas da mortalidade estão relacionadas com a falta de planejamento, relações com fornecedores e bancos, ausência ou baixa capacitação do gestor e da mão de obra, falta de diferenciais e de aperfeiçoamento dos produtos e ineficiências nos controles financeiros. Além disso, impostos e encargos aparecem como um elemento preponderante para o fechamento de empresas, seguidos de problemas com vendas e captação de clientes, concorrência e problemas administrativos,[2] além dos aspectos já relacionados.

Ao mesmo tempo é possível criticar a ineficiência operacional, os restritos investimentos em inovação e a tardia ação para a cooperação na forma de acordos como vetores de impulsão para estes resultados negativos. Também se pode citar o próprio Custo Brasil.[3] Em síntese, custos da ineficiência que prejudicam o desenvolvimento e a melhor projeção do País no cenário internacional.

## ADMINISTRAÇÃO ESTRATÉGICA

Por estas razões, é importante que você compreenda que tão somente tratar da gestão estratégica pode, ainda assim, ser insuficiente, principalmente porque existem questões no contexto organizacional que nem sempre uma boa estratégia resolve.

Assim, após a leitura deste capítulo, você poderá compreender o que fundamenta os contextos institucionais e como estas características influenciam a evolução organizacional, que, em última instância, impactam no desenvolvimento das organizações e do País.

Até aqui, você viu os aspectos relacionados com o desenvolvimento do pensamento estratégico e pôde aprender ferramentas e sua aplicação para a elevação da competitividade das empresas, tenham elas fins lucrativos ou não.

Ocorre que a complexidade do contexto sinaliza outros aspectos que acabam por provocar a associação com conceitos de outra natureza e a demanda por uma análise contextualizada das condições da empresa.

---

### SAIBA MAIS

Escala é o ganho resultante da redução do custo unitário de produção ou distribuição decorrente do aumento de volume produzido ou distribuído. Já a economia de escopo define o benefício resultante do uso compartilhado de processos de produção ou distribuição para que seja produzido mais de um produto ou variações de um produto.[4]

Se uma empresa consegue obter o máximo aproveitamento de sua capacidade produtiva, e que resulte na redução do custo unitário da unidade produzida pela diluição de custos fixos, obterá ganhos de escala. Por outro lado, se com a mesma capacidade produtiva e recursos consegue criar variações de produtos ou ampliar seus mercados com base na curva de experiência com os mercados atuais, obterá ganhos de escopo.

---

Em outras palavras, em que pesem as decisões sobre mercados a competir ou estratégias voltadas para o alcance de objetivos, outros pontos devem ser considerados, como as intenções, se o foco está em poder e/ou eficiência; a gestão dos custos oriundos das ineficiências; as decisões sobre contratos e parcerias, principalmente levando em conta não só o grau de hierarquização das atividades relativas às *core competences* do negócio, mas também as estruturas e o comportamento do mercado de atuação da empresa, tudo isso centrado no foco primário de qualquer organização – ganhos de escala e escopo. Estas são as relações econômicas envolvidas no gerenciamento de um negócio e que serão tratadas neste capítulo.

A partir da década de 1980, a economia passou a ocupar lugar na gestão estratégica, principalmente com a contribuição de Porter, ao sintetizar as teorias de diversos estudiosos, organizando-as no que entendemos por barreiras de entrada, análise da indústria e estratégias genéricas,[5] conforme tratado no Capítulo 2. Também na University of Chicago estudava-se o reflexo da eficiência em produção e havia a busca pela identificação das origens das diferenças de desempenho entre as empresas, o que completava a perspectiva dos recursos únicos e difíceis de imitar para justificar o desempenho superior,[5] como abordado no Capítulo 3.

Por esta razão, é fundamental fazer uma distinção mais clara sobre a estratégia e a economia. No primeiro caso, se considera a perspectiva de poder, enquanto o segundo tem como enfoque a eficiência, sendo ambas as partes componentes do estudo da estratégia. Ainda que os estudos de estratégia tenham avançado, não incorporaram de forma completa o que se entende por eficiência, o que é mais relacionado com os custos de governança e de produção. Sem esta visão econômica, o fazer estratégia terá um comprometimento caso a organização fique sobrecarregada com custos de produção, distribuição ou organização, indicando que a economia será, então, a melhor estratégia.[6]

Tratar de estratégia sem considerar o contexto das relações econômicas restringe as possibilidades de sucesso, uma vez que as decisões para a obtenção de lucratividade são mediadas por estas relações. Por esta razão, compreender a estratégia à luz da economia implica conhecer os aspectos decisórios envolvidos, as metas, as escolhas realizadas e sua relação com os resultados esperados, em uma abordagem que apresente a consistência necessária com o ponto de vista prático, quando a compreensão destes aspectos permite entender por que condições externas diferentes influenciarão o conjunto de estratégias a serem adotadas, o que invalida a pura mimetização de estratégias vencedoras em um mercado.[7]

É desta forma que se compreende a empresa como tendo limites horizontais (tamanho e áreas de atuação) e verticais (quanto uma organização tem incorporada em sua estrutura todas as etapas referentes à cadeia produtiva) e os contextos nos quais decide entre fazer ou comprar e, mais recentemente debatido, aliar-se; decisões estas focadas no intuito de otimizar ao máximo a eficiência operacional ou a obtenção de poder de mercado.

A importância de um olhar associado entre economia e estratégia fica evidente pelos seguintes aspectos:[5]

a) a necessidade de interpretar dados de desempenho;
b) a curva de experiência como forma de explicar o domínio e heterogeneidade das organizações;
c) o problema de lucros persistentes;
d) as mudanças na natureza da economia, que passa a incorporar elementos como incerteza, assimetria da informação, racionalidade limitada, oportunismo e especificidade dos ativos, fundamentando a economia dos custos de transação (todos temas deste capítulo), bem como a teoria dos jogos e a teoria da agência (já abordada no Capítulo 10);
e) a mudança nas escolas de negócios, com a incorporação progressiva de uma visão baseada na economia.

**Curva de experiência**[5] é a experiência cumulativa decorrente da execução contínua dos processos e que gera ganhos sucessivos com o passar do tempo.

Para que você tenha uma visão mais pragmática, observe a Figura 11.1, que mostra o escopo das discussões sobre a economia da estratégia.

Este modelo apresenta decisões relacionadas com a expansão dos limites da organização, na forma de estratégias de crescimento orgânico ou não, e que, a partir da estruturação interna, direcionarão para decisões referentes à internalização de atividades (hierarquias) ou decisões sobre acordos cooperativos, ou ainda a ida ao mercado para aquisição de recursos/capacidades necessários, sinalizando os diversos focos de atuação para o alcance dos objetivos.

Você deve ter observado que a temática central se relaciona com as decisões e seus desdobramentos. Uma organização tem à frente dois objetivos principais: (i) o poder de monopólio, ligado a aspectos externos à organização, principalmente clientes e concorrentes; e (ii) a eficiência, que trata da organização e regulação interna, e sobre como a organização decide se mantém todas as etapas de seu processo produtivo, como atividades internas, ou se busca contratar no mercado, na forma de aquisições ou parcerias, para dar mais eficiência à sua cadeia de valor. Essas decisões

**Lucros persistentes**[5] são resultados de desempenho superior de forma contínua. De acordo com a economia neoclássica, a competição pode erodir os lucros extras das firmas bem-sucedidas, limitando-as a apenas custearem os recursos mínimos. Todavia, as melhores firmas prosseguirão mantendo a lucratividade superior.

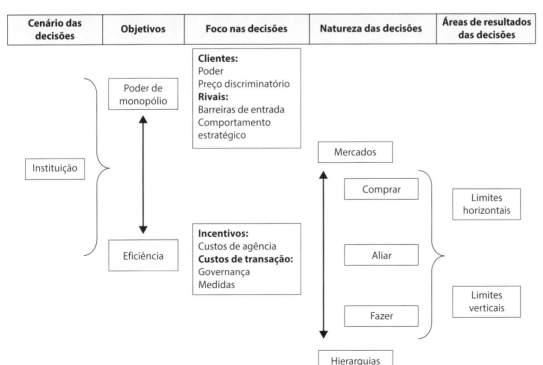

**Figura 11.1**

*Framework* do processo relacionado com a visão econômica da estratégia.

**Fonte:** Elaborada pela autora a partir de Rumelt, Schendel e Teece (1991).[5]

afetam os contornos da organização, seja pela abrangência em termos de tamanho e/ou negócios/produtos com os quais atua, seja na ampliação de sua rede de valor, com a incorporação/parceria com clientes e fornecedores, por exemplo.

Observe que esta figura poderia ser apresentada em círculos, com camadas sobrepostas para denotar o encadeamento das decisões. Para facilitar, veja a Figura 11.2.

**Figura 11.2**

Representação das camadas de decisão.

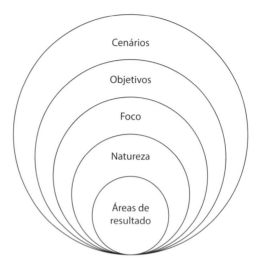

Nitidamente, nota-se nas figuras um objetivo externo (poder de monopólio) e um interno (eficiência). No primeiro caso, uma perspectiva relacionada com a posição ocupada no mercado; e no segundo, uma visão focada na otimização dos recursos organizacionais, objetivos estes que tanto podem ser almejados de forma isolada como conjunta.

### SAIBA MAIS

Alguns setores (como bancário, farmacêutico, telefonia, entre outros) se caracterizam pela concentração representada pela maior participação de mercado, ativos ou outros indicadores como sendo de posse de poucas empresas, a despeito do número de empresas no mercado. Para verificação desta concentração, que reflete a busca de poder de mercado, existem índices como *Herfindhal-Hirschman Index*, *Theil Entrophy Index*, *Hall-Tideman Index* e CR (*Concentration Ratio*), utilizados nas avaliações setoriais.

Note-se que os aspectos associados aos sistemas internos, cultura, pessoas e estrutura[8] são elementos que podem alterar o contorno de uma estratégia, tanto favorecendo como dificultando sua adoção. Logo, não podem ser negligenciados sob a premissa de que haja uma decisão estratégica completamente certa ou eficiente, haja vista a interferência destes elementos. A cultura (valores, símbolos e normas), a adequação das pessoas, a relevância dos sistemas (informação, contábeis e avaliação/gratificação) e a adaptabilidade da estrutura, no que diz respeito à centralização/descentralização, conforme você já viu nos Capítulos 7 e 8, são fatores que, em definitivo, vão influenciar a estratégia.

Além disso, os estudos sobre a competitividade das firmas situam a empresa, setor e mercado como unidades também a serem analisadas para a determinação do foco do direcionamento de ações. Ainda que se considere a vertente da estratégia ou a vertente econômica, nem sempre a firma terá, isoladamente, todos os componentes para manter-se competitiva no mercado.

Esta condição exige que a firma elabore sua conduta da melhor forma possível para responder a um ambiente incerto. Assim, ser o melhor importa. Permanecer assim importa. Enfim, a firma importa. E é por esta razão que a nova economia institucional e a economia da governança emergem. A primeira, para relacionar estes componentes a fim de estabelecer os contornos das organizações, de um modo geral. E a segunda, para situar as organizações econômicas tomando por base a maneira como a firma coordena suas transações e contratos, seja para contratar no mercado ou até para internalizar atividades.

> ### SAIBA MAIS
>
> Em setores convencionais, como os setores automotivo e farmacêutico, é comum a prática da formação de alianças entre fabricantes e fornecedores, por exemplo. Em um passado não muito distante, proliferaram alianças, formais ou não, no setor de tecnologia e, mais recentemente, a emergência de *startups*, sejam de tecnologia ou não, constitui exemplo da criação e estruturação conjunta de negócios.

É importante pontuar que as abordagens estratégicas previamente tratadas neste livro já discutiram amplamente como analisar e operacionalizar muitos dos pontos apresentados na Figura 11.1, principalmente centrados no enfoque externo e em como conjugar recursos para fazer frente a este ambiente, além dos custos de agência. Por essa razão, este capítulo trata sobre a natureza do ambiente institucional, discorrendo sobre os custos de transação e contratos, para que se estabeleça uma visão sobre mercados e hierarquias e sejam debatidas as decisões entre comprar, fazer, ou aliar-se, que interferirão nos limites horizontais e verticais das organizações. Lembrando que, no Capítulo 6, já discutimos sobre o caso da hierarquia, entendido como a integração vertical enquanto uma estratégia de crescimento.

## 11.2 AMBIENTE INSTITUCIONAL

O institucionalismo, em linhas gerais, concebe a análise econômica incorporada à história.[9] A economia estuda como o suprimento e a demanda determinam preços, todavia não estuda os fatores que determinam a forma como bens e serviços são comercializados em mercados e depois precificados. Estes elementos demandam a especialização, decorrente da divisão do trabalho, para a obtenção de custos mais baixos de troca a fim de elevar a produtividade do sistema, e isto se relaciona às instituições. Estas condições definem e indicam a importância da nova economia institucional (NEI).[10]

> ### SAIBA MAIS
>
> Para a **economia neoclássica**, o foco é no comportamento do ser humano no que se refere à sua tendência econômica, nos processos de mercado, e sua ênfase microeconômica coloca no centro produtores e consumidores. É assim que entende que os indivíduos alteram seu comportamento, se isto lhe for mais favorável. Nas relações de compra e venda, tentarão pagar o menos possível e reduzir o consumo com a alta dos preços. Por sua vez, quem vende buscará obter a máxima lucratividade, reduzindo a produção caso o preço baixe. Seu direcionamento para adoção de modelos matemáticos lhe deu um caráter que mais se ocupava da relação entre preço, oferta e demanda, e o imediatismo destas relações. Os principais neoclássicos foram Jevons, Menger, Walras e Marshall.[11]

> ### SAIBA MAIS
>
> **Escola austríaca:**[12] entende a ação humana como um processo dinâmico, reconhecendo que podem ocorrer erros empresariais, e leva em conta a existência de rivalidade empresarial, cabendo ao empresário a busca por alternativas. Diverge nestes aspectos da teoria neoclássica, principalmente porque não considera os mercados como perfeitos e permeados apenas por decisões maximizadoras e racionais. Principais autores: Rothbard, Mises, Hayek, Kirzner.
>
> **Escola do poder:**[13] caracteriza a formação de estratégia como um processo aberto de influência, enfatizando o uso de poder e política para negociar estratégias favoráveis a determinados interesses. O poder micro lida com o jogo de política dentro da organização. O poder macro refere-se ao uso de poder pela empresa, agindo em seu próprio interesse, em conflito, ou cooperação, com outras organizações. Principais autores: Pfeffer, Salanick.
>
> **Economia evolucionária:**[14] considera diferenças entre os agentes econômicos de modo que, mesmo com informações semelhantes, atuarão de maneira diferente, devendo seu resultado à natureza de suas rotinas, considerando que a aprendizagem pode gerar uma dependência da trajetória, o que poderá favorecer a lucratividade superior. Principais autores: Nelson, Winter. Precursor: Schumpeter.

A economia neoclássica retirou da economia sua natureza histórica. Isto se deveu por considerar os indivíduos como racionais, egoístas e maximizadores, aliado à redução da importância dada aos fatores políticos e culturais, e por não considerar a presença de instituições e, consequentemente, não levando em conta os custos de transação. Esta ausência também se deve à tentativa de criar pressupostos universais com base em níveis mais abstratos e matemáticos de análise, o que restringiu a abordagem puramente econômica a um enfoque de curto prazo.[9]

Por sua vez, a economia institucional desdobra-se em três correntes para tratar de diferentes estruturas institucionais, conflitos no processo de troca e exercício de poder:[9]

a) A escola austríaca, para a qual a tradição modela o comportamento humano e as instituições são criadas pelo construtivismo racional.

b) A corrente que focaliza as relações de poder e a origem da evolução das instituições.

c) A economia evolucionária, que aplica elementos da biologia na análise econômica.

No contexto das instituições, as restrições de conhecimento e informações incompletas influenciam o estabelecimento de regras e normas referentes às trocas, impactando diretamente nas interações necessárias a estas mesmas trocas.[15] Em outras palavras, os custos de transação, tratados mais adiante, sofrerão uma elevação ocasionada pelo desequilíbrio das informações entre as partes envolvidas, o que requer que a institucionalização seja necessária para reduzir a incerteza destas trocas humanas, institucionalização que, associada à tecnologia aplicada, determinará os próprios custos de transação e produção.[15]

Desta forma, as instituições determinam as interações (políticas, econômicas e sociais),[15,16,17] que podem ser tanto formais (leis, constituição, direito de propriedade) como informais (costumes, tradições, tabus e códigos de conduta).[8] Existem, assim, para reduzir a incerteza onipresente que emerge das interações,[9] de forma que determinam as regras do jogo, enquanto as organizações são os jogadores.[15,18]

A complexidade do ambiente é ampliada com o passar do tempo, pois as partes se tornam cada vez mais interdependentes, o que faz com que as instituições se tornem mais complexas. Isto ocorre porque estas interações contínuas aprofundam a experiência, ficando cada vez mais impregnada na cultura. A aprendizagem acaba, assim, sendo resultado das escolhas e determinará a velocidade da mudança econômica que virá. Por outro lado, a direção desta mudança será em função do que se espera ganhar com ela.[18]

Na perspectiva da NEI, as instituições definem as regras da competição e suas condições efetivas. Desta forma, a competição é menos um resultado da ação das empresas e mais dos contextos institucionais e dos esforços para serem modificados.[19] Os aspectos microeconômicos são centrados em três aspectos: (i) a forma como são organizadas as transações, e custos decorrentes, indica arranjos institucionais distintos na atividade econômica; (ii) a tecnologia não é o aspecto central da organização da firma, apesar de sua importância; e (iii) o enfoque é nas falhas de mercado, o que ressalta a importância do reconhecimento das diferentes formas institucionais.[20]

Os níveis de análise social e os aspectos econômicos das instituições[22] são demonstrados na Figura 11.3.

A Figura 11.3 estabelece os níveis das questões institucionais em termos de área de abrangência, tempo em que as mudanças podem ocorrer, sua finalidade e os aspectos teóricos que as analisam. Fica demonstrado que os aspectos ligados à sociedade emergem mais de forma espontânea e demandam mais tempo para que a institucionalização ocorra. Desta forma, presume-se que uma mudança cultural, por exemplo, começa a ter suas características delineadas, e apenas com o passar do tempo vai se configurando como um traço da cultura de uma sociedade ou povo.

Nos demais níveis, o grau de interferência se eleva à medida que o nível se torna mais específico, indo de um ambiente mais geral até as decisões cotidianas de uma organização, onde o tempo para concepção e implantação fica cada vez menor. Também se caracterizam os níveis econômicos (primeira, segunda e terceira ordem) para determinar o foco de regulação, partindo da regulação social (N2), com a determinação de leis, por exemplo, para a definição do que caracteriza a governança, onde se pretende o alinhamento das decisões para mitigar os custos decorrentes das relações entre as partes (N3), como critérios de contratação e normas, por exemplo, e, finalmente, segue até a regulação das políticas da própria organização (N4), como política de preços, por exemplo.

---

**Falhas de mercado**[21] são falhas nas relações entre os agentes econômicos que podem requerer a intervenção do governo, via regulação, pois geram impactos à sociedade. São falhas: assimetria de informação, desinteresse pelo investimento em bens públicos, externalidades (apenas busca de ganhos privados em detrimento dos ganhos sociais), poder de mercado, conduta anticompetitiva e monopólios naturais.

*Embeddedness:* neste caso específico, o quanto estes elementos estão impregnados na sociedade, sendo tanto sua parte componente como o que a caracteriza.

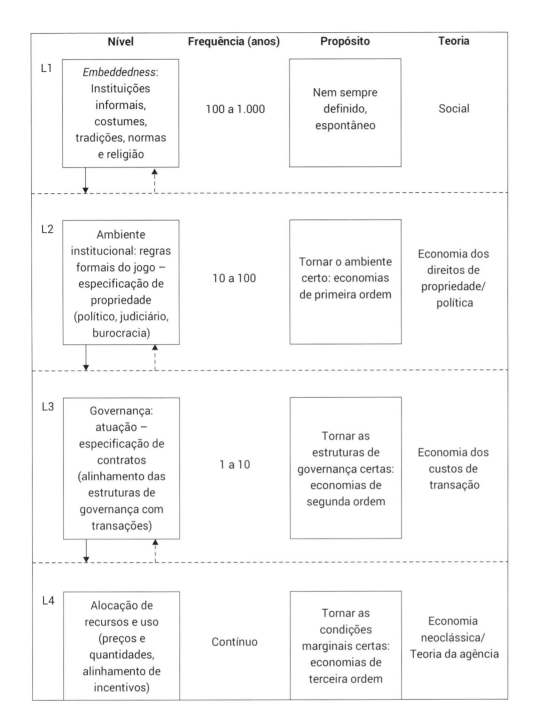

**Figura 11.3**

Economia das instituições.

**Fonte:** Adaptada pela autora a partir de Williamson.[13]

Do ponto de vista das teorias relacionadas com a regulação organizacional, pode-se defini-las, muito resumidamente, apenas a título de orientação: os custos de transação tratam dos custos decorrentes da atividade produtiva; a economia neoclássica trata da conduta dos mercados em termos de oferta e demanda, sem levar em conta o papel desempenhado pelas pessoas nas decisões; e os custos de agência abordam os incentivos aos agentes (por exemplo, gestores) para que atuem em prol do principal (por exemplo, proprietários e acionistas).

Há um encadeamento em que um nível condiciona o seguinte, mas que também recebe o *feedback* do elemento condicionado e situa a NEI principalmente nos níveis 2 e 3.[22] No nível 2, por abordar uma perspectiva mais ampla, considerando principalmente a regulação do ambiente, e no nível 3, por centrar-se nas estruturas de governança, objetivamente focada nos custos de transação, assunto tratado na próxima seção.

**SAIBA MAIS**

Especificamente, quando se trata de regulação do ambiente institucional, principalmente a ampliação das empresas via fusões e aquisições, é objeto de regulação governamental que se dá para evitar o possível prejuízo que a concentração de mercado pode gerar junto ao mercado comprador, ou ainda, para coibir a formação de cartel. Desta forma, órgãos reguladores evitam que empresas possam se unir e, em decorrência, passem a praticar preços abusivos. Exemplos de intervenção para regulação ocorreram em setores, como o alimentício, financeiro e agronegócio, por exemplo, quando o Conselho Administrativo de Defesa Econômica (CADE) estabeleceu regras para a aquisição de empresas por outras empresas do setor, bem como atuou como órgão fiscalizador para evitar a formação de cartel nos setores de telefonia e combustíveis.

## 11.3 TEORIA DOS CUSTOS DE TRANSAÇÃO E O CONTEXTO DOS CONTRATOS

### 11.3.1 Custos de transação

> Os **custos de transação** se diferenciam dos **custos de produção**, pois, enquanto os primeiros dizem respeito às relações entre partes envolvidas, os custos de produção referem-se à atividade em si, por exemplo, matéria-prima, energia e mão de obra, entre outros.

Na gestão estratégica, a economia dos custos de transação representa a união do pensamento econômico, a estratégia e a teoria organizacional. Trata da natureza das transações para melhor eficiência nas decisões entre mercados e hierarquias, também levando em conta aspectos humanos nestas relações.[5]

Dada a natureza contínua dos custos, existem custos de transação *ex ante* e *ex post*.[23] No primeiro caso, são os custos do delineamento, negociação e salvaguardas (proteções) dos acordos. Já os custos *ex post* se referem à necessidade de adaptação quando os custos excedem o previsto, se há disputas, relutância decisória ou risco de comprometimento, o que afetaria a estrutura de governança. Estes custos são simultâneos e de difícil quantificação e acabam por se relacionar com os custos de agência,[24,25] custos associados aos incentivos às partes, assunto abordado no Capítulo 10.

Assim, a ênfase da teoria dos custos de transação (TCT) se dá nos custos *ex post* dos contratos, enquanto a teoria da agência enfatiza o alinhamento de incentivos e a eficiência para lidar com os riscos *ex ante*.[22]

Mais especificamente, os custos de transação são:

- os custos para o sistema econômico operar;[23]
- aqueles que ocorrem em todo sistema econômico, principalmente influenciados pela forma da organização, pelo tamanho do mercado e pelo cumprimento das obrigações entre as partes.[26]

Os incentivos diferenciais e o controle de propriedade da organização em relação ao mercado também fundamentam a análise dos custos de transação.[27]

A TCT reconhece as organizações como estruturas de governança, ou construções organizacionais, com propósitos econômicos e foco em resultados e, neste sentido, se dispõe a explicar formas alternativas de governança e como se diferenciam. Isto significa que não entende as organizações como função de produção, onde elas seriam apenas o resultado de uma construção tecnológica.[22]

**SAIBA MAIS**

Um exemplo de custo de transação é o descompasso decorrente entre venda e produção quando vendedores são fortemente comissionados para que vendam sem que a contrapartida seja feita em termos de elevação/adequação de capacidade produtiva, o que tende a gerar uma pressão interna, atrasos na entrega, conflitos entre as partes com consequente insatisfação de clientes. Uma situação como esta demonstra claramente uma ineficiência no planejamento, resultado da fragilidade na estrutura de governança, e, consequentemente, fator de elevação dos custos de transação.

Outro exemplo de elevação destes custos de transação é quando uma empresa busca fornecedores mais baratos, sob o argumento de reduzir custos de produção, e estes fornecedores não entregam com a qualidade esperada ou descumprem prazos, o que acaba impactando no resultado final da empresa, comprometendo a produção com maior impacto quanto mais necessário for o ativo envolvido.

| | **Estrutura** | | |
|---|---|---|---|
| | **Mercado** | **Híbrida** | **Hierarquia** |
| **Necessidade organizacional** | **Especificidade do ativo** | | |
| Autonomia | Menor | Compartilhada/ cooperação | Maior |
| Busca dos ativos | Menos específicos | Semiespecíficos | Alta especificidade |
| Esforço para adaptação do ativo | Maior | Compartilhado | Menor |

**Quadro 11.1**

Necessidade organizacional, especificidade do ativo e decisão de estrutura

**Fonte:** Elaborado pela autora a partir de Williamson (1991, 1981).[6,28]

A ênfase está em identificar as diferenças nas estruturas, levando em conta o grau de autonomia e tipos de cooperação, o que leva à definição de estruturas híbridas, como alianças estratégicas, por exemplo, visto no Capítulo 6, além das atividades desenvolvidas internamente (hierarquias) ou adquiridas externamente (mercados).[6]

A TCT tem como base as transações e a especificidade dos ativos envolvidos.[2] Quanto mais específico for o ativo, e não disponível facilmente no mercado, mais a organização interna (hierarquia) será a prioridade.[28]

A organização buscará contratar no mercado quando existirem atrativos especiais no ativo necessário, todavia, terá a autonomia para decidir pelo menor custo se lhe for conveniente. Decidirá por acordos (híbrida) quando houver a melhor relação de custo na junção dos ativos de cada parte, a adaptação e coordenação necessárias, preferencialmente para ativos semiespecíficos, ou seja, que tenham uma especificidade de grau intermediário.[6]

Para melhor compreensão, o Quadro 11.1 demonstra esta relação. De acordo com a necessidade da organização quanto à natureza do ativo, será tomada a decisão sobre a estrutura mais adequada.

O Quadro 11.1 demonstra que, para diferentes tipos de ativos, podem ser adotados diferentes tipos de escolhas. Apesar de existirem ganhos com a integração, seja vertical ou horizontal, no que se refere a economias de escala ou poder de mercado, o que para a estratégia seria vista como aumento de poder, a organização interna pode gerar perda na intensidade de incentivos e elevação de custos burocráticos em comparação com as outras estruturas, recomendando-se que seja adotada quando não houver alternativa ou a dependência bilateral for muito alta.[6]

A TCT recorre à NEI para ressaltar que as limitações cognitivas, ou racionalidade limitada,[29] são fatores que podem tornar os contratos incompletos por condição, o que se acentua quando há oportunismo[23] das partes envolvidas.

Este oportunismo pode ocorrer por assimetria da informação (desequilíbrios no conhecimento das partes e que podem resultar em seleção adversa e risco moral, comportamento esquivo e baixa busca por resultados). Estes aspectos descaracterizam os contratos, transformando-os apenas em promessas. Por outro lado, a previdência consciente, outro atributo humano, favorece o olhar antecipado para a avaliação de riscos, permitindo maior detalhamento do contrato, assegurando, *ex ante*, um acordo benéfico que mitigará conduta futura diferente.[22]

As outras dimensões que influenciarão os custos de transação são: a incerteza (seja comportamental, tecnológica ou sua intensidade) e a frequência da transação. A incerteza estaria associada à pouca capacidade preditiva para identificar contingências *ex ante* em um contrato e *ex post* em relação ao desempenho e, neste sentido, a posse de ativos específicos requereria uma governança hierárquica (atividades internalizadas); em caso contrário, busca em mercado. A fim de que a firma não fique confinada aos efeitos negativos das incertezas na governança relacional, deve manter a flexibilidade usando as alianças como uma alternativa em seu portfólio de opções. Já a frequência diz respeito à intensidade da recorrência das transações.[31] Se mais recorrentes, maiores são os incentivos para a adoção da governança hierárquica, pois se eleva a possibilidade de recuperação de eventuais custos justamente pela repetição das transações.[23]

**Racionalidade limitada:**[29] no processo de escolha, faltam aos indivíduos informações completas e habilidade de processamento destas informações, pois a mente humana tem capacidade limitada para reconhecer, buscar e selecionar informações, o que resulta em falhas de conhecimento, incerteza quanto aos elementos externos e dificuldade de antever conseqüências.

**Oportunismo:**[23] o comportamento oportunista pode se dar de três formas: (i) forte: uso de mecanismos não convencionais, como trapaça ou distorção de informação para confundir a outra parte, gerando assimetria de informação; (ii) semiforte: contratos serão cumpridos, contudo, com a presença da defesa de interesses próprios; e (iii) fraca: também considerada obediência. É quando as pessoas, por não terem controle do próprio comportamento, são guiadas por fatores externos, como o governo, por exemplo.

**Seleção adversa:**[30] quanto mais alta a assimetria, maior o afastamento dos bons (fornecedores, contratados etc.) e acordos com quem resta, ou que ofereçam maior risco.

**Risco moral:**[30] aproveitamento da situação após o contrato. O que antes aparentava não oferecer risco passa a oferecer no pós-contrato.

Em que pese a importância e abrangência, a TCT recebeu críticas acerca de seus fundamentos, especificamente quando analisada pela perspectiva da abordagem evolucionária:

- A TCT não captura o aspecto dinâmico do comportamento das organizações nem como as inovações institucionais são configuradas. Desta forma, ela captura parte do que é estático. O que se pode interpretar é que, no caso da incerteza, como está presente no processo de inovação, é parte componente deste processo, logo pode, ou não, gerar elevação de custos de acordo com a conduta da organização; em contrapartida, a TCT veria esta incerteza apenas como geradora de custos a serem mitigados.[14]

- Quando se trata da racionalidade limitada, ocorre uma contradição, pois a minimização dos custos de transação seria decorrente de uma ação deliberada e racional por parte dos agentes, e, portanto, não se poderia falar em racionalidade limitada.[32]

- A TCT tem como foco central os aspectos comportamentais dos indivíduos da organização, quando o processo evolutivo das instituições se alinha à observação do todo, considerando também cenário e aspectos internos.[32]

- O principal foco da TCT acaba sendo nos aspectos comportamentais e na habilidade de a estrutura de governança alinhar incentivos e mitigar o oportunismo, a fim de favorecer a melhor operação nos mercados. De forma contrária, as diferenças entre as capacidades e conhecimento dos agentes se tornam mais relevantes do que a questão dos incentivos diante da incerteza.[33]

## SAIBA MAIS

Sobre estes três aspectos (incerteza, especificidade dos ativos e frequência), pode ser dado como exemplo o caso de uma *startup* em Tecnologia da Informação e Comunicação, especializada na programação de apps. Este segmento fortemente pressionado pela inovação e sujeito às tecnologias em *hardware*, se torna volátil pela obsolescência frequente dos aplicativos criados, além de ser alvo de concorrência acirrada. Esta situação força a dependência de desenvolvedores individuais, o que, se de um lado provê a inovação esperada, de outro, gera uma rotatividade alta e a necessidade da ampliação do número de pessoas prestando serviço. Do ponto de vista dos custos de transação, observa-se: relações intermitentes com desenvolvedores (frequência), concorrência acirrada e emergência de novas tecnologias (incerteza) e necessidade de especialização nas tecnologias vigentes (especificidade dos ativos), o que denota a elevação dos custos de coordenação para a *startup*. Esta condição sinaliza a formação de alianças estratégicas com os desenvolvedores para que sejam estabelecidos compromissos, mesmo que não completamente formalizados contratualmente, a fim de gerar a rapidez necessária para competir e o desenvolvimento de um senso de equipe e participação.

## MINICASO

### TecnoSecurity e custos de transação

A empresa TecnoSecurity, fabricante de portas de segurança, desenvolveu uma plataforma de atendimento que, com o passar do tempo, não mais atendia a necessidade crescente de ampliação da carteira de clientes. O que, de um lado, parecia um ganho, pela possibilidade de ampliação de receita com mais vendas, de outro, se tornou um infortúnio pela incidência crescente de problemas de armazenamento e disponibilidade de dados.

Esta situação fez com que a empresa considerasse concentrar todas as informações em um banco único de informações, que estavam dispersas em seis cadastros diferentes distribuídos em diversas áreas. Para dificultar, o principal cliente PJ descentralizou suas operações, criando 12 unidades estratégicas de negócios, com autonomia no desdobramento das decisões estratégicas da unidade central e liberdade de ação na determinação de ações táticas em cada região. O desdobramento disto foi que, neste caso, as informações de 12 unidades ficaram dispersas nos seis bancos, multiplicando a possibilidade de erros e divergências de entendimento, isto sem considerar todos os outros clientes, em torno de 500, apenas no B2B.

Após exaustivas demandas para a unificação das plataformas, reuniões de planejamento que tornavam cada vez mais nítidos os conflitos latentes entre as áreas, e disputas de poder, o principal executivo da TecnoSecurity,

CAPÍTULO 11 | Economia da estratégia **209**

reconhecido por sua gestão participativa, surpreendeu a todos ordenando a resolução imediata deste problema, o que contrariava sua conduta até então, mas que objetivava evitar a perda dos grandes clientes.

Problemas como lentidão no atendimento, percepção de desorganização por parte dos clientes, elevação de custos, associados a atritos entre áreas, insuficiência de informações e consenso, o que tornava a equipe pressionada pelo estresse, geravam um alto *turnover*, insatisfação com o trabalho e com os gerentes de nível médio. Estes foram apenas alguns dos fatores que motivaram a decisão *top-down* do executivo.

**QUESTÃO PARA REFLEXÃO**

1. Com base nestas informações, analise e debata, sobre o contexto institucional, os custos de transação, suas origens e as premissas comportamentais envolvidas.

## 11.3.2 O contexto dos contratos

Até aqui, você pôde compreender como se forma o contexto institucional, bem como conhecer o que é definido como custos de transação, fator influente na eficiência das organizações. Para nortear estas relações, são fixados contratos, que, de acordo com a estrutura de governança definida (mercado, híbrida ou hierarquia), terão maior ou menor relevância, principalmente quando se considera que as diferentes partes envolvidas podem mudar com o tempo.

Isto indica que a complexidade dos contratos legais ficará condicionada às transações estabelecidas, sendo também importantes a capacidade de adaptação, o uso de incentivos e de instrumentos de controle.[34]

O primeiro aspecto a ser considerado no contexto dos contratos se refere à modalidade de contratação. Para tanto, são tomadas como base as premissas comportamentais (oportunismo e racionalidade limitada) no processo de troca, envolvidas nos custos de transação, que influenciarão os atributos econômicos do bem ou serviço (especificidade dos ativos), o que caracterizará a ênfase ou direcionamento que o contrato tomará, seja planejamento, compromisso, competição ou governança[23].

O Quadro 11.2 apresenta a relação de incidência destas variáveis, em que presença é sinalizado por (+) e ausência por (–), e o tipo de relação contratual que originam.

**Quadro 11.2**

Atributos do processo de contratação

**Fonte:** Adaptado pela autora a partir de Williamson (1985).[23]

| Premissas comportamentais | | Atributos econômicos | Modalidade de contratação |
|---|---|---|---|
| Racionalidade limitada | Oportunismo | Especificidade do ativo | Processo de contratação |
| – | + | + | Planejamento |
| + | – | + | Compromisso |
| + | + | – | Competição |
| + | + | + | Governança |

No **planejamento**, parte-se da premissa da existência de oportunismo, o que requer o estabelecimento de elementos que mitiguem a tentativa de busca de vantagem pelas partes, principalmente se considerada existência da especificidade dos ativos envolvidos. Também aqui se considera que as partes envolvidas têm todas as informações necessárias para o acordo. No caso do **compromisso**, se observa o acordo menos formal dado que a premissa do oportunismo não está presente. A **competição** se dará quando os ativos não forem específicos logo, tendo livre movimentação entre as partes envolvidas, o que, associado à existência do oportunismo, tende a elevar a incidência de disputas entre as partes. Já na **governança** se observa a ocorrência das premissas comportamentais e econômicas, o que requer o desenvolvimento de um mecanismo de controle com maior regulação do que as anteriores.

## SAIBA MAIS

Um exemplo destas relações pode ser observado nas organizações quando, diante da ineficiência na descrição de cargos, pode haver disputas internas com a emergência de situações de conflito (competição). Em outro caso, em negociações com fornecedores que objetivam parcerias de longo prazo, pode haver o estabelecimento de um vínculo que reduz o risco do oportunismo (compromisso). No caso do planejamento, pode-se citar o estabelecimento de regras a fim de atenuar desvios de conduta das partes envolvidas, por exemplo, um contrato de trabalho. A governança aparece como mecanismo principal para salvaguardar as partes, pois busca estabelecer todo um conjunto de regras e práticas a fim de preservar as relações entre as mesmas.

Como a governança é o mecanismo mais completo para atenuar os possíveis desvios, é possível considerar que, para sua eficiência, deva-se observar a frequência das transações, também se levando em conta a especificidade dos ativos e a incerteza,[23] conforme exemplificado no Quadro 11.3.

**Quadro 11.3**   Como as transações acontecem

| | | Características do investimento (ativo) | | |
|---|---|---|---|---|
| | | **Não específico** | **Misto** | **Específico** |
| **Frequência** | Ocasional | Compra de equipamento-padrão | Compra de equipamento customizado | Construção de planta de equipamento |
| | Recorrente | Compra de material-padrão | Compra de material customizado | Transferência em estágios |

**Fonte:** Adaptado pela autora a partir de Williamson (1985).[23]

Estas condições mostram que transações altamente padronizadas não requerem estruturas de governança; apenas as transações recorrentes suportarão uma estrutura especializada de governança.

## SAIBA MAIS

Observe que, quanto mais específico for o ativo, mais detalhamento haverá na contratação, ou, em outras palavras, mais mecanismos de controle e cláusulas de proteção serão necessários. Para exemplificar: a compra de uma matéria-prima que seja fundamental para determinado produto irá requerer a pesquisa exaustiva sobre os fornecedores que mais atendam aos requisitos de qualidade, condições de pagamento e prazos. Ainda assim, a empresa não fará uma grande aquisição em um primeiro momento, mas ampliará suas compras à medida que houver mais solidez no atendimento de sua demanda, o que se configura na transferência em estágios.

Além dos atributos dos contratos e intensidade da ocorrência das transações, os contratos também irão variar de acordo com a estrutura (mercado, híbrida ou hierarquia). Algumas características estarão presentes, em maior ou menor intensidade, de acordo com a estrutura vigente, conforme mostra o Quadro 11.4.

Atuando de forma autônoma (A), cada parte terá fortes incentivos para reduzir custos e se adaptar eficientemente. Neste caso, os ganhos não são compartilhados nem as perdas subsidiadas. Por outro lado, havendo dependência bilateral, a organização tem a oportunidade de ganhar por meio de sua estrutura (hierarquia) e, comparando-se com o mercado quando ocorrem desequilíbrios não previstos, agrega a capacidade de adaptação à medida que a dependência da outra parte progrida. Na cooperação (C), tem um custo não só da determinação

| | Estrutura de governança | | |
|---|---|---|---|
| **ATRIBUTO** | **MERCADO** | **HÍBRIDA** | **HIERARQUIA** |
| **Instrumentos** | | | |
| Intensidade de incentivos | forte | semiforte | fraco |
| Controles administrativos | fraco | semiforte | forte |
| **Atributos de desempenho (adaptação)** | | | |
| A – autonomia | forte | semiforte | fraco |
| C – cooperação | fraco | semiforte | forte |
| **Contratos legais** | forte | semiforte | fraco |

**Quadro 11.4**

Atributos de estruturas de governança de mercado, híbrida e hierarquia

**Fonte:** Adaptado pela autora a partir de Williamson (1991).[34]

da responsabilidade pelos ganhos, mas no compartilhamento de perdas, de modo que a organização interna (hierarquia) pode resultar em redução de incentivos e aumento da burocracia por conta da criação de salvaguardas nos acordos.[34]

Os modelos híbridos, várias formas de contratos de longa duração com salvaguardas definidas, atuam com valores intermediários nos cinco atributos. Comparada com o mercado, a estrutura híbrida sacrifica os incentivos em nome da coordenação superior entre as partes. Em relação à hierarquia, sacrifica a cooperação para aumento da intensidade dos incentivos. Assim, as transações que requeiram adaptações a distúrbios, e que não sejam predominantemente autônomas ou bilaterais, são candidatas a serem organizadas no modelo híbrido.[34]

O alinhamento destes atributos distingue os diferentes tipos de estrutura, mas o ponto em comum é que quando a especificidade do ativo (de onde emerge a dependência bilateral) aumenta, assim como os distúrbios (que desviam as partes da curva de contrato) se tornam mais sequenciais, a necessidade de adaptação via cooperação também aumenta. Diante disto, a resposta eficiente da governança consiste em mover as transações de mercado para estruturas híbridas e, caso a necessidade de coordenação não seja suprida, movê-las para a hierarquia.[35]

Pela lógica, os custos de contratação seriam reduzidos porque, ao longo do tempo, rotinas seriam implementadas e os contratos se tornariam desnecessários, inclusive pela redução dos custos para a tomada de decisão decorrente da elevação da capacidade gerencial da organização.[33]

A partir destas análises é que a organização tomará decisões sobre comprar, fazer ou aliar-se, decisões estas que poderão interferir nos limites horizontais e/ou verticais, podendo vir a favorecer a obtenção de poder de mercado e/ou a melhor eficiência.

## 11.4 DECISÃO ESTRATÉGICA DE COMPRAR, FAZER OU ALIAR-SE

A empresa é um conjunto de recursos organizados em uma estrutura administrativa.[36] As alterações na estruturação das atividades, como o aumento na variedade de produtos ou a integração vertical, por exemplo, alteram os limites da empresa e sua linha original.[36,37]

Todavia, não há um tamanho correto para as empresas, pois será decorrente da dinâmica de crescimento presente, o que atribui à empresa uma caraterística de coalizão de grupos interesses conflitantes, que devem ser coordenados para o alcance do lucro como único objetivo.[26]

Em termos de expansão, a empresa buscaria ganhos de escala,[4] condição da qual se torna muito dependente no caso de integração horizontal, aliada à necessidade de ganhos de escopo.[7]

Do ponto de vista do crescimento, ainda que uma empresa possa objetivar o crescimento orgânico, também poderá crescer verticalmente quando busca a integração da cadeia de produção como um todo, seja para trás, quando passa a produzir o que antes comprava de terceiros, ou para frente, quando aproxima a cadeia produtiva dos compradores finais. Quando se tratar de crescimento horizontal, atuará formando alianças para o desenvolvimento de novos produtos, aumento de participação de mercado ou redução dos custos de produção.[36] Lembrando que essa discussão foi abordada previamente no Capítulo 6.

Estas decisões na cadeia vertical, seja integração para trás ou para frente, ocorrerão entre as fronteiras de comprar e fazer, em um conjunto de possibilidades que determinarão os limites verticais da empresa. Para trás, são as atividades a montante. Na integração para frente, atividades a jusante. Já os limites horizontais dependem de economias de escala e escopo geradas, ponto central das estratégias de fusões e diversificações por afetarem o tamanho na empresa, a estrutura dos mercados, estratégias de entrada e determinação de preços, de modo que a decisão por produzir ou comprar estará associada à relação custo-benefício observada da aquisição no mercado *versus* execução na empresa.[7] A Figura 11.4 sintetiza os conceitos abordados.

**Figura 11.4**
Crescimento vertical e horizontal.

**Fonte:** Elaborado pela autora a partir de Besanko *et al.* (2012).[7]

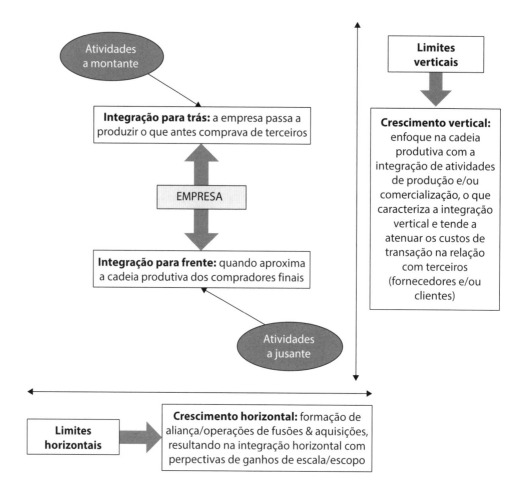

Note-se, na Figura 11.4, que os custos de instalação e oportunidade de ingresso deverão ser analisados à luz da sinergia potencial a ser obtida, momento em que será possível antecipar vantagens e desvantagens com os diferentes tipos de combinação e/ou decisão pelo crescimento da empresa.[38]

A sinergia implica a exploração de vínculos entre negócios, mercados e atividades e se relaciona diretamente com os recursos e capacidades que podem ser compartilhados. Os ganhos deste compartilhamento se relacionarão ao menor custo marginal resultante do uso adicional do recurso/capacidade, resultando em economias de escopo. Desta forma, a sinergia potencial se relaciona com a visão de recursos, neste caso, os que sejam passíveis de transferência.[39]

Neste ponto, observa-se uma aproximação com a visão baseada em recursos, previamente discutida no Capítulo 3, pois as decisões pelo desenvolvimento orgânico e/ou aquisição em mercado se pautarão pela necessidade de aprimoramento de recursos existentes e/ou aquisição de novos recursos como consequência dos movimentos de ação e reação das empresas em um cenário de competição. Estes elementos são apresentados no Quadro 11.5.

O Quadro 11.5 demonstra a decisão pelo método mais adequado em virtude da expectativa de sinergia (inicial) e ocorrência subsequente (operacional), indicando que, quanto maior o potencial de sinergia inicial, mais a organização se voltará para o desenvolvimento interno

**CAPÍTULO 11** | Economia da estratégia

**Quadro 11.5**   Desenvolvimento interno × aquisição

| Sinergia | | Método mais aconselhável | Vetores de crescimento aplicáveis para diversificação | Exceções |
|---|---|---|---|---|
| **Inicial** | **Operacional** | | | |
| Grande | Pequena | Desenvolvimento interno | Desenvolvimento de mercados, desenvolvimento de produtos | 1. Entrada oportuna é essencial |
| | | | Diversificação horizontal e vertical com tecnologia semelhante | 2. Aquisição de administração competente |
| | | | | 3. Aquisição de potencialidades necessárias |
| Grande | Pequena | Desenvolvimento interno | | 4. Aquisição de produtos a baixo custo |
| | | | Diversificação horizontal ou vertical com tecnologia diferente | 5. Parcelas de mercados estáveis; não há espaço para novas empresas |
| Pequena | Grande | Combinação entre aquisição e desenvolvimento interno | | |
| | | | Diversificação concêntrica | 1. Entrada oportuna não é importante |
| Pequena | Pequena | Aquisição | | 2. Procura incipiente |
| | | | | 3. Não há empresas competentes disponíveis |
| Nula | Nula | Aquisição | Formação de conglomerados | 4. Altos índices preço/lucro |

**Fonte:** Ansoff (1977, p. 166).[38]

porque terá menos riscos e mais rapidez na implantação; no outro extremo, optando pela aquisição, caso a sinergia seja pequena ou inexistente, mas, ainda assim, como forma de viabilizar o crescimento. Os vetores de crescimento indicados fazem parte da matriz produto-mercado, já abordada no Capítulo 6. As exceções se referem, principalmente, ao custo de oportunidade para entrada no mercado, seja pela necessidade, rapidez, competências gerenciais e disponibilidade do recurso necessário no mercado.

---

### SAIBA MAIS

Quando uma empresa aprofunda sua linha de produtos, a fim explorar a marca principal, como se observa, por exemplo, nos itens de limpeza de roupas, onde podem haver produtos em pó, líquido (concentrado ou não) ou em forma sólida, há a perspectiva de uma grande sinergia inicial, principalmente no que concerne à comercialização (ponto de venda e comunicação), sinergia esta que, do ponto de vista operacional, não ocorre em face das divergências dos processos para produção de um ou outro tipo. Já na formação de conglomerados, por exemplo, empresas decidem expandir seu raio de ação para áreas onde os custos de aprendizagem ou obtenção de escala seriam impeditivos se feito o desenvolvimento interno. Neste caso, nem se considera a sinergia, mas a oportunidade de negócio, estratégia que caracteriza os grupos de investimento e a forte ação para detenção de marcas, como observado no setor de alimentos e bebidas.

---

À parte os recursos e capacidades, a importância dos aspectos institucionais e culturais também deve ser considerada para que se entendam as razões das escolhas a serem feitas.[40] Dois outros interesses ainda estariam envolvidos: explorar capacidades existentes e aumentá-las com ativos complementares.[41]

Pelo exposto, três aspectos poderiam explicar a limitação na expansão das organizações: habilidade gerencial (condição interna); mercados de produto ou fatores (condição externa); e incerteza e risco (atitude interna e condições externas).[36]

Todos estes elementos acabam demonstrando que o processo decisório pela adoção da melhor estratégia reunirá aspectos relacionados com mercados existentes e potenciais, recursos e capacidades, tendo como pano de fundo os custos, sejam os diretamente envolvidos no processo produtivo ou os custos de transação, o que confere à estratégia um grau de complexidade decorrente das combinações possíveis destes elementos, também considerando as peculiaridades de cada organização e o contexto presente no momento da tomada de decisão.

Desta forma, quando se discute as implicações acerca da implantação da estratégia, e após a decisão sobre a sua determinação, é necessário avaliar a melhor escolha dentre uma série de alternativas que apresentam vantagens e desvantagens,[42] como pode ser visto no Quadro 11.6.

O Quadro 11.6 demonstra as diversas opções de atuação em mercado que impactarão na decisão pela melhor estrutura. Quando se trata de crescimento interno, será levado em conta o potencial de investimento para expansão da empresa e a velocidade necessária para que a expansão ocorra. Alternativamente, a empresa poderá buscar parcerias a fim de atenuar os investimentos e compartilhar riscos, notadamente formando acordos cooperativos, que se caracterizarão, em essência, pela busca de um objetivo em comum. Nas alianças, contratos de longa duração com a manutenção da identidade original das empresas; na *joint venture*, formação de um empreendimento conjunto; no licenciamento, cessão de nome/tecnologia/*know-how* para uso remunerado por terceiros; no *franchise*, expansão com investimentos de terceiros para propriedade de fração do negócio. No caso de investimentos, participação em outros empreendimentos. Por sua vez, as operações de fusões e aquisições se mostram como alternativa para favorecer a velocidade no crescimento e, por fim, a troca de ativos se apresentará como uma alternativa que exigirá capacidade decisória na escolha dos ativos.

## SAIBA MAIS

É importante observar que estas decisões também podem se dar de forma combinada e/ou simultânea. Veja, por exemplo, o mercado bancário brasileiro, setor que tem se caracterizado por processos de fusões e aquisições (F&A) como estratégia de crescimento, contudo, com investimentos junto aos clientes existentes para ampliação de carteiras de financiamento e investimentos, ou o setor automotivo, onde proliferam alianças e *joint ventures*. Além disso, setores como alimentos e bebidas, tecnologia e construção civil, entre outros, têm atuado com processos de F&A ou investimentos em outras empresas.

**Quadro 11.6**   Implementação da estratégia

| Opção básica | Vantagens | Desvantagens |
| --- | --- | --- |
| Empreendimento solo ou construção (crescimento interno) | Controle | Capital e despesas necessárias<br>Velocidade |
| Parceria (compartilhamento do crescimento e controle)<br>- Alianças em marketing/distribuição<br>- *Joint venture*<br>- Licenciamento<br>- *Franchise* | Limitações de capital, despesas e investimentos requeridos<br>Pode anteceder uma aquisição | Ausência ou limitação no controle<br>Potencial divergência de objetivos<br>Potencial para a criação de um competidor |
| Investimento (minoritário em outras firmas) | Limitação inicial de capital/despesas requeridas | Alto risco de falha<br>Ausência de controle<br>Tempo |
| Aquisição ou fusão | Velocidade<br>Controle | Capital e despesas necessárias<br>Potencial diluição de ganhos |
| Troca de ativos | Uso limitado do caixa<br>Sem diluição de ganhos<br>Limitação de responsabilidades fiscais caso a base na troca dos ativos permaneça inalterada | Encontrar parceiros<br>Chegar a um acordo sobre quais ativos devem ser trocados |

**Fonte:** Adaptado pela autora a partir de DePamphilis (2003).[42]

A Figura 11.5 apresenta uma visão ampla acerca do contexto dos contratos, mercados, estruturas híbridas e hierarquias, relacionando-as com as decisões de fazer, comprar ou aliar-se.[43]

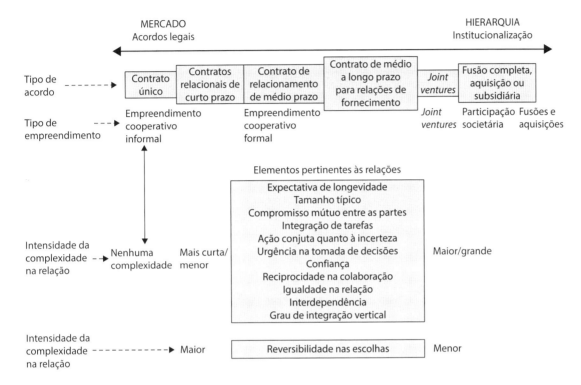

**Figura 6.5** *Framework* dos fundamentos e abrangência dos acordos cooperativos.
**Fonte:** Barbosa[43], com base em Roos e Lorange[44], Doz e Hamel[45], Dussauge e Garrette[46], Contractor e Lorange.[47]

Na Figura 11.5, os elementos pertinentes à relação ditarão o grau de profundidade dos contratos para o que se deve levar em conta, principalmente, a possibilidade de oportunismo entre as partes, de modo que, quanto menos institucionalizada for a relação, mais salvaguardas deverão constar do processo contratual com a finalidade de mitigar riscos, pela menor confiança presente.

Por outro lado, no que tange à intensidade da complexidade na relação, observa-se que atua no sentido inverso e tem-se que, em direção ao mercado, as ações podem ser revertidas com maior facilidade em contraponto à institucionalização extrema.

Embora, muitas vezes, as empresas atuem sem explorar adequadamente suas possibilidades, a Figura 11.5 expressa, sob o ponto de vista teórico, as possibilidades nos processos de expansão vertical ou horizontal, já que identifica as características inerentes às relações e aos tipos de acordo e região de ocorrência.

Desta forma, observa-se, em um extremo, o que caracteriza a ida ao mercado para obtenção de ativos: contratos únicos que caminham para relações, o que configura o início do processo cooperativo, tendo baixo grau de complexidades nas relações e maior possibilidade de reversão, caso seja encerrada a relação negocial. No outro extremo, já se vê a total internalização das atividades, após um movimento evolutivo das alianças, que poderão culminar na fusão entre empresas parceiras ou na decisão de uma empresa em não ter um acordo cooperativo, partindo diretamente para a aquisição de outra, de acordo com seus objetivos. É importante pontuar que as decisões entre comprar, fazer ou aliar-se estarão atreladas ao grau de profundidade dos elementos pertinentes às relações, o que justifica, por exemplo, a formação de uma *joint venture* antes da decisão pela fusão/aquisição.

## ADMINISTRAÇÃO ESTRATÉGICA

---

**MINICASO**

### Star Health e a decisão entre comprar, fazer ou aliar-se

A Star Health Nutracêuticos, empresa do ramo de suplementos vitamínicos, recentemente foi alvo de aparição na mídia por conta de autuações da Agência Nacional de Vigilância Sanitária (Anvisa), principalmente relacionadas com dois produtos: Suplemento Mineral Star e Suplemento Mineral Planet. Segundo a entidade, a empresa veiculou propagandas enganosas, alegando propriedades terapêuticas não autorizadas pelo órgão.

Este mercado, altamente regulado, determina que as empresas operem com produtos cujas composições devem ser especificadas pela Farmacopeia Brasileira, ou outras entidades oficiais, ou pelo *Food Chemical Codex*, compêndio internacional de qualidade aprovada para alimentos.

Um mercado com 11% de crescimento em 2017 e previsão de ampliação para os anos seguintes recentemente foi alvo de atenção do órgão regulador, que definirá novas regras para que os consumidores tenham informações claras sobre o real benefício destes produtos, decisão apoiada pelos profissionais de saúde, à medida que os produtos trarão descrições detalhadas sobre seus nutrientes e efeitos previstos.

As empresas terão um prazo para adaptação e a Star Health quer continuar no mercado, visto que conta com uma carteira regular de clientes que, a par das autuações, recuaram em suas compras.

Estes foram apenas alguns dos elementos envolvidos na questão.

#### QUESTÕES PARA DISCUSSÃO

**1.** Com base nessas informações, analise e debata a situação da Star Health e as melhores decisões a serem tomadas, entre comprar, fazer ou aliar-se, relacionadas com a comunicação, formulação de produtos e expansão do negócio.

**2.** Aponte as vantagens e desvantagens, bem como recursos necessários para cada decisão, com base nas teorias apresentadas.

**Fonte**: elaborado pela autora.

---

## 11.5  CONSIDERAÇÕES FINAIS

Neste capítulo, você viu que o processo estratégico depende de um direcionamento quanto às intenções reais das empresas nos mercados. Viu que a estrutura setorial afetará a disposição das empresas presentes para decidirem-se pela alteração dos limites, sejam verticais ou horizontais e, via de regra, deverão posicionar-se quanto às suas condições internas para a seleção de escolhas entre comprar, fazer ou aliar-se.

Do ponto de vista das instituições, verificou que a regulação interna é fator determinante para que a empresa possa equacionar os riscos envolvidos em seus processos e parcerias, que poderão gerar custos de transação, principalmente relacionados com a racionalidade limitada, assimetria da informação e oportunismo, regulação esta que configurará o modelo de governança adotado.

Estas questões são debatidas com base em estudiosos que se propuseram a estabelecer parâmetros para avaliação das organizações.

Quando se trata de contratos, focalizou-se na intensidade dos relacionamentos, argumentando sobre o processo de internalização de atividades que culminará nas decisões entre mercados e hierarquias. Ademais, foram apontados os fatores que favorecem ou dificultam a ação conjunta quando se trata da evolução das estruturas no momento de implementação das estratégias.

Nesta publicação como um todo, você pôde compreender o processo estratégico e as ferramentas de análise e prescritivas que habilitam a entender o momento presente para determinação dos passos futuros. Neste capítulo, pôde aprofundar o entendimento da estratégia, desta vez a partir de uma aproximação desta com a economia.

A literatura que trata sobre os assuntos abordados neste capítulo é extensa e aqui se pretendeu apresentar o conjunto das ideias centrais de cada um dos assuntos tratados. Em síntese, esclarecer sobre as organizações e os mecanismos que extrapolam as avaliações da estratégia como campo do conhecimento.

## QUESTÕES PARA REFLEXÃO

1. Discuta a importância do estabelecimento de contratos comerciais.
2. Reflita sobre os fatores que causam a mortalidade das empresas (veja em Sobrevivência das Empresas no Brasil (SEBRAE, 2016) acessando <https://m.sebrae.com.br/Sebrae/Portal%20Sebrae/Anexos/sobrevivencia-das-empresas-no-brasil-102016.pdf>) e proponha formas de reduzir esta ocorrência a partir dos assuntos estudados neste capítulo.
3. Por que são necessárias medidas para a defesa da livre concorrência? Acesse o site CADE (<www.cade.gov.br>) e o da Secretaria de Acompanhamento Econômico – SEAE (<www.seae.fazenda.gov.br>).
4. Discuta os impactos dos custos de transação no processo de inovação organizacional.
5. Por que a decisão entre comprar, fazer o aliar-se é relevante para as organizações?
6. Cite um exemplo prático de uma empresa que adota mecanismos de governança corporativa. Reflita sobre os impactos em termos de resultados. Você pode pesquisar sobre governança consultando o Instituto Brasileiro de Governança Corporativa IBGC em <http://www.ibgc.org.br/governanca/origens-da-governanca>.
7. Por que a Revolução 4.0 desafia os mecanismos de governança?
8. Com base na Figura 11.5, pesquise e analise a formação de acordos para caracterizar o setor automotivo no Brasil.
9. Com base no Quadro 11.6, discuta as vantagens e desvantagens do modelo de franquias.
10. Analise por que o Custo Brasil dificulta a competitividade do País.

## QUESTÕES PARA AVALIAÇÃO DO CONHECIMENTO

1. O que é o ambiente institucional?
2. Explique o que é oportunismo, racionalidade limitada e especificidade do ativo no contexto da economia dos custos de transação.
3. Por que a governança corporativa reduz o risco de oportunismo?
4. Explique como a frequência das transações influencia as estruturas de governança.
5. O que a expectativa de sinergia sinaliza na decisão entre mercados e hierarquias (internalização)?

### CASO FINAL – ESTRATÉGIA DE EXPANSÃO: O CASO MYSHOES[a]

O proprietário da empresa MyShoes, Aexandre Zolko, viu-se diante de um dilema quando da decisão para expansão do negócio. Sabendo que a escolha do modelo de franquia estaria limitada à abertura de 100 unidades, número máximo para evitar a investida de umas lojas sobre outras, refletia se a expansão para o exterior seria a alternativa mais apropriada. Perguntava-se se a marca e o modelo de negócio seriam aceitos e também não tinha clareza quanto ao melhor país a investir.

A empresa surgiu em 2009 e rapidamente cresceu. O desafio era ingressar no mercado de calçados femininos, já dominado por marcas conhecidas do público. Na ocasião, o setor movimentava algo em torno de R$ 25 bilhões, com tendência de crescimento, principalmente no segmento atendido, que compunha 44% do mercado total de calçados.

O setor é caracterizado por grande pulverização, dado que apenas 30% das vendas concentram-se em oito empresas, detentoras das dez principais marcas. O mercado ainda se caracterizava pela expansão rápida de redes e evoluiu, aproximadamente, 700% entre 2001 e 2010, perfazendo um total de 4.178 lojas pertencentes a redes.

A empresa MyShoes consagrou-se pelo *design*, qualidade e inovação e tem como *core competence* a concepção dos novos produtos, o que a faz lançar cerca de 500 modelos a cada semestre.

Ciente de que o comportamento de consumo predominante é de compra não programada, Alexandre apostou na atratividade visual, associada a um senso de exclusividade que a cliente deve ter em função da disponibilização de um número limitado de unidades de um modelo. Caso não compre na hora, não terá a oportunidade de encontrar o mesmo modelo em outro momento, situação que transforma a compra para que seja por impulso, denominada *fast fashion*.

O modelo de negócio também não arrisca na deterioração de marca pela venda de produtos a preços mais baratos e que sobram das coleções e liquidações, número equivalente a 10% da produção. Estes produtos são destruídos.

O modelo de negócio depende de fornecedores qualificados e a bitributação é evitada, pois os produtos são faturados diretamente para as lojas, o que gera economias. Outro ponto relevante é o *layout* otimizado e confortável das lojas, considerado pelo proprietário a questão central para a venda.

---

[a] Elaborado pela autora a partir de BORINI, F. M.; MELO, P. L. de R. Estratégia de expansão: o caso MyShoes. 2012. **central de casos esPM**. Disponível em: <http://www2.espm.br/sites/default/files/my_shoes_1.pdf>. Acesso em: 10 out. 2018.

# ADMINISTRAÇÃO ESTRATÉGICA

O empreendimento tem o faturamento mais decorrente de *royalties* de *design* de novas coleções e menos da abertura de franquias. Para dar suporte ao modelo, Aexandre Zolko profissionalizou a gestão, principalmente nas áreas de finanças, marketing e recursos humanos.

Assim, as questões que se apresentam referem-se à escolha do país para expansão e à adequação do modelo de negócio para ingresso em outros países.

Com base no apresentado neste capítulo, fica evidente que a empresa precisará rever o atual modelo de negócios, considerando o comportamento de compra, a relação com fornecedores e franqueados e o ciclo de inovação de produtos, elementos que causarão impactos imediatos nos custos de transação, bem como nas relações contratuais. Ademais, em se considerando os conceitos de mercados e hierarquias, note-se que a atual estrutura organizacional, ancorada em um modelo de franquias, pode não ser a melhor alternativa para a estratégia de expansão pretendida, haja vista o desconhecimento do novo mercado no que tange às relações contratuais implícitas nesse modelo, o que vai requerer um estudo aprofundado do mercado. Assim, alguns aspectos devem ser debatidos previamente como forma de antever os impactos para, então, desenvolver um maior aprofundamento sobre o possível país de destino. Este é o debate.

## QUESTÕES PARA DEBATE

**1.** Quais os riscos envolvidos na contratação de novos fornecedores?

**2.** Quais os aspectos que devem ser considerados, sob o ponto de vista das relações (ver a Figura 11.5), para a formação de alianças estratégicas com fornecedores no país de destino e quais são os prós e contras?

**3.** Considerando o apresentado na Figura 11.4, seria adequado à empresa adotar uma estratégia de integração para trás? Justifique.

**4.** Quais as implicações de uma estratégia para conjugar a expansão com a alteração do modelo de negócio e o modelo que continuará vigorando no país de origem?

**5.** Como o modelo de negócio poderia ser adaptado para o ingresso da empresa em outro país?

## REFERÊNCIAS

1. SEBRAE/SP. **Sobrevivência das empresas no Brasil**. 2016. Disponível em: <http://datasebrae.com.br/sobrevivencia-das-empresas/>. Acesso em: 15 jun. 2018.

2. SEBRAE/SP. **Sobrevivência das empresas no Brasil**. 2016. Disponível em: <https://m.sebrae.com.br/Sebrae/Portal%20Sebrae/Anexos/sobrevivencia-das-empresas-no-brasil-relatorio-apresentacao-2016.pdf>. Acesso em: 15 jun. 2018.

3. COSTA, S. B. C. da; GAMEIRO, A. H. Entendendo o Custo Brasil. Congresso Brasileiro & Internacional de Administração Rural IFMA-ABAR, Campinas, 2005. Disponível em: <http://paineira.usp.br/lae/wp-content/uploads/2017/02/2005_Costa_Gameiro.pdf.> Acesso em: 15 jun. 2018.

4. CHANDLER JR., A. D. Scale and scope. MIT Press, 2001.

5. RUMELT, R. P.; SCHENDEL, D.; TEECE, D. J. Strategic management and economics. **Strategic Management Journal**, 12, 5-29, 1991.

6. WILLIAMSON, O. E. Strategizing, economizing, and economic organization. **Strategic Management Journal**, 12, 75-94, 1991.

7. BESANKO, D. *et al*. **A economia da estratégia**. 5. ed. Bookman, 2012.

8. HREBINIAK, L. G. **Fazendo a estratégia funcionar**: o caminho para uma execução bem-sucedida. Bookman, 2006.

9. CABALLERO, Gonzalo. Instituiciones e historia económica: enfoques y teorías institucionales. **Revista de Economia Institucional**, (6), 10, 2004.

10. COASE, Ronald. The new institutional economics. **The American Economic Review**, 88(2), 72, 1998.

11. MARTINS, C. **Economia neoclássica**. 2017. Disponível em: <http://knoow.net/cienceconempr/economia/economia-neoclassica/>. Acesso em: 18 jun. 2018.

12. SOTO, J. H. de. **A escola austríaca**. Instituto Ludwig von Mises Brasil, 2010.

13. MINTZBERG, H.; AHLSTRAND, B.; LAMPEL, J. **Safári de estratégia**: um roteiro pela selva do planejamento estratégico. Bookman, 2000.

14. NELSON, R. R.; WINTER, S. G. **An evolutionary theory of economic change**. Harvard University Press, 1982.

15. NORTH. Douglass C. Institutions and Economic Theory. **American Economist**, 36(1), 3, 1992.

16. NORTH. Douglass C. Institutions. **The Journal of Economic Perspectives**, 5(1), 97, 1991.

17. NORTH. Douglass C. What do we mean by rationality? **Public Choice**, 77(1), 159, 1993.

18. NORTH. Douglass C. Economic performance through time. **The American Economic Review**, 84(3), 359, 1994.

19. GAUTHIER, Bernard; GOMEZ, Pierre-Yves. La nouvelle économie institutionnelle et la perspective de Douglass C. North. **Management International**, 9(3), R9, 2005.

20. WILLIAMSON, O. E. **Markets and hierarchies**: analysis and antitrust implications. Free Press, 1975.

21. PÉREZ-NIEVA, M. **As falhas de mercado: mito ou realidade?** European Liberal Forum asbl. 2012. Disponível em: <http://www.liberalforum.eu/en/publications.html?file=tl_files%2Fuserdata%2Fdownloads%2Fpublications%-2F2012%2Ffalhas+de+mercado-PT.pdf>. Acesso em: 18 jun. 2018.

22. WILLIAMSON, O. E. The new institutional economics: Taking stock, looking ahead. **Journal of Economic Literature**, 38(3), 595, 2000.

23. WILLIAMSON, O. E. **The economic institutions of capitalism**. Free Press, 1985.

24. JENSEN, M.; MECKLING, W. Theory of the firm: managerial behavior, agency costs and ownership structure. **Journal of Financial Economics**, 3(4), 305-360, 1976.

25. JENSEN, M. C. Self-interest, altruism, incentives and agency theory. **Journal of Applied Corporate Finance**, 7(2), 1994.

26. NORTH, D. C. **Custos de transação, instituições e desempenho econômico**. Instituto Liberal, 1998.

27. WILLIAMSON, O. E. The vertical integration of production – Market failure considerations. In: CARROL, G. R.; TEECE, D. J. **Firms, markets and hierarchies** – the transaction economies perspective. Oxford, 1999.

28. WILLIAMSON, O. E. The economics of organization: the transaction cost approach. **The American Journal of Sociology**, 87(3), 548-577, 1981.

29. SIMON, Herbert A. A behavioral model of rational choice source. **The Quarterly Journal of Economics**, 69(1), 99-118, 1955.

30. CAMPOS, H. A. de. Falhas de mercado e falhas de governo: uma revisão da literatura sobre regulação econômica. **Prismas**: Direito, Políticas Públicas e Mundialização, 5(2), 341-370, 2008. Disponível em: <https://www.olibat.com.br/documentos/prismas-regulacao-economica.pdf>. Acesso em: 18 jun. 2018

31. GEYSKENS, I.; STEENKAMP, J. B. E. M.; KUMAR, N. Make, buy, or ally: a transaction cost theory meta-analysis. **Academy of Management Journal**, 49(3), 2006.

32. HODGSON, G. M. **Evolutions and institutions**: on evolutionary economics and the evolution of economics. Edward Elgar, 1999.

33. LANGLOIS, R.; ROBERTSON, P. **Firms, markets and economic change**. Routledge, 1995.

34. WILLIAMSON, O. E. Comparative Economic Organization: The Analysis of Discrete Structural Alternatives. **Administrative Science Quarterly**, 36(2), 269, 1991.

35. WILLIAMSON, O. E. Examining economic organization through the lens of contract. **Industrial and Corporate Change**, 12(4), 917, 2003.

36. PENROSE, E. T. **The theory of the growth of the firm**. Wiley, 1959.

37. ANSOFF, H. I. **A nova estratégia empresarial**. Atlas, 1990.

38. ANSOFF, H. I. **Estratégia empresarial**. Atlas, 1977.

39. GRANT, R. M. Corporate strategy: managing scope end strategy content. In: PETIGREW, A.; THOMAS, H.; WHITTINGYON, R. **Handbook of strategy and management**. Sage, 2002.
40. BROUTHERS, K. D.; BROUTHERS, L. E. Acquisition or greenfield start-up? Institutional, cultural and transaction cost influences. **Strategic Management Journal**, 21(1), 89-97, 2000.
41. ANAND, J.; DELIOS, A. Absolute and relative resources as determinants of international acquisitions. **Strategic Management Journal**, 23(2), 119-134, 2002.
42. DEPAMPHILIS, D. M. **Mergers, acquisitions, and other restructuring activities** – an integrated approach to process, tools, cases, and solutions. Elsevier, 2003.

43. BARBOSA, C. A. P. **Poder de mercado e eficiência**: o movimento de fusões e aquisições no mercado bancário brasileiro no período de 2005 a 2009. 2010. 324 f. Tese (Doutorado em Administração de Empresas) – Universidade Presbiteriana Mackenzie, São Paulo, 2010.
44. ROOS, J.; LORANGE, P. **Alianças estratégicas**: formação, implementação e evolução. São Paulo: Atlas, 1996.
45. DOZ, Y.; HAMEL, G. **Alliance advantage**: the art of creating value through partnering. Harvard Business Press, 1998.
46. DUSSAUGE, P.; GARRETTE, B. **Cooperative strategy**. Wiley, 1999.
47. CONTRACTOR, F. J.; LORANGE, P. The growth of alliances in the knowledge-based economy. In: CONTRACTOR, F. J.; LORANGE, P. **Cooperative strategies and alliances**. Elsevier, 2002.

# ATIVIDADE POLÍTICA CORPORATIVA

## 12

*Alessandro Soares Marino Costa*
*Márcio Moutinho Abdalla*

## RESUMO

Este capítulo é destinado a discutir a estratégia empresarial em um contexto que vai além da esfera mercadológica, em um ambiente chamado de não mercado. Diferentemente da maior parte da literatura de estratégia, que privilegia a atuação no ambiente de mercado onde a compreensão é de que não é possível modificar o ambiente externo, essa dimensão da estratégia aponta que não só é possível influenciar o ambiente externo, como também é necessário influenciá-lo e moldá-lo, para que, dessa forma, possam ser obtidos melhores resultados. Adentrando no ambiente de não mercado, é possível identificar novos atores que influenciam e são influenciados pelas ações estratégicas corporativas, por exemplo, grupos ativistas, cidadãos, ONGs e, principalmente, atores ligados ao contexto político e governamental. A relação desses atores de não mercado com a esfera corporativa é estudada na área de administração/gestão em um campo conhecido hoje como atividade política corporativa – APC (ou *corporate political activity* – CPA). A APC refere-se aos esforços realizados por empresas, ou até setores da indústria, direcionados a influenciar a política governamental em benefício próprio, com o objetivo de incrementar o desempenho corporativo. Como forma de reiterar a relevância desses conhecimentos e poder contribuir com o aprofundamento no contexto organizacional, este capítulo traz também um *framework* analítico sobre a atividade política corporativa. Nele, será possível identificar, por meio de indicadores de análise, como se formam, de que maneira se mobilizam, que tipos de estratégias adotam e quais os resultados corporativos podem ser alcançados por empresas, por meio da atividade política corporativa.

### OBJETIVOS DE APRENDIZAGEM

Neste capítulo, o leitor poderá aprofundar seu conhecimento sobre:
- O gerenciamento de recursos estratégicos nas organizações.
- O desenvolvimento de capacidades em contextos dinâmicos.
- A obtenção e sustentação de uma posição de vantagem competitiva no mercado.
- A análise e o conhecimento de atores estratégicos posicionados além do ambiente mercadológico.

## 12.1 INTRODUÇÃO

Ao longo desta obra, você pôde conhecer estratégia a partir de diversos matizes e perspectivas teóricas, além de compreender o processo estratégico em si. Neste capítulo final, vamos apresentar a relação entre estratégia e política, por meio da atividade política corporativa, que estabelece pontes entre empresas e governos, Poder Legislativo e outros atores institucionais.

> O **lobby** caracteriza-se pelas práticas exercidas por pessoas ou organizações para influenciar os espaços decisórios do Poder Público. Embora no Brasil seja frequentemente associado à "corrupção", o *lobby* não é uma prática ilegal.

A relação entre mercado – na figura de empresas, grupos ou conglomerados e governos – é cercada de complexos e mútuos jogos de interesse. Em administração/gestão, a discussão a respeito deste tema vem se intensificando ao longo do tempo, principalmente a partir da década de 1990. A literatura sobre atividade política empresarial desta época já tratava das relações entre empresas e governos, em especial as que envolviam interesses de corporações e associações comerciais em processos legislativos e regulatórios. Os mecanismos adotados por empresas apresentavam-se de diferentes formas, a exemplo da prática de *lobby* – o *lobbying* –, a instituição de comitês de ação política e a formação grupos mediante coalizões como associações comerciais.[1] Ao longo do tempo, com a ampliação de pesquisas sobre esse assunto, que melhor delimitaram o contexto das organizações, chegamos ao que se conhece atualmente como atividade política corporativa – APC (ou *corporate political activity* – CPA).

A APC refere-se aos esforços realizados por empresas, grupos de empresas ou setores da indústria, direcionados a influenciar a política governamental em benefício próprio, com o objetivo de incrementar o desempenho corporativo.[2,4] O campo de estudos em APC investiga fundamentalmente como as empresas exercem, de diferentes formas, tais influências sobre governos, em processos legislativos e regulatórios, motivadas por propósitos que podem visar à promoção de interesses da sociedade, mas que, principalmente, estão voltados ao atendimento de interesses estratégicos corporativos.[1,3,5,7] É importante ressaltar que a APC avoluma a discussão sobre estratégia empresarial comumente explorada no *mainstream*, na medida em que amplia o escopo mercadológico, apresentando-se de forma complementar às estratégias aplicadas ao ambiente de mercado. Contudo, existe forte ligação entre estas duas vertentes estratégicas – de mercado e de não mercado –, pois a adoção efetiva de qualquer uma dessas formas de estratégia requer a integração com a outra,[3] apontando, assim, para a necessidade de alinhamento. Os estudos relacionados com as estratégias de não mercado analisam arranjos sociais, políticos, legais e culturais,[2] além da compreensão do lado substantivo das relações entre empresas e outros atores da institucionais. Também é preocupação das estratégias de não mercado a maneira que estes atores institucionais influenciam ou são influenciados, direta ou indiretamente pelas empresas e/ou organizações.[8]

É interessante destacar que as estratégias de não mercado ganharam força na literatura global a partir da publicação do trabalho de David Baron,[9] no ano de 1995, que propunha o desenvolvimento de estratégias norteadas a atender as forças do mercado e do não mercado, de forma integrada. A Figura 12.1 reflete essa proposição.

**Figura 12.1**

Estratégias integradas: análise a partir da implementação.

**Fonte:** Baron (1995, p. 49).[9]

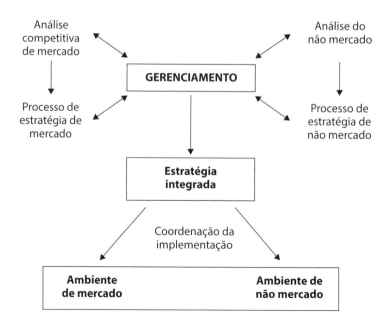

> **SAIBA MAIS**
>
> Não é raro que o nome "não mercado" cause estranheza, em especial aos que nunca tiveram contato com o termo, já que denota ideias equivocadas a respeito do conceito, por exemplo, "o contrário do mercado", "antimercado", "contramercado", "anticonsumo", entre outras. É possível encontrar profunda discussão sobre esses equívocos na concepção do não mercado e de suas estratégias no trabalho de Alexandre Faria e Márcio Moutinho Abdalla, 2014, *O que é (estratégia de) não mercado?* Disponível em: https://dx.doi.org/10.1590/S1984-92302014000200007.

O ambiente de mercado é definido pelo processo de trocas comerciais, normalmente pautado por teorias econômicas, a exemplo do modelo das Cinco Forças de Michael Porter (descrito no Capítulo 2). Por outro lado, o ambiente de não mercado é norteado por conexões e relacionamentos políticos entre atores sociais e instituições. A Figura 12.2 ilustra, de forma simplificada, esses ambientes.[10]

Ao passo que a maior parte da literatura de estratégia, que privilegia a atuação no ambiente de mercado, compreende que não é possível modificar o ambiente externo (a exemplo de instrumentos como a matriz SWOT, que preconiza o aproveitamento de oportunidades e a defesa contra as ameaças), a corrente que reconhece e atua no ambiente de não mercado defende que não só é possível influenciar o ambiente externo, como também é necessário influenciá-lo e moldá-lo, para que se conquiste melhores desempenhos.[11-14] É de extrema importância para as empresas a compreensão das dinâmicas desses atores e seus respectivos papéis sociopolíticos, não apenas para obterem melhor desempenho corporativo, mas também para melhor compreenderem seus respetivos impactos e responsabilidades, enquanto atores sociais. Vale ainda sinalizar que os conhecimentos sobre estratégias de não mercado dialogam intimamente com o Capítulo 5 desta obra, sobretudo no tocante à análise do ambiente externo, trazendo um olhar mais proativo ao ferramental já apresentado.

A atividade política corporativa está ligada diretamente às estratégias de não mercado. Embora diferentes campos de conhecimento venham empreendendo esforços na compreensão dos fenômenos inerentes à APC, o tema ainda figura marginalmente em administração/gestão, sobretudo por sua natureza fragmentada, apesar de desfrutar de certas características de mobilização, motivadas pelo ambiente político presente nas décadas recentes, em especial no Brasil e na América Latina. No próximo tópico, iremos aprofundar a compreensão sobre as atividades políticas corporativas.

**Figura 12.2**

Síntese dos ambientes de mercado e não mercado.

**Fonte:** Bach e Allen (2010).[10]

## MINICASO

### A Vale e os povos indígenas no Brasil

Observe o fragmento de informação disponível no *site* institucional da Vale:[a]

#### CONHEÇA UM POUCO MAIS SOBRE NOSSO TRABALHO COM POVOS INDÍGENAS

No Brasil, a Vale tem interface com 11 povos indígenas e 46 comunidades tradicionais nos estados do Pará, Maranhão, Minas Gerais, Espírito Santo e Sergipe. Estima-se que, da população indígena total nos territórios onde a Vale atua no Brasil e no mundo, em torno de 122 mil pessoas tenham sido direta e indiretamente beneficiadas pelas ações que nós apoiamos. Desse total, 27,8 mil estão no Brasil.

No ano de 2013, foram realizadas 15 capacitações no Brasil com a participação de 667 pessoas. O tema dos treinamentos foi "relacionamento com povos indígenas e comunidades tradicionais". No período, destacam-se ainda a elaboração de estudos de impacto ambiental e planos básicos ambientais – componente indígena e quilombola –, relativos aos processos de licenciamento dos empreendimentos da Vale.

Agora observe a notícia publicada no *site* do veículo El País:[b]

#### UM GRUPO DE ÍNDIOS E A MINERADORA VALE SE DESENTENDEM NO INTERIOR DO PARÁ

A falta de entendimento com a população indígena trouxe consequências práticas para a mineradora Vale, a maior empresa privada do Brasil com unidades em diversos países. Desde quinta-feira, índios da tribo Xinkrin do Cateté bloqueavam a portaria da unidade de Onça Puma, em Ourilândia do Norte, município do estado do Pará, no norte do país. Segundo um comunicado da empresa, neste sábado 400 índios teriam ameaçado colocar fogo nas instalações caso suas demandas não sejam atendidas. Havia 50 funcionários da empresa no interior da unidade, incluindo terceiros, ainda de acordo com o comunicado. Na noite de sábado, porém, eles liberaram a saída da empresa.

As tratativas entre a Vale e os indígenas serão retomadas na segunda-feira. Ainda de acordo com a Vale, os índios reivindicam mudanças na proposta de acordo em andamento entre a companhia, a Fundação Nacional do Índio e o Ministério Público Federal. O acordo prevê o repasse de recursos em custeio e projetos para as comunidades indígenas. O grupo, porém, estaria cobrando recursos integrais e ainda verbas adicionais.

O Ministério Público, por sua vez, diz que é a Vale quem não cumpriu as condicionantes previstas no licenciamento do projeto, segundo informações do jornal O Estado de S. Paulo. O órgão disse ainda que os funcionários da mineradora em dita unidade não foram mantidos reféns, e que os indígenas permitiram a passagem de ônibus com trabalhadores, sem afetar a sua saída.

"O Projeto Onça Puma, de extração de níquel, afeta diretamente os Xikrin, mas até agora a Vale não iniciou nenhum programa de compensação de impactos", afirma. O MP acionou a Justiça Federal contra a Vale em defesa dos direitos dos Xikrin, explica a matéria de O Estado de S. Paulo.

Neste sábado, a mineradora havia informado que 50 trabalhadores foram retidos na unidade desde quinta-feira e que os indígenas ameaçaram atear fogo a um dos fornos. Segundo a Vale, o protesto foi motivado por divergências a respeito do repasse de recursos para aldeias.

A empresa esclarece que já encaminhou as questões acordadas com as demais comunidades indígenas da região "e reitera seu respeito aos povos indígenas, bem como permanece aberta à busca de soluções para continuidade do bom relacionamento com as comunidades das regiões onde mantém operações". Porém, repudia qualquer forma de violência que ponha em risco a vida e a segurança de seus empregados.

Não é a primeira vez que a Vale tem problemas com comunidades indígenas. Em 2010 e 2011, a companhia teve de negociar com os índios Guajajaras, em Alto Alegre do Pindaré, no Maranhão, a libertação de funcionários que teriam ficado retidos pelos índios por algumas horas. Eles cobravam da empresa mais atenção às necessidades do grupo na região. A empresa alegou, na ocasião, que as reivindicações não eram da sua alçada.

#### QUESTÕES PARA DISCUSSÃO

1. Pense e discuta com sua turma como a empresa pode lidar com esse ator do ambiente de não mercado.

2. Que área(s) da empresa estaria(m) mais apta(s) a negociar com esses atores? Como?

3. Como integrar estrategicamente os interesses, por vezes conflituosos, dos ambientes de mercado e de não mercado?

4. A empresa pode sofrer algum tipo de prejuízo em função da tomada de alguma decisão equivocada em relação ao trato com os povos indígenas? Como?

---

[a] Disponível em: http://www.vale.com/brasil/PT/aboutvale/news/Paginas/conheca-nosso-trabalho-povos-indigenas.aspx. Acesso em: 15 ago. 2018

[b] Disponível em: https://brasil.elpais.com/brasil/2014/06/15/politica/1402789043_020639.html. Acesso em: 15 ago. 2018..

## 12.2 ATIVIDADE POLÍTICA CORPORATIVA NA PRÁTICA ORGANIZACIONAL: UM PROCESSO CÍCLICO

Empresas atuam estrategicamente junto ao Poder Público (normalmente, governos do Poder Executivo e atores do Poder Legislativo, das esferas federal, estadual e municipal) por meio de mecanismos de influência, de forma individual ou por intermédio de grupos de interesse e pressão. O Poder Público responde a essas influências por intermédio, por exemplo, de edições de políticas públicas ou de mudanças em regulamentações. Essas respostas vão ao encontro das estratégias empresariais, que podem culminar em processos de adaptação, ou modificação dessas estratégias.[1] É possível identificar um processo cíclico a partir da promoção de APC baseada na relação entre empresas e Poder Público (ou governos), retroalimentado pelas motivações de ambos atores. A Figura 12.3 ilustra esse processo cíclico.

**Figura 12.3**

Ciclo da atividade política corporativa.

**Fonte:** Adaptada pelos autores a partir de Shaffer (1995).[1]

O ciclo de APC conduz a constatação de que, em uma ampla variedade de ações, de um lado o Poder Público exerce diferentes formas de influência sobre o comportamento corporativo que, em resposta, procura tentar influenciar seus ambientes legais e de regulamentação.[15] Sob proporções de forças assimétricas, o que relaciona esses dois atores – empresas e Poder Público – é uma combinação de fatores, dentre os quais, destacam-se a permissividade, o interesse particular e o próprio poder de cada um dos atores. Para a melhor compreensão de como cada um dos atores age, é importante analisar ambos de maneira particularizada, iniciando pelo ator "empresa" e passando, posteriormente, ao ator "Poder Público".

### SAIBA MAIS

Carente de uma regulação específica até então no Brasil, a atividade de *lobby* é comumente associada ao não ético ou até mesmo ao não lícito. Entre as formas mais utilizadas para a sua prática está o uso de recursos financeiros. Até as eleições de 2014 ainda era permitido que empresas fizessem doações diretas de campanhas a candidatos e a partidos políticos. A partir de então, as doações diretas podem ser feitas somente por pessoas físicas, sendo que as doações de empresas podem acontecer desde que diretamente para o chamado fundo partidário. De qualquer forma, com a relação de troca entre políticos e empresas, o que se pode ver posteriormente, em certos casos, é o beneficiamento da empresa diante das decisões políticas, que podem ocorrer, por exemplo, na forma de mudanças favoráveis de legislações ou até mesmo em casos de beneficiamento da empresa em licitações públicas, em atos ilícitos de corrupção.

Com relação às empresas que optam pela postura politicamente ativa, existem consideráveis variações de estratégias baseadas em APC a serem adotadas. Dentre as variações, podemos citar três estratégias políticas genéricas de engajamento: (i) informação; (ii) incentivo financeiro; e (iii) construção de eleitorados – baseadas na teoria da troca.[5,16] Exemplos de táticas usadas para a implementação dessas estratégias incluem fazer *lobby* junto aos tomadores de decisão, fornecendo informações sobre os impactos de possíveis legislações. Outro recurso utilizado para aproximação de políticos às empresas são as contribuições em campanhas políticas eleitorais.

A partir dos pressupostos comportamentais subjacentes ao envolvimento político corporativo, existem evidências de que gerentes operam em um mundo de informações imperfeitas e estão sujeitos à "racionalidade limitada", na medida em que tomam decisões "satisfatórias" por conta de restrições organizacionais e limitações cognitivas, e que perseguem metas econômicas – metas de desempenho – ou não econômicas, por exemplo, questões ideológicas.[17] A ordem de priorização ou escolha de metas econômicas ou não econômicas pode depender de seu grau de envolvimento no cenário político, mais ainda, o quão permissivo a estes envolvimentos os governos possam ser.

## SAIBA MAIS

Economias periféricas e semiperiféricas sofreram tanto com recorrentes notícias de corrupção, quanto com a própria percepção de que as nações compactuam com a cultura da corrupção. Essa percepção é muito acentuada quando trata especificamente do Poder Público. No entanto, nem iniciativa privada, tampouco países centrais estão livres da prática.[c] Apesar de diversos autores[d] defenderem que a mesma seja inerente às nações emergentes, sobretudo reforçada pelo Poder Público, casos como os da WorldCom, Enron e Parmalat[e] ilustram o outro lado dessa moeda.

---

[c] FARIA, Alexandre; ABDALLA, Márcio Moutinho. O que é (estratégia de) não mercado? Organizações & Sociedade, 21(69), 315-333, 2014. Disponível em: https://dx.doi.org/10.1590/S1984-92302014000200007. Acesso em: 20 ago. 2018.

[d] DOH, J.; LAWTON, T.; RAJWANI, T. Advancing nonmarket strategy research: institutional perspectives in a changing world. Academy of Management Perspectives, 26(3), 22-39, 2012.

[e] Disponível em: https://oglobo.globo.com/economia/escandalos-corporativos-globais-respigaram-nas-firmas-de-contabilidade-auditoria-14565408 Acesso em: 20 ago. 2018.

---

Transferindo a observação para o ator "Poder Público", estudos no campo apontam para as diferenças institucionais, ou seja, regras formais e valores culturais informais de cada país. Tomando como parâmetro o modelo estadunidense, existem os chamados *Political Action Committees* (PAC) – organizações legais que repassam recursos em formato de doações para campanhas – e as suas contribuições corporativas,[3] e também a atividade de *lobby* regulamentada, cujas despesas são, de longe, a maior forma de atividade política corporativa. Para se ter ideia, a prática de *lobby* é um dos meios mais utilizados, tanto pelo número de empresas que praticam como pelo valor em dólar gasto. O *lobby* supera em muito o PAC corporativo, ou ainda, outras fontes, a exemplo de doações corporativas de quantias ilimitadas de dinheiro para contas "não federais" dos partidos nacionais, o chamado *soft money* – uma prática banida por lei.[18]

Saindo do exemplo norte-americano para economias periféricas e semiperiféricas, a exemplo de América Latina e Brasil, existe um contexto importante em que o capital social tende a compensar a falta de instituições de apoio ao mercado. Tal fator possibilita a formação de laços informais entre empresas e atores políticos, que, via de regra, costumam resultar em favoritismo político e nepotismo, o chamado "capitalismo baseado em relacionamentos". Com a ausência de instituições fortes, esses relacionamentos acabam por determinar o ambiente estratégico de mercado, permitindo que certas empresas obtenham vantagens econômicas, encorajando outros empresários a se inserirem na política com objetivo de alcançarem resultados similares.[19]

A literatura dominante costuma tratar economias periféricas e semiperiféricas como exceção à regra, alegando que a combinação de laços informais e a ausência de instituições fortes conduzem ao uso extensivo de conexões e ao abuso de autoridade para ganho privado, podendo, em um estágio mais profundo, levar aos atos de corrupção.[6]

## 12.3 ATIVIDADE POLÍTICA CORPORATIVA: PANORAMA TEÓRICO ENTRE 1993 E 2017

A partir da década de 1990 até o final de 2017, houve um crescente volume de pesquisas sobre APC, principalmente nos Estados Unidos e na Europa. É possível observar que estudos vêm destacando contextos ocidentais, tidos como "centrais", a exemplo de países como Estados Unidos, Alemanha, Dinamarca e Itália.[4] Ao investigar a janela temporal de 25 anos de publicação sobre o tema (1993-2017), é possível identificar quatro trabalhos tidos como seminais, com volume importante de citações, conforme Quadro 12.1.

| TRABALHOS | CITAÇÕES POR BASE DE PESQUISA | | | |
|---|---|---|---|---|
| | Google Acadêmico | Scopus | Web of Science | Microsoft Academic |
| Shaffer (1995) | 407 | 162 | 144 | 317 |
| Hillman e Hitt (1999) | 1243 | 521 | 467 | 1243 |
| Hillman, Keim e Schuler (2004) | 853 | 386 | 380 | 736 |
| Lawton, McGuire e Rajwani (2013) | 170 | 85 | 68 | 163 |

Quadro 12.1
Volume de citações dos trabalhos referenciados

Outra informação que ajuda compreender a construção de conhecimentos a partir dos estudos em APC dá-se por meio da relação de citação entre esses trabalhos seminais. Ao posicioná-los em um sequenciamento temporal remontando de forma gráfica, esse relacionamento, em termos de referências, fica evidente. A Figura 12.4 melhor retrata esses relacionamentos.

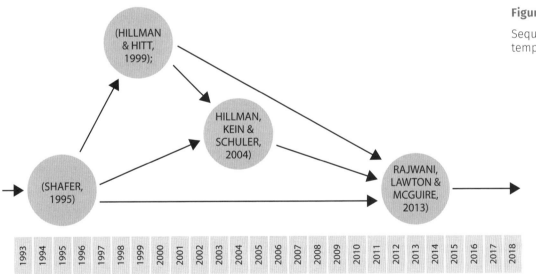

Figura 12.4
Sequência com evolução temporal e relação.

Vale destacar que, apesar de outros autores terem produzido estudos sobre a temática, esses quatro trabalhos conceberam pilares teóricos de extrema relevância para a compreensão do conjunto de fenômenos que permeia a APC. Como forma de apresentar sinteticamente essas contribuições, organizamos, no Quadro 12.2, uma síntese das principais contribuições de cada um desses trabalhos. Naturalmente, a síntese deixa de fora muitos aspectos relevantes, que merecem ser compreendidos mediante integral leitura dos aludidos trabalhos.

Por meio de cuidadosa leitura sobre APC no recorte temporal definido entre os anos de 1993 e 2017, tivemos a oportunidade de analisar atentamente dezenas de trabalhos, dentre os quais, a quase totalidade empregou como referência os trabalhos apontados como seminais no Quadro 12.2. A partir da investigação em pesquisas existentes até o ano de 1995, que abordavam a relação entre governos e empresas, pôde-se notar ampla gama de discussões, principalmente

## 228 ADMINISTRAÇÃO ESTRATÉGICA

**Quadro 12.2** Síntese dos trabalhos de referência

| Autor(es) | Principais contribuições |
|---|---|
| Shaffer (1995) | Comparação de estudos empíricos sobre adaptação estratégica à política pública. Comparação de estudos empíricos de usos estratégicos da atividade política corporativa. |
| Hillman e Hitt (1999) | Taxonomia de estratégias políticas. Modelo de formulação de estratégia política a partir de árvore de decisão. |
| Hillman, Keim e Schuler (2004) | Proposição de um modelo integrativo da literatura de APC, compreendendo: antecedentes, tipos de APC, resultados e implementação. |
| Lawton, McGuire e Rajwani (2013) | Proposição de um *framework* para APC, estruturado com base em três domínios: (i) recursos e capacidades; (ii) foco institucional; e (iii) foco no ambiente político da APC. Como resultado consolidado, o *framework* propõe a relação entre APC e desempenho. |

objetivando relacionar a atuação de empresas junto ao Poder Público, os esforços e valores empregados, além da mensuração de ganhos obtidos nestas relações. Nesse período, as visões trazidas por acadêmicos consideravam basicamente os efeitos da regulamentação governamental sobre a concorrência intraindustrial, e as tentativas das empresas de controlar a agenda política para obterem ganhos competitivos.[1]

Estudos posteriores[20] destacam a capacidade (ou incapacidade) de certas empresas de se adaptarem estrategicamente às políticas governamentais. A adaptabilidade estratégica irá depender dos tipos de estratégias de APC adotados pelas empresas, e também do quão eficazes são. Além disso, as empresas que mantêm relações mais próximas aos governos provavelmente receberão informações mais precoces e melhores sobre regulamentações governamentais específicas e políticas de inovação. Em alguns casos, essas empresas podem até vir a pressionar governos no sentido de ajustarem suas políticas e regulamentações em proveito das próprias empresas.[21]

Para melhor compreendermos a classificação das estratégias (ou atividades) políticas corporativas, o Quadro 12.3 classifica os tipos de estratégias, apresenta as táticas correspondentes e suas respectivas características.[5]

## SAIBA MAIS

### Trump flexibiliza sobretaxa do aço e beneficia Brasil, Argentina e Coreia do Sul[f]

Medida elimina exigências de cotas para importações de alguns países, caso empresas comprovem falta de matéria-prima nos Estados Unidos. Decisão foi tomada após pressão da indústria americana e relatório do Departamento de Comércio.

O presidente dos Estados Unidos, Donald Trump, anunciou que vai aliviar as cotas de importação de aço e alumínio que excedam as cotas livres do pagamento das sobretaxas impostas pelo governo em março. A decisão de flexibilizar a tarifa, publicada no portal da Casa Branca, permite o alívio das cotas de aço da Coreia do Sul, Brasil e Argentina e do alumínio da Argentina. Com isso, as empresas americanas que comprarem aço do Brasil não vão precisar pagar 25% a mais sobre o preço original, caso comprovem falta de matéria-prima no mercado interno.

Trump flexibilizou a importação de aço e alumínio após ser pressionado pela indústria americana. Um relatório foi apresentado ao presidente, pelo Departamento de Comércio, informando que as empresas do país estavam sofrendo com a falta de matéria-prima.

"As empresas podem solicitar exclusões de produtos com base na quantidade insuficiente, ou na qualidade disponível dos produtores de aço ou alumínio dos EUA. Nesses casos, uma exclusão da cota pode ser concedida e nenhuma tarifa seria devida", diz o comunicado da Casa Branca. O pedido de eliminação da cota terá que ser feito por empresas com sede nos EUA. A sobretaxa do aço foi um dos primeiros capítulos da guerra comercial de Trump. Visando atingir sobretudo a China, o governo americano impôs uma regra geral e, aos poucos, renegocia com cada país.

---

[f] Disponível em:<https://g1.globo.com/economia/noticia/2018/08/30/trump-flexibiliza-tarifa-de-cota-de-aco-e-beneficia-brasil-argentina-e-coreia-do sul.ghtml. Acesso em: 1 out. 2018.

**Quadro 12.3** Taxonomia de estratégias políticas

| Taxonomia de estratégias políticas | | | |
|---|---|---|---|
| **Estratégias** | **Táticas** | **Características** | **Exemplos** |
| Estratégia de informação | *Lobbying* | Alvos políticos tomadores de decisão, fornecendo informações. | Um instituto que desenvolve pesquisas sobre água e saneamento, patrocinado por empresas do setor, fornecendo informações que auxiliam em decisões públicas, mas também geram benefícios a esse segmento empresarial. |
| | Comissionamento de projetos de pesquisa e relatórios de resultados de pesquisas | | |
| | Prestação de declarações como testemunha especialista | | |
| | Fornecimento de documentos de posição ou relatórios técnicos | | |
| Estratégia de incentivo financeiro | Contribuições para políticos ou partidos | Alvos políticos tomadores de decisão, fornecendo incentivos financeiros. | O pagamento de despesas (passagens, hospedagem etc.) de membros dos Poderes Executivo, Legislativo ou Judiciário para, por exemplo, a participação em eventos internacionais de interesse da empresa, como fóruns de comércio e indústria. |
| | Honorários para pronunciamentos, viagens pagas etc. | | |
| | Atendimento pessoal (contratação de pessoas com experiência política ou com um membro ativo em exercício) | | |
| Estratégia de construção de círculos eleitorais | Mobilização popular de funcionários, fornecedores, clientes etc. | Alvos políticos tomadores de decisão, indiretamente por meio do apoio de eleitores. | Formação de grupos que se mobilizam em torno de causas comuns, promovendo pressões políticas para a sua viabilização. |
| | Publicidade de advocacia | | |
| | Relações públicas | | |
| | Conferências de imprensa | | |
| | Programas de educação política | | |

**Fonte:** Hillman e Hitt (1999, p. 835).[5]

Destacamos a importância da formulação de políticas para o conjunto de oportunidades de uma empresa, descrevendo o potencial que elas têm para moldar a política governamental, moldando, assim, também seu próprio espaço competitivo.[5] Cabe ressaltar que, mesmo nos mercados do "centro global", existem esforços empregados por empresas em busca de vantagens possibilitadas por cenários de incertezas política.[19] Tomando este fator como premissa, é possível compreender que modelos de análise aplicados em economias "periféricas" – onde esse nível de incertezas tende a ser mais elevado –, podem ser bem-sucedidos.

O desenvolvimento do primeiro modelo de análise para APC ocorreu em 1999.[5] Os autores[5] do modelo propuseram um conjunto de variáveis, correlacionando a escolha entre dois **tipos de abordagem**: (i) transacional e (ii) relacional. Estes indicadores foram usados para análise em várias pesquisas do campo, por exemplo, para avaliação sobre em quais condições empresas buscam a abordagem transacional[22] ou para verificação de benefícios de práticas relacionais em estudos sobre empresas multinacionais.[23] Esse modelo, destinado à formulação de estratégias políticas, é concebido sob a forma de árvore de decisões, sendo estruturado em três níveis de atuação das empresas: (i) abordagem à estratégia política, (ii) nível de participação, e (iii) escolhas de estratégias específicas.[5] A Figura 12.5 ilustra a árvore de decisões proposta.

Além dos **tipos de abordagem**, o **nível** é outro importante indicador, muito utilizado na interpretação de estratégias em APC. O **nível** corresponde à forma pela qual a empresa pretende atuar, ou seja, sozinha ou em grupos, podendo ser por meio de (i) grupos de interesse ou de pressão,[3,16,24,25] ou (ii) em ação conjunta, como prevê a teoria da ação coletiva.[3,25,27] Conforme apresentado pelo modelo, existem desdobramentos da estratégia atrelados ao nível de atuação, prevendo variações na formulação, ou seja, se ocorrerá por meio de informação, incentivo financeiro ou construção de base de apoio.[5] Com a evolução do conhecimento em APC, outros indicadores foram sendo revelados por pesquisadores da área.[3] A Figura 12.6 apresenta um modelo integrativo mais moderno e mais abrangente sobre a literatura de APC.

**Figura 12.5**

Modelo de formulação de estratégia política a partir de árvore de decisões.

IN = Informação; FI = Incentivos Financeiros; CB = Construção de Base de Apoio.

**Fonte:** Hillman e Hitt (1999, p. 837).[5]

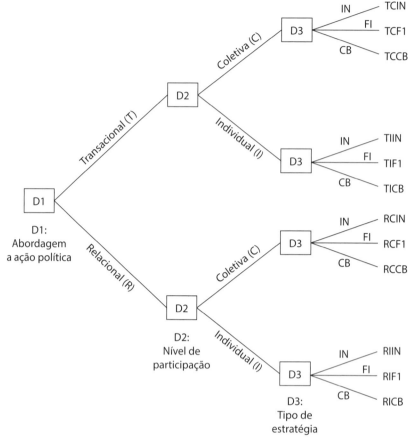

**Figura 12.6**

Modelo integrativo da literatura de APC.

**Fonte:** Hillman, Keim e Schuler (2004, p. 838).[3]

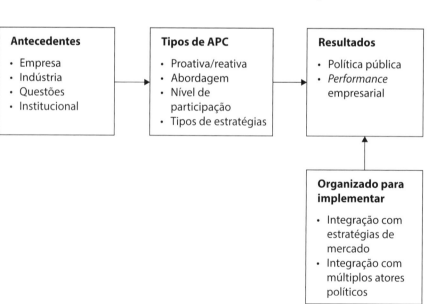

### SAIBA MAIS

O isomorfismo é um processo de restrição que força uma unidade em uma população a se assemelhar a outras unidades que enfrentam o mesmo conjunto de condições ambientais. No nível populacional, tal abordagem sugere que as características organizacionais são modificadas no sentido de aumentar a compatibilidade com as características ambientais; o número de organizações em uma população é uma função da capacidade de suporte ambiental; e a diversidade de formas organizacionais é isomorfa à diversidade ambiental.[g]

[g] DIMAGGIO, P.; POWELL, W. W. The iron cage revisited: Collective rationality and institutional isomorphism in organizational fields. **American sociological review**, 48(2), 147-160, 1983.

O modelo traz, em primeiro plano, o conjunto de indicativos chamados de "antecedentes" da APC. Eles correspondem às características estruturais e de comportamento, que conduzem à formação estratégica voltada para a prática da atividade política.[28] Além dos "antecedentes", o modelo aborda também os "tipos de APC" desenvolvidos, os meios de se "organizar para implementar" estratégias e também os "resultados" esperados. Este último indicativo mencionado – os "resultados"– são objeto de investigação de uma vasta quantidade de trabalhos do campo, principalmente pelo fato de grande parte dos estudos ser impulsionado por fatores de ordem mercadológica.[29]

Na Figura 12.7, é possível visualizar a primeira tentativa de mapear o campo de estudos em APC em termos de limites, níveis e teorias. O modelo possibilita compor um agrupamento em torno das lentes conceituais de recursos e capacidades, instituições e ambiente político, provendo melhor compreensão acerca do desenvolvimento de estudos no campo de APC.

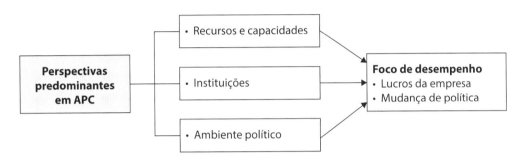

**Figura 12.7**

*Framework* para APC.

**Fonte:** Lawton, McGuire e Rajwani (2013, p.14).[6]

O *framework* (ou modelo) ressalta o que se chama de "domínios" em APC. O primeiro domínio (**recursos e capacidades**) apresenta características endógenas e exógenas (respectivamente, previsíveis e imprevisíveis). Essa dimensão é aderente à teorização sobre estratégia no ambiente de não mercado, e possui como mecanismos principais: recursos políticos, prática de *lobby*, financiamento direto – contribuições de campanhas políticas ou financiamento indireto – eventos e conferências. Já o domínio subsequente (**instituições**) é caracterizado por estratégias isomórficas, em resposta às pressões institucionais comuns. A teoria institucional e a visão baseada em recursos lastreiam essa dimensão. Seus principais mecanismos de ação (não necessariamente legais) são: corrupção (abuso de autoridade para ganho privado) ou favoritismo, principalmente em economias "periféricas".

O foco no **ambiente político** é a última dimensão ou domínio, bastante semelhante à dimensão anterior, diferindo-se apenas por ter características que consideram aspectos mais difíceis e quantificáveis das instituições – sua construção, normas, regras formais e aplicação – com pouca referência aos conceitos mais amplos de instituições, como a cultura do país, incertezas e incerteza histórica. Mesmo no contexto norte-americano, tratado de modo diferenciado pela literatura dominante, a eficácia das práticas de APC não é clara. Em contextos periféricos, também há muita falta de transparência dessas práticas, sobretudo pelo fato de que empresas costumam ser vistas como atores poderosos em ambientes fracamente institucionalizados.[6]

Soma-se a estes aspectos o fato de que políticos costumam trocar "favores" por recursos de grupos de interesse organizados, objetivando maximizar suas perspectivas bases eleitorais, favorecidos por cenários em que a maioria dos eleitores permanece racionalmente ignorante sobre características da política, especialmente em função dos "custos" para se tornarem informados, resultando em ações políticas que podem divergir do bem comum.

## 12.4 ATIVIDADE POLÍTICA CORPORATIVA: UM MODELO PARA APLICAÇÃO PRÁTICA

Embora a literatura de referência de APC que fundamenta esse *framework* seja predominantemente oriunda do eixo euro-americano, procuramos aproximá-lo aos contextos "periféricos", mediante a aproximação de outros estudos que tratem das "periferias". Contudo, há que se ressaltar que o campo de estudos em APC, notadamente na América Latina, apresenta trabalhos principalmente focados na análise de estratégias e na observação de resultados, não dando atenção aos desdobramentos da prática de APC para contextos mais amplos, tais como os impactos sociais proporcionados por essas ações. Assim, existem lacunas a serem exploradas, a exemplo da escassez de estudos que examinem estratégias financeiras e informais.[19]

Os esforços empregados na defesa desse quadro analítico visam consolidar os resultados dos trabalhos tratados aqui como de relevância no campo, a partir de um esforço metanalítico. Dessa forma, o modelo é concebido por seis partes: (i) antecedentes; (ii) abordagem; (iii) nível de participação; (iv) tipos de APC; (v) modelos de estratégia; e (vi) resultados. Sua essência está na análise focada a partir da visão da empresa, porém sem o distanciamento de questões correspondentes ao Poder Público. A Figura 12.8 ilustra, sinteticamente, o modelo para aplicação das atividades políticas corporativas no Brasil e na América Latina.

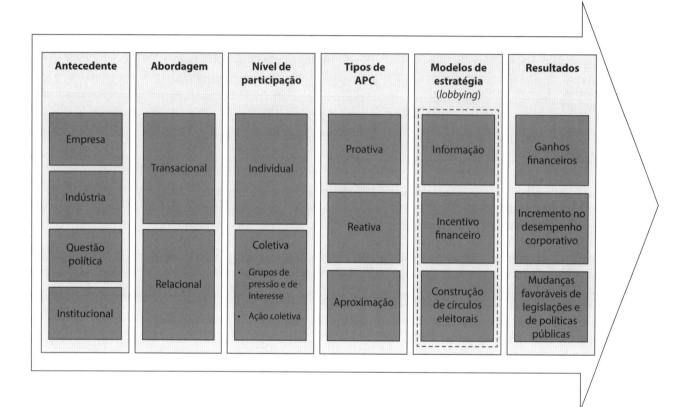

**Figura 12.8** *Framework* para aplicação em atividade política corporativa.
**Fonte:** Elaborado pelos autores.

### 12.4.1 Análise dos antecedentes

É relevante compreender APC a partir de fatores e condições que impulsionam sua prática. O *framework* apresenta quatro antecedentes: (i) empresa; (ii) indústria; (iii) questões políticas; e (iv) fatores institucionais.

Sobre os antecedentes que dizem respeito à **empresa**, é possível dizer que esses atores optam por se engajarem em estratégias políticas, no intuito de criarem ou de manterem seu valor, sendo significativamente mais propensos a fazê-lo em determinadas situações, ou seja, especificamente quando dependem do ambiente político ou quando possuem interesse material na política pública em questão.[28] Dentre as características relacionadas com esse antecedente, estão: tamanho da empresa, dependência da empresa em relação aos governos, nível de diversificação da empresa, participação estrangeira, idade da empresa, suas estruturas formalizadas e influência gerencial.[3]

Os antecedentes relacionados com a **indústria** dizem respeito à ótica de um setor industrial ou segmento específico, verificando "se" e "como" variáveis estruturais correspondentes, a exemplo de concentração e número de empresas, podem afetar a capacidade de mobilização ou organização em direção a uma ação política.[3] Existem três fatores ligados à indústria: (i) concentração – quanto mais concentrado o setor, maior será o nível de APC, (ii) competição internacional – estímulo para busca de políticas protecionistas e barreiras de mercado, e (iii) oportunidade econômica – influência positiva ou negativa de se investir em APC, afetada por condições econômicas de mercado favoráveis ou desfavoráveis.[30]

Com relação aos antecedentes das **questões políticas**, duas características principais são destacadas para estes fatores: "saliência política" e "questões de competição".[3] A primeira diz respeito à importância da questão política para a estratégia da empresa, e esta importância, em consequência, conduzirá a empresa a tornar-se politicamente ativa. Empresas que atuam em segmentos específicos, que desempenham atividades ligadas às questões de governo, tendem a influenciar membros do Congresso a legislarem ou a votarem em favor desses segmentos. A segunda característica indica que a decisão de uma empresa de se tornar politicamente ativa depende da atratividade do mercado político, influenciado pelo grau de competição, ou seja, como as empresas podem competir politicamente em questões amplamente relacionadas com a "saliência política".

Sobre a dimensão **institucional**, os antecedentes fornecem informações acerca dos níveis de APC dentro e entre os países (ou seja, em contextos institucionais). Em termos institucionais, existem oito proposições possíveis que possibilitam explicar os níveis de APC das empresas dentro de um país e também nas próprias instituições.[30] As proposições são: (i) políticos poderosos, (ii) ideologia, (iii) concorrência política, (iv) regulamentação, (v) vendas do governo, (vi) dependência política, (vii) questões de "saliência política", e (viii) necessidades constituintes. Essas proposições são comumente influenciadas por fatores como regras formais e valores culturais, diferentes em cada país ou região.

## 12.4.2 Tipos de abordagens em APC

É possível identificar duas significativas abordagens gerais de APC, que são: (i) abordagem transacional e (ii) abordagem relacional.[5,31]

Na **abordagem transacional**, as empresas aguardam o desenvolvimento de alguma importante questão de política pública antes de criarem estratégias que afetarão esta mesma questão.[5] Essa abordagem é tratada no campo de estudos de APC, principalmente por pesquisas direcionadas a medir eficácia e desempenho em APC como uma estratégia fraca. A razão para isto seria por não considerar o aprendizado em APC e também os chamados custos de oportunidade, levando em conta, normalmente, a incerteza política como negativa, desconsiderando aspectos dados como positivos da incerteza no desenvolvimento de APC em mercados estrangeiros.[6]

Já na **abordagem relacional**, por outro lado, existe a procura pela construção de relacionamentos entre empresas e governos, de forma prospectiva e proativa, podendo, inclusive, ser iniciada na medida em que surgem problemas de ordem política.[31] Esse tipo de abordagem denota relacionamentos de troca de longo prazo, ou seja, bem diferente da primeira abordagem, que se refere a relações de curto prazo.[5] Nesta direção, a teoria sugere que empresas mais proativas, ou seja, as que estabelecem relacionamentos com formuladores de políticas, irão desfrutar de maior acúmulo de benefícios. Esses relacionamentos tendem ao fortalecimento por meio do efeito de *lobbying* incremental, praticado pelas empresas em questão.[32]

## 12.4.3 Nível de participação em APC

O nível de participação corresponde à decisão sobre desenvolver estratégias em APC para ação individual ou coletiva. O nível **individual** refere-se não só à atuação de uma empresa em particular, mas à atuação de um conglomerado corporativo pertencente a um mesmo empresário, família de empresários ou grupo. Já a participação **coletiva** refere-se à escolha de atuação de duas ou mais empresas em uma estratégia conjunta, podendo agir sob a forma de grupos de interesse, ou de grupos de pressão.[3,5] A escolha da ação individual ou coletiva é influenciada pelos custos e benefícios da APC, pois empresas que acreditam que uma ação política trará benefícios privados, provavelmente tomarão ações individuais. Por outro lado, se os benefícios forem coletivos, as empresas preferirão ações coletivas para compartilharem os custos da ação política com outros beneficiários.[31] Exemplos típicos de ação coletiva são aquelas envolvendo associações comerciais, sindicatos e grupos industriais.

### 12.4.4 Tipos de APC

Existem três tipos de APC: (i) proativa, (ii) reativa e (iii) de aproximação. As abordagens do tipo **proativas** correspondem às ações diretas de influência em processos legislativos ou regulamentares, desenvolvidas, por exemplo, por meio de contribuições de campanhas eleitorais e atividades de *lobby*. Por outro lado, a abordagem do tipo **reativa** ocorre de forma mais sutil, desenvolvendo-se mediante posturas mais observadoras e complacentes, do acompanhamento do desenvolvimento da legislação ou da regulação, em vez de empenho em direção às ações de barganha com atores políticos. A abordagem por **aproximação** caracteriza-se, principalmente, por representar o estabelecimento de relações duradouras e abrangentes entre empresas e atores políticos, ou seja, o envolvimento de ambos não é baseado em questões específicas ou transacionais, mas sim em direção à ampla parceria, de longo prazo ou relacionais.[3] Enquanto o tipo reativa sugere abordagens de curto prazo, ou seja, episódicas, os tipos de APC proativa e por aproximação sugerem a construção de relacionamentos duradouros, na tentativa de conceber relações estáveis com formuladores de políticas públicas.[24]

### 12.4.5 Modelos de estratégia em APC

A literatura aponta sistematicamente para três modelos de estratégias em APC, sendo eles: (i) estratégia de informação, (ii) estratégia de incentivo financeiro e (iii) estratégia de construção de eleitorados. A **estratégia de informação** visa fornecer informações e conhecimentos aos entes públicos tomadores de decisão. Isso pode envolver informações sobre posições políticas de empresas líderes, bem como informações de mercado, por exemplo, decisões pendentes de investimento ou realocações que podem ter grandes impactos econômicos.[33] A adoção deste tipo de estratégia visa afetar políticas públicas por meio de táticas como o *lobby*, praticado tanto por profissionais e executivos, usando como meio de ação o fornecimento de resultados de projetos de pesquisa em *think-tanks*, a atuação testemunhal de especialistas em audiências ou perante órgãos governamentais, e ainda, o fornecimento de documentos como relatórios técnicos.[5]

---

**SAIBA MAIS**

Os *think-tanks*, segundo a tradução adotada, são os chamados "reservatórios de ideias" ou "fábricas de ideias". Trata-se de grupos que se formam para a discussão e o aprimoramento de conhecimentos específicos, por exemplo, direcionados ao desenvolvimento de políticas públicas em segmentos de interesse social. Os *think-tanks* comumente se desenvolvem em ambientes acadêmicos ou de esfera governamental, com foco em áreas de conhecimento como: ciência e tecnologia, meio ambiente, saúde pública, entre outras.

---

A **estratégia de incentivo financeiro**, do ponto de vista das trocas, evidencia que, de um lado, estão os objetivos eleitorais e legislativos dos políticos, e de outro, o acesso pelas empresas (e por outros grupos de interesse) a esses políticos. Esse tipo de estratégia comumente combina financiamento de campanhas e atividades de *lobby*.[34] É uma estratégia fundamentada em apoios financeiros, que podem vir de duas formas: (i) direta, como doações para campanhas eleitorais – prática proibida no Brasil[35] – e doações para partidos políticos; e (ii) indireta, como o custeio de viagens, hospedagens, ou pagamento de serviços prestados por terceiros.

Enquanto as estratégias de informações e incentivos financeiros têm como alvo direto tomadores de decisões políticas, os que utilizam da **estratégia de construção de círculos eleitorais** tentam influenciar políticas públicas, ganhando apoio de eleitores e cidadãos, que expressam suas preferências políticas aos tomadores de decisão política. Essas ações assemelham-se à estratégia de comunicação *bottom-up*, que incluem táticas como a mobilização de funcionários, clientes, fornecedores, aposentados ou outros indivíduos ligados às empresas. Além disso, são empregadas estratégias de publicidade, como quando determinada posição política da empresa é divulgada ao público, ou até mesmo, por meio de conferências de imprensa sobre questões de política pública.[5]

> **SAIBA MAIS**
>
> Em contraste com a abordagem *top-down* (de cima para baixo), que parte de uma decisão política e se desenvolve na medida em que seus objetivos são alcançados ao longo do tempo, a abordagem *bottom-up* (de baixo para cima) começa em um grupo de pessoas, localmente concentrado, que compartilham, por exemplo, metas, estratégias, atividades e contatos, formando os círculos eleitorais. Nesta forma, se mobilizam em torno de objetivos, como o planejamento, o financiamento e a execução de iniciativas políticas, governamentais e não governamentais de relevância.

A atividade de *lobby*, o simplesmente o *lobbying*, permeia todos os tipos de estratégias de APC. Essa atividade pode prover subsídios ao governo a partir de informações, a partir de ações individuais, ou de grupos de interesses, que, certamente, poderão ser afetados por ações governamentais, ou por leis. Do ponto de vista da comunicação, essas informações podem ajudar governos a tomarem decisões mais embasadas, mas, por outro lado, o *lobbying* é frequentemente caracterizado como um instrumento de interesse particular, que visa cooptar o processo de formação de políticas e benefícios diretamente aos interesses privados. É possível, em termos ilustrativos, relacionar casos mundialmente famosos de empresas envolvidas em escândalos e ações judiciais, como Enron, WorldCom, Phillip Morris e Halliburton.[18] Embora não seja ilegal, o *lobbying* está presente na maioria desses casos, combinado com outras ações como a de inserção de membros do governo em conselhos de empresas ou, por vezes, influenciando governos por meio de práticas corruptoras.[25] Como parte de uma estratégia de "acesso geral", com frequência empresas combinam *lobbying* e contribuições de campanha. Estes gastos chegam a representar a maior parte de todas as despesas com grupos de interesse e também de contribuições a partidos políticos.[34,36]

Dificilmente, há estratégia em APC que não conte com a presença de *lobbying*. Isso fica mais evidente quando analisamos o fluxo de processos de APC,[30] representado na Figura 12.9. Cabe ressaltar que a "contribuição" (estratégia de incentivo financeiro) também é representada como ponto central da atividade política. Contudo, observamos que a atividade de *lobby* possui peso maior na formação de estratégias. Essas características de representatividade e também de condição associativa colocam a prática de *lobby* em situação de destaque. Isso explica o motivo pelo qual o *lobbying* é representado no *framework* da Figura 12.8 com destaque tracejado, pois perpassa todas as demais estratégias.

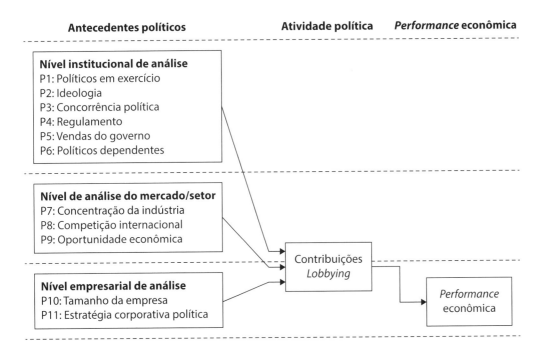

**Figura 12.9**

O Processo da Atividade Política Corporativa.

**Fonte:** Lux, Crook & Woehr (2011, p. 226).[41]

## 236 ADMINISTRAÇÃO ESTRATÉGICA

A prática de *lobby* é, na maioria das vezes, relacionada com as ações que transitam no limiar entre ético/não ético ou entre lícito/ilícito, por vezes extrapolando o lícito e o ético. Embora tanto o *lobby* quanto financiamentos sejam usados para estabelecer relacionamentos com governo, em teoria, os mecanismos subjacentes dessas duas vertentes são distintos.[37] Estudos apontam para diferentes práticas de *lobby* com definições específicas. Dentre as principais "modalidades" de prática de *lobby*, destacam-se: (i) *procurement lobbying*, (ii) *deliberative lobbying*, (iii) *responsible lobbying* e (iv) *corporate lobbying*. A Quadro 12.4 apresenta definições e exemplos dessas modalidades:

**Quadro 12.4** Modalidades de *lobby*

| Tipo | Descrição | Exemplo |
|------|-----------|---------|
| **Procurement lobbying** | Diz respeito aos processos de aquisição conduzidos por entidades governamentais estaduais, locais e federais. Nesse caso, o *lobby* é feito por empresas interessadas em decisões relativas às compras de bens ou contratações de serviços específicos (Nownes, 2006). | Participação por meio de grupos de pressão em processos públicos licitatórios. |
| **Corporate lobbying** | Corresponde à comunicação estratégica de informações politicamente relevantes, por funcionários de determinada corporação, para atores políticos com poder de influenciar substancialmente resultados de políticas públicas (Anastasiadis; Moon; Humphreys, 2018). | Atuação como forma de proteção de um segmento industrial, por exemplo, diante de choques econômicos ou de concorrência estrangeira. |
| **Deliberative lobbying** | Visa cumprir as exigências normativas da responsabilidade social corporativa (RSC) política, conhecidas como discurso, transparência e responsabilidade (Lock; Seele, 2016). | Envolvimento da empresa junto a esferas governamentais no apoio à solução de questões relacionadas com causas sociais. |
| **Responsible lobbying** | Trata-se de uma visão de *lobby* baseada em indicadores como "responsabilidade individual" e "responsabilidade organizacional", em que fatores como diálogo, transparência, deontologia e responsabilidade são colocados como pré-requisitos para os CEO de empresas (Rival; Major, 2016). | Direciona-se aos executivos que adotam estratégias baseadas no *lobby* sem que estas se distanciem da transparência e da ética. |

## SAIBA MAIS

### Até onde pode chegar o *procurement lobbying*?
### Joia da mulher de Cabral é propina do Maracanã, diz dono da Delta[h]

*Informações foram apresentadas por Fernando Cavendish durante depoimentos prestados ao juiz federal Marcelo Bretas.*

Executivos vinculados à Odebrecht, à Carioca Engenharia e à Delta revelaram, em depoimento, detalhes do pagamento de propinas a políticos envolvendo a reforma do estádio do Maracanã e em obras do PAC das Favelas e do Arco Metropolitano. As informações foram apresentadas durante depoimentos prestados ao juiz federal Marcelo Bretas. Eles descreveram um esquema de manipulação dos editais, direcionando as licitações e garantindo a divisão das obras entre determinadas empreiteiras. Os executivos afirmaram ainda que o ex-governador do Rio de Janeiro, Sérgio Cabral, pedia uma propina no valor de 5% sobre o faturamento dos empreendimentos e indicava o ex-secretário de governo, Wilson Carlos, como o responsável pela interlocução com as empresas. Os depoimentos ocorreram no âmbito da Operação Crossover, desdobramento da Operação Lava Jato, no Rio de Janeiro. Sérgio Cabral é apontado como líder de uma organização criminosa que arrecadava propina durante o período em que ele foi governador.

[h] Disponível em: http://agenciabrasil.ebc.com.br/politica/noticia/2017-12/dono-da-delta-diz-que-joia-paramulher-de-cabral-foi-propina-da-obra-no. Acesso em: 01 out. 2018.

### 12.4.6 Resultados da APC

Estudos no campo da APC apontam que a adoção de estratégias alinhadas a esforços de atividade política objetiva, de forma consolidada, três tipos de resultados, a saber: (i) ganhos financeiros; (ii) incremento no desempenho corporativo; e (iii) mudanças favoráveis de legislações e de políticas públicas. Os **ganhos financeiros** são resultados considerados como primários ou imediatos. Basicamente, correspondem ao retorno financeiro direto pela adoção de estratégias de APC, por exemplo, por intermédio de *procurement lobbying*. A prática pode ser exemplificada por meio da aproximação de empresas em relação a governos, iniciada ainda em períodos pré-campanha eleitoral, no intuito de obter "vantagens" em participações de processos de contratações ou aquisições. O conhecimento interno de funcionários de governos pode ser revertido em benefícios para o contratado, significando dizer que empresas com maior conexão política, provavelmente, terão maior volume de contratos com o governo.[38]

O **incremento no desempenho corporativo** diz respeito aos debates, ou até mesmo às alterações em regulamentações propriamente ditas, que podem afetar significativamente o valor de empresas, levando-as à retração na participação de mercado, além de outros fatores correlacionados à diminuição do desempenho corporativo. A prática da atividade política corporativa neste sentido objetivará afetar justamente processos legislativos, de forma a possibilitar a mitigação ou a eliminação desses potenciais efeitos.[3] Esse é um dos temas que vem despertando maior interesse na academia, com diversos trabalhos publicados.[19,24,39]

Como resultado da APC, as **mudanças favoráveis de legislações ou de políticas públicas** podem beneficiar empresas em uma escala muito mais ampla que outros tipos de resultados esperados. Tratam-se, por exemplo, de leis que podem se relacionar com as condições contrárias, ou favoráveis, às práticas monopolistas;[3] à regulação antitruste[6], ou ainda, às políticas de caráter protecionista.[40] Essas mudanças podem colocar empresas, grupos ou setores inteiros da indústria, em condições de mercado muito superiores às demais concorrentes ou setores.

## 12.5  CONSIDERAÇÕES FINAIS

Neste capítulo, você teve oportunidade de melhor conhecer os aspectos políticos inerentes às atividades estratégicas de corporações e, a partir de então, construir seus próprios julgamentos acerca das atividades, bem como conhecer os lados desse fenômeno. Infelizmente, a maior parte do campo de pesquisas em estratégia negligencia muitos fenômenos políticos e sociais, priorizando atenção às questões transacionais, que, como se pôde ver neste capítulo, são consequências secundárias de ações mais contundentes. As atividades políticas são muito intensas em todo globo, sendo mais evidentes em nações sob maior regulação estatal, demandando grande atenção por parte de todos atores que compõem esse cenário, em especial para empresas que estabelecem seus relacionamentos por meio das atividades políticas corporativas.

Vale destacar que essas práticas, conforme exposto neste capítulo, situam-se em uma espécie de "zona cinzenta" da administração/gestão, transitando no limiar de questões éticas, morais e legais. Essa complexidade, por vezes, afasta interesses de pesquisa sobre o tema, que acaba sendo relacionado com o ilícito e o não ético. No entanto, acreditamos que essas questões precisam ser discutidas no âmbito acadêmico, especialmente como forma de contribuir com as práticas empresariais, esclarecendo esses limites em termos práticos e teóricos.

Dentre os principais aspectos abordados neste capítulo, destacamos os seguintes pontos:

a) A conceituação e a ampla compreensão das práticas de *lobby* como principal elemento das atividades políticas corporativas.

b) A evidenciação da relevância (prática e teórica) das estratégias de não mercado e seus atores nos contextos organizacionais, sobretudo de nações periféricas e semiperiféricas, como o Brasil.

c) A descrição de um panorama teórico sobre o campo de conhecimento das atividades políticas corporativas entre os anos 1992 e 2017.

d) A proposição de situações práticas de aplicação das atividades políticas corporativas.

e) A apresentação de um modelo de orientação à aplicação prática das atividades políticas corporativas.

Finalizamos este capítulo propondo as seguintes questões para reflexão e para avaliação do conhecimento.

## QUESTÕES PARA REFLEXÃO

1. Pense em uma empresa do setor de alimentos *fastfood*, como MacDonald's, Burger King ou Subway. Como descreveria uma ação estratégica que estivesse alinhada com os ambientes de mercado e também de não mercado?

2. Observando o ciclo de atividade política corporativa, discuta sobre como as empresas se adaptam ou modificam estratégias diante, por exemplo, de mudanças em regulamentações.

3. Além de recursos financeiros, que outros recursos estratégicos poderiam ser utilizados na aproximação de atores políticos das empresas?

4. Descreva como uma empresa poderia desenvolver estratégias apoiadas em atividade política corporativa como do tipo aproximação.

5. Na sua opinião, de que maneira o *procurement lobbying* pode afetar os processos públicos licitatórios?

## QUESTÕES PARA AVALIAÇÃO DO CONHECIMENTO

1. Cite e dê exemplos de duas táticas adotadas em modelos de estratégia apoiados em informação.

2. Como se diferem os tipos de abordagens transacional e relacional?

3. Um grupo de empresas que atuam no setor de telecomunicações identificou que uma alteração aprovada em determinada legislação irá impactar diretamente na disponibilidade de seus serviços, prejudicando a maior parte de seus clientes. Conhecendo os níveis de participação e tipos de atividade política corporativa, como você descreveria a atuação dessas empresas junto à esfera governamental?

4. Explique e dê exemplo de como uma empresa pode atuar por meio do *deliberative lobbying*.

5. Sobre os resultados proporcionados pela atividade política corporativa, descreva um exemplo de como mudanças de legislações ou regulamentações podem afetar positivamente um setor industrial.

### CASO FINAL – BRASIL E AS REGRAS PARA USO DE AGROTÓXICOS

A abordagem que se segue traz o debate sobre a regulamentação dos agrotóxicos no País, apresentado por três diferentes veículos de mídia. Trata-se de um assunto de caráter polêmico e que divide opiniões.

#### A REGULAMENTAÇÃO DOS AGROTÓXICOS NO BRASIL[i]

*"A medida é criticada por ambientalistas, que apelidaram o projeto como PL do veneno."*

O projeto de lei que estabelece uma nova regulamentação para a produção, registro, uso, armazenamento e descarte de agrotóxicos no Brasil pode ser votado em comissão especial da Câmara dos Deputados em breve. O texto é polêmico e foi apelidado por ambientalistas como PL do Veneno. O projeto em discussão propõe que os produtos hoje conhecidos como agrotóxicos passem a ser chamados de fitossanitários. A bancada do agronegócio defende que a atual legislação brasileira sobre o assunto é obsoleta e pode representar obstáculo ao comércio. A organização não governamental Greenpeace argumenta que as regras atuais garantem pouca proteção aos brasileiros e que, com as mudanças em discussão, a população ficaria ainda mais exposta a produtos cancerígenos. Na última vez que houve uma tentativa de

---

[i] Adaptado pelos autores a partir de <http://radios.ebc.com.br/reporter-nacional/2018/06/projeto-que-muda-lei-dos-agrotoxicos-pode-ser-votado-nesta-terca-feira-na>. Acesso em: 02 out. 2018.

CAPÍTULO 12 | Atividade política corporativa | **239**

votar o parecer, vários deputados fizeram obstrução por três horas, e a reunião foi cancelada. A proposta já passou pelo Senado, e o autor é o atual ministro da Agricultura, Blairo Maggi.

## RURALISTAS TENTAM AVANÇAR COM PROJETO QUE FLEXIBILIZA REGRAS DE AGROTÓXICOS[j]

*"Projeto relatado pelo deputado Luiz Nishimori (PR-PR) divide opiniões dentro do próprio governo; ambientalistas ameaçam com obstrução."*

A bancada ruralista tenta aprovar, na comissão especial da Câmara, o projeto de lei (PL) que flexibiliza as regras para fiscalização e utilização de agrotóxicos no País. O projeto relatado pelo deputado Luiz Nishimori (PR-PR) divide opiniões dentro do próprio governo e é alvo de críticas da bancada ambientalista. "Faremos de tudo para que seja votado e aprovado", disse ao Estado a deputada Tereza Cristina (DEMMS), presidente da Frente Parlamentar Agropecuária (FPA), que também preside a Comissão Especial que analisa o projeto. A bancada ambientalista pretende obstruir a votação até onde for possível. Se for aprovado na comissão, o texto seguirá para a presidência da Câmara, para que seja submetido ao plenário da Casa.

É grande a polêmica que envolve a proposta. O texto, que foi juntado ao projeto de Lei nº 6.299/2002, de autoria do ministro da Agricultura, Blairo Maggi, propõe várias mudanças no setor, envolvendo até a forma como esses produtos são chamados. Pelo texto, o termo "agrotóxico" deixaria de existir, dando lugar para a expressão "produto fitossanitário". Segundo os ruralistas, há "preconceito" na nomenclatura atual, e o Brasil deve se adequar à expressão utilizada em outros países.

O projeto, que é defendido pela FPA e pelo Ministério da Agricultura, Pecuária e Abastecimento (Mapa), tem sido duramente criticado pelo Ministério do Meio Ambiente (MMA), Ibama e Agência Nacional de Vigilância Sanitária (Anvisa), além de organizações ambientais. O projeto de lei, alegam os críticos, retira poder do Ibama e do Ministério da Saúde nos registros de produtos, concentrando boa parte das decisões no Ministério da Agricultura.

Para o Ministério Público Federal, o debate ainda não está maduro. "O ideal seria a criação de um grupo de trabalho para discutir o tema", afirmou o promotor Marco Antonio Delfino. Segundo ele, o relator do PL havia se comprometido em fazer um grupo de trabalho. "Efetivamente, o acordo não foi cumprido", disse.

**Pesquisa.** Na avaliação de Fabrício Rosa, diretor-executivo da Aprosoja Brasil, o debate sobre os agrotóxicos tem sido marcado por "posições ideológicas e apaixonadas, que prejudicam a discussão técnica e científica". Para reforçar sua defesa do PL, a bancada ruralista buscou apoio em pesquisas do professor Angelo Zanaga Trapé, médico toxicologista da Unicamp que estuda o assunto há 41 anos. Trapé afirma que, nos últimos 15 anos, investigou a saúde de 25 mil agricultores em todo o País, com o propósito de encontrar algum caso de doença crônica causada pelo uso de agrotóxicos. "Não conseguimos encontrar um caso sequer de alguém que tenha contraído um problema crônico relacionado a qualquer produto fitossanitário", disse ao Estado. "A realidade é que há muito desconhecimento e emoção neste assunto."

## A OPERAÇÃO PARA AFROUXAR AINDA MAIS A LEI DE AGROTÓXICOS NO BRASIL, NA CONTRAMÃO DO MUNDO[k]

*"Projeto aprovado em comissão especial da Câmara prevê esconder o termo agrotóxico de produtos e dá mais poder para Ministério da Agricultura para deliberar sobre substâncias permitidas."*

O Brasil é conhecido por ser bastante permissivo com relação aos agrotóxicos, os pesticidas usados na agricultura para conter pragas nas plantações. Muitos deles são proibidos na Europa e nos Estados Unidos por estarem relacionados com câncer e doenças genéticas, mas aqui estão liberados. Um projeto de lei, de número 6299/02 e apelidado de PL do Veneno por organizações e ativistas contrários a ele, tem como objetivo afrouxar ainda mais as normas que regulam o uso dessas substâncias no País. Ele vem sendo patrocinado pela bancada ruralista no Congresso, cujo expoente máximo é o atual ministro da Agricultura Blairo Maggi, um dos maiores produtores rurais do Mato Grosso e autor do plano em 2002, quando ainda era senador. Uma comissão especial da Câmara formada por 26 deputados – entre os quais, 20 formam parte da Frente Parlamentar Mista da Agropecuária (FPA) – aprovou, na segunda-feira do dia 25 de junho, o texto final das mudanças, que agora devem passar pelo plenário da Casa e depois voltar para o Senado. Defensores da medida argumentam que elas modernizam e conferem eficiência ao setor da agricultura, enquanto seus opositores dizem que serão prejudiciais à saúde da população.

Durante sua tramitação, o projeto de lei 6299/02 absorveu outros projetos apresentados no Congresso. Sua versão final, apresentada pelo deputado relator Luiz Nashimori (PR-PR), prevê algumas mudanças significativas na legislação, sendo a principal delas a que trata dos trâmites para a liberação do uso de agrotóxicos. Atualmente, funciona da seguinte maneira: para que possa ser usada no Brasil, uma nova substância precisa ser avaliada pelo Ministério da Agricultura,

---

[j] Adaptado pelos autores a partir de https://economia.estadao.com.br/noticias/geral,ruralistas-tentam-avancar-com-projeto-que-flexibiliza-agrotoxicos, 70002354970. Acesso em: 02 out. 2018.

[k] Adaptado pelos autores a partir de https://brasil.elpais.com/brasil/2018/06/26/politica/1530040030_454748.html. Acesso em: 02 out. 2018.

# ADMINISTRAÇÃO ESTRATÉGICA

pelo Ibama, vinculado ao Ministério do Meio Ambiente, e pela Anvisa, vinculada ao Ministério da Saúde. Esse processo dura de quatro a oito anos, fazendo com que muitas dessas substâncias já estejam obsoletas ao entrar no mercado, argumentam defensores da nova lei.

Uma polêmica primeira versão do projeto previa a criação de um órgão chamado CTNFito, vinculado ao Ministério da Agricultura – tradicionalmente ocupado por membros do agronegócio – e responsável único pela aprovação dessas substâncias. Finalmente, a versão que prevaleceu não tira completamente as atribuições da Anvisa e do Ibama, mas confere mais poderes ao Ministério da Agricultura, o que, segundo os opositores da medida, restringiria o poder das demais agências de vetar determinado produto. Isso significa, por exemplo, que o Ministério da Agricultura poderá liberar o uso de determinadas substâncias mesmo que os demais órgãos não tenham concluído suas análises. Também entra em cena o chamado registro especial temporário, que deverá ser dado em um prazo de 30 dias para aqueles produtos que estejam autorizados em pelo menos três países membros da OCDE. Especialistas explicam que nesta organização internacional estão países que são referências no uso de agrotóxicos (Europa, EUA, Japão), mas também aqueles que possuem regulações mais fracas (Turquia, Chile, México), o que abre a porta para substâncias maléficas para a população. Além disso, diante da reclamação de que um agrotóxico demora vários anos para ser estudado e colocado no mercado, o projeto determina que a análise de uma nova substância não poderá passar de dois anos. Após esse período, ela poderá ganhar automaticamente um registro temporário, mesmo que os efeitos do produto sejam desconhecidos.

Uma das alterações mais polêmicas se refere à proibição de determinados agrotóxicos. A atual legislação, de 1989, proíbe expressamente aqueles pesticidas "para os quais o Brasil não disponha de métodos para desativação de seus componentes" ou "para os quais não haja antídoto ou tratamento eficaz no Brasil", além daqueles que "revelem características teratogênicas, carcinogênicas ou mutagênicas", que "provoquem distúrbios hormonais, danos ao aparelho reprodutor", "se revelem mais perigosos para o homem do que os testes de laboratório, com animais, tenham podido demonstrar" e "cujas características causem danos ao meio ambiente". O atual projeto elimina essas restrições, ao apenas proibir os produtos que "apresentem risco inaceitável para os seres humanos ou para o meio ambiente".

Outra das mudanças se refere à própria nomenclatura dessas substâncias venenosas, que passarão a ser tratadas como "pesticidas" em vez de "agrotóxicos". O argumento do relator, o deputado Luiz Nashimori (PR-PR), é o de adequar o termo ao usado por outros países. Antes dessa mudança, contudo, a proposta era a de que os agrotóxicos passassem a se chamar "produtos fitossanitários". Seja como for, os opositores ao projeto argumentam que a mudança de nomenclatura tem o objetivo de esconder da população que os alimentos consumidos contêm ingredientes venenosos.

## QUESTÕES PARA DISCUSSÃO

1. Diante do que foi apresentado nas três matérias jornalísticas, debata com sua turma as seguintes questões:

2. Analisando os envolvidos no processo de regulamentação dos agrotóxicos, presentes nas matérias jornalísticas do caso apresentado, quais seriam os atores de mercado? E os de não mercado?

3. Levantados os atores de mercado e os de não mercado, favoráveis e contrários à aprovação da regulamentação, que relações estratégicas poderiam ser estabelecidas?

4. Considerando os possíveis modelos de estratégias apresentados no *framework* analítico da atividade política corporativa, quais poderiam ser apontados como os adotados pelos atores de mercado? Identifique de que forma esses modelos se apresentam segundo o caso.

5. Ainda de acordo com o *framework*, reflita sobre que tipos de resultados poderiam ser alcançados pelos setores e empresas apresentados.

6. Ampliando a discussão no tema, de que maneira a atividade política corporativa pode contribuir ou interferir em casos como esse?

## REFERÊNCIAS

1. SHAFFER, B. Firm-level responses to government regulation: theoretical and research approaches. **Journal of Management**, 21, 495-514, 1995.

2. DOH, J. P.; LAWTON, T. C.; RAJWANI, T. Advancing nonmarket strategy research: institutional perspectives in a changing world. **Academy of Management Perspectives**, 26, 22-39, 2012.

3. HILLMAN, A. J.; KEIM, G. D.; SCHULER, D. Corporate Political activity: a review and research agenda. **Journal of Management**, 30, 837-857, 2004.

4. LIEDONG, T. A. *et al.* Toward a view of complementarity. **Group & Organization Management**, 40, 405-427, 2015.

5. HILLMAN, A. J.; HITT, M. A. Corporate political strategy formulation: a model of approach, participation, and strategy decisions. **Academy of Management Review**, 24, 825, 1999.

6. LAWTON, T.; MCGUIRE, S.; RAJWANI, T. Corporate political activity: a literature review and research agenda. **International Journal Management Reviews**, 15, 86-105, 2013.

7. PIGOTT, R. J.; WILLIAMSON, R. S. Corporate political activity. **Business Lawyer**, 34, 913-919, 1979.

8. COSTA, A. S. M.; ABDALLA, M. M. Práticas de lobby no Brasil: refletindo sobre o papel do Estado. In: VIII Encontro de Estudos em Estratégia/3Es, Curitiba, 2017. **Anais [...]**, Curitiba: Anpad, 2017.

9. BARON, D. P. Integrated strategy: market and nonmarket components. **California Management Review**, **37**, 47-65, 1995.

10. BACH, D.; ALLEN, D. B. What every CEO needs to know about nonmarket strategy. **MIT Sloan Management Review**, 51, 40-49, 2010.

11. BARON, D. P. **Business and its environment**. Pearson, 2013.

12. RAJWANI, T.; LIEDONG, T. A. Political activity and firm performance within nonmarket research: a review and international comparative assessment. **Journal of World Business**, 50(2), 2015. Disponível em: <https://researchportal.bath.ac.uk/en/publications/political-activity-and-firm-performance-within-nonmarket-research>. Acesso em: jan. 2019.

13. BARLEY, S. R. Building an institutional field to corral a government: a case to set an agenda for organization studies. **Organization Studies**, 31, 777-805, 2010.

14. FLEMING, P.; SPICER, A. Power in management and organization science. **Academy of Management Annals**, 8, 237-298, 2014.

15. FUNK, R. J.; HIRSCHMAN, D. Beyond nonmarket strategy: market actions as corporate political activity. **Academy of Management Review**, 42, 32-52, 2017.

16. DE VILLA, M. A. *et al.* To engage or not to engage with host governments: corporate political activity and host country political risk. **Global Strategy Journal**, 2018. doi:10.1002/gsj.1205 Disponível em: <https://onlinelibrary.wiley.com/doi/full/10.1002/gsj.1205>. Acesso em: jan. 2019.

17. SCHULER, D. A. Corporate political strategy and foreign competition: the case of the steel industry. **Academy of Management Journal**, 39, 720-737, 1996.

18. CHEN, H.; PARSLEY, D.; YANG, Y.-W. Corporate lobbying and firm performance. **Journal of Business Finance & Accounting**, 42, 444-481, 2015.

19. RAJWANI, T.; LIEDONG, T. A. Political activity and firm performance within nonmarket research: a review and international comparative assessment. **Journal of World Business**, 50, 273-283, 2015.

20. RASCHE, A. The corporation as a political actor – European and North American perspectives. **European Management Journal**, 33, 4-8, 2015.

21. LI, J.; XIA, J.; ZAJAC, E. J. On the duality of political and economic stakeholder influence on firm innovation performance: theory and evidence from Chinese firms. **Strategic Management Journal**, 39, 193-216, 2018.

22. HOLBURN, G. L. F.; VANDEN BERGH, R. G. Integrated market and nonmarket strategies: political campaign contributions around merger and acquisition events in the energy sector. **Strategic Management Journal**, 35, 2014.

23. BANERJEE, S.; VENAIK, S. The effect of corporate political activity on MNC subsidiary legitimacy: an institutional perspective. **Management International Review**, 2017. Disponível em: <htpps://doi:10.1007/s11575-017-0324-0>. Acesso em: jan. 2019.

24. HADANI, M.; DAHAN, N. M.; DOH, J. P. The CEO as chief political officer: managerial discretion and corporate political activity. **Journal of Business Research**, 68, 2330-2337, 2015.

25. LAWTON, T.; RAJWANI, T.; DOH, J. The antecedents of political capabilities: a study of ownership, cross-border activity and organization at legacy airlines in a deregulatory context. **International Business Review**, 22, 228-242, 2013.

26. HADANI, M. Institutional ownership monitoring and corporate political activity: Governance implications. **Journal of Business Reserach**, 65, 944-950, 2012.

27. LONDONO-CORREA, D.; GARZÓN, C. Actividad política corporativa: balance y tópicos de investigación en los contextos latinoamericanos. **Cuadernos de Administración**, 29(52), 229-260, 2016.

28. OLIVER, C.; HOLZINGER, I. The effectiveness of strategic political management: a dynamic capabilities framework. **Academy of Management Review**, 33, 496-520, 2008.

29. HADANI, M.; BONARDI, J.-P.; DAHAN, N. M. Corporate political activity, public policy uncertainty, and firm outcomes: a meta-analysis. **Strategic Organization**, 15, 338-366, 2017.

30. LUX, S.; CROOK, T. R.; WOEHR, D. J. Mixing business with politics: a meta-analysis of the antecedents and outcomes of corporate political activity. **Journal of Management**, 37, 223-247, 2011.

31. LIEDONG, T. A. Corporate political activity and firm performance-a systematic review. **Cranfield University**, 2013.

32. BROWN, J. L.; DRAKE, K. D.; WELLMAN, L. Investing in tax breaks: assessing the outcomes of political strategy choices. **SSRN Electronic Journal**, 2013. Disponível em: <htpps://doi:10.2139/ssrn.2209373>. Acesso em: jan. 2019.

33. TAMINIAU, Y.; WILTS, A. Corporate lobbying in Europe, managing knowledge and information strategies. **Journal of Public Affairs**, 6, 122-130, 2006.

34. SCHULER, D. A.; REHBEIN, K.; CRAMER, R. D. Pursuing strategic advantage through political means: a multivariate approach. **Academy of Management Journal**, 45, 659–672 (2002).

35. BRASIL. **Lei nº 13.165**, de 29 de setembro de 2015. Altera as Leis nⁿˢ 9.504, de 30 de setembro de 1997, 9.096, de 19 de setembro de 1995, e 4.737, de 15 de julho de 1965 - Código Eleitoral, para reduzir os custos das campanhas eleitorais, simplificar a administração dos Partidos Políticos e incentivar a participação feminina.

36. STEPHEN ANSOLABEHERE JR., J. M. S.; TRIPATHI, M. Are PAC contributions and lobbying linked? New evidence from the 1995 Lobby Disclosure Act. **Business and Politics**, 4, 131-155, 2002.

37. YIM, H. R.; LU, J.; CHOI, S. Different role of lobbying and bribery on the firm performance in emerging markets. **Multinational Business Review**, 25, 222-238, 2017.

38. RIDGE, J. W.; INGRAM, A.; HILL, A. D. Beyond lobbying expenditures: how lobbying breadth and political connectedness affect firm outcomes. **Academy of Management Journal**, 60, 1138-1163, 2017.

39. RUDY, B. C.; CAVICH, J. Nonmarket signals: investment in corporate political activity and the performance of initial public offerings. **Business & Society**, 4, 2017. Disponível em: <https://doi:10.1177/0007650317717263>. Acesso em: jan. 2019.

40. BODDEWYN, J. J. In: CANTWELL, J. (Ed.). **The eclectic paradigm**. MacMillan, 85-110, 2015).

41. LUX, S.; CROOK, T. R.; WOEHR, D. J. Mixing business with politics: A meta-analysis of the antecedents and outcomes of corporate political activity. **Journal of Management**, *37*(1), 223-247, 2011.

Impressão e Acabamento
E-mail: edelbra@edelbra.com.br
Fone/Fax: (54) 3520-5000

Impresso em Sistema CTP